교육의 힘으로
세상의 차이를 좁혀 갑니다

차이가 차별로 이어지지 않는 미래를 위해
EBS가 가장 든든한 친구가 되겠습니다.

모든 교재 정보와 다양한 이벤트가 가득!
EBS 교재사이트 book.ebs.co.kr

본 교재는 EBS 교재사이트에서
eBook으로도 구입하실 수 있습니다.

2026학년도 수능 연계교재

수능완성

사회탐구영역 | 정치와 법

기획 및 개발

김은미
박 민
박빛나리
이영진

감수

한국교육과정평가원

책임 편집

김미나

본 교재의 강의는 TV와 모바일 APP, EBS*i* 사이트(www.ebsi.co.kr)에서 무료로 제공됩니다.

발행일 2025. 5. 26. **1쇄 인쇄일** 2025. 5. 19. **신고번호** 제2017-000193호 **펴낸곳** 한국교육방송공사 경기도 고양시 일산동구 한류월드로 281
표지디자인 디자인싹 내지디자인 다우 내지조판 신흥이앤비 **인쇄** 팩컴코리아㈜
인쇄 과정 중 잘못된 교재는 구입하신 곳에서 교환하여 드립니다. 신규 사업 및 교재 광고 문의 pub@ebs.co.kr

정답과 해설 PDF 파일은 EBS*i* 사이트(www.ebsi.co.kr)에서 내려받으실 수 있습니다.

| 교 재
내 용
문 의 | 교재 및 강의 내용 문의는 EBS*i* 사이트
(www.ebsi.co.kr)의 학습 Q&A 서비스를
활용하시기 바랍니다. | 교 재
정오표
공 지 | 발행 이후 발견된 정오 사항을 EBS*i* 사이트
정오표 코너에서 알려 드립니다.
교재 → 교재 자료실 → 교재 정오표 | 교 재
정 정
신 청 | 공지된 정오 내용 외에 발견된 정오 사항이
있다면 EBS*i* 사이트를 통해 알려 주세요.
교재 → 교재 정정 신청 |

고2~N수, 수능 집중

구분	수능 입문 > 기출/연습 > 연계 + 연계 보완 > 고난도 > 모의고사					
국어	윤혜정의 개념/ 패턴의 나비효과		수능특강 문학 연계 기출	수능특강 사용설명서	하루 3개 1등급 국어독서	FINAL 실전모의고사
	기본서 수능 빌드업	윤혜정의 개념의 나비효과		수능완성 사용설명서		만점마무리 봉투모의고사 시즌1
영어	수능특강 Light	강의노트 수능 개념	수능연계교재의 VOCA 1800		하루 6개 1등급 영어독해	만점마무리 봉투모의고사 시즌2
			수능연계 기출 Vaccine VOCA 2200	수능 영어 간접연계 서치라이트		
수학	수능 감(感)잡기	수능 기출의 미래	수능 연계교재 감수 수능특강 | 감수 수능완성		수능연계완성 3주 특강	만점마무리 봉투모의고사 고난도 Hyper
		수능 기출의 미래 미니모의고사				
한국사 사회	수능 스타트	수능특강Q 미니모의고사	eBook 전용 수능완성R 모의고사 | 수능 등급을 올리는 변별 문항 공략		박봄의 사회·문화 표 분석의 패턴	수능 직전보강 클리어 봉투모의고사
과학						

구분	시리즈명	특징	난이도	영역
수능 입문	윤혜정의 개념/ 패턴의 나비효과	윤혜정 선생님과 함께하는 수능 국어 개념/패턴 학습		국어
	수능 빌드업	개념부터 문항까지 한 권으로 시작하는 수능 특화 기본서		국/수/영
	수능 스타트	2028학년도 수능 예시 문항 분석과 문항 연습		사/과
	수능 감(感) 잡기	동일 소재·유형의 내신과 수능 문항 비교로 수능 입문		국/수/영
	수능특강 Light	수능 연계교재 학습 전 가볍게 시작하는 수능 도전		영어
	수능개념	EBSi 대표 강사들과 함께하는 수능 개념 다지기		전 영역
기출/연습	윤혜정의 개념의 나비효과	윤혜정 선생님과 함께하는 까다로운 국어 기출 완전 정복		국어
	수능 기출의 미래	올해 수능에 딱 필요한 문제만 선별한 기출문제집		전 영역
	수능 기출의 미래 미니모의고사	부담 없는 실전 훈련을 위한 기출 미니모의고사		국/수/영
	수능특강Q 미니모의고사	매일 15분 연계교재 우수문항 풀이 미니모의고사		국/수/영/사/과
	수능완성R 모의고사	과년도 수능 연계교재 수능완성 실전편 수록		수학
연계 + 연계 보완	수능특강	최신 수능 경향과 기출 유형을 반영한 종합 개념 학습		전 영역
	수능특강 사용설명서	수능 연계교재 수능특강의 국어·영어 지문 분석		국/영
	수능특강 문학 연계 기출	수능특강 수록 작품과 연관된 기출문제 학습		국어
	수능완성	유형·테마 학습 후 실전 모의고사로 문항 연습		전 영역
	수능완성 사용설명서	수능 연계교재 수능완성의 국어·영어 지문 분석		국/영
	수능 영어 간접연계 서치라이트	출제 가능성이 높은 핵심 간접연계 대비		영어
	수능연계교재의 VOCA 1800	수능특강과 수능완성의 필수 중요 어휘 1800개 수록		영어
	수능연계 기출 Vaccine VOCA 2200	수능 - EBS 연계와 평가원 최다 빈출 어휘 선별 수록		영어
고난도	하루 N개 1등급 국어독서/영어독해	매일 꾸준한 기출문제 학습으로 완성하는 1등급 실력		국/영
	수능연계완성 3주 특강	단기간에 끝내는 수능 1등급 변별 문항 대비		국/수/영
	박봄의 사회·문화 표 분석의 패턴	박봄 선생님과 사회·문화 표 분석 문항의 패턴 연습		사회탐구
	수능 등급을 올리는 변별 문항 공략	EBSi 선생님이 직접 선별한 고변별 문항 연습		수/영
모의고사	FINAL 실전모의고사	EBS 모의고사 중 최다 분량 최다 과목 모의고사		전 영역
	만점마무리 봉투모의고사 시즌1/시즌2	실제 시험지 형태와 OMR 카드로 실전 연습 모의고사		전 영역
	만점마무리 봉투모의고사 고난도 Hyper	고난도 문항까지 국·수·영 논스톱 훈련 모의고사		국·수·영
	수능 직전보강 클리어 봉투모의고사	수능 직전 성적을 끌어올리는 마지막 모의고사		국/수/영/사/과

2026학년도 수능 연계교재

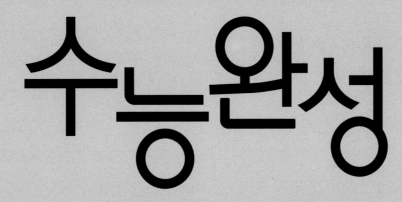

수능완성

사회탐구영역 | 정치와 법

이 책의 **차례** CONTENTS

이 책의 **구성과 특징** STRUCTURE

테마별 교과 내용 정리

주제별 핵심 개념을 쉽게 이해할 수 있도록 표, 그림 등을 활용하여 체계적이고 일목요연하게 정리하였습니다.

수능 실전 문제

수능에 대비할 수 있는 다양한 유형의 문항들로 구성하여 응용력과 탐구력 및 문제 해결 능력을 향상시킬 수 있도록 하였습니다.

실전 모의고사

학습 내용을 최종 점검하여 실력을 테스트하고, 수능에 대한 실전 감각을 기를 수 있도록 수능 시험 형태로 구성하였습니다.

정답과 해설

정답의 도출 과정과 교과의 내용을 연결하여 설명하고, 오답을 찾아 분석함으로써 유사 문제 및 응용 문제에 대한 대비가 가능하도록 하였습니다.

학생

인공지능 DANCHOQ
푸리봇 문|제|검|색

EBS*i* 사이트와 EBS*i* 고교강의 APP 하단의 AI 학습도우미 푸리봇을 통해 문항코드를 검색하면 푸리봇이 해당 문제의 해설과 해설 강의를 찾아 줍니다. **사진 촬영으로도 검색**할 수 있습니다.

문제별 문항코드 확인 ─── 문항코드 검색

[25063-0001]
1. 아래 그래프를 이해한 내용으로 가장 적절한 것은?

사진 촬영 검색

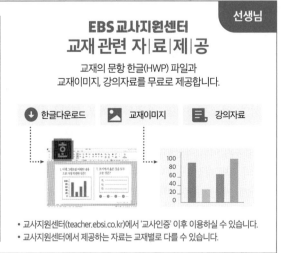

선생님

EBS 교사지원센터
교재 관련 자|료|제|공

교재의 문항 한글(HWP) 파일과 교재이미지, 강의자료를 무료로 제공합니다.

↓ 한글다운로드   🖼 교재이미지   🗏 강의자료

- 교사지원센터(teacher.ebsi.co.kr)에서 '교사인증' 이후 이용하실 수 있습니다.
- 교사지원센터에서 제공하는 자료는 교재별로 다를 수 있습니다.

THEME 01 정치와 법

① 정치의 의미와 기능

(1) 정치의 의미

① 좁은 의미: 국가만의 고유한 현상으로 정치권력의 획득·유지·행사와 관련된 활동

② 넓은 의미: 개인이나 집단 간 이해관계의 대립과 갈등을 합리적으로 조정하고 해결하는 활동

(2) 정치의 기능

① 사회 질서 유지: 사회 구성원들이 따라야 할 행위 규범을 정립하고 반사회적 행위를 통제함.

② 이해관계의 조정과 해결: 개인이나 집단 간의 대립과 갈등을 조정하고 해결하여 사회적 혼란을 방지함.

③ 사회 발전 도모: 구성원들이 인간다운 삶을 영위할 수 있도록 사회적 조건을 개선해 나감. 공동체가 지향해야 할 가치와 목표를 설정하고 구성원들의 협력과 동참을 유도함.

② 법의 의미와 이념

(1) 법의 의미: 사회 구성원의 행위를 규율하기 위해 국가 권력에 의해 강제되는 사회 규범으로, 위반 시 국가가 제재할 수 있음.

(2) 법의 이념

① 정의: 법이 실현하고자 하는 궁극적 목표

평균적 정의	• 절대적·형식적 평등 추구 • 차이를 고려하지 않고 모든 사람을 동등하게 대우함.
배분적 정의	• 상대적·실질적 평등 추구 • 개인의 능력과 상황, 필요 등에 따른 차이를 고려함.

② 합목적성: 법이 해당 시대나 국가가 지향하는 목적에 부합하는 것

③ 법적 안정성: 법을 통해 개인의 사회생활이 안정적으로 보호되는 것

③ 민주주의의 의미와 발전 과정

(1) 민주주의의 의미: 시민 다수의 뜻에 따라 국가의 의사를 결정하는 정치 형태, 자유와 평등의 이념을 토대로 인간의 존엄성 보장

(2) 민주주의의 발전 과정

① 고대 아테네의 민주주의

• 형태: 모든 시민이 정치에 직접 참여하는 직접 민주 정치

• 한계: 여성, 노예, 외국인 등을 시민에서 배제한 제한적 민주 정치

② 시민 혁명과 근대 민주주의

• 시민 혁명의 의미: 시민 계급을 중심으로 신분제에 근거한 봉건제도의 모순을 극복하고 국가 권력으로부터 자유와 권리를 획득하려 한 정치적·사회적 대변혁

• 시민 혁명의 사상적 배경: 계몽사상, 천부 인권 사상, 사회 계약설 등의 확산

• 대표적 시민 혁명: 영국 명예혁명, 미국 독립 혁명, 프랑스 혁명

• 시민 혁명의 성과: 국민 주권과 권력 분립 등에 기반을 둔 대의제 성립, 자유와 평등의 이념 확산, 자유로운 경제 활동 보장에 따른 자본주의 발전의 기반 형성 → 근대 민주주의 등장

• 시민 혁명의 한계: 재산, 인종, 성별 등에 따른 참정권 제한 및 차등 부여

③ 시민 혁명의 한계를 극복하기 위한 노력: 영국의 차티스트 운동, 미국 흑인들의 참정권 획득 및 인종 차별 철폐 운동, 전 세계 각국 여성들의 참정권 획득을 위한 노력 등

④ 홉스, 로크, 루소의 사회 계약설

구분	자연 상태	이상적인 정치 형태
홉스	자기 보존 욕구, 경쟁심, 명예에 대한 갈망 등과 같은 인간의 본성으로 인한 만인에 대한 만인의 투쟁 상태	평화와 질서 유지를 위해 국민에 대해 절대적 권력을 행사하는 통치자에 의한 전제 정치(군주 주권)
로크	이성에 의해 평화가 유지되나 자연법이 보장하는 권리를 다른 사람이 침해할 위험에 놓여 있는 불안정한 상태	개인의 생명, 자유, 재산을 보장하려는 목적에 맞게 권력을 행사하는 정부에 의한 간접 민주 정치(국민 주권)
루소	초기에는 인간의 순수하고 선한 본성에 따라 자유롭고 평등한 상태였으나 사적 소유로 인해 불평등해짐.	시민 모두가 공공선을 실현하기 위한 일반 의지에 따라 공적 의사 결정에 참여하는 직접 민주 정치(국민 주권)

⑤ 현대 민주주의

• 보통 선거 제도에 기반을 둔 대의제를 실시함.

• 직접 민주제 요소(국민 투표, 국민 발안, 국민 소환 등) 도입

④ 법치주의의 의미와 발전 과정

(1) 법치주의의 의미: '사람[人]의 지배'가 아닌 '법의 지배'

① 국가 권력 기관의 구성과 정치권력의 행사는 국민의 뜻이 반영된 법에 근거해야 함.

② 국민의 기본권을 제한하거나 국민에게 의무를 부과할 때에도 의회에서 제정된 법률에 근거해야 함.

(2) 형식적 법치주의

① 의미: 합법적인 절차를 거쳐 제정된 명확한 법에 의해 통치가 이루어져야 함.

② 특징: 법의 목적이나 내용에 관계없이 통치의 합법성만을 강조함.

③ 한계: 통치가 합법적이기만 하면 독재 정치도 정당화될 수 있다는 논리로 악용될 수 있음.

(3) 실질적 법치주의

① 의미: 합법적인 절차에 따라 제정되고 목적과 내용도 인간의 존엄성, 정의에 부합하는 법에 따라 통치가 이루어져야 한다는 원리

② 특징: 통치의 합법성과 함께 정당성도 강조함.

③ 실현을 위한 대표적인 제도: 위헌 법률 심사제

(4) 오늘날의 법치주의: 국민의 의사에 따라 제정된 법에 의해 민주주의 이념을 실현하고자 하는 실질적 법치주의를 지향함.

⑤ 민주주의와 법치주의의 관계

(1) 민주주의와 법치주의의 상호 보완: 민주주의에서 법치주의는 순기능을 발휘하고, 법치주의는 민주주의 이념을 실현하기 위한 수단임.

(2) 민주주의와 법치주의 간 긴장: 변화의 역동성을 내재한 민주주의와 안정을 추구하는 법치주의의 속성 차이에 기인함.

(3) 앞으로의 과제: 민주주의와 법치주의 간 긴장 해소와 조화로운 공존, 올바른 관계 정립을 위한 시민들의 관심과 노력

01

▶ 25063-0001

정치를 바라보는 갑, 을의 관점에 대한 설명으로 옳은 것은?

우리 학교는 올해 학교 활동을 돌아보고 내년 학사 일정을 계획하기 위해 교사, 학생, 학부모가 함께하는 학교 발전 협의회를 개최하였습니다. 이러한 활동도 정치라고 볼 수 있을까요?

갑

네, 정치라고 볼 수 있습니다. 정치는 다양한 사회 집단에서 나타나는 이해관계를 조정하고 갈등을 해결하는 과정이기 때문입니다.

을

아니요, 정치라고 볼 수 없습니다. 정치는 정치권력을 획득·유지·행사하는 국가의 고유 활동만을 의미하기 때문입니다.

① 갑의 관점은 국가의 정치 현상과 다양한 사회 집단의 정치 현상은 본질적으로 다르다고 본다.
② 을의 관점은 국가 형성 이전에 나타나는 정치 현상을 설명하는 데 적합하다.
③ 갑의 관점과 달리 을의 관점은 정치가 사회 통합과 질서를 유지하는 기능을 한다고 본다.
④ 을의 관점과 달리 갑의 관점은 국회에서 이루어지는 입법 활동을 정치라고 본다.
⑤ 을의 관점에 비해 갑의 관점은 다원화된 현대 사회의 정치 현상을 설명하기에 적합하다.

02

▶ 25063-0002

다음 글에 나타난 민주주의와 법치주의의 관계에 대한 진술로 가장 적절한 것은?

민주주의는 국가 권력의 창설 및 조직에 있어 국민으로부터 정당성을 부여받은 '민주적 정당화' 원리의 성격을 가진다. 반면 법치주의는 민주주의에 의해 형성된 국가 권력이 정치적 혼란 없이 안정적으로 행사될 수 있도록 국가 권력 행사의 절차와 방법을 규정하는 '절차적 정당성' 원리의 성격을 가진다. 그런데 사법부의 법 해석을 통한 법의 지배가 민주적 대표성을 갖추지 못하였다는 점을 들어 법치주의가 민주주의를 위협한다는 주장이 제기되기도 한다. 그러나 국가 권력의 조직 형성 원리인 민주주의는 국민의 의사를 정당하게 대표하는 국가 권력이 자의적으로 행사되거나 남용되지 않고, 정치적 혼란 없이 안정적으로 형성될 수 있도록 국가 권력 행사의 절차와 형식을 규정하는 법치주의를 필요로 한다.

① 법치주의에 비해 민주주의는 인간의 존엄성 실현을 강조한다.
② 민주주의와 달리 법치주의는 국가 권력의 민주적 정당성을 강조한다.
③ 민주주의와 법치주의는 궁극적으로 지향하는 목표가 달라서 상호 대립적인 갈등 관계에 있다.
④ 민주주의는 법치주의를 통해 국가 권력의 자의적 행사를 방지하여 국민의 자유와 평등을 보장할 수 있다.
⑤ 법치주의와 달리 민주주의는 국가 권력이 안정적으로 행사될 수 있도록 절차와 방법을 규정하는 원리를 포함한다.

03

▶ 25063-0003

다음 자료에 대한 설명으로 옳은 것은? (단, A, B는 각각 정의, 법적 안정성 중 하나임.)

교사: 대법원에서 확정된 판결을 번복한다면 개인의 사회생활을 안정적으로 보호하고자 하는 A를 해칠 수 있습니다. 그러나 법원의 판결 자체에 중대한 흠이 있다고 판단하는 아주 예외적인 상황에서는 재심을 결정하기도 합니다. 이는 법원이 잘못된 판결을 바로잡는 것이 법이 추구하는 B에 부합한다고 보았기 때문입니다. A와 구분되는 B의 특징을 설명해 보세요.
갑: 법이 실현하고자 하는 궁극적인 이념입니다.
을: 법이 높은 이상을 추구하기보다는 실제로 시행 가능해야 함을 강조합니다.
병: |_____(가)_____|
교사: ㉠한 사람만 제외하고 모두 옳게 답변했습니다.

① ㉠은 '갑'이다.
② A는 법이 일반인의 법의식에 부합하기만 한다면 자주 변경되어도 된다고 본다.
③ B는 법이 마땅히 지켜야 할 옳음과 공정함을 갖추어야 한다고 본다.
④ 현대 민주주의 국가에서는 B보다 A가 더 강조된다.
⑤ (가)에는 '법이 해당 시대나 국가가 지향하는 목적에 부합해야 한다고 봅니다.'가 들어갈 수 있다.

04

▶ 25063-0004

다음 글에서 공통적으로 파악할 수 있는 정치의 기능으로 가장 적절한 것은?

• 최근 반려동물을 키우는 인구가 증가하면서 반려동물 소음, 위생 문제, 안전사고 문제 등을 둘러싸고 반려인과 비반려인 간 분쟁이 증가하고 있다. 이에 ○○시에서는 반려인과 반려동물을 위한 공간을 조성하여 반려인을 위한 놀이 공간과 비반려인을 위한 휴식 공간을 분리함으로써 각각의 특성에 맞게 운영하는 방안을 제시하였고, 반려인과 반려동물을 위한 공간 조성 이후 반려동물 관련 민원이 급감하였다.
• 고속도로가 건설되면 나들목(IC) 인근 지역은 교통 개선 효과로 땅값이 크게 상승하는 반면 도로가 지나가기만 하는 곳은 오히려 재산 가치가 하락하는 경향을 보인다. 그 결과 고속도로 건설 계획이 발표되면 주민들의 민원과 갈등이 첨예하게 나타난다. 이에 관련 정부 기관에서는 누리집(홈페이지)에 '국민 참여 설계' 코너를 개설하여 이해관계자들이 고속도로 설계 정보를 파악하고 의견을 제시할 수 있도록 하는 방안을 준비하고 있다.

① 사회 규범을 벗어난 일탈 행위에 제재를 가한다.
② 국가 권력의 집중을 방지하여 국민의 기본권을 보장한다.
③ 이해관계를 조정하고 해결하기 위한 사회적 조건을 조성한다.
④ 사회 구성원에게 기대되는 가치관과 행동 양식을 습득하도록 한다.
⑤ 사회 구성원의 최소한의 인간다운 삶을 보장하기 위한 정책을 마련한다.

05

▶ 25063-0005

근대 사회 계약론자 갑, 을의 주장에 대한 설명으로 가장 적절한 것은?

> 갑: 모든 인간은 육체적·정신적 능력의 측면에서 평등하게 태어나 자신이 추구하는 목표를 달성하고자 한다. 그런데 한정된 재화를 얻기 위해 경쟁이 불가피하게 발생하고 인간은 상대방에 대해 적대적인 감정을 품고 자기 보존을 추구하게 된다. 그 결과 법이 없는 자연 상태에서 인간은 자기 보존을 위해 모든 수단을 동원하는 만인에 대한 만인의 투쟁 상태가 나타난다.
>
> 을: 자연 상태의 인간은 모두 평등하고 독립된 존재이며 어느 누구도 다른 이의 생명, 건강, 자유 또는 소유물에 위해를 가해서는 안 된다는 자연법이 존재한다. 그러나 다른 이들에 의해 자신의 권리가 침해되었을 때 적용할 수 있는 실정법이 없고, 호소할 수 있는 재판관이 없고, 이를 집행할 수 있는 권력이 없다. 그 결과 모든 사람이 각자를 위한 재판관이자 집행자가 되어 평화로웠던 자연 상태가 전쟁 상태로 변할 가능성이 있다.

① 갑은 일반 의지에 따라 국가를 운영해야 한다고 본다.
② 을은 권력 분립에 기반한 대의제를 실시해야 한다고 본다.
③ 갑과 달리 을은 사회 계약을 통해 통치자에게 주권을 양도해야 한다고 본다.
④ 을과 달리 갑은 국가를 개인의 권리를 보장하기 위한 수단으로 본다.
⑤ 갑, 을은 모두 사회 계약 이후 개인은 국가에 대해 저항권을 행사할 수 없다고 본다.

06

▶ 25063-0006

다음 자료는 서술형 평가 문항에 대한 학생의 답안과 교사의 채점 결과이다. 이에 대한 옳은 설명만을 〈보기〉에서 있는 대로 고른 것은? (단, A, B는 각각 형식적 법치주의, 실질적 법치주의 중 하나임.)

서술형 평가

※ A와 구분되는 B의 특징을 3가지 서술하시오. (옳은 답변은 1개당 1점을 부여하며, 틀린 답변은 0점을 부여함.)

〈학생의 답안 내용 및 교사의 채점 결과〉

구분	답안	채점 결과
1	통치의 합법성을 중시한다.	
2	법의 목적과 내용이 정의에 부합해야 한다고 본다.	2점
3	(가)	

┌ 보기 ┐
ㄱ. A는 독재 정치를 정당화하는 논리로 악용될 수 있다는 비판을 받는다.
ㄴ. B는 위헌 법률 심사제의 필요성을 강조한다.
ㄷ. B와 달리 A는 법률에 근거하지 않은 자의적 지배를 배제한다.
ㄹ. (가)에는 '국민의 자유와 권리는 법률에 의해 제한될 수 있다고 본다.'가 들어갈 수 있다.

① ㄱ, ㄴ ② ㄱ, ㄷ ③ ㄷ, ㄹ ④ ㄱ, ㄴ, ㄹ ⑤ ㄴ, ㄷ, ㄹ

07

▶ 25063-0007

표는 민주 정치의 발전 과정 각각에 해당하는 특징을 (가)~(라)로 구분하여 나타낸 것이다. 이에 대한 옳은 설명만을 〈보기〉에서 고른 것은?

민주 정치 발전 과정	고대 아테네 민주 정치	근대 민주 정치	현대 민주 정치
특징	(가)		(나)
	(다)	(라)	

┌─ 보기 ┌
ㄱ. (가)에는 '사회 계약설과 계몽사상의 영향을 받아 형성되었다.'가 들어갈 수 있다.
ㄴ. (나)에는 '보통 선거 제도가 확립되었다.'가 들어갈 수 있다.
ㄷ. (다)에는 '국민 주권의 원리를 기초로 한다.'가 들어갈 수 없다.
ㄹ. (라)에는 '국가 기관이 헌법에 따라 구성되고 운영되어야 한다는 원리를 바탕으로 하였다.'가 들어갈 수 없다.

① ㄱ, ㄴ   ② ㄱ, ㄷ   ③ ㄴ, ㄷ   ④ ㄴ, ㄹ   ⑤ ㄷ, ㄹ

08

▶ 25063-0008

다음 자료에 대한 설명으로 옳은 것은?

표는 정치를 바라보는 관점 A, B에 대한 진술을 학생 갑, 을이 구분한 것이다. 각 진술은 A, B 중 하나에 대해 옳게 설명하고 있다. 각 진술에 대해 옳은 답을 쓴 전체 개수는 을이 갑보다 더 많다.

진술	갑	을
국가 이외의 사회 집단에서 나타나는 정치 현상을 설명하기 어렵다.	A	B
다원화된 현대 사회의 정치 현상을 설명하는 데 적합하다.	B	B
(가)	B	A

① A는 국가 형성 이전에 나타난 정치 현상을 설명하기에 용이하지 않다.
② B는 다른 사회 집단과 구분되는 국가만의 고유한 특수성이 존재한다고 본다.
③ A에 비해 B는 사회적 희소가치를 배분하는 과정에 참여하는 주체가 다양하다고 본다.
④ B와 달리 A는 정치권력을 획득하고 행사하는 활동을 정치로 본다.
⑤ (가)에는 '공동 주택의 층간 소음 문제 해결을 위한 입주민 회의를 정치로 본다.'가 들어갈 수 없다.

09

▶ 25063-0009

다음은 질문에 따라 민주 정치 A~C를 구분한 것이다. 이에 대한 설명으로 옳은 것은? (단, A~C는 각각 고대 아테네 민주 정치, 근대 민주 정치, 현대 민주 정치 중 하나임.)

- A와 B는 '입헌주의에 근거하여 기본권을 보장하고자 하는가?'라는 질문으로 구분할 수 있지만, (가) 라는 질문으로는 구분할 수 없다.
- B와 C는 '성별에 따라 정치 참여 기회가 제한되었는가?'라는 질문으로 구분할 수 없지만, (나) 라는 질문으로는 구분할 수 있다.

① A와 달리 B는 주권이 국민에게 있다는 원리를 기반으로 하였다.
② C와 달리 A에서는 대의 기구를 통해 국가 정책이 결정되었다.
③ B에 비해 C는 시민이 지배하면서 동시에 지배받는다는 원리에 더 충실하였다.
④ (가)에는 '추첨과 윤번제를 통해 공직자를 선출하였는가?'가 들어갈 수 있다.
⑤ (나)에는 '국가 기관 간 견제와 균형을 위한 권력 분립의 원칙에 기초하는가?'가 들어갈 수 있다.

10

▶ 25063-0010

다음은 법치주의의 유형 A, B에 대한 형성 평가 및 교사의 채점 결과이다. 이에 대한 옳은 설명만을 〈보기〉에서 고른 것은? (단, A, B는 각각 형식적 법치주의, 실질적 법치주의 중 하나임.)

형성 평가
• A, B에 대한 질문이 옳으면 '예', 틀리면 '아니요'라고 답변하시오. (옳은 답변은 1개당 1점, 틀린 답변은 0점을 부여하며 만점은 3점임.)

질문	답변		
	갑	을	병
A는 법의 내용이 정의에 합치되어야 한다고 보는가?	㉠	예	아니요
A와 달리 B는 의회가 적법한 절차를 거쳐 제정한 법에 의해 통치가 이루어져야 한다고 보는가?	아니요	예	예
(가)	예	아니요	아니요
채점 결과	1점	2점	㉡

┌ 보기 ┐
ㄱ. ㉠은 '아니요', ㉡은 '1점'이다.
ㄴ. A는 죄형 법정주의의 내용인 적정성의 원칙을 강조하는 근거가 된다.
ㄷ. 현대 사회에서는 민주주의 이념을 실현하기 위하여 A보다 B를 지향한다.
ㄹ. (가)에는 'B와 달리 A는 통치의 형식적 합법성뿐만 아니라 실질적 정당성도 중시하는가?'가 들어갈 수 있다.

① ㄱ, ㄴ   ② ㄱ, ㄷ   ③ ㄴ, ㄷ   ④ ㄴ, ㄹ   ⑤ ㄷ, ㄹ

1 헌법의 의의와 기능

(1) 헌법의 의미와 의의

① 헌법의 의미: 국가의 통치 조직과 통치 작용의 원리 및 국민의 기본권을 규정하는 국가의 기본법이자 최고법

② 헌법 의미의 변천

고유한 의미의 헌법	국가 통치 기관을 조직·구성하고 이들 기관의 권한과 상호 관계 등을 규정한 규범
근대 입헌주의 헌법	고유한 의미의 헌법에서 더 나아가 개인의 자유권을 중심으로 국민의 기본권을 보장하기 위해 국가 권력을 제한하는 규범
현대 복지 국가 헌법	근대 입헌주의 헌법에서 더 나아가 사회권을 보장하여 국민이 인간다운 생활을 영위할 수 있도록 하는 복지 국가의 이념을 추구하는 규범

③ 헌법의 의의

- 한 국가의 법체계에서 가장 상위에 있는 최고법
- 헌법은 모든 법령의 제정 근거이자 법령의 정당성을 평가하는 기준이 됨.
- 헌법에 어긋나는 법률이나 국가 권력 작용 등은 그 효력을 인정받을 수 없음.
- 민주주의는 입헌주의를 기반으로 함.

(2) 헌법의 기능

① 국가 창설의 토대: 국가 성립에 필요한 요소를 규정하여 국가를 창설하기 위한 토대가 됨.

② 기본권 보장: 국민의 자유와 권리에 대한 규정을 두어 국가 권력이 국민의 기본권을 함부로 침해하지 못하도록 함.

③ 조직 수권: 국가의 통치 조직을 구성하고 각 조직에 일정한 권한을 부여함.

④ 권력 제한: 권력 분립과 권력 기관 간 상호 견제를 통해 권력을 제한하여 권력 남용을 방지함.

⑤ 정치 생활 주도: 정치적 의사 결정의 기준이 됨.

⑥ 사회 통합 실현: 국민의 합의된 의사로서 다원화된 이익을 조정하며, 사회 통합의 매개체가 됨.

2 우리나라 헌법의 기본 원리

(1) 국민 주권주의

① 의미: 국가 의사를 결정하는 주권이 국민에게 있다는 원리

② 실현 방안

- 국민의 참정권 보장: 민주적 선거 제도, 국민 투표제 등
- 복수 정당제 및 언론·출판·집회·결사의 자유 보장 → 국민의 다양하고 자유로운 정치적 의사 형성 및 표출

(2) 자유 민주주의

① 의미: 자유주의와 민주주의가 결합한 정치 원리

- 자유주의: 개인주의를 바탕으로 개인의 자유 존중을 근본 가치로 삼아 국가 권력의 간섭을 최소화한다는 정치 원리

- 민주주의: 국가 권력의 창출과 권리의 행사 과정이 국민적 합의에 근거하여 정당성을 가져야 한다는 정치 원리

② 실현 방안

- 법치주의 → '법의 지배' 확립
- 적법 절차의 원리 → 국민의 자유와 권리에 대한 국가의 자의적 제한 금지
- 권력 분립 제도와 사법권의 독립
- 복수 정당제를 기반으로 하는 자유로운 정당 활동 등

(3) 복지 국가의 원리

① 의미: 국민에게 인간다운 생활을 할 권리를 보장하기 위하여 국가가 적극적인 역할을 해야 한다는 원리

② 등장 배경: 자본주의 발달에 따라 발생한 빈부 격차 확대, 독과점 기업의 횡포 등을 해결하기 위한 국가의 적극적인 역할 필요

③ 실현 방안

- 국가에 사회 보장 및 사회 복지의 증진 의무 부여
- 국가에 인간다운 생활을 요구할 수 있는 사회권 보장
- 근로자에 대한 적정 임금 보장과 최저 임금제 실시
- 여성 및 연소자의 근로에 대한 특별한 보호 등

(4) 국제 평화주의

① 의미: 국제 질서를 존중하고 세계 평화와 인류의 공동 번영을 위해 노력해야 한다는 원리

② 실현 방안

- 침략적 전쟁의 부인 및 국제 평화 유지 활동 참여
- 국제법 존중 및 국제법과 조약이 정하는 바에 의하여 외국인의 법적 지위 보장 등

(5) 평화 통일 지향

① 의미: 자유 민주적 기본 질서에 입각한 평화적 통일을 추구해야 한다는 원리

② 등장 배경: 남북 분단이라는 역사적 상황

③ 실현 방안

- 대통령에게 평화적 통일을 위해 노력할 의무 부과
- 대통령 자문 기구로 민주 평화 통일 자문 회의 설치
- 남북 교류 협력 추진 및 북한에 대한 인도적 지원 등

(6) 문화 국가의 원리

① 의미: 국가가 문화를 보호하고 개인의 문화적 자유와 자율을 보장함으로써 문화의 발전을 지향해야 한다는 원리

② 목적: 문화 진흥을 통해 개개인이 윤택한 삶을 영위할 수 있도록 보장

③ 실현 방안

- 전통문화의 계승·발전과 민족 문화의 창달
- 종교·학문·예술 활동의 자유 보장과 표현의 자유 보장
- 의무 교육 제도의 시행과 평생 교육의 진흥 등

01

▶ 25063-0011

다음 자료에 대한 설명으로 옳은 것은? (단, A~C는 각각 고유한 의미의 헌법, 근대 입헌주의 헌법, 현대 복지 국가 헌법 중 하나임.)

아래 그림은 〈질문 1〉, 〈질문 2〉에 대해 '예', '아니요' 중 같은 답을 할 수 있는 것끼리 점선으로 묶은 것이다.

〈질문 1〉 국가 권력의 제한을 통한 국민의 기본권 보장을 중시하는가?	〈질문 2〉 국민의 실질적 평등의 보장을 중시하는가?
A B　　C	A B　　C

① A는 국가의 적극적인 역할을 강조한다.

② B는 재산권의 행사가 공공복리에 부합해야 함을 강조한다.

③ C는 근대 시민 혁명 이후에 등장하였다.

④ A와 달리 B는 헌법을 국가의 통치 체제에 관한 기본 사항을 정한 국가의 최고 규범으로 본다.

⑤ B와 달리 C는 국가 통치 기관의 조직과 구성 및 상호 관계 등을 규정하고 있다.

02

▶ 25063-0012

다음 글에서 파악할 수 있는 헌법의 기능으로 가장 적절한 것은?

헌법은 공동체 내의 법 규범의 구조에 있어서 최상의 지위에 있는 최고 규범성을 갖는다. 헌법은 공동체를 지배하고 작동하는 원리를 정하고, 이에 따라 모든 법 규범이 헌법에서 파생되거나 창설된다. 예를 들어, 헌법 제12조는 국민의 신체의 자유를 보장하고 있으며, 이에 따라 형사 소송법이 제정되어 체포·구속 절차를 규정하고 있다. 또한 헌법 제17조는 사생활의 비밀과 자유를 보장하고 있으며, 이를 구체화한 개인 정보 보호법이 사생활 침해를 방지하는 기준을 마련하고 있다. 이처럼 헌법의 기본 원칙이 개별 법률로 구체화되며, 법원은 법률의 해석과 적용 과정에서 헌법을 기준으로 위헌 여부를 판단한다. 또한 헌법의 최고 규범성을 뒷받침하기 위해 헌법의 개정 절차는 매우 까다롭게 규정되어 있다.

① 법률과 명령의 제정 또는 해석의 기준이 된다.

② 국가 기관을 조직하고 각 조직에 일정한 권한을 부여한다.

③ 사회 구성원의 이해관계를 조정하여 사회 통합을 실현한다.

④ 정치적 의사 결정의 기준을 제공하여 정치 생활을 주도한다.

⑤ 국가 기관 간 상호 견제를 통해 권력을 제한하여 권력 남용을 방지한다.

03

▶ 25063-0013

우리나라 헌법의 기본 원리 A에 대한 설명으로 가장 적절한 것은?

 구 공직 선거법은 재외 선거인이 재외 투표* 기간이 시작되기 전에 귀국한 경우에만 선거일에 해당 선거 관리 위원회가 지정하는 투표소에서 투표할 수 있다고 규정하였습니다. 이에 대해 최근 헌법 재판소는 재외 투표 기간이 시작한 이후에 귀국한 재외 선거인이 국내에서 투표하는 것을 막는 구 공직 선거법 조항이 헌법에 어긋난다는 결정을 내렸습니다. 헌법 재판소의 결정은 국민의 참정권 보장을 강조하는 A를 실현하는 데 이바지할 것으로 기대됩니다.

* 재외 투표: 국외에 거주하거나 체류 중인 대한민국 국민이 해외에서도 일정한 절차에 따라 대표자를 선출하는 투표에 참여할 수 있는 제도

① 현대 복지 국가 헌법에서부터 강조된 원리이다.
② 국가 의사를 결정하는 주권이 국민에게 있다는 원리이다.
③ 국가가 국민의 인간다운 생활을 보장해야 한다는 원리이다.
④ 상호주의 원칙에 따라 외국인의 법적 지위를 보장하는 근거가 되는 원리이다.
⑤ 대통령에게 평화적 통일을 위해 노력할 의무를 부과하는 근거가 되는 원리이다.

04

▶ 25063-0014

다음 자료에 대한 설명으로 옳은 것은?

교사: 우리나라 헌법의 기본 원리 A의 실현 방안에 대해 한 가지씩 발표해 볼까요?
갑: 사법권 독립과 권력 분립 원칙의 확립을 들 수 있습니다.
을: 유형 문화 유산 발굴과 보존을 위한 지원 확대를 들 수 있습니다.
병: _____ (가) _____
교사: ㉠한 사람만 틀린 내용을 발표했습니다.

① A가 문화 국가의 원리이면, (가)에는 '복수 정당제를 기반으로 한 자유로운 정당 활동 보장을 들 수 있습니다.'가 들어갈 수 있다.
② A가 자유 민주주의이면, (가)에는 '언론·출판·집회·결사의 자유 보장을 들 수 있습니다.'가 들어갈 수 없다.
③ ㉠이 '갑'이라면, A는 자유주의와 민주주의가 결합한 정치 원리이다.
④ ㉠이 '을'이라면, A는 국민의 삶의 질 향상을 추구하는 복지 국가의 이념을 반영한 원리이다.
⑤ (가)에 '법치주의 확립과 집회·결사의 자유 보장을 들 수 있습니다.'가 들어가면, A는 개인의 자유와 권리를 보장하기 위해 국가 권력의 남용을 방지해야 함을 강조한다.

05

▶ 25063-0015

우리나라 헌법의 기본 원리 A~C에 대한 설명으로 옳은 것은? (단, A~C는 각각 국제 평화주의, 문화 국가의 원리, 복지 국가의 원리 중 하나임.)

기본 원리	관련 헌법 조항
A	모든 국민은 인간다운 생활을 할 권리를 가진다.
B	국가는 전통문화의 계승·발전과 민족 문화의 창달에 노력하여야 한다.
C	외국인은 국제법과 조약이 정하는 바에 의하여 그 지위가 보장된다.

① B와 달리 A는 정책 결정과 법률 제정의 방향을 제시한다.
② C의 실현을 위하여 우리나라는 모든 유형의 전쟁을 부인한다.
③ '최저 임금제 실시, 여성 및 연소자의 근로에 대한 특별 보호'는 A의 실현 방안이 될 수 없다.
④ '종교·학문·예술 활동의 자유와 표현의 자유 보장'은 B의 실현 방안이 될 수 있다.
⑤ '전쟁, 자연재해 등으로 피해를 입은 국가에 긴급 구호 및 의료 지원 제공'은 C의 실현 방안이 될 수 없다.

06

▶ 25063-0016

다음 자료에 대한 옳은 설명만을 〈보기〉에서 고른 것은?

수행 평가

• 학생별로 서로 다르게 한 가지씩 배정받은 우리나라 헌법의 기본 원리가 부각된 사례를 작성하세요.

학생	헌법의 기본 원리	사례
갑	㉠	개발 도상국의 빈곤 문제를 해결하고 모든 사람의 인권을 지키기 위한 국제 개발 협력의 근거를 제시하는 ○○법
을	평화 통일 지향	주민들이 일정한 수의 서명을 모아 지방 의회에 직접 조례의 제·개정과 폐지 청구를 할 수 있도록 규정한 △△법
병	자유 민주주의	(가)
정	㉡	(나)

※ 교사 평가: 갑, 병, 정만 옳은 사례를 제시하였습니다. 그러나 을은 정이 배정받은 헌법의 기본 원리에 해당하는 사례를 제시하였습니다.

┌ 보기 ┐
ㄱ. ㉠은 적정한 소득 분배를 목적으로 하는 국가의 경제 규제와 조정을 인정하는 원리이다.
ㄴ. ㉡은 국가의 의사를 결정하는 최고의 권력이 국민에게 있다는 원리이다.
ㄷ. (가)에는 '복수 정당제를 기반으로 하는 자유로운 정당 활동을 보장한 □□법'이 들어갈 수 있다.
ㄹ. (나)에는 '남북 교류 협력 추진과 북한에 대한 인도적 지원의 근거를 규정한 ◇◇법'이 들어갈 수 있다.

① ㄱ, ㄴ   ② ㄱ, ㄷ   ③ ㄴ, ㄷ   ④ ㄴ, ㄹ   ⑤ ㄷ, ㄹ

07

▶ 25063-0017

다음 사례에 나타난 정책을 통해 실현하려는 우리나라 헌법의 기본 원리에 대한 설명으로 가장 적절한 것은?

> 「장애인 고용 촉진 및 직업 재활법」이 규정하는 장애인 고용 의무 제도는 상시 50명 이상의 근로자를 고용하는 사업주에게 일정 비율 이상의 장애인을 의무적으로 고용하고, 장애인 고용 계획과 그 실시 현황을 보고할 의무를 부여한다. 만약 의무 고용률을 지키지 않으면 부담금이 부과되고, 의무 고용률 이상으로 장애인을 고용한 사업주에 대해서는 초과 인원에 대해 장려금을 지급한다. 이를 통해 장애인의 고용을 촉진하고 소득을 보장하여 인간다운 삶의 실현을 도모할 수 있다.

① 근대 입헌주의 헌법에서부터 강조된 원리이다.
② 국가의 의사를 결정하는 주권이 국민에게 있다는 원리이다.
③ 국가가 개인의 자유를 최대한으로 보장해야 한다는 원리이다.
④ 한반도의 특수한 정치 상황을 반영한 우리나라 헌법 특유의 원리이다.
⑤ 국가에 사회 보장과 사회 복지 증진을 위해 노력할 의무를 부여하는 원리이다.

08

▶ 25063-0018

교사의 진술을 바탕으로 구분한 우리나라 헌법의 기본 원리 A, B에 대한 질문에 모두 옳게 응답한 학생은?

> 언론·출판에 대한 허가나 검열을 금지하는 것은 개인의 자유를 존중하고 국가의 간섭을 최소화할 것을 강조하는 A의 실현에 기여합니다. 상호주의의 원칙에 따라 외국인의 지위를 보장하는 것은 우리나라가 세계 평화와 인류의 번영을 위해 노력할 것을 강조하는 B의 실현에 기여합니다.

질문 \ 학생	갑	을	병	정	무
A는 모든 국민이 고문을 받지 않고, 형사상 자신에게 불리한 진술을 거부할 수 있음을 강조하는가?	○	○	○	×	×
A는 경제의 민주화를 위하여 국가가 경제에 관한 규제와 조정을 할 수 있는 근거가 되는가?	○	×	×	○	×
B에 의해 대통령이 국회 동의를 거쳐 체결한 조약은 헌법과 같은 효력을 갖는가?	×	×	×	○	○
A, B는 모두 입법이나 정책 결정의 방향을 제시하는가?	○	×	○	×	○

(○: 예, ×: 아니요)

① 갑
② 을
③ 병
④ 정
⑤ 무

THEME 03 기본권의 보장과 제한

① 기본권의 의의

(1) **기본권의 의미**: 헌법에 의해 보장되는 국민의 기본적 권리

(2) **기본권의 천부 인권성**

① 인간은 태어나면서부터 남에게 양도하거나 **빼앗길** 수 없는 권리를 가짐.

② 인간의 자유와 권리는 국가 성립 이전에 존재하는 초국가적 권리임.

③ 국가는 천부 인권의 보장을 위해 헌법을 만들고 기본적 권리에 관한 규정을 둠.

② 기본권의 유형

(1) **인간의 존엄과 가치 및 행복 추구권**

① 인간의 존엄과 가치

• 인간은 인간이라는 이유만으로 존중받기 때문에 다른 목적을 위한 수단이 될 수 없음.

• 헌법이 추구하는 최고의 가치이자 국가 권력 행사의 한계

• 성격: 다른 모든 기본권 조항에 적용되는 일반 원칙

② 행복 추구권

• 물질적·정신적으로 안락하고 만족스러운 삶을 살 수 있는 권리

• 성격: 행복 추구에 필요한 모든 자유와 권리의 내용을 담고 있는 포괄적 권리

(2) **평등권**

① 의미: 모든 국민을 원칙적으로 평등하게 대우하고, 합리적 이유 없이 차별적 대우를 하지 않을 것을 국가에 요구할 수 있는 권리

② 성격: 다른 모든 기본권 보장의 전제가 되는 기본권

③ 내용: 법 앞의 평등, 사회적 특수 계급 제도의 금지, 교육의 기회 균등, 근로관계에서의 양성평등, 가족생활에서의 양성평등 등

(3) **자유권**

① 의미: 개인이 자신의 자유로운 생활 영역에서 국가 권력에 의한 간섭이나 침해를 받지 않을 권리

② 성격: 역사적으로 가장 오래된 기본권, 국가 권력이 행사되지 않음으로써 보장되는 소극적 권리, 국가 권력에 의한 간섭이나 침해를 배제하는 방어적 권리, 구체적인 내용이 헌법에 열거되지 않아도 보장되는 포괄적 성격의 권리

③ 내용

신체의 자유	죄형 법정주의, 적법 절차의 원리, 고문 금지 및 진술 거부권(묵비권), 영장 제도, 변호인의 조력을 받을 권리, 체포·구속의 이유 및 변호인의 조력을 받을 권리 고지, 체포·구속 적부 심사제, 자백의 증거 능력과 증명력 제한, 소급효 금지의 원칙, 일사부재리의 원칙, 연좌제 금지 등
정신적 자유	양심의 자유, 종교의 자유, 언론·출판·집회·결사의 자유, 학문·예술의 자유 등
사회·경제적 자유	거주·이전의 자유, 주거의 자유, 사생활의 비밀과 자유, 통신의 자유, 직업 선택의 자유, 재산권 행사의 자유 등

(4) **참정권**

① 의미: 국민이 주권자로서 국가의 정치 과정에 능동적으로 참여할 수 있는 권리

② 등장 배경: 신분·재산·성별에 따라 제한되다가 보통 선거 제도가 확립되면서 모든 국민의 참정권 보장

③ 성격: 정치적 기본권, 능동적 권리

④ 내용: 선거권, 공무 담임권, 국민 투표권 등

(5) **사회권**

① 의미: 모든 국민의 인간다운 생활의 보장과 실질적 평등의 실현을 국가에 요구할 수 있는 권리

② 등장 배경

• 자본주의 경제의 급속한 성장으로 인한 사회 불평등 심화 → 모든 사회 구성원이 최소한의 인간다운 생활의 보장과 실질적 평등을 누릴 수 있어야 한다는 사회적 기본권 강조

• 1919년 독일의 바이마르 헌법에서 사회권을 처음 규정

③ 성격: 최근에 등장한 현대적 권리, 적극적 권리, 복지 국가의 필수적 요소

④ 내용: 인간다운 생활을 할 권리, 교육을 받을 권리, 근로의 권리, 근로 3권(단결권, 단체 교섭권, 단체 행동권), 환경권, 보건권 등

(6) **청구권**

① 의미: 국민이 국가에 적극적으로 일정한 행위를 요구하거나 국민의 기본권이 국가나 타인에 의해 침해당하였을 때 그 구제를 청구할 수 있는 권리

② 성격: 다른 기본권을 보장하기 위한 수단적·절차적 권리(기본권 보장을 위한 기본권), 적극적 권리

③ 내용: 청원권, 재판 청구권, 범죄 피해자 구조 청구권, 형사 보상 청구권, 국가 배상 청구권 등

③ 기본권의 제한

(1) **기본권 제한의 요건**

① 관련 헌법 조항: 국민의 모든 자유와 권리는 국가 안전 보장·질서 유지 또는 공공복리를 위하여 필요한 경우에 한하여 법률로써 제한할 수 있으며, 제한하는 경우에도 자유와 권리의 본질적인 내용을 침해할 수 없다(제37조 제2항).

② 목적: 국가 안전 보장·질서 유지 또는 공공복리를 위한 목적 외에는 제한할 수 없음.

③ 형식: 국민의 대표 기관인 국회가 제정한 법률에 의거하여 제한 → 국민의 기본권이 함부로 국가에 의해 침해당하지 않도록 보장

④ 방법적 요건: 과잉 금지의 원칙 → 기본권을 제한할 때는 정당한 목적을 달성하는 데 필요한 범위 안에서만 제한하여야 함.

(2) **기본권 제한의 한계**: 자유와 권리의 본질적인 내용 침해 금지 → 개별 기본권이 기본권으로서의 기능을 상실하게 될 정도로 본질적인 내용을 침해할 수 없음.

(3) **의의**: 헌법에 제시된 목적, 방법, 한계에 부합하지 않게 기본권을 제한하는 것을 막아 국민의 기본권을 보장하기 위함.

01
▶ 25063-0019

다음 글에 나타난 기본권에 대한 설명으로 가장 적절한 것은?

> 인권은 인간이라는 이유만으로 누구나 태어날 때부터 당연히 누리는 권리를 의미하는 한편 기본권은 헌법이 보장하는 국민의 기본적 권리를 의미한다. 인권과 기본권 각각에 해당하는 권리의 목록이 일치하지는 않지만, 기본권은 인권 사상에 바탕을 두고 이를 실현하고자 한다는 점에서 인권과 기본권을 엄밀하게 구분하지 않고 혼용하기도 한다. 그러나 인권은 시간과 공간을 초월하여 영구불변의 효력을 갖는 데 반해, 기본권은 법적·제도적으로 보장되는 권리이며, 개인이 국가에 대하여 권리의 내용으로 무엇인가를 주장할 수 있는 근거가 된다는 점에서 구분된다.

① 국가에 의해 제한될 수 없는 천부인권이다.
② 인권과 동일한 개념으로 규정되는 권리이다.
③ 헌법에 의해 보장되는 실정법상의 권리이다.
④ 모든 시대와 사회에서 동일하게 인정되는 권리이다.
⑤ 국가의 존재와 무관하게 모든 인간이 태어나면서부터 당연히 누리는 권리이다.

02
▶ 25063-0020

그림은 질문 (가)~(다)를 통해 기본권 유형 A, B를 구분한 것이다. 이에 대한 설명으로 옳은 것은? (단, A, B는 각각 사회권, 청구권 중 하나임.)

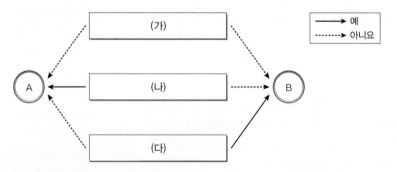

① (가)에는 '국가 성립을 전제하지 않아도 인정되는 권리인가?'가 들어갈 수 없다.
② (다)에는 '입법자가 법률을 통해 기본권을 구체화할 때 행사할 수 있는 권리인가?'가 들어갈 수 있다.
③ (나)가 '바이마르 헌법에서 최초로 규정되었는가?'라면, A와 달리 B는 국가에 특정 행위를 요구할 수 있는 수단적 권리이다.
④ (나)가 '다른 기본권 보장을 위한 수단적 권리인가?'라면, (다)에는 '헌법에 열거되어야 보장되는 권리인가?'가 들어갈 수 있다.
⑤ (다)가 '실질적 평등 실현을 위해 등장한 현대적 권리인가?'라면, (나)에는 '선거에 의해 국가 기관의 구성원으로 선출될 수 있는 권리를 포함하는가?'가 들어갈 수 있다.

03
▶ 25063-0021

다음 자료에 대한 옳은 설명만을 〈보기〉에서 있는 대로 고른 것은?

갑은 매년 1회 실시되는 변호사 시험에 응시할 예정이었으나 시험을 일주일 앞두고 코로나19 감염이 확인되었다. 그런데 코로나19 확산을 막기 위해 ㉠확진 환자의 응시를 제한하는 시험 규정에 따라 갑은 변호사 시험에 응시할 수 없게 되었다. 이에 갑은 자신의 ⬚ (가) ⬚ 이/가 침해되었다고 보고 헌법 재판소에 헌법 소원 심판을 청구하였다. 이에 헌법 재판소는 다음과 같이 결정을 내렸다.

> 확진 환자의 응시 제한 조치는 감염병의 확산을 방지하여 공중 보건을 확보하고, 이를 통해 변호사 시험을 적절히 운영·관리하기 위한 것으로서 목적의 정당성이 인정된다. 또한 확진 환자의 다른 응시자나 감독관 등과의 접촉 가능성을 사전에 차단하여 감염병의 전파 가능성을 낮추고 시험의 안정적인 운영 및 관리에 기여할 수 있다. 그러나 확진 환자가 같은 시험장 이외의 다른 장소에서 시험을 치를 수 있도록 하는 대안을 마련한다면 감염병 확산 방지 목적을 달성하면서도 확진 환자의 응시 기회를 보장할 수 있음에도 불구하고 일률적으로 모든 확진 환자를 시험에 응시할 수 없도록 하여 갑의 기본권을 과도하게 제한하였다. 한편 확진 환자의 응시를 일률적으로 제한하여 달성할 수 있는 감염병 확산 방지라는 공익은 제한적이지만, 적어도 1년간 변호사 시험에 응시할 수 없게 되어 발생하는 불이익이 더 크다는 점에서 ⬚ (나) ⬚ 을/를 충족한다고 볼 수 없다.

┌ 보기 ┐
ㄱ. (가)에는 '직업 선택의 자유'가 들어갈 수 있다.
ㄴ. (나)에는 '법익의 균형성'이 들어갈 수 없다.
ㄷ. 헌법 재판소는 ㉠이 과잉 금지의 원칙을 위반하였다고 판단하였다.
ㄹ. 헌법 재판소는 ㉠이 기본권 제한의 목적을 실현하기 위한 수단으로 적합하지 않다고 판단하였다.

① ㄱ, ㄷ   ② ㄱ, ㄹ   ③ ㄴ, ㄹ   ④ ㄱ, ㄴ, ㄷ   ⑤ ㄴ, ㄷ, ㄹ

04
▶ 25063-0022

기본권 유형 (가), (나)에 대한 옳은 설명만을 〈보기〉에서 있는 대로 고른 것은?

기본권 유형	관련 헌법 조항
(가)	제12조 ④ 누구든지 체포 또는 구속을 당한 때에는 즉시 변호인의 조력을 받을 권리를 가진다. 제21조 ② 언론·출판에 대한 허가나 검열과 집회·결사에 대한 허가는 인정되지 아니한다.
(나)	제31조 ① 모든 국민은 능력에 따라 균등하게 교육을 받을 권리를 가진다. 제33조 ① 근로자는 근로 조건의 향상을 위하여 자주적인 단결권·단체 교섭권 및 단체 행동권을 가진다.

┌ 보기 ┐
ㄱ. (가), (나)는 모두 다른 기본권을 실현하기 위한 수단적 권리이다.
ㄴ. (나)는 인간다운 생활의 보장을 국가에 요구할 수 있는 권리이다.
ㄷ. (나)와 달리 (가)는 사적 영역에 대한 국가의 간섭을 배제하는 방어적 권리이다.

① ㄱ   ② ㄷ   ③ ㄱ, ㄴ   ④ ㄴ, ㄷ   ⑤ ㄱ, ㄴ, ㄷ

05

▶ 25063-0023

다음은 질문을 통해 기본권 유형 A~C를 구분한 것이다. 이에 대한 설명으로 옳은 것은? (단, A~C는 각각 자유권, 참정권, 청구권 중 하나임.)

구분 대상	구분할 수 있는 질문	구분할 수 없는 질문
A와 B	다른 기본권의 보장과 실현을 위한 수단적 성격의 권리인가?	(가)
A와 C	(나)	국가의 존재를 전제로 보장되는 권리인가?
B와 C	(다)	(라)

① B와 달리 A는 소극적이고 방어적인 성격을 가진 권리이다.
② C와 달리 B는 법률에 의해서도 제한될 수 없는 권리이다.
③ (나)에는 '헌법에 열거되지 않았다는 이유로 경시되어서는 안 되는 권리인가?'가 들어갈 수 있다.
④ (라)에는 '현대 복지 국가 헌법에서부터 보장되기 시작한 권리인가?'가 들어갈 수 없다.
⑤ '국민 주권주의를 실현하는 능동적 권리인가?'는 (가), (다) 모두에 들어갈 수 있다.

06

▶ 25063-0024

다음은 헌법 재판소 결정문 중 일부이다. 기본권 유형 (가)에 대한 설명으로 옳은 것은?

> 심판 대상 조항은 국내에 체류하는 외국인에 대해 내국인과 달리 1회의 건강 보험료 체납 사실이 있기만 하면, 보험료가 체납되었다는 통지도 시행하지 않고 곧바로 보험 급여를 제한하도록 하고 있다. 물론, 외국인의 재산이 국내에만 있는 것이 아닐 수 있으므로 체납 보험료에 대한 징수 절차로는 실효성을 거두기가 어렵고, 외국인은 진료를 마치고 본국으로 출국함으로써 보험료 납부 의무를 쉽게 회피할 우려가 있으므로 외국인에 대해 보험 급여 제한을 내국인과 다르게 실시하는 것 자체는 인정된다. 그러나 아무런 예외 없이 보험 급여를 제한하는 경우 경제적 사유로 보험료를 납부할 능력이 없는 외국인 지역 가입자에게는 질병, 사고, 상해 발생 시 치명적 위험이 발생하고 더 나아가 가족 전체의 생계가 흔들리는 결과를 낳을 수 있다. 따라서 보험료 체납에도 불구하고 보험 급여를 실시할 수 있는 예외를 전혀 인정하지 않는 것은 합리적인 이유 없이 외국인을 내국인과 달리 취급하여 청구인의 [(가)]을/를 침해한다.

① 원칙적으로 내국인에게만 보장되는 권리이다.
② 다른 모든 기본권 보장의 전제가 되는 본질적 권리이다.
③ 최소한의 인간다운 생활의 보장을 국가에 요구할 수 있는 권리이다.
④ 다른 기본권이 침해되었을 때 이를 구제하기 위한 수단적 권리이다.
⑤ 국가 기관의 형성과 국가의 정치적인 의사 결정 과정에 참여하는 권리이다.

07

▶ 25063-0025

다음은 수행 평가 문항에 대한 학생의 답안과 교사의 채점 결과이다. 이에 대한 설명으로 옳은 것은?

자유권, 참정권, 사회권 중 2개(A, B)를 선택한 후, 그 가운데 하나를 골라 나머지 두 기본권(함께 선택한 기본권 1개, 선택하지 않은 기본권 1개)과 구별되는 특징을 각각 2가지씩 쓰시오.

기본권	A	B
특징	• 국가 성립을 전제하지 않아도 인정되는 권리이다. • (가)	• 실질적 평등의 실현을 목적으로 하는 권리이다. • (나)
점수	1점	2점

* 옳은 답은 1개당 1점, 틀린 답은 1개당 0점을 부여함.

① A는 바이마르 헌법에 처음으로 규정된 권리이다.
② A와 달리 B는 기본권 제한의 요건과 한계가 준수될 경우 법률로써 제한될 수 있는 권리이다.
③ (가)에는 '원칙적으로 내국인과 외국인 모두 동등하게 인정되는 권리이다.'가 들어갈 수 있다.
④ (나)에는 '국가의 존재를 전제로 보장되는 권리이다.'가 들어갈 수 없다.
⑤ A가 국가 권력의 간섭이나 침해를 받지 않을 방어적 권리라면, (가)에는 '역사적으로 가장 오래된 기본권이다.'가 들어갈 수 있다.

08

▶ 25063-0026

다음 자료에 대한 설명으로 옳은 것은? (단, A~C는 각각 평등권, 사회권, 청구권 중 하나임.)

교사: 기본권 유형 A~C에 대해 설명해 보세요.
갑: A는 국가 권력의 부당한 간섭과 침해를 받지 않을 권리, B는 최소한의 인간다운 삶의 보장을 국가에 요구할 수 있는 권리입니다.
을: B는 침해된 기본권을 구제하기 위한 수단적 권리, C는 다른 모든 기본권 보장의 전제 조건이 되는 권리입니다.
병: (가)
교사: 세 사람 중 ㉠두 사람만 옳게 설명했습니다.

① 갑은 ㉠에 포함된다.
② A는 기본권 중 가장 최근에 등장한 현대적 권리이다.
③ B는 합리적 이유 없이 차별을 받지 않을 권리이다.
④ B, C와 달리 A는 국가 성립 이전부터 보장되어 온 권리이다.
⑤ (가)에는 'A에 청원권, B에 근로 3권이 포함됩니다.'가 들어갈 수 있다.

09

▶ 25063-0027

기본권 유형 A에 대한 설명으로 옳은 것은?

> 최근 직계 혈족, 배우자, 동거 친족, 동거 가족 또는 그 배우자 간 벌어진 절도·사기·횡령·배임 등 재산 범죄의 형을 면제하는 '친족 상도례'를 규정한 □□법 해당 조항에 대해 헌법 재판소가 헌법 불합치 결정을 내렸다. 헌법 재판소는 가정의 평온이 형사 처벌로 인해 깨지는 것을 막으려는 입법 취지를 인정하더라도, 해당 조항으로 인해 가해자에 대해 기소가 이루어지지 않게 되어 형사 피해자는 재판 절차에 참여할 기회를 전적으로 상실하게 되고, 예외적으로 기소가 되더라도 일률적으로 '형의 면제'라는 결론이 정해져 있어 적절한 형벌권 행사를 요구할 수 없게 되어 형사 피해자의 A가 침해된다고 보았다.

① 소극적이고 방어적 성격의 권리이다.
② 법률로도 제한할 수 없는 절대적 기본권이다.
③ 다른 모든 기본권 보장의 전제가 되는 권리이다.
④ 헌법에 열거되지 않아도 보장받을 수 있는 권리이다.
⑤ 다른 기본권의 보장과 실현을 위한 수단적 성격의 권리이다.

10

▶ 25063-0028

기본권 유형 A~C에 대한 질문에 모두 옳게 응답한 학생은? (단, A~C는 각각 자유권, 사회권, 평등권 중 하나임.)

> • ○○법은 임용 당시 결격 사유가 있었다면 20년 이상 공무원으로 재직하였더라도 공무원 퇴직 연금 수급 대상에서 제외하도록 규정하고 있다. 이로 인해 해당 퇴직 공무원의 인간다운 생활을 할 권리인 A가 침해될 수 있다는 우려가 제기되었으나, 헌법 재판소는 근로 기준법에 따라 퇴직금 상당의 금액을 반환받을 수 있는 법적 구제 가능성이 열려 있으므로 해당 법률이 A를 침해하지 않는다고 판단하였다.
> • △△법은 달리는 버스 운전자를 폭행한 경우와 정차 중인 택시 운전자를 폭행한 사안에 대해 모두 징역에 처할 수 있도록 규정하고 있다. 전자에 비해 후자가 범행의 위험성과 피해의 정도가 덜함에도 이들을 구분하지 않고 동일하게 처벌하는 것은 부당하다는 주장이 있으나, 헌법 재판소는 두 경우 모두 시민의 안전과 교통질서에 위험을 초래할 가능성이 있다는 측면에서 차이가 없다며 해당 법률이 B를 침해하지 않는다고 판단하였다.
> • □□법은 공공 기관 누리집(홈페이지) 게시판에 글을 쓰기 위해서는 무조건 본인 확인 절차를 거치도록 규정하고 있다. 이러한 조치가 자신의 사상이나 견해를 표현함에 있어 표현의 내용과 수위에 대한 자기 검열 가능성을 높여 C를 과도하게 제한할 가능성이 높다는 우려가 제기되었다. 이에 대해 헌법 재판소는 공공 기관 등이 설치·운영하는 게시판에 언어폭력, 명예 훼손, 불법 정보의 유통이 이루어지는 것을 방지함으로써 얻게 되는 건전한 인터넷 문화 조성이라는 공익이 상당하므로 해당 법률이 누리집(홈페이지) 이용자의 C를 침해하지 않는다고 판단하였다.

질문 \ 학생	갑	을	병	정	무
A는 국가 권력의 간섭이나 침해를 배제하는 소극적 권리인가?	×	○	×	×	○
B에 사회적 특수 계급 제도의 금지가 포함되는가?	○	×	×	○	×
C는 헌법에 구체적으로 열거된 경우에만 보장받을 수 있는 권리인가?	×	○	○	×	×
A와 달리 C는 국가의 적극적 개입을 통하여 실현될 수 있는 권리인가?	×	×	○	○	○

(○: 예, ×: 아니요)

① 갑   ② 을   ③ 병   ④ 정   ⑤ 무

THEME 04 정부 형태

① 정부 형태

(1) 정부 형태의 의미와 유형

① 의미: 한 국가의 권력 체계의 구성 형태

② 유형

- 구분 기준: 행정부와 입법부의 관계
- 대표적 유형: 의원 내각제, 대통령제

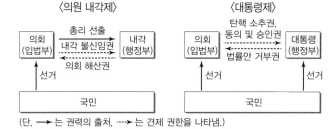

(단, ──→ 는 권력의 출처, ┄┄▶ 는 견제 권한을 나타냄.)

(2) 의원 내각제

① 의미: 의회에서 선출된 총리를 중심으로 국정을 운영하는 정부 형태

② 성립 배경: 영국에서 명예혁명을 통해 입헌 군주제를 바탕으로 한 의회 중심의 정치 체제를 형성하면서 성립

③ 행정부 구성 방식: 국민의 선거를 통해 의회를 구성하고 의회에서 선출된 총리가 내각을 구성함.

④ 특징

권력 융합	입법부가 행정부를 구성함으로써 권력이 융합된 정부 형태
의회와 내각의 긴밀한 협조	• 의회에서 선출된 총리가 내각 구성 • 내각은 의회에 대해 연대 책임을 짐. • 의회 의원의 각료 겸직 가능 • 내각도 법률안 제출 가능
의회와 내각의 상호 견제	• 의회의 내각에 대한 불신임권 행사 • 내각의 의회 해산권 행사
국가 원수와 행정부 수반	• 국가 원수: 국정 운영의 실질적 권한 없음(국왕 또는 대통령). • 정치적 실권은 행정부 수반인 총리에게 있음.

⑤ 장점과 단점

장점	• 의회와 내각의 긴밀한 협조로 능률적 국정 처리 가능 • 내각의 존속 여부가 의회에 의존하므로 책임 정치 구현 가능 • 내각 불신임, 의회 해산을 통해 입법부와 행정부의 정치적 대립 해결 가능
단점	• 다수당이 의회 과반 의석을 차지할 경우 입법부와 행정부를 모두 장악하여 다수당의 횡포 우려 • 과반 의석을 확보한 정당이 없어 연립 내각이 구성될 경우 정치적 책임 소재가 불명확해질 수 있음.

(3) 대통령제

① 의미: 국민에 의해 선출된 대통령이 국가 원수이자 행정부 수반으로서의 권한을 행사하는 정부 형태

② 성립 배경: 영국의 식민지였던 미국이 독립 과정에서 권력의 집중을 막고 국민의 자유와 권리를 보장하기 위해 견제와 균형의 원리에 입각하여 입법부와 행정부를 엄격히 분리하면서 성립

③ 행정부 구성 방식

- 국민이 선거로 대통령을 선출하며 대통령은 행정부를 구성함.
- 대통령과 행정부는 국민에게 정치적 책임을 질 뿐 의회에 대해서는 정치적 책임을 지지 않음.

④ 특징

엄격한 권력 분립	행정부와 입법부 간 엄격한 권력 분립으로 견제와 균형의 원리에 충실
입법부와 행정부의 상호 독립	• 대통령과 의회 의원은 각각 국민이 별도의 선거를 통해 선출 • 의회 의원은 각료를 겸직할 수 없음. • 법률안 제출은 의회 의원만 가능함.
입법부와 행정부의 상호 견제와 균형	• 대통령의 법률안 거부권 행사 • 의회의 각종 동의권 및 승인권 행사, 주요 공직자에 대한 탄핵 소추권 행사
국가 원수와 행정부 수반	대통령은 국가 원수인 동시에 행정부 수반으로서의 지위를 가짐.

⑤ 장점과 단점

장점	• 대통령의 법률안 거부권을 통해 의회 다수당의 횡포 방지 • 대통령의 임기 보장을 통해 대통령의 임기 동안 정국 안정, 정책의 계속성 확보 가능
단점	• 대통령에게 권한이 집중됨으로써 독재 출현 우려 • 여소야대 상황에서 입법부와 행정부 대립 발생 시 조정 곤란

② 우리나라 정부 형태

(1) 우리나라 정부 형태의 특징

① 특징: 대통령제를 기본으로 하면서 의원 내각제 요소를 일부 도입함.

② 역사적 변천 과정: 대통령제 → 의원 내각제(3차 개헌) → 대통령제(5차 개헌~현재)

(2) 우리나라 정부 형태의 대통령제 요소: 대통령이 국가 원수와 행정부 수반의 지위를 동시에 가짐, 대통령의 법률안 거부권, 국회의 각종 동의권 및 승인권 행사 등

(3) 우리나라 정부 형태의 의원 내각제 요소: 국무총리의 행정 각부 통할, 국회 의원의 국무 위원 겸직 가능, 정부의 법률안 제출권, 국회의 국무총리 및 국무 위원 해임 건의권 등

01

▶ 25063-0029

갑국과 을국의 정부 형태에 대한 설명으로 옳은 것은? (단, 갑국과 을국의 정부 형태는 각각 전형적인 대통령제와 의원 내각제 중 하나임.)

> 갑국에서는 행정부가 입법부와 독립적으로 운영되며, 행정부 수반이 국민의 직접 선거를 통해 얻은 권위에 기반하여 헌법에 따라 통치한다. 한편 을국에서는 행정부가 입법부로부터 기원하며, 행정부 수반이 입법부와 유기적으로 연결되어 있다. 또한 행정부는 입법부에 책임을 지며 입법부 내 신임 투표에서 패할 경우 사임해야 한다.

① 갑국에서는 내각도 법률안 제출이 가능하다.
② 갑국에서는 국가 원수와 행정부 수반이 일치하지 않는다.
③ 을국에서는 의회 의원의 각료 겸직이 가능하다.
④ 을국에서는 행정부 수반이 법률안 거부권을 행사할 수 있다.
⑤ 갑국과 을국 모두 행정부 수반의 임기가 보장된다.

02

▶ 25063-0030

다음 자료에 대한 설명으로 옳은 것은? (단, 갑국과 을국의 정부 형태는 각각 전형적인 대통령제와 의원 내각제 중 하나임.)

○○ 신문
갑국 의회 의원 선거 결과
– A당과 B당이 연립 내각을 구성 – 정치적 책임 소재가 불명확해질 우려 ⋮

□□ 신문
을국 의회 의원 선거 결과
– 여대야소 현상 나타나 행정부 수반 힘 얻어 – 행정부 수반의 임기 동안 정국 안정 기대 ⋮

① 갑국에서 법률안 제출은 의회 의원만 가능하다.
② 갑국에서는 행정부와 입법부 간에 엄격한 권력 분립이 나타난다.
③ 을국에서 내각은 의회에 대해 연대 책임을 진다.
④ 을국에서 행정부 수반은 국민의 직접 선거를 통해 선출된다.
⑤ 을국과 달리 갑국에서 의회 의원은 각료를 겸직할 수 없다.

03

▶ 25063-0031

다음 자료에 대한 설명으로 옳은 것은? (단, A, B는 각각 전형적인 대통령제와 의원 내각제 중 하나임.)

정치와 법 학습 활동지

1. A, B의 특징을 각각 2가지씩 서술하시오. (옳은 서술 1개당 1점씩, 총 4점)

구분	특징	점수
A	• (가) • 행정부 수반과 의회 의원은 각각 국민의 별도 선거를 통해 선출함.	1점
B	• 내각은 의회에 대해 연대 책임을 짐. • (나)	2점

① A는 역사적으로 입헌 군주제를 바탕으로 한 의회 중심의 정치 체제를 형성하면서 성립되었다.

② B는 의회에서 선출된 행정부 수반을 중심으로 국정을 운영하는 정부 형태이다.

③ A와 달리 B는 행정부와 입법부 간 엄격한 권력 분립으로 견제와 균형의 원리에 충실하다.

④ (가)에는 '법률안 제출은 의회 의원만 가능함.'이 들어갈 수 있다.

⑤ (나)에는 '의회 의원의 각료 겸직이 가능함.'이 들어갈 수 없다.

04

▶ 25063-0032

다음은 갑국의 정부 형태를 나타낸 그림이다. 이에 대한 옳은 설명만을 〈보기〉에서 있는 대로 고른 것은? (단, 갑국은 전형적인 정부 형태를 채택하고 있음.)

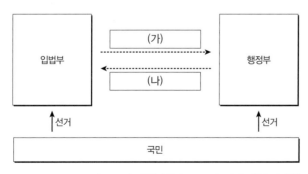

(──→ 는 권력의 출처, ·····▶ 는 견제 권한을 나타냄.)

┌ 보기 ┐

ㄱ. 갑국에서 행정부 수반은 의회 해산권을 가진다.

ㄴ. 갑국에서는 행정부 수반과 국가 원수가 동일인이다.

ㄷ. (가)에는 '탄핵 소추권'이 들어갈 수 있다.

ㄹ. (나)에는 '법률안 거부권'이 들어갈 수 있다.

① ㄱ, ㄴ   ② ㄱ, ㄷ   ③ ㄷ, ㄹ   ④ ㄱ, ㄴ, ㄹ   ⑤ ㄴ, ㄷ, ㄹ

05

▶ 25063-0033

다음 자료에 대한 설명으로 옳은 것은? (단, A, B는 각각 전형적인 대통령제와 의원 내각제 중 하나임.)

교사: 우리나라 정부 형태는 A를 기본으로 하면서 B 요소를 일부 도입하고 있습니다. 카드를 뽑아서 A의 특징에 해당하면 1점, B의 특징에 해당하면 2점입니다.

〈1 모둠이 뽑은 카드〉

대통령이 국가 원수와 행정부 수반의 지위를 동시에 가진다.	(가)	(나)

〈2 모둠이 뽑은 카드〉

국민은 직접 선거로 행정부 수반을 선출한다.	(다)	국회 의원의 국무 위원 겸직이 가능하다.

교사: 1 모둠은 5점, 2 모둠은 4점입니다.

① A에서는 내각이 의회에 대해 연대 책임을 진다.
② B에서는 국가 원수가 국정 운영에 실질적 권한을 갖는다.
③ (가)에는 '대통령이 법률안 거부권을 가진다.'가 들어갈 수 있다.
④ (나)에는 '정부가 법률안 제출권을 가진다.'가 들어갈 수 있다.
⑤ (다)에는 '국회가 국무총리 및 국무 위원 해임 건의권을 가진다.'가 들어갈 수 있다.

06

▶ 25063-0034

다음 자료에 나타난 갑국과 을국의 정부 형태에 대한 옳은 설명만을 〈보기〉에서 있는 대로 고른 것은? (단, 갑국과 을국의 정부 형태는 각각 전형적인 대통령제와 의원 내각제 중 하나임.)

갑국에서는 그동안 대외 수출이 중단되고, 경제 상황이 어려워지면서 내각의 국정 운영에 대한 많은 비판이 있었습니다. 이에 의회가 내각에 대해 불신임권을 행사하였고, 내각 또한 의회를 해산하겠다고 발표함에 따라 선거를 통해 새로운 의회가 구성될 예정입니다. 한편 을국에서는 국민 다수의 표를 얻어 선출된 행정부 수반이 최근 성공적인 외교 성과를 보였고 을국 경제에 긍정적인 효과가 나타날 것으로 전망됩니다.

┌ 보기 ┐
ㄱ. 갑국에서는 의회에서 선출된 행정부 수반이 내각을 구성한다.
ㄴ. 갑국에서는 입법부와 행정부 간에 권력 분립의 원리가 엄격하게 구현된다.
ㄷ. 을국에서는 의회 의원이 각료를 겸직할 수 없다.
ㄹ. 을국에서는 행정부가 의회에 법률안을 제출할 수 있다.

① ㄱ, ㄷ   ② ㄱ, ㄹ   ③ ㄴ, ㄷ   ④ ㄱ, ㄴ, ㄹ   ⑤ ㄴ, ㄷ, ㄹ

07

▶ 25063-0035

다음은 A, B 요소가 나타난 우리나라 헌법 조항이다. 이에 대한 옳은 설명만을 〈보기〉에서 고른 것은? (단, A, B는 각각 전형적인 대통령제와 의원 내각제 중 하나임.)

A 요소	• 법률안에 이의가 있을 때에는 대통령은 제1항의 기간 내에 이의서를 붙여 국회로 환부하고, 그 재의를 요구할 수 있다. 국회의 폐회 중에도 또한 같다. • _____(가)_____ • 행정권은 대통령을 수반으로 하는 정부에 속한다.
B 요소	• 국회 의원과 정부는 법률안을 제출할 수 있다. • 국회는 국무총리 또는 국무 위원의 해임을 대통령에게 건의할 수 있다. • _____(나)_____ • 국무 회의는 정부의 권한에 속하는 중요한 정책을 심의한다.

┌─ 보기 ┌
ㄱ. A에서는 내각이 의회에 대한 연대 책임을 진다.
ㄴ. B에서는 행정부 수반의 법률안 거부권이 인정된다.
ㄷ. (가)에는 '대통령은 국민의 보통·평등·직접·비밀 선거에 의하여 선출한다.'가 들어갈 수 있다.
ㄹ. (나)에는 '국무총리는 국회의 동의를 얻어 대통령이 임명한다.'가 들어갈 수 있다.

① ㄱ, ㄴ   ② ㄱ, ㄷ   ③ ㄴ, ㄷ   ④ ㄴ, ㄹ   ⑤ ㄷ, ㄹ

08

▶ 25063-0036

전형적인 정부 형태 A, B에 대한 질문에 모두 옳게 응답한 학생은?

교사: A는 국민에 의해 선출된 대통령이 국가 원수이자 행정부 수반으로서의 권한을 행사하는 정부 형태입니다. B는 의회에서 선출된 총리를 중심으로 국정을 운영하는 정부 형태입니다. A, B 각각의 특징에 대한 설명이 맞으면 ○표, 틀리면 ×표를 하세요.

질문 \ 학생	갑	을	병	정	무
A에서 의회 의원은 각료를 겸직할 수 없는가?	○	○	○	×	×
A에서 법률안 제출은 의회 의원만 가능한가?	○	○	×	○	×
B에서 의회가 내각에 대한 불신임권을 행사할 수 있는가?	×	○	×	○	×
B에서 행정부 수반의 임기가 엄격히 보장되는가?	×	×	×	○	○

(○: 예, ×: 아니요)

① 갑   ② 을   ③ 병   ④ 정   ⑤ 무

09

▶ 25063-0037

다음 자료에 대한 분석 및 추론으로 옳은 것은? (단, 갑국은 전형적인 정부 형태를 채택하고 있음.)

갑국은 t 시기에 행정부와 입법부 간에 엄격한 권력 분립으로 견제와 균형의 원리에 충실한 정부 형태를 채택하였다. 이후 t+1 시기에 입법부가 행정부를 구성함으로써 권력이 융합된 정부 형태로 변화되어 t+2 시기까지 유지되다가 t+3 시기에 다시 t 시기의 정부 형태로 되돌아갔다. 각 시기별 정당별 의석률과 행정부 수반 소속 정당은 다음과 같다.

구분	정당별 의석률(%)				행정부 수반 소속 정당
	A당	B당	C당	D당	
t 시기	30	5	55	10	㉠
t+1 시기	55	15	20	10	A당
t+2 시기	40	20	10	30	A당
t+3 시기	55	10	15	20	㉠

① t 시기에 여소야대 현상이 나타났다면, ㉠에 'C당'이 들어갈 수 있다.
② t+1 시기에 의회 의원은 각료를 겸직할 수 없다.
③ t+2 시기에는 A당이 단독으로 내각을 구성하였을 것이다.
④ t+3 시기에 법률안 제출은 의회 의원만 가능하다.
⑤ ㉠에 'A당'이 들어가면 t+3 시기에 비해 t 시기에 행정부 수반의 강력한 정책 추진이 용이할 것이다.

10

▶ 25063-0038

다음 자료에 대한 옳은 설명만을 〈보기〉에서 고른 것은? (단, A, B는 서로 다른 전형적인 정부 형태임.)

정치와 법 수행 평가

우리나라는 A 요소가 가미된 B 기반의 정부 형태를 채택하고 있다. 우리나라 정부 형태의 A 요소와 B 요소를 2가지씩 작성하시오. (옳은 서술 1개당 1점씩, 총 4점)

A 요소	B 요소
• 대통령의 법률안 거부권	• 국회의 국무총리 및 국무 위원 해임 건의권
• (가)	• (나)

채점 결과
2점

┌ 보기 ┐
ㄱ. A는 대통령제, B는 의원 내각제이다.
ㄴ. B와 달리 A에서는 의회가 내각에 대한 불신임권을 행사할 수 있다.
ㄷ. (가)에 '국회의 각종 동의권 및 승인권 행사'가 들어갈 수 있다.
ㄹ. (나)에 '국가 원수와 행정부 수반 일치'가 들어갈 수 있다.

① ㄱ, ㄴ   ② ㄱ, ㄷ   ③ ㄴ, ㄷ   ④ ㄴ, ㄹ   ⑤ ㄷ, ㄹ

1 국회

(1) **국회의 지위**: 국민 대표 기관, 입법 기관, 국정 통제 기관

(2) **국회 의원의 구성**: 지역구 의원, 비례 대표 의원 → 임기 4년

(3) **국회의 기능과 권한**

① 입법에 관한 사항: 헌법 개정안 제안·의결권, 법률 제·개정권, 조약의 체결·비준 동의권 등

② 재정에 관한 사항: 국가 예산안 심의·의결권, 결산 심사권 등

③ 일반 국정에 관한 사항

• 국가 기관 구성: 국무총리·감사원장·대법원장 및 대법관·헌법 재판소장 임명 동의권, 헌법 재판소의 재판관 3인 선출권 등

• 국정 감시 및 통제: 국정 감사·조사권, 대통령 권한 행사에 대한 동의·승인권, 국무총리 및 국무 위원 해임 건의권, 탄핵 소추권 등

(4) **입법 절차**

① 헌법 개정 절차

* 제출: 국회 의원(10명 이상), 국회의 위원회 또는 정부
* 심의·의결: 소관 상임 위원회 심의·의결 → 본회의 상정 → 질의 및 토론 → 의결(재적 의원 과반수 출석과 출석 의원 과반수 찬성)
* 공포: 정부로 이송된 법률안은 15일 이내에 대통령이 공포
* 재의결: 재의 요구된 법률안이 재적 의원 과반수의 출석과 출석 의원 3분의 2 이상의 찬성으로 의결되면 법률로서 확정

② 법률 제·개정 절차

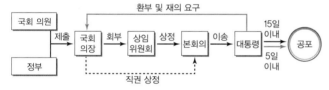

2 대통령과 행정부

(1) **대통령**

① 지위: 국가 원수와 행정부 수반의 지위를 동시에 가짐.

② 선출 및 임기: 국민의 직접 선거, 임기 5년, 중임 금지

③ 주요 권한

• 국가 원수로서의 권한: 조약 체결 및 비준권, 선전 포고와 강화권, 대법원장 및 대법관·헌법 재판소장 등에 대한 임명권 등

• 행정부 수반으로서의 권한: 행정부 지휘·감독권, 공무원 임면권, 대통령령 발포권 등

④ 대통령 권한 행사에 대한 통제 방법: 국회의 탄핵 소추 및 헌법 재판소의 탄핵 심판, 선거에 의한 통제, 여론에 의한 통제 등

(2) **행정부의 주요 기구**

① 국무총리: 대통령이 국회의 동의를 얻어 임명, 행정 각부를 통할함, 국무 위원 임명 제청, 국무 위원 해임 건의, 총리령 발포 등

② 국무 회의: 정부의 권한에 속하는 중요 정책을 심의하는 행정부 최고의 심의 기관, 의장(대통령)·부의장(국무총리)·국무 위원으로 구성

③ 행정 각부: 대통령이 결정하는 정책과 행정부의 권한에 속하는 사무를 집행함.

④ 감사원: 대통령 직속의 독립적 헌법 기관, 국가의 세입·세출의 결산 검사, 공무원의 직무 감찰, 국가 및 법률이 정한 단체의 회계 검사 등

3 법원과 헌법 재판소

(1) **사법권의 독립**

① 의미: 외부의 간섭과 압력으로부터 법원과 법관을 독립시킴.

② 목적: 공정한 재판을 보장하여 국민의 기본권 보장

③ 실현 방법: 법원의 독립, 법관의 독립

(2) **법원의 조직과 기능**

① 대법원: 위헌·위법한 명령·규칙·처분에 대한 최종 심사권, 상고·재항고심 관할권 등

② 고등 법원: 원칙적으로 항소·항고 사건의 제2심을 담당함.

③ 지방 법원: 원칙적으로 제1심을 담당함(지방 법원 본원 합의부는 지방 법원 및 지원 단독 판사의 판결에 대한 항소 사건과 결정·명령에 대한 항고 사건의 제2심을 담당함.).

④ 위헌 법률 심판 제청권: 법률이 헌법에 위반되는지 여부가 재판의 전제가 된 경우에는 각급 법원이 헌법 재판소에 제청할 수 있음.

(3) **심급 제도**

① 의미: 공정한 재판을 보장하기 위해 법원에 급을 두어 여러 번 재판을 받을 수 있도록 하는 제도 → 원칙적으로 3심제

② 상소 제도: 하급 법원의 판결이나 결정·명령에 불복하여 상급 법원에 다시 재판을 청구하는 제도(항소, 상고, 항고, 재항고)

(4) **헌법 재판소**

① 지위: 헌법 수호 기관, 기본권 보장 기관

② 구성: 법관의 자격을 가진 9인의 재판관으로 구성 → 국회에서 선출된 3인, 대법원장이 지명한 3인을 포함하여 대통령이 임명, 헌법 재판소장은 국회의 동의를 얻어 재판관 중에서 대통령이 임명

③ 권한: 위헌 법률 심판, 헌법 소원 심판, 탄핵 심판, 권한 쟁의 심판, 정당 해산 심판

④ 위헌 법률 심판: 법률의 위헌 여부가 재판의 전제가 된 경우에 법원의 제청에 의해 해당 법률의 위헌 여부를 결정함.

⑤ 헌법 소원 심판

• 권리 구제형 헌법 소원: 공권력의 행사 또는 불행사로 헌법상 보장된 기본권을 침해당한 국민이 직접 헌법 재판소에 그 공권력의 취소 또는 위헌 확인을 구하는 심판

• 위헌 심사형 헌법 소원: 재판 당사자가 법원에 위헌 법률 심판 제청을 신청하였으나 법원이 이를 받아들이지 않았을 때 신청을 한 당사자가 직접 헌법 재판소에 법률의 위헌 확인을 구하는 심판

01

▶ 25063-0039

우리나라 국가 기관 A의 권한으로 옳은 것은?

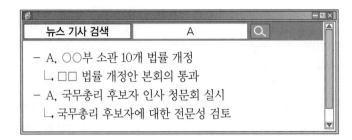

뉴스 기사 검색	A	🔍

- A, ○○부 소관 10개 법률 개정
  └ □□ 법률 개정안 본회의 통과
- A, 국무총리 후보자 인사 청문회 실시
  └ 국무총리 후보자에 대한 전문성 검토

① 조약의 체결 · 비준권을 가진다.
② 국무 위원 임명 제청권을 가진다.
③ 국가 예산안 심의 · 확정권을 가진다.
④ 국가의 세입 · 세출의 결산 검사를 한다.
⑤ 행정 기관 및 공무원의 직무에 관한 감찰을 한다.

02

▶ 25063-0040

밑줄 친 ㉠~㉢에 대한 설명으로 옳은 것은?

〈헌법 개정 절차〉

㉠ 제안 → ㉡ 공고 ─60일 이내→ ㉢ 국회 의결 ─30일 이내→ ㉣ 국민 투표 ─즉시→ ㉤ 공포

① ㉠은 국회 재적 의원 3분의 2 이상의 찬성을 얻어야 한다.
② 제안된 헌법 개정안은 국회 의장이 20일 이상의 기간을 ㉡하여야 한다.
③ ㉢은 국회 재적 의원 과반수의 찬성을 얻어야 한다.
④ ㉣은 국회 의원 선거권자 과반수의 투표와 투표자 과반수의 찬성을 얻어야 한다.
⑤ 헌법 개정이 확정되면 국회는 즉시 이를 ㉤하여야 한다.

03

▶ 25063-0041

다음 자료에 대한 옳은 설명만을 〈보기〉에서 고른 것은?

〈법률 제·개정 절차〉

〈보기〉

ㄱ. ㉠은 법률안에 대한 전문적인 심사를 목적으로 한다.
ㄴ. ㉡에서 재의결이 이루어질 경우 국회 재적 의원 과반수의 출석과 출석 의원 3분의 2 이상의 찬성으로 의결한다.
ㄷ. (가)에는 '국회 의원 10명 이상', '국회의 위원회'만 들어갈 수 있다.
ㄹ. (나)에는 '국회 의장', (다)에는 '국회'가 들어간다.

① ㄱ, ㄴ   ② ㄱ, ㄷ   ③ ㄴ, ㄷ   ④ ㄴ, ㄹ   ⑤ ㄷ, ㄹ

04

▶ 25063-0042

우리나라 국가 기관 A, B에 대한 옳은 설명만을 〈보기〉에서 있는 대로 고른 것은?

우리나라와 갑국은 다양한 분야에서 서로 활발하게 협력하고 있습니다. 이번에 A는 갑국과 ○○ 조약을 체결하고 비준하였으며 B는 ○○ 조약의 체결 및 비준에 대한 동의권을 행사하였습니다.

〈보기〉

ㄱ. A는 대법원장 및 대법관에 대한 임명권을 가진다.
ㄴ. A는 국민의 직접 선거를 통해 선출되며, 임기는 4년이다.
ㄷ. B는 국정 감사 및 조사권을 가진다.
ㄹ. B는 국무총리에 대한 임명 동의권을 가진다.

① ㄱ, ㄴ   ② ㄱ, ㄹ   ③ ㄴ, ㄷ   ④ ㄱ, ㄷ, ㄹ   ⑤ ㄴ, ㄷ, ㄹ

05

▶ 25063-0043

우리나라 국가 기관 A~D의 권한으로 옳은 것은?

〈오늘의 주요 뉴스〉

- A, 대법원장 및 헌법 재판소장 임명
- B, 국가의 세입·세출의 결산 검사
- C, A에 국무 위원 임명 제청
- D, 의장 A와 부의장 C가 참여하여 안건 논의

① A는 국회의 임시회 집회를 요구할 수 있다.
② B는 행정부 최고의 심의 기관이다.
③ D는 행정 각부를 통할한다.
④ B는 C 직속의 독립된 헌법 기관이다.
⑤ A는 D의 동의를 얻어 C를 임명한다.

06

▶ 25063-0044

밑줄 친 ㉠~㉫에 대한 설명으로 옳은 것은?

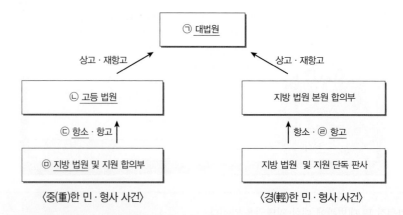

① ㉠은 헌법 재판을 담당하는 최고 법원이다.
② ㉡은 명령·규칙 또는 처분의 위헌성 및 위법성에 대한 최종 심사권을 가진다.
③ ㉢은 법원의 1심 결정이나 명령에 불복하여 2심 재판을 청구하는 상소이다.
④ ㉣은 법원의 1심 판결에 불복하여 2심 재판을 청구하는 상소이다.
⑤ ㉤은 헌법 재판소에 위헌 법률 심판을 제청할 수 있다.

07

▶ 25063-0045

다음 자료에 대한 옳은 설명만을 〈보기〉에서 고른 것은?

갑은 항소심 판결에 불복하여 A에 상고하였다. 한편 을은 공권력의 행사 또는 불행사로 헌법상 보장된 기본권을 침해당해 B에 그 공권력의 취소 또는 위헌 확인을 구하는 심판인 (가) 을/를 청구하였다.

┌ 보기 ┐
ㄱ. A는 명령·규칙 또는 처분의 위헌성 및 위법성에 대한 최종 심사권을 가진다.
ㄴ. A의 장(長), B의 장(長) 모두 국회의 동의를 얻어 대통령이 임명한다.
ㄷ. A와 달리 B는 위헌 법률 심판 제청권을 가진다.
ㄹ. (가)에는 '위헌 심사형 헌법 소원 심판'이 들어갈 수 있다.

① ㄱ, ㄴ   ② ㄱ, ㄷ   ③ ㄴ, ㄷ   ④ ㄴ, ㄹ   ⑤ ㄷ, ㄹ

08

▶ 25063-0046

다음 자료에 대한 옳은 설명만을 〈보기〉에서 있는 대로 고른 것은?

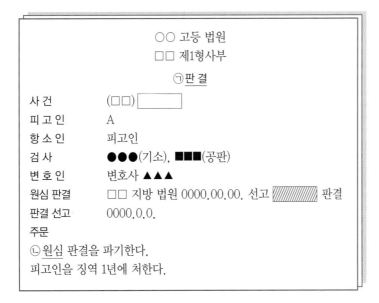

○○ 고등 법원
□□ 제1형사부
㉠판 결

사 건	(□□)
피 고 인	A
항 소 인	피고인
검 사	●●●(기소), ■■■(공판)
변 호 인	변호사 ▲▲▲
원심 판결	□□ 지방 법원 0000.00.00. 선고 ▨▨▨▨ 판결
판결 선고	0000.0.0.

주문
㉡원심 판결을 파기한다.
피고인을 징역 1년에 처한다.

┌ 보기 ┐
ㄱ. ㉠을 선고한 법원은 항고 사건을 담당할 수 있다.
ㄴ. A는 ㉠에 불복하면 상고할 수 있다.
ㄷ. ㉡은 지방 법원 또는 지원 단독 판사가 담당하였다.

① ㄱ   ② ㄷ   ③ ㄱ, ㄴ   ④ ㄴ, ㄷ   ⑤ ㄱ, ㄴ, ㄷ

[09~10] 다음 그림을 보고 물음에 답하시오.

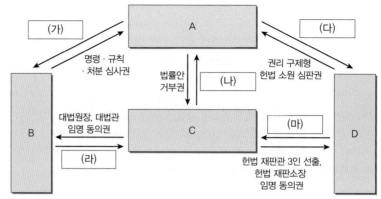

* A~D는 각각 국회, 대통령(행정부), 법원, 헌법 재판소 중 하나임.
** 화살표 방향은 견제 권한의 행사를 의미함.

09

▶ 25063-0047

우리나라 국가 기관 A~D에 대한 설명으로 옳은 것은?

① A는 국민의 대표 기관인 입법 기관이다.
② B는 국민의 직접 선거로 선출되어 구성된다.
③ C는 공정한 재판을 보장하기 위해 심급 제도를 두고 있다.
④ D는 법관의 자격을 가진 9인의 재판관으로 구성된다.
⑤ D와 달리 B는 권한 쟁의 심판을 담당한다.

10

▶ 25063-0048

(가)~(마)에 들어갈 수 있는 내용으로 옳은 것은?

① (가) – 대법원장, 대법관 임명권
② (나) – 위헌 법률 심판 제청권
③ (다) – 국무총리, 감사원장 임명 동의권
④ (라) – 위헌 법률 심판권
⑤ (마) – 대통령, 국무총리 등 탄핵 소추 의결권

11

▶ 25063-0049

다음 자료에 대한 옳은 설명만을 〈보기〉에서 고른 것은?

- 갑은 ㉠1심 법원에서 형사 재판을 받던 중에 재판의 전제가 된 ○○법 □□조항이 헌법에 위반된다고 판단하여 법원에 [(가)] 제청 신청을 하였다. 이에 법원은 헌법 재판소에 [(가)] 제청을 하였다.
- 을은 ㉡대법원에서 형사 재판을 받던 중에 재판의 전제가 된 △△법 ◇◇조항이 헌법에 위반된다고 판단하여 대법원에 [(가)] 제청 신청을 하였으나 대법원은 이를 기각하였다. 이에 을은 헌법 재판소에 해당 조항이 헌법에 위반되는지 판단해 달라고 [(나)] 을/를 청구하였다.

┌ 보기 ┐
ㄱ. (가)에는 '위헌 법률 심판'이 들어간다.
ㄴ. 갑은 ㉠의 판결에 불복하면 항소할 수 있다.
ㄷ. (나)에는 '권리 구제형 헌법 소원 심판'이 들어간다.
ㄹ. 을은 ㉡에도 (나)를 청구할 수 있다.

① ㄱ, ㄴ   ② ㄱ, ㄷ   ③ ㄴ, ㄷ   ④ ㄴ, ㄹ   ⑤ ㄷ, ㄹ

12

▶ 25063-0050

(가), (나)는 우리나라 국가 기관 A가 담당하는 심판이다. 이에 대한 옳은 설명만을 〈보기〉에서 있는 대로 고른 것은?

[(가)]

정당의 목적이나 활동이 민주적 기본 질서에 어긋나는지 판단하고자 합니다.

[(나)]

국가 기관인 ○○○와 □□□의 권한의 유무와 범위를 판단하고자 합니다.

┌ 보기 ┐
ㄱ. (가)에는 '정당 해산 심판'이 들어간다.
ㄴ. (나)에는 '위헌 법률 심판'이 들어간다.
ㄷ. (가), (나)의 결정에 불복하면 항소할 수 있다.
ㄹ. A는 탄핵 심판을 할 수 있는 권한도 가지고 있다.

① ㄱ, ㄷ   ② ㄱ, ㄹ   ③ ㄴ, ㄹ   ④ ㄱ, ㄴ, ㄷ   ⑤ ㄴ, ㄷ, ㄹ

① 지방 자치

(1) 지방 자치의 의미와 의의

① 의미: 일정한 지역에 거주하는 주민이 자치 단체를 구성하여 그 지역의 사무를 자율적으로 처리하는 제도

② 의의

• 민주주의의 이상인 자치의 원리에 충실: 지방 자치의 경험을 통해 양성한 민주 시민과 정치 지도자는 국가 전체의 민주주의 발전에 기여 → 풀뿌리 민주주의, 민주주의의 학교

• 지방 분권의 실현: 권력의 중앙 집중으로 인한 폐단을 막고 중앙 정부와 지방 자치 단체의 역할 분담 → 수직적 권력 분립

• 국민의 자유와 권리 보장: 중앙 정부의 한계 보완 및 견제를 통해 국민의 자유와 권리 보장에 기여

(2) 지방 자치의 유형

주민 자치	지역 주민이 스스로의 책임 아래 그 지방의 공공 문제를 처리 → 자치의 원리
단체 자치	중앙 정부로부터 독립된 지위와 권한을 부여받은 지방 정부가 자치 실행 → 지방 분권의 원리

② 우리나라 지방 자치

(1) 지방 자치 단체의 종류

① 광역 자치 단체: 특별시, 광역시, 특별자치시, 도, 특별자치도

② 기초 자치 단체: 시, 군, 자치구

(2) 지방 자치 단체의 기관

① 지방 의회(의결 기관)

• 구성: 주민의 선거로 선출된 지역구 의원과 비례 대표 의원으로 구성

• 지위: 주민의 대표 기관, 최고 의사 결정 기관, 집행 기관에 대한 견제 및 감시 기관

• 권한: 조례의 제정·개정 및 폐지 권한, 지방 자치 단체 예산의 심의·확정권, 결산 승인권, 기타 주민 부담에 관한 사항의 심의 및 의결권, 주민 청원의 수리 및 처리권 등

② 지방 자치 단체의 장(집행 기관)

• 구성: 주민의 선거에 의해 선출

• 유형

　– 광역 자치 단체의 장: 특별시장, 광역시장, 특별자치시장, 도지사, 특별자치도지사

　– 기초 자치 단체의 장: 시장, 군수, 구청장

• 지위: 지방 자치 단체의 집행 기관, 지방 자치 단체 대표

• 권한: 지방 자치 단체의 일반적인 행정 사무 처리권, 소속 직원에 대한 임면권 및 지휘 감독권, 규칙 제·개정 및 폐지권 등

③ 교육의 자율성·전문성·독립성을 보장하기 위해 광역 자치 단체에 교육 자치 관련 집행 기관인 교육감을 두고 있음.

(3) 우리나라의 주민 참여 제도

① 주민 투표 제도: 주민에게 과도한 부담을 주거나 중대한 영향을 미치는 주요 결정 사항 등을 주민 투표로 결정하는 제도

② 주민 조례 청구 제도: 주민이 지방 의회에 조례를 제정하거나 개정 또는 폐지할 것을 청구할 수 있는 제도

③ 주민 소환 제도: 부당한 행위를 저지르거나 직무에 태만한 지방 자치 단체의 장이나 지방 의회 의원(비례 대표 지방 의회 의원 제외)을 임기 중에 주민의 투표에 의해 해임하는 제도

④ 주민 참여 예산 제도: 주민이 지방 자치 단체의 예산 편성 과정에 직접 참여하여 협의를 거쳐 실현 가능한 예산안을 편성하고 사업의 필요성 판단이나 예산 배분의 우선순위 결정 등에 대해 의견을 제시하는 제도

⑤ 주민 감사 청구 제도: 지방 자치 단체와 그 장의 권한에 속하는 사무의 처리가 법령에 위반되거나 공익을 현저히 해친다고 인정될 때 주민이 감사를 청구할 수 있는 제도

⑥ 주민 소송 제도: 지방 자치 단체의 위법한 재무 행위를 방지·시정하거나 그로 인한 손해를 회복할 수 있도록 일정한 절차를 거쳐 주민이 법원에 재판을 청구하는 제도

⑦ 주민 청원 제도: 지방 자치 단체의 조례나 규칙의 제·개정 및 폐지, 지방 자치 단체가 마련하기를 바라는 정책, 제도 등을 지방 의회에 문서로써 청원할 수 있는 제도

③ 우리나라 지방 자치의 문제점과 과제

(1) 우리나라 지방 자치의 문제점

① 지방 자치 단체의 독립성과 자율성 부족

② 지방 자치 단체의 낮은 재정 자립도 및 지방 자치 단체 간 경제력 차이

③ 지방 자치에 대한 지역 주민의 적극적 참여 부족

(2) 우리나라 지방 자치의 과제

① 지방 분권 강화: 지방 자치 단체에 대한 중앙 정부의 통제 완화, 조세 제도 개선을 통한 지방 자치 단체의 재정 자립도 향상 및 지역 간 균형 발전 도모, 지방 자치 단체의 장 및 지방 의회의 권한 확대

② 주민들의 참여 확대: 주민 참여 방식을 다양화하여 주민들이 지방 자치 활동에 적극적으로 참여할 수 있는 여건 조성

③ 중앙 정부와 지방 자치 단체 간의 협력 강화

01

▶ 25063-0051

다음 자료에 대한 옳은 설명만을 〈보기〉에서 있는 대로 고른 것은?

지방 자치는 일정 지역을 나누어서 지역에 거주하는 주민이 지역의 단체를 구성하여 다양한 지역 문제를 해결하고, 지역의 사무에 대하여 자율적으로 처리하는 제도를 말한다. 지방 자치는 지역 주민이 스스로의 책임 아래 그 지역에서 발생하는 공공 문제를 처리하는 A와 중앙 정부로부터 지위와 권한을 부여받아 지방 정부를 운영하는 B의 성격을 함께 가지고 있다. 이를 그림으로 표현하면 다음과 같다.

┌ 보기 ┌
ㄱ. A는 주민 자치, B는 단체 자치이다.
ㄴ. 우리나라는 ㉠이 ㉢을 해임할 수 있는 제도가 시행되고 있다.
ㄷ. ㉡, ㉢은 모두 ㉣과 수평적 권력 분립 관계에 있다.
ㄹ. ㉣은 ㉡의 의원을 임명할 수 있는 권한을 가진다.

① ㄱ, ㄴ   ② ㄱ, ㄷ   ③ ㄷ, ㄹ   ④ ㄱ, ㄴ, ㄹ   ⑤ ㄴ, ㄷ, ㄹ

02

▶ 25063-0052

우리나라 지방 자치 단체의 기관 A, B에 대한 설명으로 옳은 것은? (단, A, B는 각각 지방 자치 단체의 장, 지방 의회 중 하나임.)

 일부 시민 단체에서 「○○시 평생 교육 진흥 조례 시행 규칙」 일부 개정이 필요하다고 A에 요구하고 있습니다. 이에 A는 규칙 개정에 대하여 ○○시 주민들과 전문가 등을 한자리에 모아 다양한 의견을 듣는 자리를 마련하였습니다. 한편 이 소식을 접한 B는 이번 규칙 개정이 ○○시 평생 교육에 긍정적인 영향을 미칠지 공청회를 열기로 하고, ○○시 평생 교육과 관련하여 차년도 예산을 심의할 때, 고려하기로 하였습니다.

① A는 주민의 대표 기관이자 최고 의사 결정 기관이다.
② A는 주민이 선출한 지역구 의원과 비례 대표 의원으로 구성된다.
③ B는 조례 제·개정 및 폐지권을 가진다.
④ B는 지방 자치 단체의 일반적인 행정 사무 처리권을 가진다.
⑤ A와 달리 B는 소속 직원에 대한 임면권 및 지휘 감독권을 가진다.

03

▶ 25063-0053

다음 두 사례에서 공통적으로 파악할 수 있는 지방 자치의 효과로 가장 적절한 것은?

- ○○군은 주민 자치 회의를 열어 일부 예산으로 지역의 특산물을 알리는 축제를 지원하기로 하였다. 주민들이 예산 편성은 물론 이후 예산 사용에 대한 세부적인 계획을 세워 진행하는 데까지 참여하면서 성공적인 축제 운영에 크게 기여하였다.
- □□군은 지역 주민을 대상으로 제안 사업을 공모하였다. 공모 결과 지역 생활에 불편한 사항을 해소할 수 있는 사업, 어려운 주민을 돕기 위한 사업, 학생들의 교육을 지원하기 위한 사업 등이 접수되었고, 이를 바탕으로 지역 발전에 실질적으로 도움이 되는 예산 편성이 이루어졌다.

① 지역 주민의 조세 부담을 줄여 준다.
② 중앙 정부로의 권력 집중을 견제한다.
③ 정책 전문성을 갖춘 정치 지도자를 양성한다.
④ 지역에 필요한 정책이 신속하게 이루어지도록 한다.
⑤ 지역 주민의 참여 확대로 지역 예산 편성과 집행이 효과적으로 이루어진다.

04

▶ 25063-0054

다음 대화에서 추론할 수 있는 지방 자치의 과제로 가장 적절한 것은?

> 올해 ○○광역시의 자치구별 재정 자립도 현황을 살펴보면 □□구와 △△구는 20%p 넘게 차이가 납니다.

> ○○광역시 자치구 중에는 재정 자립도가 높은 곳이 있는 반면에 낮은 곳도 있습니다. 이는 장기적으로 지역 경제 발전에 부정적 영향을 줄 수 있으며, 복지 혜택도 차이가 날 수 있습니다.

〈○○광역시의 재정 자립도 현황〉

□□구	57.3%
△△구	33.0%

① 지역 간 격차를 완화하는 균형 발전을 도모해야 한다.
② 중앙 정부와 지방 자치 단체 간 협력을 강화해야 한다.
③ 지방 자치 단체의 장과 지방 의회의 권한을 확대해야 한다.
④ 지방 자치 단체에 대한 중앙 정부의 통제를 완화해야 한다.
⑤ 주민들이 지방 자치 활동에 다양하게 참여할 수 있는 여건을 조성해야 한다.

① 선거의 의미와 기능

(1) **의미**: 국민이 자신들을 대표하여 국가를 운영할 공직자를 선출하는 행위

(2) **기능**

대표자 선출과 국민 주권 실현	국민의 의사에 따라 국정을 담당할 대표자를 선출함으로써 국민 주권을 실현함.
정치권력 통제	대표자를 재신임하거나 책임을 물어 교체함.
정치권력에 정당성 부여	국민의 지지를 얻어 합법적으로 선출된 대표자의 정치권력에 정당성을 부여함.
국민 의사 반영과 참여 활성화	국민의 여론을 정치 과정에 반영하고, 국민의 참여 의식을 제고하며 정치 교육의 장을 제공함.

(3) **민주 선거의 4대 원칙**

원칙	의미	반대 개념
보통 선거	재산, 학력, 성별, 종교, 인종 등을 이유로 선거권을 제한하지 않고 일정 연령에 도달한 모든 국민에게 선거권을 부여하는 것	제한 선거
평등 선거	유권자에게 부여하는 표의 수를 같게 하고, 유권자가 행사하는 한 표의 가치를 동등하게 하는 것(표의 등가성 실현)	차등 선거
직접 선거	유권자가 대리인(중간 선거인)을 거치지 않고 본인이 직접 대표자를 선출하는 것	간접 선거
비밀 선거	투표자의 투표 내용을 타인이 알 수 없게 하는 것	공개 선거

② 선거 제도

(1) **선거구 제도**

① 선거구의 의미: 선거를 통해 대표자를 선출하는 지역적 단위

② 선거구 제도

구분	소선거구제	중·대선거구제
의미	한 선거구에서 1인의 대표자 선출	한 선거구에서 2인 이상의 대표자 선출
특징	주요 정당에 유리 (양당제 촉진)	소수당의 의석 확보에 유리 (다당제 촉진)
장점	• 선거 관리 용이 • 유권자의 후보자 파악 용이	• 사표 발생이 상대적으로 적음. • 국민의 다양한 의사 반영 유리
단점	• 사표 발생이 상대적으로 많음. • 소수당 후보자들의 의회 진출에 불리함. • 정당별 득표율과 의석률 간의 불일치가 크게 나타날 수 있음.	• 유권자가 후보자를 파악하기 어려움. • 군소 정당 난립 시 정국 불안정 우려가 있음. • 동일 선거구 내 당선자 간 유권자의 투표 가치 차등 문제가 발생할 수 있음.

(2) **대표 결정 방식**

① 다수 대표제: 선거구 내 후보자 중에서 다수의 표를 얻은 후보자가 당선되는 방식

구분	단순 다수 대표제 (상대 다수 대표제)	절대다수 대표제
의미	당선에 필요한 득표 기준 없이 다른 후보자에 비해 상대적으로 많은 표를 얻은 후보자가 미리 정해져 있는 당선자 수만큼 대표자로 당선되는 방식	• 후보자가 일정 비율 이상의 표를 획득해야 당선되는 방식 • 대표적으로 결선 투표제와 선호 투표제가 있음.
특징	• 당선자 결정이 용이함. • 당선자의 대표성이 낮을 수 있음.	• 당선자의 대표성을 높일 수 있음. • 당선자 결정에 시간과 비용이 많이 듦.

② 비례 대표제: 각 정당이 획득한 득표율에 비례하여 의석수를 할당하고 당선자를 결정하는 방식

장점	• 사표 발생을 줄일 수 있음. • 정당의 득표율과 의석률 간 격차를 줄일 수 있음. • 소수당의 의석 확보 가능성이 높음. • 입법 과정에서 국민의 다양한 의사가 반영되기 용이함.
단점	• 군소 정당이 난립할 경우 정국이 불안정해질 수 있음. • 비례 대표 후보자의 명부를 정당이 결정할 경우 후보자에 대한 유권자의 선호가 정확히 반영되기 어려움.

(3) **우리나라의 현행 선거 제도**

대통령 선거(5년마다 실시)		단순 다수 대표제
국회 의원 선거(4년마다 실시)		소선거구제, 단순 다수 대표제(지역구 의원) / 비례 대표제(비례 대표 의원)
지방 선거 (4년마다 실시)	지방 자치 단체의 장	단순 다수 대표제
	광역 의회 의원	소선거구제, 단순 다수 대표제(지역구 의원) / 정당 명부식 비례 대표제(비례 대표 의원)
	기초 의회 의원	중·대선거구제, 단순 다수 대표제(지역구 의원) / 정당 명부식 비례 대표제(비례 대표 의원)
	교육감 (정당 공천 없음.)	광역 자치 단체 단위로 선출, 단순 다수 대표제

(4) **공정 선거를 위한 제도 및 기관**

① 선거구 법정주의: 선거구를 법률로 획정하는 제도 → 특정 후보자나 정당에 유리하게 임의로 선거구를 획정하는 게리맨더링 방지

② 선거 공영제: 선거 과정을 국가 기관의 관리하에 두고 선거 비용의 일부 또는 전부를 국가 또는 지방 자치 단체가 부담하는 제도 → 선거 운동 기회의 균등 보장, 선거 과열 방지, 경제적 능력이 부족한 사람에게도 입후보 기회 보장

③ 선거 관리 위원회: 선거 관리 및 정당 관리, 정치 자금에 관한 사무 관리, 국민에 대한 선거 홍보 및 계도 활동 등

01
▶ 25063-0055

다음 글에서 강조하는 선거의 기능으로 가장 적절한 것은?

> 1960년 당시 정부는 정권 연장을 목적으로 공개 투표 등 각종 부정 선거를 저질렀다. 그 결과 여당의 대통령과 부통령 후보자는 압도적인 득표율로 당선되었지만, 당시 국민들은 이를 인정하지 않고 부정 선거 규탄 시위를 벌이게 되었고 이는 4·19 혁명으로 이어졌다. 결국 대통령은 책임을 지고 대통령직에서 물러났다. 하지만 오늘날에는 헌법과 법률을 바탕으로 합법적인 선거가 이루어지고 있고, 국민들은 이를 통해 구성된 정치 권력에 대해 동의와 지지를 해 주고 있다.

① 정치권력에 대한 정당성을 부여한다.
② 유권자들에 대한 정치 사회화 역할을 한다.
③ 정치 과정을 주도할 새로운 정치 엘리트를 충원한다.
④ 대표자를 재신임함으로써 정치권력에 대한 통제를 한다.
⑤ 사회적 쟁점에 대한 다양한 의견 표출의 기회를 제공한다.

02
▶ 25063-0056

민주 선거 원칙 (가), (나)에 대한 설명으로 옳은 것은?

> • 직업이나 학문 등의 사유로 자진 출국한 자들이 선거권을 행사하려고 하면 반드시 귀국해야 하고 귀국하지 않으면 선거권 행사를 못하도록 하는 것은 헌법이 보장하는 해외 체류자의 기본권을 희생하도록 강요한다는 점에서 부적절하다. 또한 가속화되고 있는 국제화 시대에 해외로 이주하여 살 가능성이 높아지고 있는 상황에서, 그것이 자발적 계기에 의해 이루어졌다는 이유만으로 국민이면 누구나 향유해야 할 가장 기본적인 권리인 선거권의 행사가 부인되는 것은 타당성을 갖기 어렵다. 따라서 선거인 명부에 오를 자격이 있는 국내 거주자에 대해서만 부재자 신고를 허용함으로써 재외국민과 단기 해외 체류자 등 국외 거주자 전부의 국정 선거권을 부인하고 있는 관련 법 조항은 정당한 입법 목적을 갖추지 못한 것으로 헌법 제37조 제2항에 위반하여 국외 거주자의 선거권과 평등권을 침해하고 ___(가)___ 에도 위반된다.
>
> • 우리나라 준연동형 비례 대표제의 의석 배분 방식은 위성 정당 창당과 같은 지역구 의석과 비례 대표 의석의 연동을 차단시키기 위한 선거 전략을 통제하는 제도를 마련하고 있지는 않다. 그러나 의석 배분 방식이 기존의 병립형 비례 대표제보다 비례성을 향상시키고 있고, 이러한 방법이 헌법상 선거 원칙에 명백히 위반된다는 사정이 발견되지 않는다. 그러므로 정당의 투표 전략으로 인하여 실제 선거에서 양당 체제를 고착화시키는 결과를 초래하였다는 이유만으로, 의석 배분 방식이 투표 가치를 왜곡하거나 선거의 대표성의 본질을 침해할 정도로 현저히 비합리적인 입법이라고 보기는 어렵다. 따라서 준연동형 비례 대표제의 의석 배분 방식이 유권자 한 표의 가치를 동등하게 해야 한다는 원칙이 훼손되지 않았으므로 ___(나)___ 에 위배되지 않는다.

① (가)는 평등 선거, (나)는 보통 선거이다.
② 거동이 불편하여 투표장에 갈 수 없는 자에 대하여 보호자가 대신하여 투표를 하는 것은 (가)를 위반한 것이다.
③ 국회 의원 지역구 선거에서 선거구 간 인구 편차가 정해진 범위를 넘어선다면 (나)를 위반한 것이다.
④ 선거권 연령을 18세로 하향 조정한 것은 (가)가 아닌 (나)를 실현하기 위함이다.
⑤ 유권자가 자신이 기표한 투표용지에 대한 공개를 금지하는 것은 (나)와 달리 (가)를 실현하기 위함이다.

03

▶ 25063-0057

갑국, 을국의 선거 제도에 대한 옳은 설명만을 〈보기〉에서 고른 것은?

○○ 신문
최근 치러진 갑국 의회 의원 선거 결과 A당이 60%의 의석률을 차지하여 제1당이 되었다. 의회 의원 선거에서는 각 선거구마다 최다 득표한 후보자를 당선자로 결정하였다. 한편 동시에 치러진 대통령 선거에서는 1차 투표 결과 과반 득표한 후보자가 없어 1위, 2위를 한 후보자를 대상으로 2차 투표를 하였다. 그 결과 B당 후보자가 최다 득표를 얻어 당선되었다.

△△ 신문
최근 치러진 을국 의회 의원 선거 결과 C당이 40%의 의석률을 차지하여 제1당이 되었다. 의회 의원 선거에서 100개의 선거구에서 200명의 의원을 선출하였고, 각 선거구마다 선출되는 의원 수는 동일하였으며, 각 선거구마다 득표순으로 당선자를 결정하였다. 한편 동시에 치러진 대통령 선거에서는 D당 후보자가 30%의 득표율로 당선되었다. 을국의 대통령 선거는 최다 득표한 후보자를 당선자로 결정한다.

* 갑국, 을국 모두 의회는 지역구 의원으로만 구성되며, 의회 의원 선거에서 각 정당은 선거구별로 1인의 후보자만 공천함.

보기

ㄱ. 갑국의 의회 의원 선거에 적용된 선거구제가 을국의 경우보다 소수 정당 후보자들의 의회 진출에 불리하다.
ㄴ. 을국의 의회 의원 선거에 적용된 선거구제는 갑국의 경우보다 국민의 다양한 의사 반영에 불리하다.
ㄷ. 대통령 선거에 적용된 대표 결정 방식은 갑국이 절대다수 대표제, 을국이 단순 다수 대표제이다.
ㄹ. 갑국, 을국의 선거 제도는 모두 여대야소 정국이 형성될 수 없다.

① ㄱ, ㄴ   ② ㄱ, ㄷ   ③ ㄴ, ㄷ   ④ ㄴ, ㄹ   ⑤ ㄷ, ㄹ

04

▶ 25063-0058

다음 글에서 파악할 수 있는 소선거구제의 문제점으로 적절한 것만을 〈보기〉에서 고른 것은?

최근 치러진 우리나라 국회 의원 선거에서 갑 선거구의 A 후보자는 유효 투표의 49.8%를 득표하고도 낙선하였지만, 을 선거구의 B 후보자는 유효 투표의 42.4%를 득표하고도 당선되었다. 이처럼 소선거구제는 50%에 가까운 득표율을 얻고 낙선할 수도 있지만, 낮은 득표율로도 당선될 수 있다. 낮은 득표율로 당선되는 경우 당선자를 지지하는 유권자의 수보다 훨씬 많은 수의 유권자가 그를 지지하지 않는다고 볼 수 있다.

보기

ㄱ. 사표가 많이 발생할 수 있다.
ㄴ. 당선자의 대표성이 결여될 수 있다.
ㄷ. 군소 정당의 난립으로 정국이 불안정해질 수 있다.
ㄹ. 소수 정당 후보자들의 의회 진출이 불리할 수 있다.

① ㄱ, ㄴ   ② ㄱ, ㄷ   ③ ㄴ, ㄷ   ④ ㄴ, ㄹ   ⑤ ㄷ, ㄹ

05

▶ 25063-0059

다음 자료에 대한 옳은 설명만을 〈보기〉에서 고른 것은?

갑국의 의회는 지역구 의원 100명과 비례 대표 의원 100명으로 구성된다. 지역구 선거구는 50개로 각 선거구에서 득표순으로 당선자를 결정하며, 각 선거구마다 선출되는 의원 수는 같다. 〈자료 1〉은 갑국의 T 시기, T+1 시기의 비례 대표 의원 선출 방식이며, 〈자료 2〉는 T 시기, T+1 시기의 지역구 의석률을 나타낸 것이다.

〈자료 1〉
• T 시기: 지역구 의석률에 비례하여 비례 대표 의석 배분
• T+1 시기: 유권자는 지역구 후보자와 정당에 별도로 투표를 하며, 정당이 얻은 득표율에 비례하여 비례 대표 의석을 배분

〈자료 2〉

(단위: %)

구분	A당	B당	C당	D당
T 시기	52	22	14	12
T+1 시기	50	26	11	13

T 시기, T+1 시기 모두 지역구 의회 의원 선거에서 무소속 후보자는 존재한다. T 시기에 비해 T+1 시기의 비례 대표 의석률은 A당은 감소하였고 B당, C당, D당은 증가하였으며, 각 시기 내 정당별 의석수는 변화가 없다. 갑국의 의회 의결 정족수는 우리나라 국회 의결 정족수와 같다.

┌ 보기 ┐
ㄱ. T 시기에 각 정당은 지역구 의회 의원 선거에서 선거구별로 1명의 후보자만 공천하였다.
ㄴ. T+1 시기에 유권자가 무소속 후보자에게 투표한 표는 비례 대표 의석 배분에 영향을 주지 않는다.
ㄷ. T 시기, T+1 시기에서 A당은 다른 당이 모두 반대하더라도 단독으로 법률안을 의결할 수 있다.
ㄹ. T+1 시기의 비례 대표 의원 선출 방식은 T 시기의 비례 대표 의원 선출 방식에 나타난 직접 선거에 위배되는 문제를 해소할 수 있다.

① ㄱ, ㄴ   ② ㄱ, ㄷ   ③ ㄴ, ㄷ   ④ ㄴ, ㄹ   ⑤ ㄷ, ㄹ

06

▶ 25063-0060

갑, 을이 활용한 선거 제도에 대한 설명으로 가장 적절한 것은?

나는 오늘부터 선거 당일까지 타지역으로 출장을 와서 선거 당일에 투표를 할 수 없어. 마침 오늘이 사전 투표 기간이라 별도의 신고 없이 출장 온 지역에서 투표를 하였어.

갑

나는 보름 전부터 선박을 타고 먼 바다에 나와 있는데, 선거 당일에 투표를 할 수 없을 것 같아 사전에 신고를 한 뒤 오늘 선박에 설치된 투표소에서 투표를 하였어.

을

① 유권자의 수를 증가시킬 수 있다.
② 후보자의 선거 비용을 감소시킬 수 있다.
③ 정당별 득표율과 의석률 간 차이를 줄일 수 있다.
④ 공간적 제약을 완화하여 투표율을 향상시킬 수 있다.
⑤ 유권자가 직접 투표함으로써 직접 선거가 실현될 수 있다.

[07~08] 다음 자료를 보고 물음에 답하시오.

갑국 의회는 지역구 의원 250명과 비례 대표 의원 50명으로 구성되어 있다. 지역구 의원은 125개 선거구에서 득표순으로 당선자를 결정하며, 각 선거구마다 선출되는 의원 수는 같고 각 정당은 선거구마다 1명의 후보자만 공천한다. 비례 대표 의원은 비례 대표 의원 정수에 정당 투표로 결정된 각 정당의 득표율을 곱하여 산출된 수만큼 각 정당에 배분한다. 갑국은 지역구 의원 선거 방식은 현행대로 유지한 채 비례 대표 의원 선거에서 당선자 결정 방식을 다음과 같이 개편하여 비례 대표 의석을 배분하고자 한다.

〈각 정당의 비례 대표 의석수＝(의회 의원 정수×각 정당의 득표율－각 정당의 지역구 의원 당선자 수) / 2〉

이 경우 어떤 정당의 지역구 의석수가 배분된 의석수보다 더 많다면 초과 의석은 인정하나 비례 대표 의석은 배분하지 않는다. 초과 의석으로 인해 의회 의원 정수는 늘어날 수 있다.

표는 최근 갑국의 의회 의원 선거 결과이다.

정당	A당	B당	C당	D당	무소속	합계
지역구 의석수(석)	116	36	60	34	4	250
정당 득표율(%)	20	30	26	24		100

* 개편안의 경우 최근 의회 의원 선거 결과만을 근거로 판단함.

07
▶ 25063-0061

갑국 선거 제도에 대한 옳은 설명 및 추론만을 〈보기〉에서 고른 것은?

┌ 보기 ┐
ㄱ. 현행보다 개편안에서 무소속 후보자는 불리해진다.
ㄴ. 지역구 의원 선거에서 한 정당이 과반 의석을 차지할 수 없다.
ㄷ. 지역구 의원 선거에서는 절대다수 대표제 방식으로 당선자를 결정한다.
ㄹ. 현행과 달리 개편안에서는 지역구 의원 선거 결과가 비례 대표 의석 배분에 영향을 준다.

① ㄱ, ㄴ　　② ㄱ, ㄷ　　③ ㄴ, ㄷ　　④ ㄴ, ㄹ　　⑤ ㄷ, ㄹ

08
▶ 25063-0062

위 자료에 대한 분석으로 옳지 <u>않은</u> 것은?

① 현행에서 B당, C당, D당은 모두 정당 득표율보다 총의석률이 낮다.
② 개편안 적용 시 초과 의석은 5석이다.
③ 개편안 적용 시 D당과 달리 C당은 총의석수가 감소한다.
④ A당은 현행, 개편안 적용 시 모두 과반 의석을 차지한다.
⑤ 현행보다 개편안 적용 시 B당은 비례 대표 의석률이 증가한다.

[09~10] 다음 자료를 보고 물음에 답하시오.

정부 형태가 전형적인 대통령제인 갑국은 의회 의원 선거와 대통령 선거를 동시에 실시하고 있으며, 임기도 같은 날 시작된다. 의회 의원, 대통령 모두 임기 내 당적 변경은 이루어지지 않는다. 갑국은 의회 의원 선거, 대통령 선거 모두 사표가 많이 발생하여 선거 제도를 변경하고자 한다. (단, 갑국의 의회 의원 정수는 현행, 개편안 모두 120명이다.)

〈현행〉	〈개편안〉
• 의회는 지역구 의원으로만 구성됨. • 지역구 의회 의원 선거 　- 선거구제: ☐ (가) 　- 120개 선거구에서 선거구별로 최다 득표한 후보자가 당선 　- 각 정당은 선거구마다 한 명의 후보자만 공천할 수 있음. • 대통령 선거 　- 국민의 직접 선거로 선출되며, 최다 득표한 후보자가 당선	• 의회는 지역구 의원과 비례 대표 의원으로 구성됨. • 지역구 의회 의원 선거 　- 선거구제: ☐ (나) 　- 45개의 선거구에서 선거구별로 같은 수의 후보자가 득표순으로 당선 　- 각 정당은 선거구마다 2명까지 후보자를 공천할 수 있음. • 비례 대표 의회 의원 선거 　- 비례 대표 의원 30명에 각 정당의 정당 득표율을 곱하여 산출된 수만큼 각 정당에 배분함. • 대통령 선거 　- 현행과 같음. 단, 과반 득표를 한 후보자가 없을 경우 1위와 2위 득표한 후보자만을 상대로 2차 투표를 실시함.

09

▶ 25063-0063

(가), (나)에 대한 설명으로 옳은 것은?

① (가)에 비해 (나)는 유권자가 후보자를 파악하는 데 용이하다.
② (가)에 비해 (나)는 국민의 다양한 의사 반영에 유리하다.
③ (나)에 비해 (가)는 소수당의 의석 확보에 유리하다.
④ (나)에 비해 (가)는 정당별 득표율과 의석률 간의 불일치를 완화시킬 수 있다.
⑤ 우리나라 지역구 광역 의회 의원 선거에서는 (나), 기초 의회 의원 선거에서는 (가)가 적용된다.

10

▶ 25063-0064

위 자료에 대한 옳은 분석 및 추론만을 〈보기〉에서 고른 것은?

┌─ 보기 ┌
ㄱ. 현행과 달리 개편안 적용 시 여대야소의 정국이 형성될 수 없다.
ㄴ. 대통령 선거의 경우 현행보다 개편안에서 적용된 대표 결정 방식이 당선자의 대표성을 높이는 데 유리하다.
ㄷ. 개편안에서는 지역 대표성을 강화시킬 수 있는 선거 제도를 도입하였다.
ㄹ. 개편안 적용 시 지역구 의회 의원 선거에서는 동일 선거구 내 당선자 간 표의 등가성 문제가 발생할 수 있다.

① ㄱ, ㄴ　　　　② ㄱ, ㄷ　　　　③ ㄴ, ㄷ　　　　④ ㄴ, ㄹ　　　　⑤ ㄷ, ㄹ

11

▶ 25063-0065

다음 자료에 대한 분석 및 추론으로 옳지 <u>않은</u> 것은?

갑국의 의회는 지역구 의원 100명과 비례 대표 의원 50명으로 구성되어 있다. 갑국의 유권자는 지역구 의원 선출을 위해 후보자에 1표, 비례 대표 의원 선출을 위해 정당에 1표를 행사한다. 지역구 의원 선거에서는 각 정당은 선거구별로 한 명의 후보자만 공천하고 선거구별로 최다 득표자가 당선되며, 비례 대표 의원 선거에 서는 정당이 얻은 득표율에 따라 비례 대표 의석을 배분한다. 표는 최근 치러진 갑국의 의회 의원 선거 결과 를 나타낸 것이다. 갑국은 차기 선거부터 총의석수를 100석으로 줄이고 의회를 ㉠지역구 의원만으로 구성하 는 방안과 ㉡비례 대표 의원만으로 구성하는 방안 중 하나를 선택하여 시행하려고 한다. 선거 제도를 변경하 더라도 지역구 의원 선거와 비례 대표 의원 선거는 각각 현행 방식으로 하며, 차기 선거 결과는 현행 선거 결 과로 판단한다.

구분	A당	B당	C당	D당	E당	F당
정당 득표율(%)	9	18	27	6	36	4
비례 대표 의석수(석)	5	10	15	0	20	0
총의석률(%)	10	16	44	6	24	0

① 갑국은 군소 정당 후보자의 의회 진입을 제한하는 제도가 존재한다.

② 지역구 의원 선거에서 '동일 선거구 내 당선자 간 표의 등가성 문제가 발생할 수 있는 선거구제'를 적용하지 않았다.

③ C당은 지역구 의원 선거에서 과반 의석을 차지하였다.

④ 지역구 의원 수는 E당이 A당의 2배보다 많다.

⑤ B당은 ㉠보다는 ㉡을 찬성할 것이다.

12

▶ 25063-0066

우리나라 선거에 대한 옳은 설명만을 〈보기〉에서 고른 것은? (단, A~E는 각각 대통령, 국회 의원, 지방 자치 단체의 장, 광역 의회 의원, 기초 의회 의원 중 하나임.)

• C는 법률 제정 권한을, A, E는 조례 제정 권한을 갖는다.
• E와 달리 A는 광역 자치 단체에 해당하는 의회의 구성원이다.
• B와 달리 D의 임기는 헌법에 규정되어 있다.

| 보기 |

ㄱ. A, E를 선출하기 위한 선거 중 비례 대표 의원은 정당 명부식 비례 대표제가 적용되어 선출된다.

ㄴ. B를 선출하기 위한 선거와 달리 D를 선출하기 위한 선거는 전국을 하나의 선거구로 하는 단순 다수 대표 제가 적용된다.

ㄷ. C, E를 선출하기 위한 선거 중 지역구 의원 선거에 적용된 선거구제는 동일 선거구 내 당선자 간 득표율 의 차이가 발생할 수 있다.

ㄹ. A~E를 선출하기 위한 선거는 모두 4년마다 실시된다.

① ㄱ, ㄴ   ② ㄱ, ㄷ   ③ ㄴ, ㄷ   ④ ㄴ, ㄹ   ⑤ ㄷ, ㄹ

1 정치 과정

(1) **의미**: 국민의 요구와 지지가 정책 결정 기구에 투입되어 정책이 결정되고 집행되며 정치 주체에 의하여 평가와 재투입 등 환류가 이루어지는 일련의 과정

(2) **정치 과정의 체계**

(3) **민주적 정치 과정**

① 시민의 적극적이고 자발적인 정치 참여

② 정당, 이익 집단, 시민 단체, 언론 등 다양한 정치 주체의 참여

③ 시민의 이해와 요구를 정책에 반영

2 정치 참여의 의의와 유형

(1) **정치 참여의 의미**: 시민들이 국가 기관의 정책 결정 과정에 영향력을 행사하거나 영향을 미치는 직·간접적인 모든 활동

(2) **정치 참여의 의의**

① 국가 기관의 정책 결정에 대해 정당성을 부여함.

② 정치권력의 감시 및 통제를 통한 정치권력의 남용을 방지함.

③ 정치적 의견의 반영으로 정치적 효능감을 높임.

④ 대의 민주제의 한계를 보완하고 국민 주권을 실현함.

(3) **정치 참여의 유형**

① 선거

• 대표 선출을 위하여 후보자 또는 정당에 투표

• 후보자 공약에 대한 지지 또는 반대 의견을 표출하거나 후보자의 선거 운동에 참여

② 정당에 가입하여 다양한 활동에 참여

③ 특수한 이익을 실현하기 위해 이익 집단의 구성원이 되어 정치 과정에 참여

④ 공익 실현을 목적으로 조직한 시민 단체의 구성원이 되어 정치 과정에 참여

⑤ 독자 투고: 정책 등에 대한 의견을 언론 매체를 통해 제시

⑥ 청원: 국가 기관에 자신의 요구 사항을 일정한 형식의 문서로 제출

(4) **현대 사회의 정치 참여**: 오늘날 정치 참여는 선거 등 제도적 참여 이외에도 여러 사회 조직이나 누리 소통망(SNS)을 활용하는 등 다양한 방법으로 행해짐.

(5) **정보화 시대의 정치 참여**: 정보 통신 매체를 이용하여 전자 투표, 전자 공청회, 누리 소통망(SNS) 등으로 정치 과정에 직접 참여하며, 이는 시간과 공간의 제약을 완화할 수 있음.

3 정당을 통한 정치 참여

(1) **정당의 의미와 특징**

① 의미: 정치적 견해를 같이하는 사람들이 정권의 획득과 유지를 통해서 자신들의 정강을 실현하기 위해 조직한 단체

② 특징

• 정권 획득을 목적으로 공직 선거에 후보자를 공천함.

• 특수한 이익보다 공익을 도모함.

• 선거를 통해 국민의 평가를 받음으로써 정치적 책임을 짐.

• 다양한 분야에서 정책을 개발하고 제시하여 정부의 정책 결정에 영향력을 행사함.

(2) **정당의 기능**

① 정치적 충원

② 여론의 형성과 집약

③ 정치 사회화

④ 정부와 의회의 매개

⑤ 정부 정책의 비판과 감시

(3) **정당 제도**

① 일당제: 정권 획득 가능성이 있는 정당이 하나만 있는 것

② 복수 정당제: 양당제, 다당제

구분	양당제	다당제
의미	정권 교체가 가능한 대표적인 두 정당이 존재	경쟁할 수 있는 정당이 3개 이상 존재
장점	• 정국 안정에 기여 • 강력한 정책 추진 가능 • 정치적 책임 소재 명확	• 다양한 국민의 의견 반영 • 소수의 이익 보호 • 정당 간 대립 시 중재 용이
단점	• 다양한 국민의 의견 반영 곤란 • 다수당의 횡포 가능성 • 양당 간 대립 시 중재 어려움.	• 강력한 정책 수행 곤란 • 정치적 책임 소재 불분명 • 군소 정당 난립 시 정국 불안정 우려

4 이익 집단·시민 단체·언론을 통한 정치 참여

(1) **이익 집단을 통한 정치 참여**

① 이익 집단의 의미: 이해관계를 같이하는 사람들이 자신들의 특수 이익 실현을 위해 결성한 단체

② 이익 집단을 통한 정치 참여의 특징

• 특정 분야의 전문성을 바탕으로 정당 정치의 한계 보완

• 사회 전체의 보편적 이익과 충돌할 우려가 있음.

(2) **시민 단체를 통한 정치 참여**

① 시민 단체의 의미: 공익 실현을 목적으로 시민들이 자발적으로 참여해 구성한 단체

② 시민 단체를 통한 정치 참여의 특징

• 비영리성을 바탕으로 공익을 추구하여 사회의 건전한 발전 주도

• 사회 문제 등에 대한 비판과 해결책을 제시하여 대의제 보완

(3) **언론을 통한 정치 참여**

① 언론의 의미: 신문, 텔레비전, 인터넷 등과 같은 대중 매체를 통해 사실을 알리거나 어떤 문제에 대하여 여론을 형성하는 활동

② 언론의 기능: 국민의 알 권리 보장, 권력 남용에 대한 견제, 의제 설정 및 여론 형성

③ 언론을 통한 정치 참여 방법

• 언론 매체를 통해 정치적 견해 제시(독자 투고, 제보 등)

• 언론 매체의 정보를 비판적으로 검토하고 평가

01
▶ 25063-0067

다음 자료에 대한 설명으로 옳지 않은 것은?

민주주의 국가에서 정치 과정이란 사회의 다양한 사회 문제 해결을 ㉠정책 결정 기구에 요구하고, 이러한 요구가 정책으로 나타나는 모든 과정을 의미한다. 우리 사회는 사회 구성원 간의 다양한 가치와 이해관계를 둘러싼 의견과 대립이 존재하는데, 이러한 구성원 간의 다양한 가치와 이해관계에 관련된 문제들을 정책 결정 기구에 요구하는 과정을 (가) (이)라고 하고, 이를 바탕으로 정책 결정 기구가 정책을 수립하고 집행하는 것을 (나) (이)라고 한다. (나) 에 대해서는 평가를 통해 수정 및 보완되거나 국민의 새로운 요구가 나타나는 (다) 이/가 진행된다.

① 국회, 지방 의회는 모두 ㉠에 해당한다.
② 대통령 선거에서 ○○당 후보자가 입시 제도 개편안을 공약으로 발표한 것은 (가)의 사례에 해당한다.
③ 시민 단체의 요구를 바탕으로 교육부가 입시 제도를 개편하여 시행한 것은 (나)의 사례에 해당한다.
④ (가), (나)가 활발히 이루어질수록 시민의 정치적 효능감이 향상될 수 있다.
⑤ (가), (나)와 달리 (다)는 경제·사회·문화 등 정치 외적인 요소의 영향을 받지 않는다.

02
▶ 25063-0068

갑~정의 정치 참여 방법에 대한 옳은 설명만을 〈보기〉에서 고른 것은?

사회자: 일정 거리 이내의 학교 주변은 금연 구역인데, 아직도 학교 주변에서 흡연을 하는 사람들이 있습니다. 이를 해결하기 위하여 정치 과정에 어떻게 참여하고 있는지 이야기해 보세요.
갑: 흡연 예방 관련 활동을 하는 시민 단체에 가입하여 지속적으로 학교 주변에서 금연 캠페인 활동을 하고 있습니다.
을: 어제 선거가 있었는데, 학교 주변 흡연에 대한 규제를 강화하는 관련법 개정을 공약으로 제시한 ○○당에 투표를 하였습니다.
병: 사람들이 아직 학교 주변이 금연 구역이라는 것을 모르고 있는 것 같습니다. 그래서 해당 기사를 내어 여론 형성을 할 수 있도록 언론사에 독자 투고를 하였습니다.
정: 우리 지역 지방 자치 단체의 누리집(홈페이지)에 들어가서 학교 주변에서의 흡연 행위에 대한 단속을 강화해 달라는 민원을 제기하였습니다.

┌ 보기 ┐
ㄱ. 병의 정치 참여 방법은 사회적 의제를 설정하는 데 기여할 수 있다.
ㄴ. 갑과 달리 을은 공익 실현을 목적으로 하는 정치 참여 집단을 통해 정치에 참여를 하였다.
ㄷ. 갑의 정치 참여 방법에 비해 정의 정치 참여 방법은 시공간 제약이 적다.
ㄹ. 을의 정치 참여 방법과 달리 병, 정의 정치 참여 방법은 정치적 중립성이 유지되어야 한다.

① ㄱ, ㄴ   ② ㄱ, ㄷ   ③ ㄴ, ㄷ   ④ ㄴ, ㄹ   ⑤ ㄷ, ㄹ

03
▶25063-0069

갑국~병국의 정당 제도에 대한 설명으로 옳은 것은? (단, 갑국~병국의 정당 제도는 각각 일당제, 양당제, 다당제 중 하나임.)

구분	제1당 의회 의석률(%)	제1당과 제2당의 의회 의석률 차이*
갑국	51	3
을국	37	4
병국	99	98

* 의석률 차이=제1당의 의회 의석률-제2당의 의회 의석률
** 갑국~병국 모두 정당은 각각 세 개만 존재하며, 무소속 의원은 없음.

① 갑국에 비해 을국의 정당 제도는 민주적으로 정권 교체하는 것이 어렵다.
② 을국에 비해 갑국의 정당 제도는 정치적 책임 소재가 명확하다.
③ 을국에 비해 병국의 정당 제도는 강력한 정책 추진이 곤란하다.
④ 병국에 비해 갑국의 정당 제도는 유권자의 정당 선택 범위가 좁다.
⑤ 갑국, 병국에 비해 을국의 정당 제도는 다수당의 횡포 가능성이 높다.

04
▶25063-0070

다음 자료에 대한 옳은 설명만을 〈보기〉에서 있는 대로 고른 것은? (단, A, B는 각각 정당, 이익 집단 중 하나임.)

수행 평가

1. A와 구분되는 B의 특징 2가지를 작성하시오.
   • 자신의 특수한 이익 실현을 추구한다.
   • ⎡⎯⎯⎯⎯⎯(가)⎯⎯⎯⎯⎯⎤

2. B와 구분되는 A의 특징 2가지를 작성하시오.
   • 자신의 활동에 대한 정치적 책임을 진다.
   • ⎡⎯⎯⎯⎯⎯(나)⎯⎯⎯⎯⎯⎤

■ 교사 평가: 특징 중 3가지는 옳게 작성하였지만, 나머지 하나는 옳지 않게 작성하였네요.

┌ 보기 ┐
ㄱ. A와 달리 B는 정치적 중립을 추구한다.
ㄴ. B와 달리 A는 정부와 의회를 매개하는 역할을 한다.
ㄷ. (나)에 '정치권력 획득을 목표로 한다.'가 들어가면, (가)에 '정치 사회화 기능을 수행한다.'가 들어갈 수 있다.

① ㄱ   ② ㄷ   ③ ㄱ, ㄴ   ④ ㄴ, ㄷ   ⑤ ㄱ, ㄴ, ㄷ

05

▶ 25063-0071

다음 글에서 파악할 수 있는 정치 참여의 의의로 가장 적절한 것은?

> 과거 우리나라의 지방 자치는 행정권 분립 정도로 이해되면서 주로 중앙 정부가 지역 단위의 지방 행정 기관을 설치하고 그 지방 행정 기관에 자치권을 부여하는 방식으로 시행되었다. 그러나 최근에는 주민의 참여를 확대하여 더욱 민주적인 지방 자치를 구현하고자 한다. 예를 들어 주민에게 과도한 부담을 주거나 중대한 영향을 미치는 지방 자치 단체의 주요 결정 사항 등에 대해 주민 투표를 실시할 수 있으며, 임기 중의 선출직 지방 공직자를 주민 소환 투표를 통해 공직에서 떠나게 할 수 있게 한다.

① 사회적 갈등과 대립을 해소할 수 있다.
② 대의 민주제의 한계를 보완할 수 있다.
③ 체계적인 정책 결정 시스템을 갖출 수 있다.
④ 정책 집행의 효율성과 신속성을 제고할 수 있다.
⑤ 정책 집행의 민주성과 대표자의 책임을 제고할 수 있다.

06

▶ 25063-0072

다음 자료에 대한 옳은 설명만을 〈보기〉에서 고른 것은?

> 최근 들어 청소년들이 신분증을 위조하는 등의 방법으로 담배, 술 등을 구입함으로 인해 자영업자들이 영업 정지 등의 피해를 보는 경우가 발생하고 있다. (가)~(다)는 이와 관련한 정치 참여 사례를 나타낸 것이다.
>
> > (가) 자영업자인 갑은 인터넷을 통해 관련 사안에 대해 자영업자의 처벌을 면제해 주는 내용의 입법 청원을 하였다.
> > (나) 을이 대표로 있는 △△ 시민 단체는 청소년에게 술, 담배가 유해하다는 내용의 캠페인을 학교 주변에서 지속적으로 하였다.
> > (다) ○○당 대표인 병은 미성년자가 의도적으로 신분을 속이는 행위에 대해 자영업자의 처벌을 면제해 주는 관련법 개정을 국회에 제안하였다.

┌ 보기 ┐
ㄱ. 을, 병과 달리 갑은 정치 주체에 해당하지 않는다.
ㄴ. (나)에 나타난 정치 참여 방법은 대의제의 한계를 보완할 수 있다.
ㄷ. 정치 과정에서 (가)는 투입, (다)는 산출에 해당한다.
ㄹ. (나)에 나타난 정치 참여 방법보다 (가)에 나타난 정치 참여 방법이 시공간 제약이 적다.

① ㄱ, ㄴ   ② ㄱ, ㄷ   ③ ㄴ, ㄷ   ④ ㄴ, ㄹ   ⑤ ㄷ, ㄹ

07

▶ 25063-0073

A~D에 대한 설명으로 옳은 것은? (단, A~D는 각각 정당, 이익 집단, 시민 단체, 언론 중 하나임.)

무상 급식으로 인하여 세금이 너무 많이 지출된다고 판단한 A가 다음 달 치러질 공직 선거의 공약으로 소득이 상대적으로 낮은 가정의 학생에게만 무상 급식을 실시할 것을 제시하자 찬성과 반대의 여론이 대립하고 있다. 요식업에 종사하여 이해관계를 같이하는 사람들끼리 조직한 B는 이 공약이 실현되면 학교 주변 음식점들의 매출이 증가할 수 있어 찬성하는 반면에, 공익을 목적으로 시민들이 자발적으로 조직한 C는 이 공약이 실현되면 저소득 가정의 학생이 상처를 받을 수 있으며 우리 사회의 보편적 복지가 훼손될 수 있어 반대하였다. 이에 B, C는 자신들의 주장이 대중들에게 잘 전달될 수 있도록 대중 매체를 통해 정보를 알리는 D에 의견을 제시하였다.

① A는 여론을 바탕으로 법률안을 발의한다.
② B는 정권 획득을 위해 정책적 대안을 제시한다.
③ B, C는 대의 민주제의 한계를 보완하는 역할을 한다.
④ C와 달리 D는 정치 과정에서 산출을 담당함으로써 정치권력에 대한 감시를 한다.
⑤ B, C, D와 달리 A는 사회 구성원의 정치적 가치관이나 태도를 습득할 수 있도록 한다.

08

▶ 25063-0074

다음 글에서 설명하는 정당의 기능으로 가장 적절한 것은?

선거에서 승리한 정당은 통치의 권한을 부여받는다. 정당이 본질적으로 권력 추구를 위한 집단이라는 점에서 선거에서의 승리는 정당의 핵심적 목표가 된다. 선거 승리를 위해 다수 유권자의 지지를 얻을 수 있는 강령과 정책을 제시하고 모든 역량을 총동원한다. 선거에서 승리한 정당은 정부를 구성하며 정책을 주도할 수 있는 권한이 부여된다. 이에 비해 선거에서 패배한 정당은 정부를 비판하고 견제하며 선거에서 승리한 정당과 다른 정책을 제시하기도 한다.

① 정부를 조직할 수 있도록 하고 견제한다.
② 정치에 대한 국민의 지식과 관심을 증진시킨다.
③ 시민들의 다양한 요구를 집약하여 정부에 전달한다.
④ 사회적 갈등 조정을 통해 사회 통합의 기능을 수행한다.
⑤ 공직 선거에 후보자를 공천하고 정치 지도자를 육성한다.

09

▶ 25063-0075

다음 자료에 대한 옳은 설명만을 〈보기〉에서 있는 대로 고른 것은? (단, A, B는 각각 양당제, 다당제 중 하나임.)

교사: 정당 제도 A, B의 일반적 특징에 대해 비교하여 발표해 보세요.
갑: A에 비해 B는 군소 정당의 난립 가능성이 높습니다.
을: B에 비해 A는 [(가)]
교사: ㉠한 학생만 옳게 발표하였네요.

┌ 보기 ┐
ㄱ. A가 양당제, B가 다당제라면, ㉠은 '을'이다.
ㄴ. ㉠이 '갑'이라면, A에 비해 B는 강력한 정책 수행이 용이하다.
ㄷ. ㉠이 '을'이라면, B에 비해 A는 유권자의 정당 선택 범위가 넓다.
ㄹ. (가)에 '정당 간 대립 시 중재가 어렵습니다.'가 들어갈 수 없다.

① ㄱ, ㄴ   ② ㄴ, ㄷ   ③ ㄷ, ㄹ   ④ ㄱ, ㄴ, ㄹ   ⑤ ㄱ, ㄷ, ㄹ

10

▶ 25063-0076

정치 참여 집단 A~C에 대한 설명으로 옳은 것은? (단, A~C는 각각 정당, 이익 집단, 시민 단체 중 하나임.)

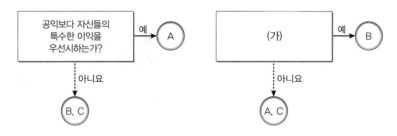

① A는 정권 획득을 목적으로 정치적 충원 기능을 담당한다.
② B가 시민 단체라면, C와 달리 A, B는 정치 과정에서 투입 기능을 담당한다.
③ C가 정당이라면, (가)에 '정치적 중립을 추구하는가?'가 들어갈 수 있다.
④ (가)에 '대의제의 한계를 보완하는 기능을 하는가?'가 들어갈 수 있다.
⑤ (가)에 '자신의 행위에 정치적 책임을 지는가?'가 들어가면, A와 달리 B는 행정부와 의회를 매개하는 역할을 수행한다.

① 민법의 의미와 기능

(1) 민법의 의미

① 의미: 개인과 개인 간의 법률관계에서 발생하는 권리와 의무의 종류와 내용을 다루는 대표적인 사법

② 사법으로서의 민법: 법이 규율하는 생활 관계의 성격에 따라 분류하면 민법은 사법에 해당함.

구분	공법	사법
의미	국가 기관과 개인 간, 국가 기관 간의 공적인 생활 관계를 규율하는 법	개인과 개인 간의 사적인 생활 관계를 규율하는 법
적용 사례	국민의 기본권 제시, 범죄인에게 형벌 부과 등	부동산 매매 계약, 혼인과 이혼 등
종류	헌법, 형법 등	민법, 상법 등

③ 민법의 규율 대상: 재산 관계, 가족 관계 등

구분	재산 관계	가족 관계
의미	• 재산과 관련된 권리와 의무 관계 • 재산권의 종류, 계약의 종류와 내용, 계약 위반 시의 배상 문제 등	• 부부나 자녀 등의 가족과 관련된 권리와 의무 관계 • 혼인, 이혼, 유언, 상속 등
규율 대상 사례	개인과 개인 간의 매매 계약 체결	사망으로 인한 상속 개시

④ 민법의 구성

• 민법은 5편으로 되어 있으며, 일반적인 원칙은 제1편 총칙에서 다루고, 사인(私人) 상호 간의 재화와 용역을 획득하고 지배하는 재산 관계는 제2편 물권과 제3편 채권에서 규율함.

• 혼인 및 이혼, 부모와 자식의 관계 및 상속 등의 가족 관계는 제4편 친족과 제5편 상속에서 규율함.

(2) 민법의 기능

① 법의 일반 원칙 제시: 신의 성실의 원칙, 권리 남용 금지의 원칙 등 법의 일반 원칙 규정 → 사법적 생활 관계의 행위 기준 제시

• 신의 성실의 원칙: 사회 공동생활의 일원으로서 상대방의 신뢰를 헛되이 하지 않도록 성실하게 행동하여야 한다는 원칙

• 권리 남용 금지의 원칙: 권리 행사가 외관상으로는 적법한 것으로 보이지만, 실질적으로는 권리의 사회성·공공성에 반하여 정당한 권리 행사라고 할 수 없는 경우에 법적 효과를 부여할 수 없다는 원칙

② 재산 관계의 규율: 재산권의 개념과 대상, 계약, 불법 행위 등 규정 → 개인의 경제 활동과 재산적 권리를 둘러싼 법률관계를 규율함.

③ 가족 관계의 규율: 출생, 혼인, 입양, 유언, 상속 등 규정 → 우리 사회의 가족 및 친족과 연관된 법률관계를 규율함.

② 근대 민법의 세 가지 기본 원칙

(1) 근대 민법의 기본 이념: 개인주의와 자유주의 정신을 기반으로 함.

(2) 근대 민법의 기본 원칙

사유 재산권 존중의 원칙 (소유권 절대의 원칙)	• 개인 소유의 재산에 대해 사적 지배를 인정하고 국가나 타인은 함부로 이를 간섭하거나 제한하지 못한다는 원칙 • 사유 재산권 중 핵심 내용이라고 할 수 있는 소유권을 전면에 내세워 '소유권 절대의 원칙'이라고도 함.
사적 자치의 원칙 (계약 자유의 원칙)	• 개인은 자율적인 판단에 기초하여 법률관계를 형성해 나갈 수 있다는 원칙 • 개인 간의 법률관계를 형성하는 가장 대표적인 것이 계약이기 때문에 '계약 자유의 원칙'이라고도 함.
과실 책임의 원칙 (자기 책임의 원칙)	• 자신의 고의나 과실에 따른 행위로 타인에게 손해를 끼친 경우에만 책임을 진다는 원칙 • 자신의 행동에 충분한 주의를 기울였다면 책임을 질 필요가 없다는 의미에서 '자기 책임의 원칙'이라고도 함.

③ 근대 민법의 기본 원칙에 대한 수정·보완

(1) 근대 민법의 기본 원칙에 대한 수정 배경

① 자본주의 발달 과정에서 나타난 문제점: 19세기 말경부터 자본주의 발달에 따라 빈부 격차 심화, 환경 오염, 독과점 등의 부작용 발생

② 근대 민법의 기본 원칙에 따른 법 적용의 문제점: 사회·경제적 강자가 약자를 지배하거나 자신의 책임을 회피하는 수단으로 악용되기도 함. → 사회적 약자의 보호 필요성 대두

(2) 근대 민법의 기본 원칙에 대한 수정

소유권 공공복리의 원칙	• 소유권에 공공의 개념을 적용하여 소유권은 공공복리에 적합하도록 행사해야 한다는 원칙 • 개인의 소유권도 공공의 이익을 위해서라면 경우에 따라 제한될 수 있는 상대적 권리임을 의미함.
계약 공정의 원칙	• 계약 내용이 사회 질서에 위반되거나 현저하게 공정하지 못한 경우에는 법적 효력이 발생하지 않는다는 원칙 • 계약 과정에서 경제적 약자에게 일방적으로 불리한 내용의 계약이 체결될 가능성을 줄이고자 함.
무과실 책임의 원칙	• 자신에게 직접적인 고의나 과실이 없는 경우에도 일정한 요건에 따라 손해 배상 책임을 질 수 있다는 원칙 • 환경 오염으로 인해 피해가 발생한 경우나 제조물의 결함으로 인해 생명, 신체, 재산에 손해가 발생한 경우 등에 대해서 원인자나 제조업자에게 무과실 책임의 원칙이 적용되고 있음.

01

▶ 25063-0077

표는 A, B를 정리한 것이다. 이에 대한 옳은 설명만을 〈보기〉에서 고른 것은? (단, A, B는 각각 공법, 사법 중 하나임.)

구분	A	B
의미	(가)	개인과 국가 기관 또는 국가 기관 간의 공적 생활 관계를 규율하는 법
적용 사례	갑은 을의 차를 파손한 것에 대해 손해 배상을 하였음.	(나)
종류	(다)	헌법, 형법, 형사 소송법 등

┌ 보기 ┌
ㄱ. A는 공법, B는 사법이다.
ㄴ. (가)에 '개인 간의 사적 생활 관계를 규율하는 법'이 들어갈 수 있다.
ㄷ. (나)에 '갑은 을의 차를 파손한 행위로 인해 벌금형을 선고받았음.'이 들어갈 수 없다.
ㄹ. (다)에 재산 관계 및 가족 관계를 규율하는 법인 '민법'이 들어갈 수 있다.

① ㄱ, ㄴ   ② ㄱ, ㄷ   ③ ㄴ, ㄷ   ④ ㄴ, ㄹ   ⑤ ㄷ, ㄹ

02

▶ 25063-0078

다음 자료에 나타난 민법의 기본 원칙 A에 부합하는 진술로 가장 적절한 것은?

기업의 생산 활동 과정에서 발생한 환경 오염으로 인해 피해를 입은 사람은 어떻게 배상받을 수 있나요?

사회자

변호사

기업이 공기 중에 환경 오염 물질을 계속해서 배출하여 장기적으로 이를 흡입한 사람들에게 피해가 발생하였다면 기업이 기준치 이내에서 환경 오염 물질을 배출하였더라도 손해 배상을 해야 합니다. 우리나라의 환경 정책 기본법에는 민법의 기본 원칙 중 A가 적용되어 "환경 오염 또는 환경 훼손으로 피해가 발생한 경우에는 해당 환경 오염 또는 환경 훼손의 원인자가 그 피해를 배상하여야 한다."라고 규정되어 있습니다.

① 국가는 개인 소유의 재산에 대해 함부로 간섭하지 못한다.
② 재산권의 행사는 공공복리에 적합하도록 행사하여야 한다.
③ 개인은 각자의 자율적인 판단에 기초하여 법률관계를 형성할 수 있다.
④ 계약의 내용이 현저하게 공정하지 못한 경우에는 법적 효력이 발생하지 않는다.
⑤ 타인에게 끼친 손해에 대해서 자신에게 고의나 과실이 없는 경우에도 일정한 요건에 따라 법적 책임을 질 수 있다.

03

▶ 25063-0079

다음 글에 나타난 민법의 기본 원칙 (가)에 부합하는 진술로 가장 적절한 것은?

○○ 위원회는 A 기업, B 기업, C 기업 등 8개 가상 자산 사업자의 이용 약관을 심사해 불공정 약관을 적발하고, 시정하도록 권고하였다. ○○ 위원회에 따르면 가상 자산 사업자가 규정한 약관의 일부 조항이 고객에게 부당하게 불리한 조항이므로 (가)에 따라 무효라고 판단하였다. ○○ 위원회가 무효라고 판단한 약관 조항의 내용은 다음과 같다.

- 고객의 투자에 대한 보상을 '회원의 비정상적 이용 또는 시스템의 오류' 등의 사유로 취소할 수 있도록 함.
- 약관을 개정할 때 7일 또는 30일 이전에 공지하면서 고객의 명시적 의사 표시가 없을 때 동의한 것으로 규정함.
- 약관 개정 사항을 고지하면서 회원이 거부 의사 표시를 하지 않으면 동의한 것으로 규정함.

① 개인은 각자의 자율적인 판단에 기초하여 법률관계를 형성할 수 있다.
② 개인 소유의 재산에 대해 국가는 이를 함부로 간섭하거나 제한하지 못한다.
③ 개인은 자신이 소유하는 재산을 공공의 이익에 부합하도록 사용·수익 또는 처분하여야 한다.
④ 계약의 내용이 사회 질서에 반하거나 현저하게 공정하지 못한 경우 법적 효력이 발생하지 않는다.
⑤ 개인은 타인에게 손해를 끼친 행위에 대하여 자신에게 고의나 과실이 있는 경우에만 배상 책임을 진다.

04

▶ 25063-0080

밑줄 친 ㉠의 판결에 근거가 되는 민법의 기본 원칙에 부합하는 진술로 가장 적절한 것은?

㉠서울 행정 법원은 경기도 ○○시의 토지 소유주 A씨 등 8명이 국가와 중앙 토지 수용 위원회를 상대로 토지 가치 하락에 대한 보상을 요구하며 제기한 소송에서 원고 패소 판결하였다. A씨 등이 소유한 토지 일부는 2015년 8월 국토 교통부가 서울-춘천 고속도로 도로 구역의 경계선으로부터 양측 각 10m를 접도 구역으로 지정할 때 포함되었다. 접도 구역은 도로 구조의 파손 방지와 안전을 위해 토지의 형질을 변경하거나 건축물을 신축·개축 또는 증축하는 행위가 원칙적으로 금지되는 구역을 말한다. 재판부는 "이 사건 각 토지의 경우 일정 범위 내에서 건축물의 신축, 증축 및 개축이 허용되기 때문에 접도 구역의 지정으로 사적 유용성이 완전히 배제되었다고 볼 수 없고, 토지의 처분이 금지되는 것도 아니다."라고 설명하였다. 이어 "접도 구역 지정으로 토지 재산권의 사회적 제약 범위를 넘어서는 특별한 희생이 발생했다고 단정할 수 없다."라며 "고도의 공익적 목적을 위해 토지의 소유자가 부득이하게 용인해야 하는 사회적 제약을 부담하는 것이라고 봐야 한다."라고 판단하였다.

① 개인의 재산권은 공공복리에 적합하게 행사되어야 한다.
② 개인의 재산에 대해 국가의 간섭이 없는 사적 지배를 인정한다.
③ 개인은 자유로운 의사에 기초하여 타인과 법률관계를 형성할 수 있다.
④ 계약의 내용이 사회 질서에 반하는 경우에는 법적 효력이 발생하지 않는다.
⑤ 타인에게 끼친 손해에 대해 자신에게 고의나 과실이 있는 경우에만 배상 책임을 진다.

05

▶ 25063-0081

민법의 기본 원칙 A~C에 대한 옳은 설명만을 〈보기〉에서 있는 대로 고른 것은?

구분	내용
A	자신의 고의나 과실에 따른 행위로 타인에게 손해를 끼친 경우에만 책임을 진다.
B	개인은 자율적인 판단에 기초하여 법률관계를 형성할 수 있다.
C	개인 소유의 재산에 대한 사적 지배를 인정하고 국가나 다른 개인이 함부로 이를 간섭하거나 제한하지 못한다.

┌ 보기 ┐
ㄱ. A는 현대 사회에서 무과실 책임의 원칙과 병존하며 적용된다.
ㄴ. 현저하게 불공정한 내용의 계약은 B에 따라 무효이다.
ㄷ. C는 재산권을 상대적 권리가 아닌 절대적 권리로 인식한다.
ㄹ. A~C는 모두 개인주의, 자유주의를 이념적 기반으로 한다.

① ㄱ, ㄴ   ② ㄱ, ㄹ   ③ ㄴ, ㄷ   ④ ㄱ, ㄷ, ㄹ   ⑤ ㄴ, ㄷ, ㄹ

06

▶ 25063-0082

다음 자료에 대한 설명으로 옳은 것은?

교사: 근대 민법의 기본 원칙 A~C에 대해 발표해 보세요.
갑: A에 따르면 개인은 자율적인 판단에 기초하여 법률관계를 형성할 수 있습니다.
을: B에 따르면 국가라고 할지라도 개인 소유의 재산에 함부로 간섭하지 못합니다.
병: C는 경제적 강자의 책임 회피를 방지하려는 목적으로 도입되었습니다.
교사: ㉠2명만 옳은 내용을 발표했어요. 이번에는 근대 민법의 기본 원칙 A~C에 대한 수정 및 보완 원칙 D~F에 대해 설명해 보세요.
갑: D에 따르면 재산권의 행사는 공공복리에 적합하도록 하여야 합니다.
을: A를 수정한 원칙인 E는 사회 질서에 반하는 내용의 법률 행위를 무효라고 봅니다.
병: C와 F는 현대 사회에서 민법의 기본 원칙으로 적용됩니다.
교사: 3명 모두 옳은 내용을 발표했어요.

① ㉠은 '갑, 병'이다.
② F는 근대 사회에서 개인이 불합리한 연대 책임으로부터 벗어날 수 있도록 해 주는 근거가 되는 원칙이다.
③ B와 달리 D는 자본주의 발달 과정에서 나타난 문제점을 해결하기 위해 등장하였다.
④ E와 달리 A는 현대 사회에서 민법의 기본 원칙으로 적용된다.
⑤ A, B, C와 달리 D, E, F는 개인주의, 자유주의를 이념적 기반으로 한다.

1 계약의 이해

(1) 계약의 의미: 일정한 법률 효과를 발생시킬 목적으로 당사자 간에 이루어지는 합의 또는 약속

(2) 계약의 성립 및 효력 발생

① 계약의 성립 시점: 일반적으로 계약을 체결하고 싶다는 의사 표시인 청약과 이를 받아들이겠다는 의사 표시인 승낙이 합치된 때

② 계약이 성립하여 효력이 발생하기 위한 요건

- 계약 당사자가 의사 능력과 행위 능력을 갖추고 있어야 함.
- 둘 이상의 계약 당사자 간 자유로운 의사 표시(청약과 승낙)의 합치가 있어야 함.
- 계약의 내용이 실현 가능하고 적법해야 함.
- 계약의 내용이 강행 법규나 선량한 풍속 기타 사회 질서에 위반되지 않아야 함.

(3) 계약의 효력과 채무 불이행

① 계약을 체결한 당사자에게 일정한 권리와 의무가 발생함.

② 채무 불이행: 채무자가 자기의 책임 있는 사유로 채무의 내용에 따른 의무를 이행하지 않은 경우에 성립함. 이 경우 채권자는 상대방에게 강제적으로 계약을 이행하게 하거나 계약을 해제할 수 있으며, 손해가 발생한 경우 손해 배상을 청구할 수 있음.

2 미성년자의 계약

(1) 미성년자의 의미와 법률 행위

의미	19세 미만인 자
법률 행위	• 제한 능력자에 해당하여 원칙상 단독으로 유효한 법률 행위를 할 수 없음. • 미성년자가 법률 행위를 할 경우 원칙적으로 법정 대리인의 동의를 얻어야 함. • 법정 대리인의 동의를 얻지 않은 미성년자의 법률 행위는 일단 유효하지만 미성년자 본인이나 법정 대리인이 취소할 수 있음.
단독으로 할 수 있는 법률 행위	• 권리만을 얻거나 의무만을 면하는 행위 • 법정 대리인이 범위를 정하여 처분을 허락한 재산(용돈 등)의 처분 행위 등

(2) 미성년자와 거래한 상대방 보호

확답을 촉구할 권리	• 미성년자와 거래한 상대방은 일정 기간을 정하여 미성년자의 법정 대리인에게 계약을 추인할 것인지 여부를 확답하도록 촉구할 수 있음. • 미성년자의 법정 대리인이 일정 기간 내에 확답이 없으면 확정적으로 유효한 법률 행위가 됨.
철회권	• 미성년자와 거래한 상대방은 미성년자의 법정 대리인이 그 계약을 추인할 때까지 계약 체결의 의사 표시를 철회할 수 있음. • 미성년자와 거래한 상대방이 법률 행위 당시 미성년자임을 몰랐을 경우에만 행사 가능함.
취소권의 배제	미성년자가 속임수로써 상대방으로 하여금 자신을 행위 능력자로 믿게 한 경우나 법정 대리인의 동의를 받은 것처럼 믿게 한 경우에는 미성년자 본인과 법정 대리인의 취소권이 배제됨.

3 불법 행위와 손해 배상

(1) 불법 행위

① 의미: 고의나 과실로 위법하게 타인에게 손해를 가한 행위

② 성립 요건

가해 행위	가해자가 피해자에게 손해를 발생시키는 행위를 해야 함.
고의 또는 과실	가해 행위와 관련하여 가해자에게 고의 또는 과실이 있어야 함.
위법성	법이 보호해야 할 이익을 침해함.
손해의 발생	• 피해자에게 손해가 발생해야 함. • 재산적 손해뿐만 아니라 타인의 신체, 자유 또는 명예를 침해하거나 기타 정신상 고통을 가한 경우 정신적 손해도 포함됨.
인과 관계	가해 행위와 피해자의 손해 발생 사이에 상당 인과 관계가 있어야 함.
책임 능력	자신의 행위로 인해 법률상 책임이 발생한다는 것을 변식할 수 있는 능력으로 행위 당시를 기준으로 구체적·개별적으로 판단함.

(2) 특수 불법 행위

① 의미: 일반 불법 행위의 성립 요건과는 달리 특수한 성립 요건이 정해져 있는 불법 행위

② 유형

책임 무능력자의 감독자 책임	책임 능력이 없는 미성년자나 심신 상실자가 타인에게 손해를 가한 경우에는 법정 감독 의무자가 배상할 책임이 있음.
사용자의 배상 책임	피용자가 사무 집행에 관하여 타인에게 손해를 가한 경우에 사용자는 피용자의 선임 및 그 사무 감독상의 과실에 대해 배상할 책임이 있음.
공작물 등의 점유자·소유자 책임	• 공작물 등의 설치 또는 보존상의 하자로 인해 타인에게 손해를 가한 경우에 점유자가 일차적으로 배상할 책임이 있음. • 점유자가 손해 방지에 필요한 주의를 다하였음을 증명하여 책임이 면제되면 공작물 등의 소유자가 무과실 책임을 짐.
동물의 점유자 책임	점유하고 있는 동물이 타인에게 손해를 가한 경우 동물의 점유자가 배상할 책임이 있음.
공동 불법 행위자의 책임	• 여러 사람이 공동의 불법 행위로 타인에게 손해를 가한 경우에 연대하여 배상할 책임이 있음. • 여러 사람의 행위 중 누구의 행위로 손해가 발생한 것인지 알 수 없는 경우에도 연대하여 배상할 책임이 있음.

(3) 손해 배상

① 의미: 발생한 손해를 전보(塡補)해 주는 것

② 손해 배상 방식

- 금전 배상이 원칙이며 재산적 손해뿐만 아니라 정신적 손해(위자료)도 배상해야 함.
- 타인의 명예를 훼손한 경우 법원은 피해자의 청구에 의하여 손해 배상에 대신하거나 손해 배상과 함께 명예 회복에 적당한 처분을 명할 수 있음.

01
▶ 25063-0083

다음 자료에 대한 옳은 설명만을 〈보기〉에서 있는 대로 고른 것은?

교사: 계약에 대해 발표해 보세요.

갑: 계약은 일정한 법률 효과를 발생시킬 목적으로 당사자 간 합의에 의해 성립하는 법률 행위입니다.

을: 계약이 체결되면 계약 체결의 당사자에게 일정한 권리와 의무가 발생합니다.

병: ┌─────── (가) ───────┐

정: ┌─────── (나) ───────┐

교사: ㉠3명은 옳은 내용을 발표했지만, ㉡1명은 옳지 않은 내용을 발표했어요.

┌ 보기 ┐

ㄱ. (가)에 '계약을 체결하고 싶다는 의사 표시와 이를 받아들이겠다는 의사 표시가 합치된 때 계약은 성립합니다.'가 들어가면 ㉡은 '정'이다.

ㄴ. (나)에 '계약은 계약 당사자 간 자유로운 의사 표시가 합치되어야 합니다.'가 들어가면 ㉠은 '갑, 을, 병'이다.

ㄷ. (가)에 '계약의 내용이 실현 가능하고 적법해야 합니다.'가 들어가면 (나)에 '계약의 내용이 선량한 풍속 기타 사회 질서에 위반되지 않아야 합니다.'가 들어갈 수 없다.

ㄹ. ㉠이 '갑, 을, 정'이라면 (가)에 '계약이 성립하기 위해서는 계약 당사자 간에 반드시 계약서를 작성해야 합니다.'가 들어갈 수 있다.

① ㄱ, ㄴ   ② ㄱ, ㄹ   ③ ㄴ, ㄷ   ④ ㄱ, ㄷ, ㄹ   ⑤ ㄴ, ㄷ, ㄹ

02
▶ 25063-0084

다음 자료에 대한 옳은 설명만을 〈보기〉에서 있는 대로 고른 것은? (단, A, B는 각각 무효가 될 수 있는 사례, 취소가 될 수 있는 사례 중 하나임.)

A	B
• 의사 능력이 없는 자가 계약을 체결한 경우	• 미성년자가 법정 대리인의 동의 없이 계약을 체결한 경우
• (가)	• (나)

┌ 보기 ┐

ㄱ. (가)에 '선량한 풍속 기타 사회 질서에 위반한 사항을 내용으로 하는 계약을 체결한 경우'가 들어갈 수 없다.

ㄴ. (나)에 '당사자의 궁박, 경솔 또는 무경험으로 인하여 현저하게 공정을 잃은 계약을 체결한 경우'가 들어갈 수 있다.

ㄷ. '사기로 인해 계약을 체결한 경우'는 A가 아닌 B에 해당한다.

① ㄱ   ② ㄷ   ③ ㄱ, ㄴ   ④ ㄴ, ㄷ   ⑤ ㄱ, ㄴ, ㄷ

03

▶ 25063-0085

그림 (가)~(다)에 대한 옳은 설명만을 〈보기〉에서 고른 것은?

┌ 보기 ┐
ㄱ. (가)에서 을은 갑의 청약에 대해 승낙을 하였다.
ㄴ. (나)에서 갑과 을 모두에게 권리와 의무가 발생한다.
ㄷ. (다)에서 갑의 청약에 대해 을이 승낙을 하였다.
ㄹ. (다)에서 을이 라켓을 갑에게 건네준 것은 계약에 대한 의무를 이행한 것이다.

① ㄱ, ㄴ   ② ㄱ, ㄷ   ③ ㄴ, ㄷ   ④ ㄴ, ㄹ   ⑤ ㄷ, ㄹ

04

▶ 25063-0086

다음 자료는 미성년자의 법률 행위와 관련한 민법 조항이다. 밑줄 친 ㉠~㉤에 대한 옳은 설명만을 〈보기〉에서 있는 대로 고른 것은?

• ㉠미성년자가 법률 행위를 함에는 ㉡법정 대리인의 동의를 얻어야 한다. 그러나 ㉢권리만을 얻거나 의무만을 면하는 행위는 그러하지 아니하다.
• ㉣법정 대리인이 범위를 정하여 처분을 허락한 재산은 미성년자가 임의로 처분할 수 있다.
• ㉤미성년자가 법정 대리인으로부터 허락을 얻은 특정한 영업에 관하여는 성년자와 동일한 행위 능력이 있다.

┌ 보기 ┐
ㄱ. ㉠이 ㉡을 구하지 않고 법률 행위를 한 경우에는 법적 효력이 발생하지 않는다.
ㄴ. '미성년자가 친구의 부모로부터 무상으로 자전거를 받는 행위'는 ㉢에 해당한다.
ㄷ. '용돈의 범위에서 옷을 구매한 행위'는 ㉣에 해당한다.
ㄹ. '학교를 다니지 않는 미성년 자녀에게 법정 대리인이 신발 가게를 차려 준 경우'는 ㉤에 해당한다.

① ㄱ, ㄴ   ② ㄱ, ㄹ   ③ ㄴ, ㄷ   ④ ㄱ, ㄷ, ㄹ   ⑤ ㄴ, ㄷ, ㄹ

05

▶ 25063-0087

다음 자료의 ㉠, ㉡에 들어갈 수 있는 옳은 내용만을 〈보기〉에서 고른 것은?

(가)	(나)
갑(17세)은 법정 대리인인 부모의 동의를 얻지 않고 고가의 노트북을 노트북 판매업자 A로부터 구매하는 계약을 체결하였다. 노트북 매매 계약 시 A는 갑이 미성년자임을 알고 있었다.	을(17세)은 법정 대리인인 부모의 동의를 얻지 않고 고가의 자전거를 자전거 판매업자 B로부터 구매하는 계약을 체결하였다. 자전거 매매 계약 시 을은 부모의 동의서를 위조하여 B에게 보여 주었으며, B는 이를 믿고 계약을 체결하였다.

〈서술형〉

(가), (나) 사례에 대한 법적 판단을 각각 2개씩 쓰시오.(옳은 법적 판단 내용 1개의 점수는 1점이며, 옳지 않은 법적 판단 내용은 0점임.)

〈답안 내용〉

(가)	(나)
• A는 계약 체결의 의사 표시를 철회할 수 있다. • ㉠	• ㉡ • 을의 부모는 을이 미성년자라는 것을 이유로 계약을 취소할 수 있다.
1점	1점

┌ 보기 ┐
ㄱ. ㉠-갑의 부모는 계약을 취소할 수 없다.
ㄴ. ㉠-A는 갑의 부모에게 확답을 촉구할 권리를 행사할 수 있다.
ㄷ. ㉡-을과 달리 B는 을이 미성년자라는 것을 이유로 계약을 취소할 수 있다.
ㄹ. ㉡-B는 을의 부모에게 계약 체결의 의사 표시를 철회할 수 없다.

① ㄱ, ㄴ   ② ㄱ, ㄷ   ③ ㄴ, ㄷ   ④ ㄴ, ㄹ   ⑤ ㄷ, ㄹ

06

▶ 25063-0088

A, B에 대한 옳은 설명만을 〈보기〉에서 있는 대로 고른 것은? (단, A, B는 각각 불법 행위, 채무 불이행 중 하나임.)

구분	관련 민법 조항
A	채무자가 채무의 내용에 좇은 이행을 하지 아니한 때에는 채권자는 손해 배상을 청구할 수 있다. 그러나 채무자의 고의나 과실 없이 이행할 수 없게 된 때에는 그러하지 아니하다.
B	고의 또는 과실로 인한 위법 행위로 타인에게 손해를 가한 자는 그 손해를 배상할 책임이 있다.

┌ 보기 ┐
ㄱ. A와 달리 B는 과실 책임의 원칙이 적용된다.
ㄴ. B와 달리 A는 당사자의 자유로운 의사 합치에 따라 채권이 발생한 경우에 나타난다.
ㄷ. A, B는 모두 위법 행위에 해당한다.

① ㄱ   ② ㄴ   ③ ㄱ, ㄷ   ④ ㄴ, ㄷ   ⑤ ㄱ, ㄴ, ㄷ

07

▶ 25063-0089

밑줄 친 ㉠~㉂에 대한 설명으로 옳지 않은 것은?

불법 행위는 고의나 과실로 위법하게 타인에게 손해를 가한 행위이지만 구체적인 성립 요건은 다음과 같다. 가해자가 피해자에게 손해를 발생시키는 행위를 해야 하며, 가해 행위와 관련하여 가해자의 ㉠고의 또는 ㉡과실이 있어야 하며, 가해 행위가 법률이 보호할 가치 있는 이익을 침해하는 ㉢위법성이 있어야 하며, 가해자의 행위로 인해 피해자에게 ㉣손해가 발생해야 하고, 가해 행위와 피해자의 손해 사이에 상당 인과 관계가 있어야 한다. 마지막으로 가해자에게 책임 능력이 있어야 하는데, ㉤책임 능력은 자신의 행위로 인해 일정한 결과가 발생한다는 것을 변식할 수 있는 능력이다. 불법 행위는 위의 요건을 모두 갖추어야 성립하며, 불법 행위로 성립하면 ㉥손해 배상을 청구할 수 있다.

① 가해자가 '실수로' 가해 행위를 하였다면 ㉠이 아니라 ㉡에 해당한다.
② 긴급 피난, 정당방위에 해당하는 가해 행위는 ㉢이 없으므로 불법 행위로 성립하지 않는다.
③ ㉣에는 재산적 손해뿐만 아니라 정신적 손해도 포함된다.
④ ㉤이 없는 자는 19세 미만인 자로 민법에 규정되어 있다.
⑤ ㉥은 금전 배상이 원칙이다.

08

▶ 25063-0090

교사의 질문에 대해 옳은 내용을 발표한 학생만을 〈보기〉에서 고른 것은?

		공지사항	게시판	Q&A

질문: 저(A)는 대형 음식점을 운영하는 사장입니다. 저희 음식점에는 수십 명의 종업원이 있으며 항상 친절과 안전을 강조하며 영업을 해 왔습니다. 그러던 어느 날 종업원(B)이 뜨거운 음식을 나르던 중 넘어지면서 의자에 앉아 식사를 하던 손님(C)에게 쏟았습니다. 이로 인해 화상을 입은 손님은 며칠 후 저에게 연락을 하여 손해 배상을 하라고 합니다. 음식은 종업원인 B가 쏟았고, 저는 종업원 교육도 철저히 했는데 제가 손해 배상을 해 주어야 하나요?

답변: _____(가)_____

(가)에 들어갈 수 있는 법적 판단 내용을 A, B, C를 기준으로 발표해 보세요.

교사

┌ 보기 ┐
갑: C가 A에게 사용자의 배상 책임을 묻기 위해서는 반드시 B의 행위가 불법 행위로 성립해야 합니다.
을: B가 음식을 쏟은 행위가 불법 행위로 성립하면 C는 B가 아닌 A에게만 손해 배상을 청구해야 합니다.
병: A가 피용자인 B의 선임 및 그 사무 감독에 상당한 주의를 다하였다는 것을 증명하면 손해 배상 책임을 지지 않습니다.
정: B가 음식을 쏟은 행위가 누군가가 B를 밀었기 때문이라면 B의 행위에 고의 또는 과실이 없으므로 C는 A에게만 손해 배상 책임을 물을 수 있습니다.

① 갑, 을   ② 갑, 병   ③ 을, 병   ④ 을, 정   ⑤ 병, 정

09

▶ 25063-0091

다음 사례에 대한 옳은 법적 판단만을 〈보기〉에서 고른 것은?

갑에게는 두 자녀 을, 병이 있다. 어느 날 을이 던진 돌에 맞아 다쳤다며 A가 갑에게 손해 배상을 요구하였다. 게다가 다음날 병이 던진 공에 맞아 다쳤다며 B가 갑에게 손해 배상을 요구하였다. 갑은 두 자녀의 가해 행위로 인한 손해 배상 문제를 어떻게 해결해야 하나 고민하고 있다. 을은 가해 행위 당시 자신의 행위로 인해 법률상 책임이 발생한다는 것을 인식할 수 있는 능력이 있었던 반면에 병에게는 해당 능력이 없었다.

┌ 보기 ┐
ㄱ. A는 을에게 손해 배상 책임을 물을 수 없다.
ㄴ. A는 갑에게 특수 불법 행위 책임을 물을 수 있다.
ㄷ. B는 갑에게 특수 불법 행위 책임을 물을 수 있다.
ㄹ. B는 병에게 일반 불법 행위 책임을 물을 수 없다.

① ㄱ, ㄴ   ② ㄱ, ㄷ   ③ ㄴ, ㄷ   ④ ㄴ, ㄹ   ⑤ ㄷ, ㄹ

10

▶ 25063-0092

다음 사례에 대한 옳은 법적 판단만을 〈보기〉에서 있는 대로 고른 것은?

에어컨 설치 전문 업체에서 일하고 있던 갑은 한 아파트로 출장을 갔다. 4층 높이의 아파트 건물 외벽에 있던 에어컨 실외기를 철거해 달라는 요청이었다. 전세 계약이 끝나 이사를 한다는 세입자는 건물 바깥 고정 장치에 놓여 있던 실외기를 안으로 들여 달라고 요청했고, 갑은 건물 외벽에 기대 건물의 소유권자가 설치한 철제 거치대를 붙잡았다. 그 순간 실외기를 지탱하던 철제 거치대가 벽에서 떨어졌고, 철제 거치대를 잡고 있던 갑은 실외기와 함께 지상으로 추락했다. 이날 사고로 갑은 부상을 입고 병원에 장기간 입원해야 했다. 갑은 건물 세입자인 을과 건물 주인인 병을 상대로 손해 배상 청구 소송을 제기했고, 법원은 사고 당시 건물을 임차하고 철제 거치대를 점유하고 있던 세입자 을에게 배상 책임이 있다며 손해에 대한 배상을 하라는 판결을 내렸다.

┌ 보기 ┐
ㄱ. 법원은 을에게 특수 불법 행위 책임이 있다고 보았다.
ㄴ. 을은 면책이 인정되지 않는 무과실 책임을 지는 것이다.
ㄷ. 병은 손해 방지를 위한 주의를 다하였음을 증명하였을 것이다.
ㄹ. 을이 손해 방지를 위한 주의를 다하였음을 증명하였다면 병이 손해 배상 책임을 졌을 것이다.

① ㄱ, ㄴ   ② ㄱ, ㄹ   ③ ㄴ, ㄷ   ④ ㄱ, ㄷ, ㄹ   ⑤ ㄴ, ㄷ, ㄹ

11

▶ 25063-0093

다음 사례에 대한 옳은 법적 판단만을 〈보기〉에서 고른 것은?

갑은 친구인 을이 해외여행을 가면서 맡긴 을의 반려견을 산책시키기 위해 반려견과 함께 공원을 걷고 있었다. 공원을 걷던 갑은 멀리서 여러 명의 학생들이 한 학생을 폭행하는 것을 보았고 즉시 그쪽으로 반려견과 함께 달려갔다. 도착해서 보니 폭행을 당하고 있는 학생은 갑의 자녀인 병(17세)이었다. 갑은 폭행하는 학생들을 저지했고, 그 과정에서 갑은 반려견을 놓치고 말았다. 반려견은 지나가던 정을 물었고 정은 전치 2주의 상해를 입었다. 한편 전치 4주의 상해를 입은 병은 같은 반인 학생 A, B, C에게 폭행을 당한 것이었다.

┌ 보기 ┐
ㄱ. 병은 A, B, C에게 1/3씩의 손해 배상액을 청구해야 한다.
ㄴ. 정은 갑과 을에게 공동 불법 행위자의 책임을 물을 수 있다.
ㄷ. 정은 을이 아닌 갑에게 특수 불법 행위 책임을 물을 수 있다.
ㄹ. 만약 A는 폭행을 하지 않았고, 폭행하는 것을 적극적으로 말렸다는 것이 증명되면 병은 B, C에게만 손해 배상 책임을 물을 수 있다.

① ㄱ, ㄴ   ② ㄱ, ㄷ   ③ ㄴ, ㄷ   ④ ㄴ, ㄹ   ⑤ ㄷ, ㄹ

12

▶ 25063-0094

다음 자료에 대한 옳은 설명만을 〈보기〉에서 고른 것은?

수행 평가

(가)~(다) 사례에 대한 법적 판단을 각각 2개씩 쓰시오. (옳은 법적 판단 내용 1개의 점수는 1점이며, 옳지 않은 법적 판단 내용은 0점임.)

〈사례〉

(가)	(나)	(다)
갑의 자녀인 을은 A의 차량을 훼손하였는데, 가해 행위 당시 을은 책임 능력이 없었다.	이삿짐 센터 사장인 갑과 종업원 을이 함께 이삿짐을 나르던 중, 을이 A의 이삿짐을 훼손하였다.	갑이 을 소유의 건물을 임차하여 헬스장을 운영하던 중 헬스장 창문이 떨어져 A가 다쳤다.

〈학생의 서술 내용 및 채점 결과〉

(가)	(나)	(다)
A는 갑에게 특수 불법 행위 책임을 물을 수 있음.	ⓒ	A는 갑에게 무과실 책임을 물을 수 있음.
㉠	을의 행위가 불법 행위로 성립하면 A는 갑에게 손해 배상을 청구할 수 없다.	㉢
점수: 1점	점수: ㉣	점수: 1점

┌ 보기 ┐
ㄱ. ㉠에 'A는 을에게 일반 불법 행위 책임을 물을 수 없음.'이 들어갈 수 있다.
ㄴ. ㉡에 'A가 갑에게 사용자의 배상 책임을 묻기 위해서는 을의 행위가 불법 행위로 성립해야 함.'이 들어가면 ㉣은 '0점'이다.
ㄷ. ㉢에 'A는 갑이 아닌 을에게 우선 불법 행위로 인한 손해 배상을 요구해야 함.'이 들어갈 수 없다.
ㄹ. ㉡에 '을의 행위가 불법 행위로 성립하지 않으면 갑은 A에게 무과실 책임을 짐.'이 들어가면 (가)~(다) 사례의 서술 내용에 대한 총점은 '2점'이다.

① ㄱ, ㄴ   ② ㄱ, ㄷ   ③ ㄴ, ㄷ   ④ ㄴ, ㄹ   ⑤ ㄷ, ㄹ

11 가족 관계와 법

① 혼인

(1) **의미**: 남녀가 부부가 되는 것으로서 일종의 계약에 해당함.

(2) **성립 및 유효 요건**

실질적 요건	• 당사자가 자유로운 의사에 기초하여 혼인에 합의할 것 • 민법에서 규정한 혼인할 수 있는 연령에 해당할 것 • 민법에서 규정한 혼인할 수 없는 친족 관계가 아닐 것 • 다른 사람과 이미 혼인한 상태에서 다시 혼인하는 중혼(重婚)이 아닐 것
형식적 요건	혼인 신고를 할 것 → 법률혼주의

(3) **법률 효과**

① 친족 관계의 발생(배우자 및 인척 관계의 발생)

② 부부 상호 간의 동거, 부양, 협조 등의 의무 발생

③ 부부 별산제 적용, 일상 가사에 대한 대리권 발생

④ 18세인 미성년자가 부모의 동의를 얻어 법적으로 유효한 혼인을 한 경우에는 민법상 성년으로 의제되어 행위 능력이 인정됨.

② 이혼

(1) **의미**: 혼인 관계를 인위적으로 해소시키는 것

(2) **유형**

① **협의상 이혼**

의미	당사자 간의 합의로 이루어지는 이혼
절차	법원에 이혼 의사 확인 신청 → 이혼 숙려 기간 → 법원의 이혼 의사 확인 → 이혼 신고
효력 발생	이혼 신고를 함으로써 이혼의 효력 발생

② **재판상 이혼**

의미	법이 정한 사유에 해당하는 경우 법원의 판결로써 이루어지는 이혼으로 어느 한쪽의 일방적인 청구에 의해 가능함.
절차	재판상 이혼 청구 → 이혼 조정 → 이혼 소송 → 이혼 판결 → 이혼 신고
이혼 사유	• 배우자에게 부정한 행위가 있었을 때 • 배우자가 악의로 다른 일방을 유기한 때 • 배우자 또는 그 직계 존속으로부터 심히 부당한 대우를 받았을 때 • 자기의 직계 존속이 배우자로부터 심히 부당한 대우를 받았을 때 • 배우자의 생사가 3년 이상 분명하지 아니한 때 • 기타 혼인을 계속하기 어려운 중대한 사유가 있을 때
효력 발생	법원의 이혼 판결이 확정된 때에 이혼의 효력 발생

(3) **법률 효과**

① 혼인에 의해 발생한 친족 관계 소멸

② 미성년인 자녀를 직접 양육하지 않는 부 또는 모와 그 자녀에게 면접 교섭권이 발생함.

③ 혼인 생활 중 취득한 부부 공동 재산에 대한 분할 청구권 발생

④ 이혼의 책임이 있는 상대방에게 손해 배상을 청구할 수 있음.

③ 친자 관계(부모와 자식 간의 관계)

(1) **친생자와 양자**

친생자	• 혼인 중 또는 혼인 외의 관계에서 출생한 혈연관계의 자녀 • 법률혼 관계에서 출생한 자녀는 혼인 중의 출생자임. • 법률혼 관계가 아닌 남녀 사이에서 태어난 자녀는 혼인 외의 출생자가 되며, 인지 절차를 거쳐 친자 관계가 형성될 수 있음.
양자	• 일반 입양된 자는 입양된 때부터 양부모의 친생자와 같은 지위를 가짐. • 친양자 제도 - 가정 법원에 미성년자에 대한 친양자 입양을 청구하여 친양자 입양이 확정된 때에 양부모의 혼인 중의 출생자로 봄. - 일반 입양과 달리 양부모의 성과 본을 따르고, 원칙적으로 입양 전의 친족 관계는 종료됨.

(2) **친권**

의미	부모가 미성년인 자녀에 대해 갖는 신분·재산상의 권리와 의무
내용	자녀에 대한 보호와 교양의 권리와 의무, 거소 지정권, 자녀의 재산에 대한 관리권 등
행사	• 부모가 공동으로 행사하는 것이 원칙임. • 부모가 이혼하는 경우에는 부모가 협의하여 친권자를 정하되, 협의가 되지 않을 경우에는 가정 법원이 친권자를 지정함. • 부 또는 모가 친권을 남용하거나 친권을 행사하기 어려운 사유 등이 있을 경우에는 각 상황에 따라 가정 법원의 선고에 의해 친권이 상실·정지·제한될 수 있음.

④ 유언과 상속

유언	• 유언의 효력은 유언자가 사망할 때 발생함. • 유언의 방법: 자필 증서, 녹음, 공정 증서, 비밀 증서, 구수 증서
상속	• 의미: 자연인(피상속인)이 사망함으로써 그가 남긴 재산에 대한 권리와 의무가 타인(상속인)에게 포괄적으로 승계되는 것으로 피상속인의 채무도 승계됨. • 유언이 있을 경우에는 유언에 따라 유증이 이루어지나 상속인은 유류분 반환 청구를 할 수 있음. • 유류분 제도: 상속인을 보호하기 위해 상속인들이 법정 상속분의 일부를 확보할 수 있도록 한 제도 • 법정 상속 순위: 1순위-직계 비속, 2순위-직계 존속, 3순위-형제자매, 4순위-4촌 이내 방계 혈족 • 선순위의 상속인이 있을 경우에는 후순위 상속인은 상속을 받을 수 없음. • 같은 순위 상속인 간의 상속분은 균분으로 함. • 배우자는 피상속인의 직계 비속이나 직계 존속이 있을 경우에는 공동으로 상속을 받으나, 피상속인의 직계 비속과 직계 존속이 없을 경우에는 단독으로 상속을 받음. • 배우자는 공동 상속인의 상속분에 50%를 가산하여 상속을 받음.

01
▶ 25063-0095

표는 혼인의 의미와 성립 요건을 정리한 것이다. 이에 대한 설명으로 옳지 <u>않은</u> 것은?

구분		내용
혼인의 의미		남녀가 부부로서의 생활 공동체를 형성하기로 하는 가족법상의 합의로 일종의 ⊙계약에 해당함.
혼인의 성립 요건	형식적 요건	(가)
	실질적 요건	• 당사자 간 자유로운 혼인 의사의 합치가 있을 것 • ⓒ혼인 가능한 연령일 것 • ⓒ일정 범위의 근친 사이의 혼인이 아닐 것 • ②중혼이 아닐 것

① (가)에는 '혼인 신고를 할 것'이 들어갈 수 있다.
② 혼인은 ⊙에 해당하기 때문에 혼인을 하면 부부 상호 간에 권리와 의무가 발생한다.
③ 부모의 동의를 얻은 18세 미성년자도 ⓒ에 해당한다.
④ ⓒ에는 혈족뿐만 아니라 인척도 포함된다.
⑤ ②이 되기 때문에 사실혼 상태인 사람은 다른 상대방과 법률혼이 불가능하다.

02
▶ 25063-0096

다음 자료에 대한 옳은 설명만을 〈보기〉에서 있는 대로 고른 것은?

갑과 을은 법률혼 상태에서 ⊙자녀 A를 낳았다.

↓

결혼 생활 중 ⓒ갑이 을의 부모에게 부당한 대우를 하였고, 을은 이혼 소송을 제기하였다.

↓

ⓒ법원의 이혼 판결이 확정되어 갑과 을은 이혼하였다.

↓

갑은 병과 혼인 신고를 하였고, ②자녀 B를 낳았다.

↓

결혼 생활 중 갑과 병은 ⑩합의로 이루어지는 이혼을 하였다.

┌ **보기** ┐
ㄱ. ⊙은 갑과 을의, ②은 갑과 병의 혼인 중 출생자이다.
ㄴ. ⓒ이 민법상 정해진 이혼 사유에 해당하기 때문에 ⓒ이 이루어졌다.
ㄷ. 갑과 을의 이혼의 효력은 ⓒ이 확정되면 발생하고, ⑩은 행정 기관에 이혼 신고가 이루어진 때에 이혼의 효력이 발생한다.
ㄹ. 이혼 시 자녀 A, B가 모두 미성년자라면 갑과 을, 갑과 병은 모두 이혼 숙려 기간을 거쳤을 것이다.

① ㄱ, ㄴ　　　② ㄱ, ㄹ　　　③ ㄷ, ㄹ　　　④ ㄱ, ㄴ, ㄷ　　　⑤ ㄴ, ㄷ, ㄹ

03

▶ 25063-0097

다음 자료의 (가), (나)에 들어갈 수 있는 옳은 내용만을 〈보기〉에서 있는 대로 고른 것은?

교사: 혼인의 효과에 대해 발표해 보세요.

갑: 배우자 및 인척 관계가 발생합니다.

을: [(가)]

교사: 한 명은 틀린 내용을 발표했네요. 그럼 이혼의 효과에 대해 발표해 보세요.

갑: [(나)]

을: 자녀의 연령에 상관없이 자녀가 있는 경우에는 친권자를 정해야 합니다.

교사: 한 명은 틀린 내용을 발표했네요.

┌ 보기 ┌
ㄱ. (가) – 부부는 일상의 가사에 대하여 대리권을 갖습니다.
ㄴ. (가) – 부부 공동 재산제가 적용되며 예외적으로 부부 별산제가 인정됩니다.
ㄷ. (나) – 혼인 중 취득한 부부 공유 재산에 대한 분할을 청구할 수 있습니다.
ㄹ. (나) – 미성년인 자녀를 양육하지 않는 부 또는 모는 면접 교섭권을 갖습니다.

① ㄱ, ㄴ   ② ㄱ, ㄹ   ③ ㄴ, ㄷ   ④ ㄱ, ㄷ, ㄹ   ⑤ ㄴ, ㄷ, ㄹ

04

▶ 25063-0098

다음 자료에 대한 옳은 설명만을 〈보기〉에서 있는 대로 고른 것은? (단, A, B는 각각 일반 입양에 의한 양자, 친양자 중 하나임.)

〈서술형〉 다음 질문에 대한 답을 쓰시오.(옳은 답안 1개당 1점이며, 옳지 않은 답안은 0점임.)

구분	답안 내용	채점 결과
질문 1. A와 구분되는 B의 특징을 2가지만 쓰시오.	(가)	1점
	미성년자만 양자가 될 수 있음.	0점
질문 2. B와 구분되는 A의 특징을 2가지만 쓰시오.	(나)	0점
	(다)	㉠

┌ 보기 ┌
ㄱ. (가)에 '미성년자인 경우에는 양부모가 친권을 행사함.'이 들어갈 수 있다.
ㄴ. (나)에 '인지 절차를 거쳐야만 친자 관계가 형성됨.'이 들어갈 수 있다.
ㄷ. ㉠이 '1점'이면, (다)에 '친생부모 사망 시 친생부모의 재산을 상속받을 수 있음.'이 들어갈 수 없다.

① ㄱ   ② ㄷ   ③ ㄱ, ㄴ   ④ ㄴ, ㄷ   ⑤ ㄱ, ㄴ, ㄷ

05

▶ 25063-0099

다음 자료의 (가)에 들어갈 수 있는 옳은 내용만을 〈보기〉에서 있는 대로 고른 것은?

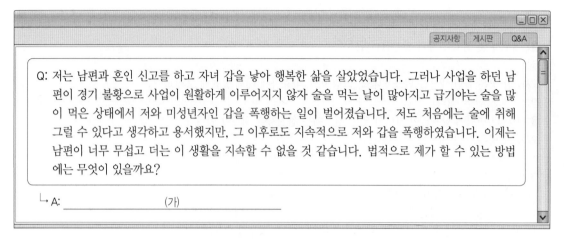

Q: 저는 남편과 혼인 신고를 하고 자녀 갑을 낳아 행복한 삶을 살았었습니다. 그러나 사업을 하던 남편이 경기 불황으로 사업이 원활하게 이루어지지 않자 술을 먹는 날이 많아지고 급기야는 술을 많이 먹은 상태에서 저와 미성년자인 갑을 폭행하는 일이 벌어졌습니다. 저도 처음에는 술에 취해 그럴 수 있다고 생각하고 용서했지만, 그 이후로도 지속적으로 저와 갑을 폭행하였습니다. 이제는 남편이 너무 무섭고 더는 이 생활을 지속할 수 없을 것 같습니다. 법적으로 제가 할 수 있는 방법에는 무엇이 있을까요?

⌐ A: _____ (가) _____

┌ 보기 ┌
ㄱ. 혼인 기간 동안 남편으로부터 입었던 피해에 대해 손해 배상을 청구할 수 있습니다.
ㄴ. 남편의 폭행은 민법상 이혼 사유에 해당할 가능성이 크므로 이혼 소송을 제기할 수 있습니다.
ㄷ. 남편이 미성년 자녀를 지속적으로 폭행하는 것은 친권 상실의 사유가 되므로 친권 상실을 청구할 수 있습니다.
ㄹ. 자녀에 대한 지속적인 폭행은 친자 관계 종료의 사유가 되므로 친자 관계 종료를 위한 소송을 제기할 수 있습니다.

① ㄱ, ㄷ   ② ㄱ, ㄹ   ③ ㄴ, ㄹ   ④ ㄱ, ㄴ, ㄷ   ⑤ ㄴ, ㄷ, ㄹ

06

▶ 25063-0100

다음 자료에 대한 옳은 설명만을 〈보기〉에서 있는 대로 고른 것은?

친양자 입양 심판 청구

청구인 갑
사건 본인 을

청구 취지

사건 본인을 청구인의 친양자로 한다.
라는 심판을 구합니다.

청구 원인

1. 청구인은 사건 본인을 친양자로 입양하고자 합니다.
2. 청구인은 사건 본인의 모(母)인 병과 법률혼을 한 이후로 현재까지 사건 본인을 친자식으로 여기며 잘 양육하고 있습니다.

…(이하 생략)…

┌ 보기 ┌
ㄱ. 을이 미성년자가 아니라면 위와 같은 청구를 할 수 없다.
ㄴ. 위 청구가 법원에서 받아들여지면 병과 을의 친자 관계는 종료된다.
ㄷ. 위 청구가 법원에서 받아들여지더라도 을의 성과 본은 바뀌지 않는다.
ㄹ. 위 청구가 법원에서 받아들여지면 을은 갑의 혼인 중 출생자로 간주된다.

① ㄱ, ㄴ   ② ㄱ, ㄹ   ③ ㄴ, ㄷ   ④ ㄱ, ㄷ, ㄹ   ⑤ ㄴ, ㄷ, ㄹ

07

▶ 25063-0101

밑줄 친 ㉠, ㉡에 해당하는 내용만을 〈보기〉에서 있는 대로 고른 것은?

A는 혼인의 실질적 요건을 갖추고 혼인의 의사가 있어 객관적으로 사회 관념상 가족 질서적인 면에서 부부의 공동생활을 인정할 만한 혼인 생활의 실체가 있지만, 혼인의 형식적 요건인 혼인 신고가 없는 경우를 말한다. B는 혼인의 실질적 요건과 형식적 요건을 모두 갖춘 혼인을 말한다. A는 ㉠혼인 신고를 전제로 하는 B의 효과는 인정되지 않으나 ㉡부부 공동생활을 전제로 하는 일반적인 결혼의 효과가 인정된다. 대법원은 "A는 주관적으로는 혼인의 의사가 있고, 또 객관적으로는 사회 통념상 가족 질서의 면에서 부부 공동생활을 인정할 만한 실체가 있는 경우에 성립한다."라고 판시하여 A의 법적 효과가 존재함을 밝히고 있다.

┌ 보기 ┐
ㄱ. ㉠ – 친족 관계 발생
ㄴ. ㉠ – 배우자 재산에 대한 상속권
ㄷ. ㉡ – 혼인 관계 파기 시 손해 배상 책임
ㄹ. ㉡ – 법원에서의 법적 절차를 통한 혼인 관계 해소

① ㄱ, ㄴ   ② ㄱ, ㄹ   ③ ㄷ, ㄹ   ④ ㄱ, ㄴ, ㄷ   ⑤ ㄴ, ㄷ, ㄹ

08

▶ 25063-0102

밑줄 친 ㉠~㉢에 대한 옳은 설명만을 〈보기〉에서 있는 대로 고른 것은?

우리 민법은 원칙적으로 혼인 성립 후에 부부 각자의 재산에 대해서 ㉠부부 별산제를 적용한다. 부부 별산제는 부부의 일방이 혼인 전부터 가진 고유 재산과 혼인 중 자기 명의로 취득한 재산을 특유 재산으로 인정한다. 다만, 부부 중 누구에게 속한 것인지 분명하지 아니한 재산은 부부의 공유로 추정한다. 그런데 부부 별산제하에서도 일방의 일상 가사에 관한 법률 행위는 다른 일방에게 법률 효과가 미치기도 한다. 부부는 ㉡일상 가사에 관해 서로 대리권이 있고, 부부의 일방이 일상 가사에 관해 제3자와 법률 행위를 한 때에는 다른 일방은 이로 인한 ㉢채무에 대해 연대 책임을 부담한다.

┌ 보기 ┐
ㄱ. ㉠에 따라서 혼인 전부터 가진 고유 재산에 대해서는 이혼 시 원칙적으로 재산 분할권을 행사할 수 없다.
ㄴ. ㉡에 따라서 일상 가사에 해당하는 계약은 대리하여 체결할 수 있다.
ㄷ. ㉢에 따르면 '도박으로 인해 발생한 채무'는 연대 책임을 지지 않는다.
ㄹ. ㉡, ㉢은 법률혼 부부와 달리 사실혼 부부에게는 인정되지 않는다.

① ㄱ, ㄴ   ② ㄱ, ㄹ   ③ ㄷ, ㄹ   ④ ㄱ, ㄴ, ㄷ   ⑤ ㄴ, ㄷ, ㄹ

09

▶ 25063-0103

표의 (가)~(라)는 상속과 관련한 민법 내용이다. 이에 대한 옳은 설명만을 〈보기〉에서 있는 대로 고른 것은?

구분	민법 내용
(가)	피상속인의 배우자는 피상속인의 직계 비속 또는 직계 존속이 있는 경우에는 그 상속인과 동순위로 공동 상속인이 되고 그 상속인이 없는 때에는 단독 상속인이 된다.
(나)	동순위의 상속인이 수인인 때에는 그 상속분은 균분으로 한다.
(다)	상속인은 상속 개시된 때로부터 피상속인의 재산에 관한 포괄적 권리 의무를 승계한다.
(라)	상속인은 상속으로 인하여 취득할 재산의 한도에서 피상속인의 채무와 유증을 변제할 것을 조건으로 상속을 승인할 수 있다.

> ┌ 보기 ┌
> ㄱ. (가)에 따라 피상속인의 배우자는 피상속인의 형제자매와 공동 상속인이 될 수 없다.
> ㄴ. (가)에서 피상속인의 배우자가 공동 상속인이 되는 경우에는 (나)의 내용을 따른다.
> ㄷ. (다)를 통해 피상속인의 채무까지 상속됨을 알 수 있다.
> ㄹ. (라)에는 한정 승인 제도가 나타나 있다.

① ㄱ, ㄴ ② ㄱ, ㄹ ③ ㄴ, ㄷ ④ ㄱ, ㄷ, ㄹ ⑤ ㄴ, ㄷ, ㄹ

10

▶ 25063-0104

밑줄 친 ㉠~㉫에 대한 옳은 설명만을 〈보기〉에서 고른 것은?

> 갑과 을은 혼인 상태에서 자녀 A를 낳았으나 법원의 판결로 ㉠이혼을 하였다. 이혼 후 갑과 병은 재혼을 하였고 ㉡자녀 B를 낳았으며, 갑은 병의 재혼 전 자녀인 C를 ㉢친양자로 입양하였다. 을과 정은 재혼을 하였고 ㉣자녀 D를 낳았으며, 정은 A를 ㉤친양자가 아닌 양자로 입양하였다. 5년 후 갑과 병은 C와 달리 B가 미성년자인 상태에서 합의하여 ㉫이혼을 하였다.
> * 사례의 혼인은 모두 법률혼임.

> ┌ 보기 ┌
> ㄱ. ㉠과 달리 ㉫의 과정에서는 이혼 당사자들이 원칙적으로 이혼 숙려 기간을 거쳐야 한다.
> ㄴ. ㉡은 갑과 병의 혼인 중 출생자이며, 인지 절차를 거쳐야 친자 관계가 형성된다.
> ㄷ. ㉢으로 인해 C와 병의 친자 관계가 종료되는 것은 아니다.
> ㄹ. ㉫으로 인해 A와 ㉣의 성과 본이 같아지게 된다.

① ㄱ, ㄴ ② ㄱ, ㄷ ③ ㄴ, ㄷ ④ ㄴ, ㄹ ⑤ ㄷ, ㄹ

11

▶ 25063-0105

다음 수행 평가에서 옳은 법적 판단을 한 학생만을 있는 대로 고른 것은?

수행 평가

주어진 사례에 대한 옳은 법적 판단 내용을 1가지씩만 쓰시오.

사례	학생	법적 판단
A와 B는 법률혼 상태에서 자녀 C, D를 낳고 살았다. 어느 날 여행 중 A가 사망하였고, 사망 당시 A의 재산은 14억 원이다.	갑	B의 상속액은 6억 원이다.
	을	C와 D의 상속액의 합은 B의 상속액보다 2억 원이 많다.
A와 B는 법률혼 상태에서 자녀 C를 낳고 살았다. 어느 날 여행 중 C가 사망하였고, 1년 후 A도 지병으로 사망하였다. A의 사망 당시 A의 유가족으로 B, A의 홀어머니 D가 있었다. 사망 당시 C의 재산은 2억 원이었고, 사망 당시 상속받은 재산을 고려하지 않은 A의 재산은 9억 원이었다.	병	C의 재산에 대해 A, B, D가 공동으로 상속받는다.
	정	A의 재산에 대해 B는 6억 원, D는 4억 원을 상속받는다.

* 사례에서 모든 사망자는 유언을 남기지 않았음.

① 갑, 병   ② 갑, 정   ③ 을, 병   ④ 갑, 을, 정   ⑤ 을, 병, 정

12

▶ 25063-0106

다음 사례에 대한 옳은 법적 판단만을 〈보기〉에서 고른 것은?

갑과 을은 법률혼 상태에서 자녀 A를 낳고 살다가 을이 이혼 소송을 제기하여 이혼하게 되었다. A는 을이 양육하기로 하였고 갑은 을에게 양육비를 지급하기로 하였다. 이후 갑은 병과 혼인 신고를 하지 않은 채 부부 공동생활을 하였다. 갑과 병 사이에 자녀 B가 태어났고 6개월 후에 갑은 유언 없이 재산을 남기고 사망하였다. 갑 사망 당시 병과 B와는 친자 관계가 형성되어 있으나 갑과 B와는 친자 관계가 형성되어 있지 않았다.

┌ 보기 ┐
ㄱ. B는 병의 혼인 중 출생자이다.
ㄴ. 이혼 후 갑은 A에 대한 면접 교섭권을 갖는다.
ㄷ. 갑의 재산에 대한 상속 개시의 시점에서 상속권자는 A뿐이다.
ㄹ. 병과 B와의 친자 관계와 달리 갑과 A의 친자 관계는 인지 절차를 통해서 형성되었을 것이다.

① ㄱ, ㄴ   ② ㄱ, ㄷ   ③ ㄴ, ㄷ   ④ ㄴ, ㄹ   ⑤ ㄷ, ㄹ

① 형법의 의미와 기능

(1) 형법의 의미

① 일반적 의미: 범죄와 그에 대한 법적 효과로서 형사 제재(형벌과 보안 처분)를 규정한 법 규범의 총체

② 형식적 의미: '형법'이라는 명칭으로 제정된 법률

③ 실질적 의미: 법의 명칭과 형식을 불문하고 범죄와 그에 대한 형사 제재를 규율하고 있는 모든 법 규범

　예 폭력 행위 등 처벌에 관한 법률 등

(2) 형법의 기능

보호적 기능	형법은 개인이나 공동체의 존립을 해치거나 위협하는 행위를 범죄로 규정하여, 법익과 사회적 근본 가치를 보호함.
보장적 기능	형법은 국가가 행사할 형벌권의 내용과 한계를 분명히 하여 자의적인 형벌권 행사로부터 국민의 자유와 권리를 보장함.

② 죄형 법정주의

(1) 죄형 법정주의의 의미와 등장 배경

① 의미: 범죄의 종류와 그 처벌의 내용은 범죄 행위 이전에 미리 성문의 법률에 규정되어 있어야 한다는 원칙

② 등장 배경: 국가의 자의적인 형벌권 행사로부터 시민의 자유와 권리를 보호하려는 근대 인권 사상의 요청

③ 죄형 법정주의의 의미 변천

근대적 의미	'법률이 없으면 범죄도 없고 형벌도 없다.' → 어떤 행위가 범죄가 되고 그 범죄에 대해 어떤 처벌을 할 것인지가 성문의 법률에 미리 규정되어 있어야 한다는 원칙이지만, 법률의 내용을 문제 삼지 않아 부당한 법률에 의한 형벌권의 남용을 방지하기는 어려움.
현대적 의미	'적정한 법률이 없으면 범죄도 없고 형벌도 없다.' → 형식적인 법률의 존재뿐만 아니라 법률 내용의 적정성까지 판단하여 법관과 입법자의 자의적인 판단으로부터 국민의 자유와 권리를 보장함.

(2) 죄형 법정주의의 내용(파생 원칙)

관습 형법 금지의 원칙	범죄와 형벌은 의회에서 제정한 성문의 법률에 따라 규정되어야 한다는 원칙
소급효 금지의 원칙	범죄와 형벌은 행위 시의 법률에 따라 결정되어야 하며, 시행 이전의 행위까지 소급 적용될 수 없다는 원칙
명확성의 원칙	범죄와 형벌은 국민이 이해할 수 있도록 명확하게 규정하여 공포해야 한다는 원칙
유추 해석 금지의 원칙	어떤 사항에 대하여 직접 규정한 법규가 없을 때 그와 비슷한 사항에 대하여 규정한 법률을 적용함으로써 피고인에게 불리하게 형벌을 부과하거나 가중하지 못한다는 원칙
적정성의 원칙	범죄와 형벌 사이에는 적정한 균형이 유지되어야 하며, 그 내용도 기본적 인권을 보장할 수 있도록 적정한 것이어야 한다는 원칙

③ 범죄의 의미와 성립 요건

(1) 범죄의 의미와 성립

① 범죄의 의미: 형법에 의해 금지되어 형벌의 부과 대상이 되는 행위

② 범죄의 성립: 구성 요건 해당성, 위법성, 책임의 요건이 모두 충족되어야 함.

(2) 범죄의 성립 요건

① 구성 요건 해당성: 어떤 행위가 범죄로 성립되려면 그 행위가 법률에서 범죄로 정해 놓은 일정한 행위에 해당하여야 함.

② 위법성

• 의미: 범죄의 구성 요건에 해당하는 행위가 법질서 전체의 관점에서 부정적이라는 판단

• 위법성 조각 사유: 구성 요건에 해당하는 행위의 위법성을 배제하는 특별한 사유 → 범죄가 성립되지 않음.

정당 행위	법령에 의한 행위 또는 업무로 인한 행위 기타 사회 상규에 위배되지 아니하는 행위
정당방위	현재의 부당한 침해로부터 자기 또는 타인의 법익(法益)을 방위하기 위한 행위로 상당한 이유가 있는 경우
긴급 피난	자기 또는 타인의 법익에 대한 현재의 위난을 피하기 위한 행위로 상당한 이유가 있는 경우
자구 행위	법률에서 정한 절차에 따라서는 청구권을 보전(保全)할 수 없는 경우에 그 청구권의 실행이 불가능해지거나 현저히 곤란해지는 상황을 피하기 위한 행위로 상당한 이유가 있는 경우
피해자의 승낙	처분할 수 있는 자의 승낙에 의하여 그 법익을 훼손한 행위로서 그 처벌에 관하여 법률에 특별한 규정이 없는 경우

③ 책임

• 의미: 위법한 행위에 대해 행위자에게 가해지는 법적 비난 가능성

• 책임 조각 및 감경 사유

책임 조각	형사 미성년자(14세 미만) 또는 심신 상실자의 행위, 강요된 행위 등 → 범죄 성립되지 않음.
책임 감경	심신 미약자(형을 감경할 수 있음.), 듣거나 말하는 데 모두 장애가 있는 사람(형을 감경함.)의 행위 → 범죄 성립됨.

④ 형벌과 보안 처분

(1) 형벌

① 형벌의 의미: 범죄자의 생명, 자유, 명예, 재산 등을 박탈하는 것

② 형벌의 종류

생명형	사형	자유형	징역, 금고, 구류
명예형	자격 상실, 자격 정지	재산형	벌금, 과료, 몰수

(2) 보안 처분

① 의미: 범죄자의 사회 복귀와 사회 질서 보호라는 목적을 달성하기 위한 형벌의 대안적 제재 수단

② 종류: 치료 감호, 보호 관찰, 수강 명령, 사회봉사 명령 등

01
▶ 25063-0107

형법의 기능 A, B에 대한 설명으로 옳은 것은?

> 형법은 사회 공동체의 일원으로서 개인이 실천해야 할 의무를 이행하도록 함으로써 사회적 근본 가치를 보호하며, 국민들이 평화로운 공동생활을 영위할 수 있도록 형벌이라는 제재 수단을 통해 사람의 생명, 명예, 재산 등이 침해되지 않도록 보호하는데 이를 A라고 한다. 한편 형법은 국가가 행사할 형벌권 행사의 요건과 한계를 명확히 규정함으로써 어떠한 국민도 형법에 규정된 범죄를 범하지 않는 한 처벌되지 않도록 하여 국민의 자유와 권리를 보장하는 역할을 수행하는데 이를 B라고 한다.

① A는 보장적 기능, B는 보호적 기능이다.
② A는 법익을 침해당한 자의 개인적 보복을 강조한다.
③ B에 따르면 범죄를 범한 자도 법률로 규정되지 않은 부당한 처벌을 받지 않을 권리를 갖는다.
④ A와 달리 B는 공동체를 위협하는 행위를 범죄로 규정하여 형벌을 부과함으로써 법익의 침해를 예방하는 것을 강조한다.
⑤ B와 달리 A는 범죄와 형벌이 법률에 명확히 규정되어 있을 것을 요청하는 죄형 법정주의를 통해 실현될 수 있다.

02
▶ 25063-0108

다음 자료에 대한 옳은 설명만을 〈보기〉에서 고른 것은?

> A는 '일정한 행위를 범죄로 하고 이에 대하여 일정한 형벌을 부과하기 위하여는 반드시 행위 이전에 명확히 제정·공포된 ⊙성문의 법률을 필요로 한다는 원칙'을 말한다. 이는 국가 권력의 자의적 행사와 남용으로부터 국민의 자유와 권리를 보장하고자 하는 법치주의 사상이 형법에 구현된 것으로 볼 수 있는데, 형식적 법치주의로부터 실질적 법치주의로의 변화에 발맞추어 A의 의미도 변화하였다. ⓒ근대적 의미의 A는 "법률이 없으면 범죄도 없고 형벌도 없다."라는 의미였다면, ⓒ현대적 의미의 A는 "적정한 법률이 없으면 범죄도 없고 형벌도 없다."라는 의미로 형법의 내용상 적정성도 요구하고 있다. 이는 죄형 법정주의가 단순히 형법의 적용 및 해석의 원칙으로서만이 아니라 형사 입법에 대한 제약 원리로 강조되고 있음을 의미한다.

┌ **보기** ┐
ㄱ. 형법의 보장적 기능이 달성되기 위해서는 A가 지켜져야 한다.
ㄴ. ⊙은 '형법'이라는 명칭이 붙여진 형식적 의미의 형법만을 의미한다.
ㄷ. ⓒ은 법관의 자의뿐만 아니라 입법자의 자의로부터도 국민의 자유와 권리를 보장하고자 한다.
ㄹ. 범죄 행위의 경중과 행위자가 부담해야 할 형사 책임 사이에 균형을 갖추어야 한다는 원칙은 ⓒ보다 ⓒ에서 강조된다.

① ㄱ, ㄴ   ② ㄱ, ㄷ   ③ ㄴ, ㄷ   ④ ㄴ, ㄹ   ⑤ ㄷ, ㄹ

03

▶ 25063-0109

다음 사례에서 갑의 행위에 대해 법원이 무죄를 선고한 이유로 옳은 것은?

예비군 훈련 중 갑은 상관인 A로부터 똑바로 서 있으라는 지적을 받자 "간부는 소리 질러도 됩니까?"라고 큰 소리로 말하였고, 이후 "에잇!"이라고 말하면서 방탄 헬멧을 바닥에 세게 던졌다. 이로써 상관 모욕죄로 기소 된 갑에 대해 법원은 무죄를 선고하였다. 법원은 상관 모욕죄에서 모욕은 '사실을 적시하지 아니하고 사람의 사회적 평가를 저하시킬 만한 추상적 판단이나 경멸적 감정을 표현하는 것'을 의미하는데 갑의 행위가 A의 사 회적 평가를 저하시킬 만한 표현이라고 할 수 없고, 교관의 면전이 아니라 사격장을 내려가면서 방탄 헬멧을 던진 것으로 보이므로 상관 모욕의 의도가 있었다고 단정하기 어렵다고 판단하였다.

① 정당방위에 해당하기 때문이다.
② 자구 행위에 해당하기 때문이다.
③ 긴급 피난에 해당하기 때문이다.
④ 범죄의 구성 요건에 해당하지 않기 때문이다.
⑤ 위법하지만 강요된 행위에 해당하기 때문이다.

04

▶ 25063-0110

밑줄 친 A 원칙에 대한 설명으로 옳은 것은?

형법 제52조나 국가 보안법 제16조 제1호에서도 공직 선거법 제262조에서와 같이 모두 '범행 발각 전'이라는 제한 없이 자수라는 단어를 사용하고 있다. 그런데 형법 제52조나 국가 보안법 제16조 제1호의 자수에는 범행 이 발각되고 지명 수배된 후의 자진 출두도 포함되는 것으로 판례가 해석하고 있으므로 이것이 자수라는 단어 의 관용적 용례라고 할 것이다. 따라서 공직 선거법 제262조의 자수를 '범행 발각 전에 자수한 경우'로 한정하 여 해석하는 것은 자수의 시기에 관한 명시적 제한을 둔 형법 제90조 제1항 단서 등으로부터의 유추를 통하여 자수라는 단어가 관용적으로 사용되는 용례에서 갖는 개념 외에 '범행 발각 전'이라는 또 다른 개념을 추가하 여 처벌 범위를 확대한 것이다. 이러한 해석을 통해 이 사건 피고인의 자진 출두 및 범죄 신고 행위가 자수에 해당하지 아니한다고 판단한 것은 죄형 법정주의의 파생 원칙인 <u>A 원칙</u>에 위반된다.

① 범죄의 구성 요건과 형벌은 명확하게 규정되어 누구나 알 수 있어야 한다는 원칙이다.
② 범죄로 규정되는 행위와 이에 대한 형벌 간에 적정한 균형이 이루어져야 한다는 원칙이다.
③ 관습법에 따른 처벌은 금지되며 범죄와 형벌은 의회가 제정한 법률에 규정되어야 한다는 원칙이다.
④ 범죄의 성립과 처벌은 행위 당시의 법률에 따라야 하고 행위 후에 법률을 제정하여 그 이전의 행위 를 처벌해서는 안 된다는 원칙이다.
⑤ 법률에 규정이 없는 사항에 대하여 그것과 유사한 성질을 가지는 법 규정을 적용하여 행위자에게 불리한 새로운 구성 요건을 만들거나 형을 가중할 수 없다는 원칙이다.

05

▶ 25063-0111

다음 자료에 대한 설명으로 옳은 것은?

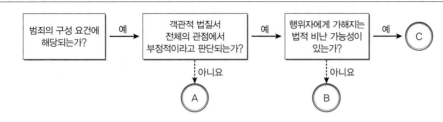

교사: 그림은 범죄의 성립 요건을 나타낸 것입니다. A~C에 해당하는 사례를 말해 볼까요?

갑: ＿＿＿＿＿＿＿＿＿(가)＿＿＿＿＿＿＿＿＿

을: 자녀를 살해하겠다는 유괴범의 협박에 못 이겨 어쩔 수 없이 자신이 근무하는 회사의 생산 설비를 파손한 행위는 B에 해당합니다.

병: 듣거나 말하는 데 모두 장애가 있는 성인이 타인의 지갑을 훔친 행위는 C에 해당합니다.

교사: 두 사람은 옳은 내용을 말했는데 한 사람은 옳지 않은 내용을 말했군요.

① 옳지 않은 내용을 말한 한 사람은 '병'이다.

② '초등학생(12세)이 친구 아버지의 시계를 훔쳐 판매한 행위는 A에 해당합니다.'는 (가)에 들어갈 수 있다.

③ 심신 상실자의 위법한 행위는 A에 해당한다.

④ 자기 또는 타인의 법익에 대한 현재의 위난을 피하기 위한 행위로 상당한 이유가 있는 경우는 B에 해당한다.

⑤ 처분할 수 있는 자의 승낙에 의해 그 법익을 훼손한 행위로 법률에 특별한 규정이 없는 경우는 C에 해당한다.

06

▶ 25063-0112

다음 자료에 대한 옳은 설명만을 〈보기〉에서 고른 것은? (단, A, B는 각각 정당방위, 긴급 피난 중 하나임.)

형법 제21조 제1항은 A, 형법 제22조 제1항은 B를 규정하고 있는데 A와 B는 모두 '긴급 행위'로서 처벌되지 않는다는 점에서 공통성을 갖지만, ＿＿(가)＿＿ 는 점에서 차이가 있습니다.

형법

제21조 ① 현재의 부당한 침해로부터 자기 또는 타인의 법익(法益)을 방위하기 위하여 한 행위는 상당한 이유가 있는 경우에는 벌하지 아니한다.

제22조 ① 자기 또는 타인의 법익에 대한 현재의 위난을 피하기 위한 행위는 상당한 이유가 있는 때에는 벌하지 아니한다.

┌ **보기** ┐

ㄱ. (가)에는 'A와 달리 B는 위법한 침해를 전제로 한다'가 들어갈 수 있다.

ㄴ. (가)에는 'B와 달리 A는 위법성 조각 사유에 해당한다'가 들어갈 수 없다.

ㄷ. 타인의 가방을 훔쳐 도주하는 현행 범인을 쫓아가서 체포한 경찰관의 행위는 A에 해당한다.

ㄹ. 강풍에 의해 머리 위로 떨어지는 간판을 피하려고 어쩔 수 없이 타인의 집 안으로 뛰어들어 간 행위는 B에 해당한다.

① ㄱ, ㄴ   ② ㄱ, ㄷ   ③ ㄴ, ㄷ   ④ ㄴ, ㄹ   ⑤ ㄷ, ㄹ

07
▶ 25063-0113

다음 자료에 대한 설명으로 옳은 것은?

[게임 방식]
- 서로 다른 6장의 카드에는 각각 징역, 금고, 구류, 벌금, 과료, 몰수 중 하나가 적혀 있다.
- 갑, 을, 병은 각각 2장의 카드를 가져가고 동일한 출발점에서 출발하여 왼쪽 또는 오른쪽으로 이동하며, 출발점에서 가장 멀리 이동한 사람이 승리한다. 단, 다른 사람이 가져간 카드는 가져갈 수 없다.
- 카드에 적혀 있는 형벌의 종류에 따른 카드별 이동 내용은 표와 같다.

1개월 이상 교정 시설에 수용하며 정해진 노역에 복무하게 하는 형벌	오른쪽으로 3칸 이동
1개월 이상 교정 시설에 수용하며 정해진 노역을 부과하지 않는 형벌	오른쪽으로 2칸 이동
1일 이상 30일 미만 교정 시설에 수용하며 정해진 노역을 부과하지 않는 형벌	오른쪽으로 1칸 이동
범죄 행위와 관련되었거나 그 대가로 획득한 것을 박탈하여 국고에 귀속시키는 형벌	왼쪽으로 3칸 이동
원칙적으로 5만 원 이상의 금액을 부담하도록 하는 형벌	왼쪽으로 2칸 이동
2천 원 이상 5만 원 미만의 금액을 부담하도록 하는 형벌	왼쪽으로 1칸 이동

[갑, 을, 병이 가져간 카드]

〈갑의 카드〉
징역 / ㉠

〈을의 카드〉
과료 / ㉡

〈병의 카드〉
금고 / ㉢

[게임 결과]
을>병>갑 순으로 출발점에서 멀리 떨어진 곳에 위치하였음.

① 갑은 재산형에 해당하는 카드 2개를 가져갔다.
② 을은 출발점에서 3칸 떨어진 곳에 위치하였다.
③ 병은 자유형에 해당하는 카드 1개, 재산형에 해당하는 카드 1개를 가져갔다.
④ 갑, 병과 달리 을은 출발점에서 왼쪽으로 이동한 곳에 위치하였다.
⑤ ㉠은 벌금, ㉡은 구류, ㉢은 몰수이다.

08
▶ 25063-0114

다음 자료에 대한 법적 판단으로 옳은 것은?

□□ 신문	20○○년 ○○월 ○○일

자신의 집에서 둔기로 가족을 살해한 혐의를 받고 있는 갑에게 법원은 치료 감호를 선고하였다. 재판부는 "피고인의 범행은 심신 장애로 사물의 선악과 시비를 합리적으로 판단해 구별할 수 없고, 의지를 정해 자신의 행위를 통제하는 능력이 결여된 상태에서 이루어진 것으로 보인다."라고 판시하였다. 이어 "이는 형법에 규정된 벌하지 않는 때에 해당한다. 다만, 피고인은 심신 장애 상태에서 다시 범행을 저지를 가능성이 크다고 인정돼 치료 감호 시설에서 치료받을 필요가 있다."라고 양형 이유를 설명하였다.

① 법원은 갑에게 위법성 조각을 이유로 무죄 판결을 내렸다.
② 법원은 갑에게 무죄 판결을 내리면서, 대안적 형사 제재를 부과하였다.
③ 법원은 갑에게 재범의 가능성이 있다며 자유형에 해당하는 형벌을 부과하였다.
④ 법원은 갑의 위법한 행위에 대해 행위자에게 법적 비난 가능성은 있으나 형 감경 사유가 있다고 판단하였다.
⑤ 법원은 갑에게 교정 시설 등에 수용하지 않고 사회생활을 허용하면서 보호 관찰관의 지도·감독을 받는 보안 처분을 부과하였다.

09

▶ 25063-0115

자료는 형사 재판을 받은 A, B에 대한 판결문의 일부이다. 이에 대한 법적 판단으로 옳은 것은?

□□ 지방 법원

판결

사 건 △△△△노△△△△

피고인 A

…(중략)…

주 문

원심 판결을 파기한다.
피고인을 징역 6월에 처한다.

이유

1. 항소 이유의 요지
원심이 피고인에게 선고한 형(자격 정지 2년의 선고 유예)은 너무 가벼워 부당하다.

○○ 고등 법원

판결

사 건 ◇◇◇◇노◇◇◇◇

피고인 B

…(중략)…

주 문

원심 판결을 파기한다.
피고인을 금고 3년에 처한다.

이유

1. 항소 이유의 요지
원심의 형(무기 징역)은 너무 무거워서 부당하다.

---

① A에 대한 1심 재판에서 법원은 A에게 신체의 자유를 2년간 박탈하는 자유형에 대한 선고를 유예하는 판결을 내렸다.
② ○○ 고등 법원은 B에게 재산형에 해당하는 형벌을 부과하였다.
③ A, B에 대한 형사 사건의 1심 재판은 모두 지방 법원 단독 판사가 담당하였다.
④ B와 달리 A는 1심 판결에 불복하여 항소하였다.
⑤ 항소심에서 A와 달리 B는 노역에 복무하지 않아도 되는 형벌을 선고받았다.

10

▶ 25063-0116

교사의 질문에 옳은 내용의 답변을 한 학생만을 〈보기〉에서 고른 것은?

(가)~(마)는 A국 형법의 일부 조항입니다. 이에 대해 평가해 볼까요?

(가) 범죄 후 법률이 변경되어 그 행위가 범죄를 구성하지 아니하게 되거나 형이 구법(舊法)보다 가벼워진 경우에는 신법(新法)에 따른다.
(나) 건전한 국민 감정을 해치는 행동을 한 자는 처벌한다.
(다) 타인의 재물을 절취한 자는 징역 5년 이상에 처한다.
(라) 살인을 저지른 자는 징역 5년 이하에 처한다.
(마) 본 법률에 규정하지 않은 사회적 위험 행위와 처벌에 대해서는 전통적으로 내려오는 관습을 따른다.

┌ 보기 ┐
갑: (가)에는 형법의 효력을 소급하여 적용하는 것을 금지하는 내용이 나타나 있습니다.
을: (나)는 법관의 자의적 해석으로 인한 형벌권 남용을 유발할 우려가 있습니다.
병: (다)와 (라)를 종합해 볼 때, 범죄 행위의 경중과 부담해야 할 형사 책임 사이에 균형을 갖추어야 한다는 원칙이 지켜지지 않고 있습니다.
정: (마)는 성문 법률주의에 위배되지 않지만, 유추 해석 금지의 원칙에 위배됩니다.

① 갑, 을   ② 갑, 병   ③ 을, 병   ④ 을, 정   ⑤ 병, 정

11

▶ 25063-0117

형사 제재 A, B에 대한 설명으로 옳은 것은? (단, A, B는 각각 형벌, 보안 처분 중 하나임.)

A는 행위자의 장래의 위험성 때문에 행위자를 개선 및 재사회화하고 위험한 행위자로부터 사회를 방위하기 위하여 부과되는 것으로 B 이외의 형사 제재를 의미합니다. 범죄에 대한 법률 효과로서 범죄자에 대해 부과하는 법익의 박탈인 B가 행위 책임을 전제로 책임주의의 범위 내에서만 부과되는 반면, A는 행위자의 위험성을 전제로 특별 예방의 관점에서 부과됩니다. 또한 B가 과거의 행위에 대한 사회적 비난으로서의 제재임에 반하여, A는 장래의 범죄에 대한 예방적 성질의 제재입니다.

① 치료 감호와 보호 관찰은 A에 해당하고, 자격 정지와 자격 상실은 B에 해당한다.
② A와 달리 B는 위법성이 조각되는 행위에 대해서도 부과될 수 있다.
③ B와 달리 A는 적법 절차의 원칙이 준수되어야 집행이 가능하다.
④ B를 부과하는 경우 A를 함께 부과할 수 없다.
⑤ A, B 모두 위법 행위를 한 행위자에게 법적 비난 가능성이 없는 경우에도 부과될 수 있다.

12

▶ 25063-0118

다음 자료에 대한 옳은 설명만을 〈보기〉에서 있는 대로 고른 것은? (단, A, B는 각각 위법성, 책임 중 하나임.)

형성 평가		
• A가 조각되는 사례와 B가 조각되는 사례를 각각 2가지씩 적으시오. (각 답안별로 채점하며 답안 1가지당 맞으면 1점, 틀리면 0점을 부여함.)		
구분	답안	점수
A가 조각되는 사례	갑(25세)은 심신 장애로 인해 사물을 변별할 능력이 미약한 상태에서 타인의 창고에 불을 붙여 방화 행위를 하였다.	1점
	(가)	
B가 조각되는 사례	병(20세)은 산책 중 사나운 개가 갑자기 달려들자 어쩔 수 없이 타인의 집에 무단으로 뛰어 들어갔다.	2점
	(나)	

┌ 보기 ┐
ㄱ. A는 위법 행위를 하였다는 데 대하여 행위자에게 가해지는 법적 비난 가능성을 의미한다.
ㄴ. B는 범죄의 구성 요건에 해당하는 행위가 객관적 법질서 전체의 관점에서 허용되지 않는다는 부정적인 가치 판단을 의미한다.
ㄷ. (가)에는 '을(14세)은 자신에게 담배를 팔지 않는 편의점 주인을 폭행하였다.'가 들어갈 수 없다.
ㄹ. (나)에는 '정(40세)은 자신의 생명을 위협하는 강도의 협박으로 강요를 당해 회사의 업무상 비밀을 누설하였다.'가 들어갈 수 있다.

① ㄱ, ㄴ   ② ㄱ, ㄹ   ③ ㄷ, ㄹ   ④ ㄱ, ㄴ, ㄷ   ⑤ ㄴ, ㄷ, ㄹ

① 수사 절차의 이해

(1) 수사

① 의미: 범인을 발견하고 범죄의 증거를 수집·보전하는 활동

② 수사의 원칙: 피의자에 대한 불구속 수사 원칙 → 예외적으로 필요한 경우 판사로부터 영장을 발부받아 체포·구속 가능(단, 긴급 체포 등은 영장 없이 체포 가능)

(2) 수사 절차

수사 개시	현행범 체포, 고소 및 고발, 자수, 수사 기관의 인지 등에 의해 수사 절차 시작
수사	• 피의자를 체포·구속하지 않고 수사하는 것이 원칙 • 예외적으로 판사로부터 영장을 발부받아 피의자를 체포·구속하거나 압수·수색할 수 있음.
수사 종결	경찰의 불송치 결정, 검사의 공소 제기 또는 불기소 처분 등에 의해 종결

② 형사 재판 절차의 이해

(1) 기소와 형사 재판

① 기소: 검사가 형사 사건에 대하여 법원의 심판을 구하는 행위

② 형사 재판의 당사자: 검사, 피고인

(2) 형사 재판 절차

① 모두 절차: 재판장이 피고인에게 진술 거부권 고지, 피고인의 성명, 연령 등을 묻는 인정 신문, 검사 및 피고인의 모두 진술

② 사실 심리 절차: 증거 조사, 피고인에 대한 신문, 구형, 피고인과 변호인의 최종 진술

③ 판결 선고: 심리 결과 유죄로 인정할 만한 증거가 없으면 무죄 판결을 내리고 유죄가 입증되면 유죄 판결을 내림.

(3) 형의 선고와 집행

① 형의 선고

유죄 선고	실형	법원의 선고를 받아 실제로 집행되는 형벌
	집행 유예	일정 기간 형의 집행을 미루는 것으로 집행 유예 선고의 실효 또는 취소됨이 없이 유예 기간을 경과한 때에는 형 선고의 효력이 상실됨.
	선고 유예	피고인의 유죄를 인정하면서도 정상을 참작하여 형의 선고를 미루는 것으로 선고 유예의 실효 없이 유예된 날로부터 일정 기간을 경과하면 면소된 것으로 간주함.
무죄 선고		기소한 사건에 대해 유죄를 인정할 만한 증거가 없거나 범죄가 성립되지 않는 경우

② 형의 집행: 선고된 형이 확정될 경우 검사의 지휘에 따라 집행됨.

③ 판결에 대한 불복: 1심 및 2심 판결에 불복하는 경우 검사나 피고인은 상급 법원에서 재판을 받기 위해 상소 가능

④ 가석방: 징역이나 금고의 집행 중에 있는 사람이 태도 등이 양호하여 뉘우침이 뚜렷하다고 판단되는 때에 형기 만료 전에 일정한 요건을 갖추면 조건부로 석방되는 제도

③ 소년 사건

(1) 대상: 10세 이상 19세 미만인 자

(2) 처리

① 경찰: 가정(지방) 법원 소년부 송치 또는 검사에게 사건 송치

② 검사: 가정(지방) 법원 소년부 송치, 조건부 기소 유예 처분, 기소

③ 가정(지방) 법원 소년부: 소년법상 보호 처분을 내리거나 검사에게 사건 송치

④ 형사 절차에서의 인권 보호 제도

(1) 형사 절차 단계에서의 인권 보호와 원칙

무죄 추정의 원칙	형사 피의자와 피고인은 유죄 판결이 확정될 때까지는 무죄로 추정된다는 원칙
적법 절차의 원칙	공권력에 의한 기본권 제한 시 반드시 적법한 절차와 법률에 근거해야 한다는 원칙
영장주의	피의자에 대한 체포·구속·압수·수색 시 검사의 청구에 의해 법관이 발부한 영장이 필요함.
구속 전 피의자 심문 제도	검사가 피의자에 대한 구속 영장을 청구하면 법관이 피의자를 직접 대면하고 심문하여 구속 사유가 인정되는지를 판단하는 제도
구속 적부 심사 제도	구속된 피의자가 구속의 적법성과 필요성을 심사해 줄 것을 법원에 청구하는 제도
진술 거부권	피의자, 피고인이 형사상 자기에게 불리한 진술을 거부할 수 있는 권리
변호인의 조력을 받을 권리	피의자, 피고인이 수사 기관과 대등한 관계에서 자신을 방어할 수 있도록 변호인의 도움을 받을 수 있는 권리
보석 제도	보증금 납입 등을 조건으로 법원이 구속의 집행을 정지함으로써 구속된 피고인이 석방되는 제도

(2) 형사 피해자 등의 인권 보장 제도

범죄 피해자 구조 제도	타인의 범죄 행위로 생명 또는 신체에 피해를 입었으나 가해자로부터 피해의 전부 또는 일부를 배상받지 못한 경우 국가가 피해자 또는 유족에게 일정한 한도의 구조금을 지급하는 제도
배상 명령 제도	상해죄 등 일정한 사건의 형사 재판 과정에서 피해자의 간단한 신청 절차만으로 민사적 손해 배상 명령까지 받아 낼 수 있도록 한 제도
형사 보상 제도	피의자로 미결 구금된 사람이 무죄 취지의 불기소 처분을 받거나 피고인으로 미결 구금된 사람에 대한 무죄 판결이 확정되는 등의 경우 물질적·정신적 피해의 보상을 청구할 수 있는 제도
명예 회복 제도	무죄 판결이 확정된 자가 청구하면 무죄 사건 등의 재판서를 법무부 누리집(홈페이지)에 게재할 수 있는 제도

01

▶ 25063-0119

다음 자료에 대한 설명으로 옳은 것은?

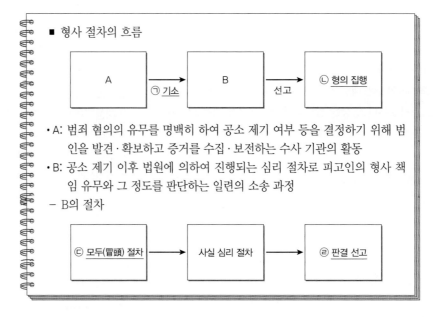

■ 형사 절차의 흐름

A → ㉠ 기소 → B → 선고 → ㉡ 형의 집행

- A: 범죄 혐의의 유무를 명백히 하여 공소 제기 여부 등을 결정하기 위해 범인을 발견·확보하고 증거를 수집·보전하는 수사 기관의 활동
- B: 공소 제기 이후 법원에 의하여 진행되는 심리 절차로 피고인의 형사 책임 유무와 그 정도를 판단하는 일련의 소송 과정
  - B의 절차

㉢ 모두(冒頭) 절차 → 사실 심리 절차 → ㉣ 판결 선고

① A가 개시되기 위해서는 고소 또는 고발이 필수적으로 요구된다.
② ㉠은 검사, ㉡은 판사의 권한이다.
③ ㉢에서 검사의 구형이 이루어진다.
④ A 단계에서 피의자에게 진술 거부권이 고지되었더라도 ㉢에서 법원은 피고인에게 진술 거부권을 고지하여야 한다.
⑤ 검사, 피고인, 피해자는 모두 B의 당사자이며 ㉣에 불복 시 상급 법원에 상소할 수 있다.

02

▶ 25063-0120

다음 사례에 대한 법적 판단으로 옳은 것은?

갑은 △△법 위반죄로 기소되었고, ㉠법원은 징역 4월에 집행 유예 2년 및 40시간의 준법 운전 강의 수강 명령을 선고하였다. 해당 판결에 대해 갑과 검사 모두 항소하지 않았다. 3개월 후 갑은 운전 중 상해 사고를 내고 도주하였고 □□법 위반죄로 긴급 체포되어 구속되었다. 이에 검사는 갑의 집행 유예 취소를 청구하였으나 ㉡법원은 이를 기각하는 결정을 내렸다. 이에 검사는 상소하였고 ㉢법원은 원심 결정을 취소하고 갑에 대한 집행 유예의 선고를 취소하였다. 한편 갑의 □□법 위반죄에 대해서는 ㉣법원이 벌금 500만 원을 선고하였다.

① ㉠은 갑에게 유예 기간이 지나면 공소 제기가 없었던 것으로 간주하는 판결을 하였다.
② 검사는 ㉡의 결정에 불복하여 항소하였고 ㉢은 이를 인용하였다.
③ ㉢의 결정이 확정되기 전까지 △△법 위반죄에 대해 갑에게 무죄 추정의 원칙이 적용된다.
④ ㉢의 결정이 확정되면 판사의 지휘에 따라 갑에 대한 징역형이 집행된다.
⑤ ㉣의 판결이 확정되더라도 갑은 □□법 위반죄로 체포되어 구속되었던 것에 대한 물질적·정신적 피해의 보상을 청구할 수 없다.

03

▶ 25063-0121

(가)는 갑에 대한 공소장, (나)는 1심 법원 판결문의 일부이다. 이에 대한 법적 판단으로 옳은 것은?

(가)

□□ 지방 검찰청

사건 번호 △△△△ 형제 △△△△△

수 신 자 □□ 지방 법원

발 신 자 검사 을

제 목 공소장

　　　아래와 같이 공소를 제기합니다.

1. 피고인 관련 사항

　피고인 갑

　　　　　…(중략)…

　구속 여부 구속

(나)

□□ 지방 법원

판 결

사건 번호 ○○○○ 고단 ○○○○○

피 고 인 갑

　　　…(중략)…

주문

피고인을 징역 1년에 처한다. 다만, 이 판결 확정일로부터 2년간 위 형의 집행을 유예한다.
압수된 증 제1, 2호를 피고인으로부터 몰수한다.

① 을은 갑을 직접 대면하여 심문한 후 구속 영장을 발부하였다.

② 을이 (가)를 제출한 이후 갑은 구속 상태에서 벗어나기 위해 보석 제도를 활용할 수 있다.

③ (나)에는 자유형과 재산형에 해당하는 형벌 및 보안 처분이 모두 나타나 있다.

④ 갑, 을 모두 □□ 지방 법원의 판결에 불복할 경우 항고할 수 있다.

⑤ □□ 지방 법원의 판결 이후, 갑에게는 무죄 추정의 원칙이 적용되지 않는다.

04

▶ 25063-0122

(가), (나)에 들어갈 수 있는 내용으로 옳은 것은?

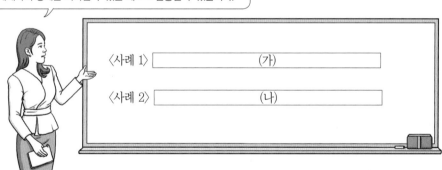

〈사례 1〉, 〈사례 2〉는 모두 형사 보상 제도를 활용하여 물질적·정신적 피해에 대한 보상을 청구할 수 있는 사례라는 공통점이 있습니다. 그리고 〈사례 1〉과 달리 〈사례 2〉에서는 무죄 재판서를 법무부 누리집(홈페이지)에 게재하여 명예를 회복할 수 있는 제도도 활용할 수 있습니다.

〈사례 1〉 (가)

〈사례 2〉 (나)

① (가) – 갑은 형사 사건의 피의자로 구속 수사를 받던 중 구속 적부 심사를 통해 석방되었고, 이후 무죄 취지의 불기소 처분을 받았다.

② (가) – 갑은 구속 상태에서 수사를 받고 기소되었으나 1심 재판에서 무죄 판결을 받았고, 이에 불복한 검사가 항소하였으나 2심 법원은 이를 기각하였고 해당 판결은 확정되었다.

③ (나) – 을은 1심 재판에서 징역형을 선고받았으나, 2심 재판에서 선고 유예 판결을 받고 해당 판결이 확정되었다.

④ (나) – 을은 1심 재판에서 징역형을 선고받고 해당 판결이 확정되어 형의 집행을 받던 중 형기 만료 전에 일정한 요건을 갖추어 가석방되었다.

⑤ (나) – 불구속 상태에서 수사를 받고 기소된 을은 1심 재판에서 벌금형을 선고받았으나 항소하였고, 2심 재판에서 무죄를 선고받고 해당 판결이 확정되었다.

05

▶ 25063-0123

그림은 구속 상태인 갑, 을에 대한 법원의 결정 일부이다. 이에 대한 옳은 법적 판단만을 〈보기〉에서 고른 것은? (단, A, B는 각각 구속 적부 심사, 보석 중 하나임.)

갑으로부터 A의 청구가 있는 바, A를 허가할 상당한 이유가 있다고 인정되므로 피고인 갑의 A를 허가한다. 갑은 석방되면 지정 조건을 성실히 지켜야 한다.

을로부터 B의 청구가 있는 바, 이 사건 청구는 이유가 있다고 인정되므로 피의자 을의 석방을 명한다.

┌ 보기 ┐
ㄱ. 법원은 갑의 태도 등이 양호하고 뉘우침이 뚜렷하여 형기 만료 전에 조건부로 석방하는 결정을 하였다.
ㄴ. 법원의 결정에도 불구하고 검사는 을에 대한 공소를 제기할 수 있다.
ㄷ. 갑과 달리 을은 보증금 납입 등을 조건으로 구속 상태에서 벗어날 수 있는 제도를 활용하였다.
ㄹ. 갑, 을 모두 구속 상태에서 벗어나는 과정에서 변호인의 조력을 받을 수 있었다.

① ㄱ, ㄴ   ② ㄱ, ㄷ   ③ ㄴ, ㄷ   ④ ㄴ, ㄹ   ⑤ ㄷ, ㄹ

06

▶ 25063-0124

다음 사례에 대한 법적 판단으로 옳은 것은?

갑은 폭행죄로 징역 1년에 집행 유예 2년을 선고받아 그 형이 확정되었고, 집행 유예 선고가 실효 또는 취소됨이 없이 유예 기간을 무사히 경과하였다. 이후 갑은 △△법 위반 혐의로 기소되었고 1심 법원은 갑에게 벌금형을 선고하였다. 이에 갑은 항소하였고 2심 법원은 갑에 대한 형의 선고를 유예하는 판결을 내렸다. 이후 ___⊙___ 은/는 상고하였고 대법원은 형의 집행 유예를 선고받았던 갑이 정해진 유예 기간을 무사히 경과하더라도 형 선고의 법률적 효과가 없어진다는 것일 뿐, 형의 선고가 있었다는 사실 자체까지 없어진 것은 아니므로 형법 제59조 제1항에서 정한 선고 유예의 결격 사유에 해당한다며 원심 판결을 파기하고 사건을 ○○ 지방 법원 합의부로 환송하였다.

형법 제59조(선고 유예의 요건) ① 1년 이하의 징역이나 금고, 자격 정지 또는 벌금의 형을 선고할 경우에 제51조의 사항을 고려하여 뉘우치는 정상이 뚜렷할 때에는 그 형의 선고를 유예할 수 있다. 다만, 자격 정지 이상의 형을 받은 전과가 있는 사람에 대해서는 예외로 한다.

① ⊙에는 '피해자'가 들어갈 수 있다.
② 갑의 폭행죄에 대해서는 형 선고의 효력이 상실되었다.
③ 갑에게 벌금형을 선고한 1심 법원은 지방 법원 합의부이다.
④ 갑의 △△법 위반 혐의에 대해 1심 법원과 달리 2심 법원은 갑에게 법적 비난 가능성이 없다고 판단하였다.
⑤ 대법원은 갑이 '자격 정지 이상의 형을 받은 전과가 있는 자'에 해당하지 않는다고 판단하였다.

07

▶ 25063-0125

다음 자료에 대한 설명으로 옳은 것은?

> ㉠○○ 법원은 갑에게 아래와 같은 안내서를 송달하면서 A를 희망하는 경우 별지로 첨부된 A 의사 확인서에 희망 의사를 기재하여 제출하도록 안내하였다.
>
> **A 안내서**
>
> A는 국민의 형사 재판 참여에 관한 법률에 따라 ㉡배심원이 참여하는 형사 재판 절차를 말합니다. A도 일반 형사 재판 절차에 따라 진행되지만, 배심원이 공판에 참여하여 증거를 조사한 후 유·무죄 평결을 하는 것이 특징입니다.

① 갑은 형사 사건의 피해자이다.
② ㉠은 지방 법원 합의부의 판결에 대한 항소 사건을 담당한다.
③ 민법상 미성년자도 ㉡이 될 수 있다.
④ A는 사법의 민주적 정당성보다 판결의 전문성을 높이기 위해 도입되었다.
⑤ A에서 ㉡이 무죄 평결을 내리더라도 재판장은 유죄 판결을 내릴 수 있다.

08

▶ 25063-0126

(가)~(마)에 대한 법적 판단으로 옳은 것은?

> (가) 갑은 뇌물을 수수 또는 요구하였다는 이유로 고소를 당하였고, 갑에 대한 수사가 개시되었다.
>
> ↓
>
> (나) 갑은 구속되었고, 검사는 갑을 기소하였다.
>
> ↓
>
> (다) 1심 법원은 갑에게 무죄를 선고하여 갑은 선고 당일 석방되었다.
>
> ↓
>
> (라) 이에 불복한 검사는 항소하였고 2심 법원은 갑에게 징역 8월에 집행 유예 2년을 선고하였다.
>
> ↓
>
> (마) 갑과 검사는 각각 상고하였으나 대법원은 이를 모두 기각하였다.

① (가)에서 갑에 대한 수사는 피해자나 이해관계자가 아닌 제3자의 신고로 개시되었다.
② (나) 이후 갑이 구속 상태를 벗어나기 위해서는 구속 적부 심사가 아닌 보석 제도를 활용해야 한다.
③ (다)에서 갑은 무죄 선고받은 재판서를 법무부 누리집(홈페이지)에 게재하여 명예를 회복할 수 있는 제도를 활용할 수 있다.
④ (라)에서 2심 법원은 갑에게 2년의 유예 기간이 경과한 후에 징역형이 집행되는 판결을 선고하였다.
⑤ (마)로 인해 갑은 형사 보상 제도를 활용하여 미결 구금 기간에 대한 물질적·정신적 피해를 보상받을 수 있다.

09

▶ 25063-0127

다음 사례에 대한 질문에 모두 옳게 응답한 학생은?

〈사례〉 미성년자인 A, B, C는 함께 전자 제품 대리점에서 고가의 전자 제품을 훔치다가 현장에서 붙잡혀 수사 기관으로부터 조사를 받고 있다. 전자 제품을 훔치던 당시 A~C 중 A만 형벌이 부과될 수 있는 연령이었으며, B와 달리 C는 소년법상 보호 처분이 부과될 수 있는 연령이었다.

질문 \ 학생	갑	을	병	정	무
A는 가정 법원 소년부로 송치될 수 있는가?	○	○	×	○	×
C는 소년법상 조건부 기소 유예 처분을 받을 수 있는가?	×	×	○	○	×
C와 달리 B는 형사 미성년자로 책임이 조각되는가?	×	○	○	×	×
사건 당시 A와 B의 연령 차이는 4살 미만이 될 수 있는가?	×	×	○	×	○

(○: 예, ×: 아니요)

① 갑 ② 을 ③ 병 ④ 정 ⑤ 무

10

▶ 25063-0128

다음 자료에 대한 법적 판단으로 옳은 것은?

갑은 5억 원이 넘는 을의 재물을 횡령한 혐의로 불구속 상태에서 수사를 받고 기소되었다. 1심 법원은 갑에게 형법 제355조와 특정 경제 범죄 가중 처벌 등에 관한 법률 제3조를 적용하여 징역 2년을 선고하였고, 갑은 법정 구속되었으나 이에 불복하여 항소하였다. 2심 법원은 갑이 횡령으로 취득한 재물의 가액이 5억 원에 미치지 않으므로 횡령으로 인한 ⑦특정 경제 범죄 가중 처벌 등에 관한 법률 위반죄는 성립하지 않는다고 판단하여 원심 판결을 파기하고 갑에게 징역 1년을 선고하였다. 이에 검사와 갑은 모두 ___(가)___하였고, 대법원은 원심의 판단에는 ⑥횡령죄에서 '타인의 재물을 보관하는 자'의 범위에 관한 법리를 오해하여 판결에 영향을 미친 위법이 있다며 ⑥원심 판결을 파기하고 사건을 □□ 고등 법원에 환송하였다. □□ 고등 법원은 갑이 사건 당시 횡령죄에서의 '타인의 재물을 보관하는 자'의 지위에 있다고 볼 수 없으므로 이 사건 공소 사실을 유죄로 판단한 ⑧원심 판결을 파기하고 갑에게 무죄를 선고하였다.

형법 제355조(횡령, 배임) ① 타인의 재물을 보관하는 자가 그 재물을 횡령하거나 그 반환을 거부한 때에는 5년 이하의 징역 또는 1천 500만 원 이하의 벌금에 처한다.
특정 경제 범죄 가중 처벌 등에 관한 법률 제3조(특정 재산 범죄의 가중 처벌) ①「형법」…(중략)… 제355조(횡령·배임) 또는 제356조(업무상의 횡령과 배임)의 죄를 범한 사람은 그 범죄 행위로 인하여 취득하거나 제3자로 하여금 취득하게 한 재물 또는 재산상 이익의 가액(이하 이 조에서 "이득액"이라 한다)이 5억 원 이상일 때에는 다음 각 호의 구분에 따라 가중 처벌한다.

① (가)는 '재항고'이다.
② 대법원의 판결 이전, 갑의 ⑦ 성립 여부에 관한 1심 법원과 2심 법원의 판단은 불일치했으나 갑의 ⑥ 성립 여부에 관한 1심 법원과 2심 법원의 판단은 일치하였다.
③ 대법원은 갑의 행위가 위법하나 갑에게 책임 조각 사유가 있으므로 ⑥이 성립하지 않는다고 판단하였다.
④ ⑥은 1심 법원의 판결, ⑧은 2심 법원의 판결이다.
⑤ □□ 고등 법원의 판결이 확정되면 갑은 형사 보상은 청구할 수 없지만, 재판 과정에서 훼손된 명예를 회복하기 위해 무죄 재판서를 법무부 누리집(홈페이지)에 게재할 것을 청구할 수 있다.

11

▶ 25063-0129

다음 자료에 대한 옳은 법적 판단만을 〈보기〉에서 고른 것은?

갑은 을과 결혼할 의사가 없었고, 을로부터 돈을 빌리더라도 갚을 의사나 능력이 없었다. 그러나 갑은 결혼할 것처럼 을에게 거짓말을 하고 차용금 명목으로 수차례에 걸쳐 계좌 이체를 받았으며, 을의 카드를 사용하고 그 대금을 지급하지 아니하는 방법으로 재산상 이익을 얻었다. 이에 갑은 사기 혐의로 기소되었고, 갑에 대한 형사 재판 과정에서 을은 아래와 같은 신청서를 ○○ 법원에 제출하였다.

A 신청서

사 건 △△△△ 고단 △△△△ 사기
신 청 인 을
피 고 인 갑

1. 배상을 청구하는 금액 금 1억 원
2. 배상의 대상과 그 내용
   피고인은 20xx.xx.xx 위 신청인의 주소지에서 신청인을 속이고 차용금 명목으로 금 1억 원을 편취한 혐의로 현재 귀원에서 공판 계속 중에 있습니다. 따라서 신청인은 피해금 1억 원에 대한 배상을 구하며 A를 신청합니다.

보기

ㄱ. A는 '범죄 피해자 구조금'이다.
ㄴ. 을과 달리 갑은 형사 재판의 당사자이다.
ㄷ. A를 통해 범죄로 인하여 발생한 물질적 피해뿐만 아니라 정신적 피해에 대해서도 손해 배상을 받을 수 있다.
ㄹ. ○○ 법원은 갑에게 무죄를 선고하면서 갑이 을에게 1억 원을 배상할 것을 명할 수 있다.

① ㄱ, ㄴ 　　② ㄱ, ㄷ 　　③ ㄴ, ㄷ 　　④ ㄴ, ㄹ 　　⑤ ㄷ, ㄹ

12

▶ 25063-0130

다음 자료에 대한 법적 판단으로 옳은 것은?

추천 영화: □□□□

줄거리

갑은 술자리에서 시비가 붙어 싸움을 하게 되었고 이 과정에서 을이 사망하였다. 을에게는 배우자 A와 자녀 B가 있었는데 을의 사망으로 A, B는 생계가 곤란해지게 되었다. 그러나 ⊙갑은 재산이 없어 을의 가족에게 어떠한 배상도 해 주지 못했고, 갑은 살인 혐의로 ⊙기소되어 1심에서 ⓒ징역 10년을 선고받았다. 갑은 정당방위를 주장하며 항소했지만 기각되었고, 해당 판결이 확정되어 갑은 ⓔ교도소에 수감되었다. 이후 갑은 자신의 잘못을 반성하고 뉘우치며 성실히 복역하던 중 형기 만료 전에 일정한 요건을 갖추어 조건부로 ⓜ석방되었다. 이후 갑은 자신으로 인해 고통을 당한 A, B를 돕기 위해 무엇이든 해야겠다고 마음먹고 일자리를 알아보는데 ……

---

① ⊙의 경우 A는 국가로부터 일정한 한도의 구조금을 받기 위해 범죄 피해자 구조 제도를 활용할 수 있다.
② ⊙ 이전에 갑은 피의자 신분이며 변호인의 조력을 받을 수 없다.
③ ⓒ으로 인해 갑에게는 무죄 추정의 원칙이 적용되지 않는다.
④ ⓔ 이후 갑에게 노역은 부과되지 않는다.
⑤ ⓜ을 위해 갑은 보증금 납입 등을 조건으로 하는 보석 제도를 활용하였다.

14 근로자의 권리

① 노동법의 의의와 근로자의 권리

(1) 노동법
① 노동법의 의미: 사회법의 한 종류로서 근로자의 생존권 확보와 사회적 지위 향상을 도모하고, 사용자와 근로자 간 대립과 이해관계를 조정하는 법
② 노동법의 종류: 근로 기준법, 최저 임금법, 노동조합 및 노동관계 조정법 등

(2) 근로자의 권리 보호
① 근로자의 권리는 헌법상 근로 기본권으로 보장됨.
② 근로 3권의 보장: 근로자는 근로관계에 있어서 상대적으로 약자이므로 근로자가 사용자와 대등한 지위에서 근로 조건을 결정할 수 있도록 헌법에서 보장함.

단결권	근로자가 근로 조건의 유지·향상을 위하여 노동조합을 결성하거나 노동조합에 가입하여 활동할 수 있는 권리
단체 교섭권	노동조합이 근로 조건의 유지 및 개선에 관하여 사용자 측과 집단으로 교섭할 수 있는 권리
단체 행동권	단체 교섭의 실효성 확보를 위해 근로자가 쟁의 행위 등을 통해 단체 행동을 할 수 있는 권리

② 근로 계약과 근로 기준법

(1) 근로 계약: 근로자가 사용자에게 근로를 제공하고 사용자는 이에 대하여 임금을 지급할 목적으로 체결된 계약

(2) 근로 계약의 체결
① 임금, 근로 시간, 휴일, 연차 유급 휴가 등을 근로 계약서에 명시하도록 함.
② 근로 계약 내용이 근로 기준법의 기준에 어긋나면 안 됨.
③ 근로 기준법상 임금 및 근로 시간

임금	• 통화의 형태로 매월 1회 이상 일정한 날짜에 근로자에게 직접 전액을 지급해야 함. • 연장 근로와 야간 근로에 대하여는 법령에 따른 금액을 통상 임금에 가산하여 지급해야 함. • 법정 최저 임금 이상이어야 함.
근로 시간	• 휴게 시간을 제외하고 원칙적으로 1일 8시간, 1주 40시간을 초과할 수 없음. • 사용자와 근로자가 합의한 경우 법령에 근거하여 연장 근로 가능 • 근로 시간이 4시간인 경우에는 30분 이상, 8시간인 경우에는 1시간 이상의 휴게 시간을 근로 시간 도중에 제공해야 함.

(3) 근로관계의 종료
① 근로관계는 퇴직 또는 해고 등으로 종료됨.
② 근로자의 자유로운 의사에 따라 근로관계가 종료되는 퇴직과 달리 사용자의 일방적인 의사 표시로 이루어지는 해고는 법을 통한 제한을 두고 있음.

③ 청소년의 근로 보호

(1) 취업 연령: 15세 미만인 사람(중학교 재학 중인 18세 미만의 사람

포함)은 근로자로 고용할 수 없음(단, 예외적으로 일정한 기준에 따라 고용 노동부 장관이 발급한 취직 인허증을 지닌 경우 15세 미만인 사람도 근로 가능).

(2) 근로 계약
① 미성년자의 근로 계약은 법정 대리인(친권자 또는 후견인)의 동의를 얻어 본인이 직접 맺어야 하며, 친권자 또는 후견인이 근로 계약을 대리할 수 없음.
② 사용자는 18세 미만인 사람(연소자)을 고용하는 경우 그 연령을 증명하는 가족 관계 기록 사항에 관한 증명서와 친권자 또는 후견인의 동의서를 사업장에 갖추어 두어야 함.
③ 사용자는 18세 미만인 사람(연소자)을 도덕상 또는 보건상 유해하거나 위험한 사업에 고용해서는 안 됨.

(3) 근로 시간
① 15세 이상 18세 미만인 사람의 근로 시간은 원칙적으로 1일 7시간, 1주 35시간을 초과할 수 없음.
② 당사자 간 합의가 있으면 1일 1시간, 1주 5시간의 연장 근로 가능

(4) 임금
① 미성년자도 성인과 같이 최저 임금 제도의 적용을 받음.
② 미성년자도 독자적으로 임금을 청구할 수 있음.

④ 근로자의 권리 보호 절차

(1) 부당 해고
① 의미: 사용자가 정당한 해고 요건 중 하나라도 누락해서 해고하는 경우
② 정당한 해고의 요건: 정당한 사유가 있어야 하며 합리적이고 공정한 해고의 기준을 정할 것, 사용자는 근로자에게 원칙적으로 최소한 30일 전에 예고할 것, 해고의 사유와 시기를 반드시 서면으로 통지할 것 등

(2) 부당 노동 행위
① 의미: 사용자가 근로 3권을 침해하는 행위
② 유형
• 근로자의 노동조합 가입, 조직, 활동 등을 이유로 근로자를 해고하거나 근로자에게 불이익을 주는 행위
• 근로자가 노동조합에 가입하지 아니할 것 또는 탈퇴할 것을 고용 조건으로 하거나 특정한 노동조합의 조합원이 될 것을 고용 조건으로 하는 행위
• 노동조합과의 단체 교섭을 정당한 이유 없이 거부하는 행위 등

(3) 부당 해고 또는 부당 노동 행위에 대한 구제 절차
① 지방 노동 위원회에 구제 신청 → 판정에 불복 시 중앙 노동 위원회에 재심 신청 → 재심 판정에 불복 시 행정 소송 제기 가능
② 부당 해고의 경우 노동 위원회 구제 절차를 거치지 않고 바로 법원에 해고 무효 확인의 소 제기 가능
③ 부당 노동 행위의 경우 근로자 본인 또는 노동조합도 구제 신청 가능

01

▶ 25063-0131

다음 자료에 대한 설명으로 옳은 것은?

근대 시민법 아래에서 근로 조건은 실질적으로 사용자의 의사에 따라 결정되고, 그 결과 여러 문제점이 발생하였다. 이에 사용자와 근로자 간 대립과 이해관계를 조정하는 ㉠노동법이 등장하게 되었다. 그러나 노동 보호 입법을 통하여 최저 근로 조건을 보장하여도, 이것으로 근로자의 인간다운 생활이 보장되는 것은 아니다. 근로자가 사용자와 실질적으로 대등한 관계에서 ㉡근로 조건을 결정·개선할 수 있게 하기 위해서는 단결권, 단체 교섭권, 단체 행동권을 내용으로 하는 A가 보장되어야 한다. A는 사용자와 근로자 간의 실질적인 대등성을 단체적 노사 관계의 확립을 통하여 가능하도록 하기 위하여 등장하였다.

① ㉠은 사법에 해당한다.

② ㉠에서는 사용자와 근로자 사이의 근로 계약 관계에 국가가 개입하는 것을 허용하지 않는다.

③ 우리나라에서 ㉠의 종류로는 민법, 근로 기준법, 노동조합 및 노동관계 조정법이 있다.

④ 임금, 소정 근로 시간, 휴일은 ㉡에 해당된다.

⑤ A는 근로자와 사용자가 공통으로 가지는 권리이다.

02

▶ 25063-0132

다음 자료에 대한 설명으로 옳은 것은?

A는 근로자가 노동조합을 통해 근로 조건에 관하여 사용자 측과 단체 교섭을 할 권리이고, B는 근로자들이 노동조합을 결성하거나 노동조합에 가입하여 활동할 수 있는 권리이다. 그리고 C는 근로자가 주장을 관철할 목적으로 파업이나 태업 등 단체 행동을 할 수 있는 권리를 말한다. 우리 헌법은 ㉠'공무원인 근로자는 법률이 정하는 자에 한하여 B·A 및 C를 가진다.'라고 규정하고 있다.

① A에 따라 사용자는 노동조합의 모든 단체 교섭 요구를 수락해야 한다.

② 사용자에 의해 C가 침해당한 경우 근로자 개인뿐만 아니라 노동조합도 지방 노동 위원회에 구제 신청을 할 수 있다.

③ A와 달리 B는 근로 조건의 향상을 위해 근로자가 갖는 권리이다.

④ A, B, C는 모두 필요한 경우에라도 법률로써 제한할 수 없는 권리이다.

⑤ ㉠을 통해 A, B, C는 모두 근로자의 인간 존엄성을 보장하기 위해 사용자가 부여하는 권리임을 파악할 수 있다.

03

▶ 25063-0133

다음 자료에 대한 분석으로 옳은 것은?

중앙 노동 위원회 재심 판정서

사건: 부당 해고 구제 재심 신청

… (중략) …

우리 위원회는 위 재심 신청 사건에 대하여 주문과 같이 판정한다.

주문

이 사건 근로자 갑의 재심 신청을 기각한다.

초심 주문

(가)

재심 신청 취지

1. ○○ 지방 노동 위원회에서 근로자의 사직 의사 표시에 따라 근로 계약 관계가 종료되어 해고가 존재하지 않는다고 한 초심 판정을 취소한다.
2. 이 사건 사용자가 근로자 갑의 사직서를 수리한 것은 부당 해고임을 인정한다.
3. 이 사건 사용자는 갑을 원직에 복직시키고 해고 기간 동안 정상적으로 근로하였다면 받을 수 있었던 임금 상당액을 지급하라.

… (후략).

---

① 초심을 신청한 자와 재심을 신청한 자는 서로 같다.
② 이 사건의 주요 쟁점은 부당 노동 행위로 인한 부당 해고의 존재 여부이다.
③ 근로자 갑이 이 판정에 불복할 경우 중앙 노동 위원회 위원장을 상대로 민사 소송을 제기할 수 있다.
④ 중앙 노동 위원회는 이 사건 근로 계약 관계가 사용자의 해고에 의해 종료된 것이라고 판단하였다.
⑤ (가)에 '위 사건 근로자 갑의 구제 신청을 기각한다.'가 들어갈 수 없다.

04

▶ 25063-0134

밑줄 친 ㉠에 해당하는 내용으로 가장 적절한 것은?

㉠근로자가 되기 전의 상태에서 단결 활동을 봉쇄하려는 성격의 고용 계약은 부당 노동 행위에 해당한다. 또한 이러한 고용 계약의 금지 취지가 단결권을 저해하는 사용자의 행위를 배제하는 데 있으므로 노동조합을 결성하지 않는다든가 노동조합에 가입하더라도 노동조합 활동을 하지 않는 것을 고용 조건으로 하는 것도 부당 노동 행위에 해당할 수 있다.

---

① 근로자가 성의 있게 단체 교섭에 임할 것
② 근로자가 노동조합에 가입하지 아니할 것
③ 원칙적으로 휴일 근로 및 야간 근로를 금지하는 것
④ 법정 최저 임금 미만으로 근로 계약을 체결하는 것
⑤ 사용자에게 정당한 이유가 있는 경우 단체 교섭을 거부할 수 있도록 인정할 것

05

▶ 25063-0135

다음 자료에 대한 옳은 설명만을 〈보기〉에서 고른 것은?

고등학생 갑(17세)은 용돈 마련을 위해 방학 기간을 이용해 집 근처 ○○ 백화점에서 아르바이트를 하게 되었다. 다음은 갑이 사용자 병과 체결한 근로 계약 내용의 일부와 갑이 병에게 제출한 친권자(후견인) 동의서이다.

> 1. 계약 기간: 2025년 8월 1일부터 2025년 8월 31일까지
> 2. 근로 시간: 10시~18시(휴게 시간: 12시~13시)
> 3. 근무일: 매주 5일(수 ~ 일) 근무, 주휴일 매주 월요일
> 4. 임금: 시간당 10,030원(연장 근로나 휴일 근로 시 통상 임금의 50%를 가산하여 지급)
> 5. 근무 장소 및 담당 업무: ○○ 백화점 물품 정리 및 청소
>
> ※ 2025년 법정 최저 임금은 시간당 10,030원임.

> **㉠ 친권자(후견인) 동의서**
>
> 1. 친권자(후견인): 을(인적 사항)
> 2. 연소 근로자: 갑(인적 사항)
> 3. 사업장: ○○ 백화점
> 4. 사용자: 병(인적 사항)
> 본인은 위 연소 근로자 갑이 ○○ 백화점에서 근로를 하는 것에 대하여 동의합니다.
> 2025년 7월 30일
> 친권자(후견인) 을 (인) 을
> 첨부: ㉡가족 관계 기록 사항에 관한 증명서

┌ **보기** ┐
ㄱ. 갑과 병이 근로 계약을 체결하기 위해서는 취직 인허증이 필요하다.
ㄴ. 갑과 병이 근무일의 연장 근로에 대해 추가적으로 합의하면, 갑은 매 근무일 1시간씩 더 근로할 수 있다.
ㄷ. 갑이 근로 계약 내용대로 토요일, 일요일에 근무할 경우 병은 갑에게 통상 임금의 50%를 가산하여 지급해야 한다.
ㄹ. 병은 ㉠, ㉡ 모두를 사업장에 갖추어 두어야 한다.

① ㄱ, ㄴ　　　② ㄱ, ㄷ　　　③ ㄴ, ㄷ　　　④ ㄴ, ㄹ　　　⑤ ㄷ, ㄹ

06

▶ 25063-0136

다음 사례에 대한 옳은 법적 판단만을 〈보기〉에서 고른 것은?

○○ 회사 노동조합의 간부인 갑은 단체 협약에 따라 교섭 위원 역할을 ○○ 회사에 통보하고 활동을 수행하였다. 이에 ○○ 회사 측은 갑의 교섭 위원 자격을 인정하지 않았으므로 교섭 활동 기간은 무단 결근에 해당한다며 갑에게 해고를 통보하였다. 이 사안에 대해 중앙 노동 위원회는 ○○ 회사의 갑에 대한 해고는 부당 해고에 해당한다고 판정하였다. 중앙 노동 위원회는 해고는 근로자가 사회 통념상 고용 관계를 유지할 수 없을 정도로 책임 사유가 있어야 하는데 갑의 정당한 노동조합 활동은 해고 사유에 해당하지 않는다고 판정하였다.

┌ **보기** ┐
ㄱ. 갑이 소속된 노동조합은 갑의 해고에 대해 무효 확인의 소를 제기할 수 없다.
ㄴ. 갑의 해고에 대한 중앙 노동 위원회의 판정과 지방 노동 위원회의 판정은 같았다.
ㄷ. 중앙 노동 위원회 판정에 의하면 갑에 대한 해고는 갑의 근로 3권을 침해한 행위에 해당한다.
ㄹ. 갑이 소속된 노동조합은 ○○ 회사 사용자의 부당 노동 행위를 이유로 지방 노동 위원회에 구제 신청을 할 수 없다.

① ㄱ, ㄴ　　　② ㄱ, ㄷ　　　③ ㄴ, ㄷ　　　④ ㄴ, ㄹ　　　⑤ ㄷ, ㄹ

07

▶ 25063-0137

밑줄 친 ㉠, ㉡에 대한 설명으로 옳은 것은?

이 사건 법률 조항은 정당한 사유 없이 근로자를 ㉠해고한 사용자를 일정한 형벌에 처하는 처벌 조항이다. 그런데 근로자의 해고에 관하여 법문상 요건이 되고 있는 ㉡'정당한 사유'에 대해서는 오랜 기간 그것의 의미에 대해 학문적 연구가 진행되어 그 성과가 쌓여 있고 다수의 행정 해석과 관련 판례들이 풍부하게 집적되어 왔다. 따라서 이 사건 법률 조항은 비록 법문상으로는 '정당한 사유'라는 추상적 용어를 사용하고 있으나 일반인이라도 법률 전문가의 도움을 받아 무엇이 금지되는 것인지 여부에 관하여 예측하는 것이 가능한 정도라고 할 것이어서 사용자가 해고에 관하여 자신의 행위를 결정해 나가기에 충분한 기준이 될 정도의 내용을 가지고 있다. 그렇다면 이 사건 법률 조항은 헌법상 명확성의 원칙에 반하지 아니한다.

① 모든 근로관계는 ㉠에 의해서만 종료된다.
② 휴대 전화 문자 메시지로 해고 통보를 하면 정당한 ㉠에 해당된다.
③ ㉡에 해당하는 사례로 '해고의 사유와 시기는 반드시 서면으로 통지해야 함.'이 해당된다.
④ ㉠의 요건으로 ㉡만 있으면 절차와 상관없이 부당 해고에 해당하지 않는다.
⑤ 정당한 노동조합 활동을 이유로 ㉠을 당했다면, ㉡에 해당하지 않는 해고이다.

08

▶ 25063-0138

(가)에 들어갈 수 있는 옳은 내용만을 〈보기〉에서 있는 대로 고른 것은?

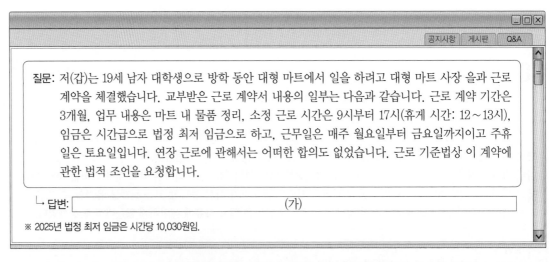

공지사항 게시판 Q&A

질문: 저(갑)는 19세 남자 대학생으로 방학 동안 대형 마트에서 일을 하려고 대형 마트 사장 을과 근로 계약을 체결했습니다. 교부받은 근로 계약서 내용의 일부는 다음과 같습니다. 근로 계약 기간은 3개월, 업무 내용은 마트 내 물품 정리, 소정 근로 시간은 9시부터 17시(휴게 시간: 12~13시), 임금은 시간급으로 법정 최저 임금으로 하고, 근무일은 매주 월요일부터 금요일까지이고 주휴일은 토요일입니다. 연장 근로에 관해서는 어떠한 합의도 없었습니다. 근로 기준법상 이 계약에 관한 법적 조언을 요청합니다.

└ 답변: (가)

※ 2025년 법정 최저 임금은 시간당 10,030원임.

┌ 보기 ┐
ㄱ. 을과 합의를 하면 야간 근로가 가능합니다.
ㄴ. 학생이므로 친권자 또는 후견인의 동의서를 을에게 제출해야 합니다.
ㄷ. 근로 계약서상의 근로 시간을 일한다면 하루 80,240원의 임금을 받을 수 있습니다.
ㄹ. 을과 합의하여 근로 시간을 매 근무일 2시간씩 연장하는 것은 근로 기준법에 위배되지 않습니다.

① ㄱ, ㄷ   ② ㄱ, ㄹ   ③ ㄴ, ㄹ   ④ ㄱ, ㄴ, ㄷ   ⑤ ㄴ, ㄷ, ㄹ

09

▶ 25063-0139

다음 자료에 대한 설명으로 옳은 것은?

> A: 사용자가 근로자를 정당한 이유나 절차 없이 해고하는 경우
> B: 사용자가 근로(노동) 3권을 침해하는 행위

A, B는 근로자 권리 침해의 유형이다. 표는 A, B에 관해 묻는 질문에 대한 갑과 을의 응답을 나타낸 것이다. 단, 표의 질문 중 (가)에 대하여 옳은 응답을 한 사람은 갑이다.

질문	응답	
	갑	을
(가)	예	아니요
(나)	아니요	아니요
(다)	아니요	예
옳은 응답의 개수	2개	2개

① A를 당한 근로자가 소속된 노동조합은 법원에 해고 무효 확인의 소를 제기할 수 있다.
② B에 해당하는 경우 근로자와 달리 노동조합만 노동 위원회에 구제 신청을 할 수 있다.
③ (가)에 'A의 경우 지방 노동 위원회 구제 절차를 거치지 않고, 중앙 노동 위원회에 구제 신청을 할 수 있습니까?'가 들어갈 수 있다.
④ (나)에 '정당한 노동조합 활동을 이유로 해고를 당한 경우는 A가 아닌 B에 해당합니까?'가 들어갈 수 있다.
⑤ (다)에 '회사 사용자가 정당한 이유로 노동조합과의 단체 교섭을 거부한 경우는 B에 해당합니까?'가 들어갈 수 있다.

10

▶ 25063-0140

다음 사례에 대한 옳은 법적 판단만을 〈보기〉에서 고른 것은?

> ○○ 회사 사용자 갑이 단체 교섭을 거부하는 것은 부당 노동 행위라는 중앙 노동 위원회 판정이 항소심에서도 유지되었다. □□ 고등 법원은 갑이 단체 교섭 거부는 부당 노동 행위라는 재심 판정을 취소해 달라며 중앙 노동 위원회 위원장을 상대로 제기한 소송에서 원고의 항소를 기각해 원고 패소로 판결하였다. ○○ 회사 노동조합은 근로 조건 향상을 이유로 단체 교섭을 요구했지만 갑은 교섭을 거부하였고, 이에 ○○ 회사 노동조합은 △△ 지방 노동 위원회에 구제를 신청하였다.

┌ 보기 ┐
ㄱ. △△ 지방 노동 위원회는 갑의 행위가 부당 노동 행위에 해당한다고 판정하였다.
ㄴ. □□ 고등 법원과 달리 1심 법원은 갑의 행위가 부당 노동 행위에 해당하지 않는다고 판단하였다.
ㄷ. 갑은 □□ 고등 법원의 판결에 불복해서 대법원에 상고할 수 있다.
ㄹ. 갑의 부당 노동 행위 여부에 대한 중앙 노동 위원회와 1심 법원의 판단은 같다.

① ㄱ, ㄴ   ② ㄱ, ㄷ   ③ ㄴ, ㄷ   ④ ㄴ, ㄹ   ⑤ ㄷ, ㄹ

① 국제 관계

(1) 국제 관계의 의미와 특징

① 의미: 국제 사회의 다양한 행위 주체가 정치, 경제, 사회, 문화 등 여러 영역에서 상호 작용하는 관계

② 특징

• 주권 국가를 기본 단위로 하여 구성

• 강제력을 행사할 수 있는 중앙 정부의 부재

• 힘의 논리와 국제 규범의 공존

③ 국제 관계를 바라보는 관점

구분	현실주의적 관점	자유주의적 관점
특징	• 국제 사회는 힘의 논리가 지배한다고 봄. • 자국의 이익을 추구하며 군사 동맹 등으로 세력 균형을 확보하여 국가 안전 보장	• 국제 사회에 보편적 선이나 국제 규범이 존재한다고 봄. • 국제법, 국제기구의 중요성 강조 → 집단 안보 체제를 통한 국제 평화 보장
한계	• 국가 간 상호 의존적 관계 간과 • 복잡한 국제 관계를 지나치게 단순화	자국의 이익을 우선시하고 힘의 논리가 지배하는 현실을 간과

(2) 국제 관계의 변천

① 베스트팔렌 조약(1648년)

• 유럽에서 주권 국가 체제가 일반화됨.

• 유럽 사회에 주권 국가를 중심으로 한 새로운 국제 질서 형성

② 제국주의 시대

• 산업 혁명 이후 유럽 열강들의 식민지 확보 경쟁

• 유럽 중심의 국제 사회가 전 세계로 확대

③ 제1, 2차 세계 대전과 평화 유지 노력

• 제1차 세계 대전 발발 → 국가 간 갈등을 평화적으로 해결하기 위해 국제 연맹 설립(1920년)

• 제2차 세계 대전 발발 → 국제 연맹의 한계를 극복하여 국제 사회 및 회원국들에 실질적인 영향력을 행사할 수 있는 국제 연합 설립(1945년)

④ 냉전 체제와 탈냉전 시대

• 미국과 소련을 중심으로 한 이념 대립 → 냉전 체제 형성

• 제3 세계의 부상과 자본주의 · 공산주의 진영 내부의 다원화 → 다극 체제로의 전환, 냉전 체제 완화

• 몰타 선언(1989년)과 공산주의 진영 붕괴 → 냉전 종식, 탈냉전 시대

(3) 세계화 시대의 국제 관계

① 세계화: 국제 사회의 상호 의존성이 커짐에 따라 개별 국가의 경계를 넘어 세계가 하나로 통합되는 현상

② 국제 관계의 변화

• 국내 정치와 국제 정치의 구별 약화 및 국가 간 협력 강화

• 국가 이외에 다양한 국제 사회 행위 주체들의 활동과 영향력 증가

• 국제법과 같은 국제 규범의 영향력 증가

③ 국제 사회의 행위 주체

국가	국제 사회를 구성하는 기본적인 단위
초국가적 행위체	• 국경을 넘어서 영향력을 행사하는 행위 주체 • 정부 간 국제기구, 국제 비정부 기구, 다국적 기업 등
국가 내부적 행위체	• 국가 내에서 국가를 넘어 영향력을 행사하는 행위 주체 • 지방 자치 단체, 소수 민족 등
영향력 있는 개인	• 국제 사회에 미치는 영향력이 강한 인물 • 강대국의 전직 국가 원수, 저명한 학자, 유명한 연예인 등

② 국제법

(1) 국제법의 의미: 국제 사회 행위 주체들의 관계를 규율하고 국제 질서를 유지하는 규범이나 원칙

(2) 국제법의 법원(法源)

① 조약

• 의미: 국가 또는 국제기구 간에 체결된 명시적 합의

• 원칙적으로 조약 체결 당사자 간에만 법적 구속력을 가짐.

• 우리나라의 경우 헌법에 의하여 체결 · 공포된 조약은 국내법과 같은 효력을 가짐.

• 유형: 양자 조약, 다자 조약

• 사례: 한미 상호 방위 조약, 기후 변화에 관한 파리 협정 등

② 국제 관습법

• 의미: 국제 사회에서 오랜 기간 반복되어 온 관행이 법 규범으로 승인되어 성립하는 국제법

• 원칙적으로 국제 사회의 모든 국가에 대하여 법적 구속력 발생(포괄적 구속력)

• 사례: 국내 문제 불간섭 등

③ 법의 일반 원칙

• 의미: 국제 사회 문명국들이 공통적으로 승인하여 따르는 법의 보편적인 원칙

• 명확한 다른 국제법이 존재하지 않을 경우 유용한 분쟁 해결의 규범임.

• 사례: 신의 성실의 원칙, 권리 남용 금지의 원칙, 손해 배상 책임의 원칙 등

④ 기타: 판례나 국제법 학자의 학설 등

(3) 국제법의 의의와 한계

① 의의: 국가 간 협력의 기반 제공, 분쟁 해결 수단 제공, 국제 사회 행위 주체들의 행동 규범과 판단 기준 제공

② 한계

• 입법 기구가 없어 모든 국가에 적용할 법 규범 제정이 어려움.

• 법을 강제할 집행 기구가 없어 국제법 이행을 강제하기 어려움.

• 국제 사법 재판소는 원칙적으로 분쟁 당사국의 동의가 있어야만 재판을 할 수 있으므로 국제법은 재판 규범으로서 한계가 있음.

01

▶ 25063-0141

다음 글에 부각된 국제 관계의 특징으로 가장 적절한 것은?

> 현재 바다는 심해 채굴, 석유 시추, 어업 등 각국의 이윤 추구 활동으로 몸살을 앓고 있다. 지난 수십 년간 바다거북, 산호초, 상어를 포함한 해양 생물 개체수는 급격히 감소하였다. 문제는 국가 관할권 외 해역, 즉 공해(公海)를 보호할 수 있는 국제 협약이 부재하다는 것이다. 어업, 과학 실험, 관광 등 일체의 인간 활동을 불허하는 해양 보호 구역은 전 세계 바다의 2%에 불과하고 전체 바다 면적의 61%에 달하는 공해(公海)는 각국의 이윤 추구 활동으로부터 전혀 보호받지 못하고 있는 실정이다. 이에 국제 환경 단체는 해양 보호 구역 지정의 기반인 해양 조약 제정을 통해 국제 사회가 공해(公海) 보호의 책임을 다할 것을 요구하고 있다.

① 국제법의 역할이 감소하고 있다.
② 국가 간 주권 평등의 원칙이 지켜지지 않는다.
③ 개별 국가는 자국의 이익을 우선적으로 추구한다.
④ 강제력을 가진 중앙 정부에 의해 국제 문제가 해결되고 있다.
⑤ 국제 문제 해결에 있어서 국제 사회 협력의 중요성이 감소하고 있다.

02

▶ 25063-0142

국제 관계를 바라보는 갑, 을의 관점에 대한 설명으로 옳은 것은?

국제 관계에서 발생하는 다양한 문제를 해결하기 위한 국제기구의 역할에 대해 말씀해 주세요.

갑: 국제 관계에서 국제기구는 인간의 신뢰를 바탕으로 형성되어 국제 사회에서 영향력을 발휘하는 행위 주체입니다. 따라서 국제기구는 보편적 가치에 기반하여 다양한 국제 사회 행위 주체들이 공동의 규칙을 수립하고 지키게 함으로써 다양한 문제를 해결할 수 있습니다.

을: 국제 관계에서 국가는 자국의 이익만을 생각하기에 국제적 협력은 매우 어렵습니다. 따라서 국제 관계에서 발생하는 문제를 국제기구가 해결하기 어렵습니다. 국제기구는 강대국에 의해 움직이고 국가 간 갈등 문제에 있어서 국제기구에 의한 제재의 실효성도 매우 낮습니다.

① 갑의 관점은 군사 동맹 등으로 세력 균형을 확보하여 국가 안전을 보장할 수 있다고 본다.
② 을의 관점은 국제 사회가 보편적 선(善)이나 국제 규범에 의해 지배된다고 본다.
③ 갑의 관점과 달리 을의 관점은 국가가 타국과의 경쟁 속에서 자국의 이익을 배타적으로 추구한다고 본다.
④ 을의 관점과 달리 갑의 관점은 국제 사회는 이성과 제도보다 힘의 논리에 의해 지배된다고 본다.
⑤ 갑과 을의 관점 모두 국제법의 중요성을 간과한다.

03

▶ 25063-0143

다음 자료에 대한 옳은 설명만을 〈보기〉에서 있는 대로 고른 것은?

국제 관계의 변천 과정	시대적 상황
베스트팔렌 조약(1648년) 체결	(가)
↓	
제국주의 시대 및 제1, 2차 세계 대전과 평화 유지 노력	유럽 중심의 국제 사회가 전 세계로 확대, 제1, 2차 세계 대전 이후 국제 연맹 및 ㉠국제 연합 설립
↓	
냉전 체제	(나)
↓	
탈냉전 시대	㉡몰타 선언과 공산주의 진영의 붕괴

┌ 보기 ┐
ㄱ. ㉠은 강대국의 식민지 확보를 위해 설립된 국제기구이다.
ㄴ. ㉡ 이후 국제 사회는 냉전이 공식적으로 종식되었다.
ㄷ. (가)에 '유럽 사회에서 주권 국가 중심의 새로운 국제 질서 형성'이 들어갈 수 있다.
ㄹ. (나)에 '정치적 이념이 아닌 경제적 실리 강조'가 들어갈 수 없다.

① ㄱ, ㄷ   ② ㄱ, ㄹ   ③ ㄴ, ㄹ   ④ ㄱ, ㄴ, ㄷ   ⑤ ㄴ, ㄷ, ㄹ

04

▶ 25063-0144

다음 자료에 대한 설명으로 옳은 것은?

국제법의 중요한 부분을 차지하는 ㉠조약이 어떻게 체결·적용·해석되어야 하는지에 관하여 국가 간 통일된 규칙이 있어야 한다는 인식에 따라, 1947년에 설립된 국제 연합 제6위원회 산하 국제법 위원회(International Law Commission)에서 조약법의 성문화 작업이 구체화되었다. 그 노력의 결실로 1969년에 「조약법에 관한 비엔나 협약」이 채택되었다. 이 협약에는 조약에 관한 원칙과 규칙이 모두 망라되어 있으며, 주요 내용으로는 조약의 체결 절차·효력·적용·해석·개정·수정·무효·종료·정지 등이 있다. 그러나 「조약법에 관한 비엔나 협약」이 간과한 부분에 대해서는 여전히 이 협약이 성립되기 전과 마찬가지로 ㉡국제 관습법이 적용된다. 오늘날에는 국가 간 조약뿐만이 아닌 국가와 [(가)] 또는 [(가)] 상호 간의 조약 체결도 가능하게 되었다.

① 우리나라에서 대통령은 ㉠의 체결·비준에 대한 동의권을 가진다.
② 우리나라에서 국회 의장은 ㉡을 체결·비준한다.
③ ㉠과 달리 ㉡은 원칙적으로 국제 사회의 모든 국가에 대하여 법적 구속력이 발생한다.
④ ㉡과 달리 ㉠은 권위를 가진 고유한 입법 기구에 의해 제정된다.
⑤ (가)에 '국제기구'가 들어갈 수 없다.

05

밑줄 친 ㉠, ㉡에 대한 옳은 설명만을 〈보기〉에서 고른 것은?

㉠세력 균형은 힘의 균형을 유지하여 평화를 보장하는 전략으로서 ㉡현실주의적 관점에서 주장하는 핵심적인 평화 보장의 방법이다. 현실주의적 관점에서는 국제 평화를 달성할 수 있는 길은 국가의 힘을 극대화하여 적이 자신을 공격할 수 없게 하는 것이라고 본다. 따라서 힘을 통해 힘을 견제하는 세력 균형이 평화를 보장하는 중요한 체제로 인식되고 있다. 그러나 세력 균형에서는 국가들이 세력의 우위를 추구하는 과정에서 상대방의 두려움을 증폭시키고 이를 극복하기 위한 힘의 확대를 불러와 결국 군비 경쟁이 생겨날 수 있다는 비판이 있다.

┌ 보기 ┐

ㄱ. ㉠은 특정 국가의 침략 행위에 모든 국가들이 공동으로 대응함으로써 전쟁을 억제할 수 있다고 본다.
ㄴ. ㉡은 국가 간 상호 의존적 관계를 간과한다는 비판을 받는다.
ㄷ. ㉡은 국제 사회에서 국가는 자국의 이익을 배타적으로 추구한다고 본다.
ㄹ. ㉡은 장기적인 관점에서 국제법과 국제기구의 중요성을 강조하는 ㉠ 전략을 통해 국제 평화가 유지될 수 있다고 본다.

① ㄱ, ㄴ ② ㄱ, ㄷ ③ ㄴ, ㄷ ④ ㄴ, ㄹ ⑤ ㄷ, ㄹ

06

다음 두 진술을 바탕으로 구분한 국제법의 법원(法源) A~C에 대한 질문에 모두 옳게 응답한 학생은? (단, A~C는 각각 국제 관습법, 법의 일반 원칙, 조약 중 하나임.)

• 국제 사회의 일반적 관행과 법적 확신이 있어야 성립되는지 여부에 따라 A, B와 C를 구분할 수 있다.
• 국제 사회 문명국들이 공통으로 승인하여 따르는 법의 보편적 원칙인지 여부에 따라 A, C와 B를 구분할 수 있다.

질문＼학생	갑	을	병	정	무
신의 성실의 원칙은 A의 사례입니까?	○	○	×	×	×
B가 우리나라에서 효력이 발생되려면 별도의 입법 절차가 필요합니까?	○	○	×	×	○
A와 달리 C는 원칙적으로 국제 사회의 모든 국가에 대하여 법적 구속력이 발생합니까?	○	×	○	○	○
B와 달리 A는 국제법 체결 당사자 간 명시적 합의에 의해 성립됩니까?	×	○	×	○	×

(○: 예, ×: 아니요)

① 갑 ② 을 ③ 병 ④ 정 ⑤ 무

07

▶ 25063-0147

다음 자료에 대한 옳은 설명만을 〈보기〉에서 고른 것은?

우리나라는 헌법의 기본 원리 중 ㉠국제 평화주의에 입각해 세계 각국과 우호 협력 관계를 적극적으로 증진해 나가고 있으며, 국제 협력 분야에서도 괄목할 만한 성과를 거두고 있다. 경제 성장에 따라 높아진 국제적 위상만큼 책임을 다하고자 하는 것이다. 국제 통화 기금(IMF), 경제 협력 개발 기구(OECD) 등의 활동을 통해 빈곤국 지원에 참여하고 최근 들어서 더욱 범위를 넓혀 ㉡세계 평화와 글로벌 경제 안정, 지구 온난화에 대비한 환경 보존에도 다각적으로 노력을 기울이고 있다. 우리나라는 개발 도상국의 온실가스 감축과 기후 변화 적응을 지원하는 환경 분야의 국제 금융 기구인 녹색 기후 기금(GCF)을 유치하고, 국제기구인 글로벌 녹색 성장 연구소(GGGI) 본부를 서울에 두고 있다. 또한 국제 연합 평화 유지 활동(Peace Keeping Operations)의 일환으로 분쟁 지역에 병력을 파견해 치안 유지, 복구 사업, 의료 지원 등의 분야를 지원하고 있다.

┌ 보기 ┌
ㄱ. ㉠의 실현 방안으로 국제법 존중을 들 수 있다.
ㄴ. ㉡은 현실주의적 관점에 부합하는 사례이다.
ㄷ. 국제 문제 해결을 위해 국제 사회의 협력이 이루어지고 있음을 보여 준다.
ㄹ. 국제 문제를 해결하는 데 외교적 협상보다 군사적 수단이 중시되고 있음을 파악할 수 있다.

① ㄱ, ㄴ   ② ㄱ, ㄷ   ③ ㄴ, ㄷ   ④ ㄴ, ㄹ   ⑤ ㄷ, ㄹ

08

▶ 25063-0148

밑줄 친 ㉠, ㉡에 대한 설명으로 옳은 것은?

청구인들은 복수 노동조합하에서 교섭 창구 단일화를 규정한 ㉠노동조합 및 노동관계 조정법 제○○조 제○항이 국제 노동 기구(ILO) 핵심 ㉡협약 제□□호를 위반하고 국제 노동 기구(ILO) 및 국제 연합(UN) 사회권 규약 위원회의 권고 등 국제기구의 권고를 불이행했다고 주장하였다. 그러나 이를 판단한 헌법 재판소는 국제 노동 기구(ILO)는 가장 대표적인 노동조합에게 배타적 권리를 부여하는 단체 교섭 제도인 '교섭 창구 단일화를 통한 교섭 제도'와 하나의 회사 내에서 복수의 노동조합에 의해 복수의 단체 협약을 체결하는 것이 가능한 단체 교섭 제도인 '개별 교섭 제도' 양자가 모두 결사의 자유 원칙에 부합한다는 입장이므로, 심판 대상 조항이 위 국제 노동 기구(ILO) 협약과 충돌된다고 보기 어렵다고 결정하였다.

① 헌법 재판소의 결정으로 ㉠의 심판 대상 조항은 법적 효력을 상실하였다.
② 헌법에 의해 체결·공포된 ㉡은 헌법과 같은 효력을 지닌다.
③ 국제 사회에서 ㉡을 강제할 집행 기구가 없어 위반 행위에 대한 실질적인 제재가 어렵다.
④ ㉡과 달리 ㉠은 국제 사법 재판소의 재판 규범으로 적용될 수 있다.
⑤ 우리나라에서 ㉠과 ㉡에 대한 제정 및 개정 권한은 대통령이 가진다.

① 국제 문제

(1) 국제 문제의 의미와 특징

① 의미: 여러 국가나 국제 사회 전반에 부정적인 영향을 미치는 문제

② 특징

• 국가 간 상호 의존성이 커지면서 그 영향력의 범위가 넓어지고 있음.

• 국제 문제 해결을 위해 협력과 공조 체제 구축이 필요하지만 강제성을 가진 기구가 없어 국가 간 합의와 해결책을 도출하기 어려움.

(2) 국제 문제의 종류

① 안보 문제: 민족, 인종, 종교 등의 차이나 영토, 자원을 둘러싼 갈등으로 분쟁이나 전쟁 발생, 테러 조직의 활동 등

② 경제 문제: 남북문제, 빈곤 문제 등

③ 환경 문제: 지구 온난화, 오존층 파괴, 국제 하천의 오염 등

④ 인권 문제: 여성과 아동 학대, 난민 등

(3) 국제 문제의 해결

구분	외교적 해결	사법적 해결
의미	분쟁 당사자 간 협상을 통해 자율적으로 해결책을 마련하거나 제3자의 조정 등을 활용	국제 사법 기관에 제소하여 국제법에 따라 해결
의의	분쟁의 실질적 해결이 가능하고 향후 발생할 분쟁을 사전에 예방 가능	공정하고 객관적인 해결안 도출에 대한 기대 가능
한계	종교 간 갈등 등 첨예한 대립 상황에서 해결을 기대하기 어려움.	재판 기간이 길어질 수 있고, 당사국의 판결 불복 시 구속력을 행사하기 어려움.

② 국제 연합

(1) 국제 연합의 창설 목적 및 구성

① 창설 목적: 국제 평화 유지 및 경제, 사회, 문화 등의 분야에서 활발한 교류를 통해 국가 간 우호와 협력 증진

② 구성: 6개 주요 기관과 각종 전문 기구 등

(2) 총회

① 지위: 모든 회원국이 참여하는 최고 의사 결정 기관

② 의사 결정

• 주권 평등의 원칙에 따라 1국 1표로 표결

• 총회 의결은 권고적 효력을 가지며 회원국의 행동을 강제하지 못함.

(3) 안전 보장 이사회

① 지위: 국제 평화와 안전 유지에 관한 국제 연합의 실질적 의사 결정 기관

② 구성: 5개 상임 이사국과 10개 비상임 이사국

③ 의사 결정: 15개 이사국 중 9개국 이상의 찬성으로 의결하는데, 절차 사항이 아닌 실질 사항의 경우에는 상임 이사국 중 한 국가라도 거부권을 행사하면 부결됨.

(4) 국제 사법 재판소

① 지위: 국가 간 분쟁을 국제법을 적용해 법적으로 해결하는 기관

② 구성: 국제 연합 총회와 안전 보장 이사회에서 선출한 서로 국적이 다른 15명의 재판관

③ 특징

• 국제 연합 관련 기관의 법적 질의에 권고적 의견을 제시함.

• 원칙적으로 분쟁 당사국들이 합의하여 분쟁 해결을 요청한 사건에 대해서만 관할권 가짐.

• 당사국의 판결 불복 시 국제 사법 재판소가 직접 제재할 수 있는 수단이 없음.

(5) 국제 연합의 기타 주요 기관과 각종 전문 기구

① 기타 주요 기관: 사무국, 경제 사회 이사회, 신탁 통치 이사회

② 각종 전문 기구: 세계 보건 기구, 국제 노동 기구 등

(6) 국제 연합의 한계

① 회원국들의 분담금 납부가 원활하지 않아서 재정적 어려움이 존재함.

② 안전 보장 이사회의 상임 이사국이 거부권을 자주 행사하여 의사 결정이 어려움.

③ 총회의 권고안이 현실적 구속력을 가지지 못하여 분쟁 해결에 도움이 되지 못하는 경우가 많음.

④ 국제 사법 재판소는 판결에 대한 집행력이 약해 국제 질서 유지를 위한 역할에 한계를 보임.

③ 우리나라의 국제 관계

(1) 우리나라 국제 관계의 변화

① 1950년대: 미국을 중심으로 하는 자유 진영 국가와 우호 관계

② 1970년대: 냉전이 완화되면서 공산주의 국가들과 관계 개선 노력

③ 1980년대 후반: 적극적인 북방 외교로 공산권 국가와 수교

④ 1990년대: 국제 연합 가입, 경제 협력 개발 기구(OECD) 가입

(2) 우리나라의 국제 관계 현황

① 남북 분단으로 인한 긴장 상태 지속

② 일본의 역사 왜곡과 중국의 동북 공정 사업 등 과거사와 관련된 갈등 존재

③ 세계화 시대에 각국과의 치열한 무역 경쟁 및 긴밀한 경제적 상호 의존 관계 형성

(3) 우리나라의 바람직한 외교 방향

① 외교의 의미: 한 국가가 자국의 이익을 위해 국제 사회에서 평화적인 방법으로 펼치는 대외 활동

② 외교의 방법: 주로 협상을 통해 이루어지며 이 과정에서 설득, 타협, 군사적·정치적 위협 등이 나타나기도 함.

③ 우리나라 외교의 방향과 과제

• 한반도 문제의 평화적 해결 추구

• 국제 관계에서의 주체성과 능동성 강화

• 공식 외교뿐만 아니라 민간 외교 자원도 적극 활용

01

▶ 25063-0149

다음 자료에 나타난 국제 문제에 대한 설명으로 가장 적절한 것은?

생태계 파괴와 사막화로 인한 식량 자원 및 물 부족 현상, 건강을 심각하게 위협하는 수준의 대기 오염, 수용 불가능한 수준의 플라스틱 쓰레기 등의 문제들은 가장 취약한 국가와 계층의 인권을 위협하기 시작해 점점 더 많은 국가와 계층으로 확산되고 있다. 특히 쓰레기 문제에서 이런 현상이 두드러진다. 그동안 많은 선진국은 개발 도상국에 비해 엄청난 양의 쓰레기를 만들고 그 처리를 아프리카 등 개발 도상국으로 떠넘겨 왔다. 그 결과 한쪽에서는 무분별하게 쓰레기를 버리고 한쪽에서는 쓰레기 더미에 둘러싸여 깨끗하고 안전한 환경에서 생존할 권리를 빼앗기는 인권 불평등 문제로 이어졌다. 하지만 2018년 제주도에서 필리핀으로 불법 수출됐던 쓰레기가 우리나라로 되돌아온 사건, 전 세계적 반향을 불러일으킨 중국의 플라스틱 폐기물 수입 중단 결정에 따른 우리나라의 재활용 쓰레기 대란 등에서 보듯이 환경 오염으로 인한 인권 침해는 이미 과도한 쓰레기를 만드는 나라들로까지 확산되고 있다. 이러한 환경 문제들은 생태계 가장 밑바닥에서부터 축적되기 시작하여 생태계 정점에 있는 인간에게까지 확산되면서 이제는 인간의 가장 기본적인 권리인 생존권과 건강권을 직접적으로 위협하고 있다.

① 사법적 해결이 외교적 해결보다 효과적이다.
② 국가 간 상호 의존성으로 인해 여러 나라에 영향을 미친다.
③ 선진국과 개발 도상국 간 이념과 체제 차이로 인해 발생한다.
④ 국제 사회의 협력과 공조보다 개별 국가 차원의 대응이 효과적이다.
⑤ 당사국이 스스로 해결하도록 국제기구 차원에서는 개입하지 않아야 한다.

02

▶ 25063-0150

다음 자료에 대한 옳은 설명만을 〈보기〉에서 있는 대로 고른 것은?

국제 연합은 국제 평화 유지를 책임지는 ㉠국제기구이다. 국제 연합 안전 보장 이사회는 5개의 상임 이사국과 10개의 비상임 이사국으로 구성되는데 15개 이사국은 매월 돌아가며 의장직을 맡게 된다. A국이 의장국이었던 시기는 A국이 ○○국에 대한 전면적인 침공을 시작한 때였다. 이에 대해 전쟁 범죄 혐의로 국제 체포 영장이 발부된 대통령이 있는 국가가 국제 연합 안전 보장 이사회를 이끌게 됐다는 비판이 나오기도 하였다. 또한 이 시기에 국제 연합 안전 보장 이사회가 회의를 열어 ㉡○○국에 대한 침공을 끝내기 위한 결의안 채택을 시도하여 15개 이사국 중 11개국은 찬성하였다. 그러나 ㉢A국이 거부권을 행사하여 결의안 채택이 무산되었다.

┌─ 보기 ┐
ㄱ. ㉠은 개별 국가 내에서만 영향력을 행사하는 행위 주체이다.
ㄴ. ㉡은 절차 사항이 아닌 실질 사항에 해당한다.
ㄷ. ㉢은 안전 보장 이사회의 표결 과정에서 강대국의 힘의 논리가 반영된 사례이다.
ㄹ. A국은 안전 보장 이사회의 상임 이사국이다.

① ㄱ, ㄷ   ② ㄱ, ㄹ   ③ ㄴ, ㄹ   ④ ㄱ, ㄴ, ㄷ   ⑤ ㄴ, ㄷ, ㄹ

03

▶ 25063-0151

표는 국제 문제의 해결 방법 A, B를 나타낸 것이다. 이에 대한 설명으로 옳은 것은? (단, A, B는 각각 외교적 해결, 사법적 해결 중 하나임.)

구분	A	B
의미	분쟁 당사자 간 협상을 통해 자율적으로 해결책을 마련하거나 제3자의 조정 등을 활용함.	㉠
한계	㉡	재판 기간이 길어질 수 있고, 당사국의 판결 불복 시 구속력을 행사하기 어려움.

① A는 종교 간 갈등 등 첨예한 대립 상황에서 해결이 용이하다.

② B에서 판결에 불복하는 당사국에게 국제 사법 재판소가 강제력을 행사할 수 있다.

③ A와 달리 B는 국제 문제를 평화적으로 해결하는 방법이다.

④ ㉠에 '국제 사법 기관에 제소하여 국제법에 따라 해결함.'이 들어갈 수 있다.

⑤ ㉡에 '국제 문제 해결 과정에서 국제법을 활용할 수 없음.'이 들어갈 수 있다.

04

▶ 25063-0152

다음 자료는 우리나라의 시기별 외교 정책의 주요 내용이다. 이에 대한 설명으로 옳은 것은?

(가) 1950년대	(나) 1970년대	(다) 1980년대 후반	(라) 2000년대 이후
㉠	냉전이 완화되면서 공산 진영 국가들과 관계 개선 노력	㉡	국력 신장을 바탕으로 국제 문제 해결에 주도적으로 참여하는 외교 전개

① (가) 시기와 (나) 시기 사이에 우리나라는 국제 연합에 가입하였다.

② (다) 시기에 몰타 선언으로 인해 미국과 소련을 중심으로 한 이념 대립이 심화되었다.

③ (라) 시기 이후 우리나라는 경제적 실리보다 정치적 이념을 강조하였다.

④ ㉠에 '미국을 중심으로 한 자유 진영 국가들과 우호 관계 유지'가 들어갈 수 있다.

⑤ ㉡에 '적극적인 북방 외교 정책을 펼쳐 공산권 국가와 수교'가 들어갈 수 없다.

05

▶ 25063-0153

다음 자료에 대한 옳은 설명만을 〈보기〉에서 고른 것은?

국제 연합의 주요 기관인 A가 □□국에게 ○○지역에 대한 공격을 중단하라고 명령하였다. A의 이번 ㉠결정은 국제 사회 반대에도 불구하고 ○○지역 공격을 본격화하는 □□국의 고립을 한층 가중시킬 것이라는 분석이 나온다. 이 결정은 A의 ㉡15명의 재판관 중 13명이 찬성하였다. A는 [(가)]에 대한 사건을 판결한다는 점에서 전쟁 범죄, 대량 학살 등 국제법을 위반한 혐의로 기소된 개인을 재판하는 국제 형사 재판소와 다르다.

┌─── 보기 ───
ㄱ. A는 재판 당사국의 국내법만을 적용하여 분쟁을 해결한다.
ㄴ. A는 ㉠을 이행하지 않는 당사국을 직접 제재할 수 없다.
ㄷ. 국제 연합 총회와 안전 보장 이사회는 모두 ㉡을 선출할 수 있는 권한을 가진다.
ㄹ. (가)에 '원칙적으로 국가와 개인 간 분쟁'이 들어갈 수 있다.

① ㄱ, ㄴ   ② ㄱ, ㄷ   ③ ㄴ, ㄷ   ④ ㄴ, ㄹ   ⑤ ㄷ, ㄹ

06

▶ 25063-0154

다음 자료에 나타난 우리나라 공공 외교에 대한 설명으로 가장 적절한 것은?

공공 외교란 국가가 직접 또는 지방 자치 단체 및 민간 부문과 협력하여 문화, 지식, 정책 등을 통하여 우리나라에 대한 외국 국민들의 이해와 신뢰를 증진시키는 외교 활동을 의미한다. 현재 공공 외교는 중점 협력 국가 및 지역을 대상으로 정책 소통 강화, 한국어·한국학에 대한 글로벌 저변 확대, 쌍방향 문화 외교를 통한 한국에 대한 지지 확산, 메타버스·인공지능 등 디지털 공공 외교 강화 등의 과제를 추진함으로써 다양한 분야에서 사업을 진행하고 있다. 외교부는 외국 국민에게 우리나라를 올바로 알리고 우리나라에 대한 긍정적 이미지 확산을 위해 케이팝 월드 페스티벌, 태권도 대회 등 문화 행사를 개최하고 e-sports, 하키, 바둑 등 다양한 스포츠 종목의 행사를 개최하여 우리나라에 대한 외국인들의 인지도 제고 및 인적 교류 증진을 위한 노력을 기울이고 있다.

① 국가 주도 외교를 강화하여 외교 정책의 효율성을 추구한다.
② 전통적 의미의 외교에 비해 공공 외교에서 외교 활동의 주체와 영역이 축소되었다.
③ 한반도 문제의 평화적 해결을 추구하기 위해 주로 강대국들과 교류를 강화하고 있다.
④ '다양한 국가와 문화 협정을 체결하여 문화 교류를 실행하는 것'을 사례로 들 수 있다.
⑤ 외국 국민에게 우리나라의 이미지를 높이기 위해 경제적 실리보다 정치적 이념을 강조한다.

07

밑줄 친 ㉠~㉤에 대한 설명으로 옳은 것은?

㉠ 국제 연합(UN) 헌장

제1조 국제 연합의 목적은 다음과 같다.

1. ㉡국제 평화와 안전을 유지하고, 이를 위하여 평화에 대한 위협의 방지·제거 그리고 침략 행위 또는 기타 평화의 파괴를 진압하기 위한 유효한 집단적 조치를 취하고 평화의 파괴로 이를 우려가 있는 국제적 분쟁이나 사태의 조정·해결을 ㉢평화적 수단에 의하여 또한 정의와 ㉣국제법의 원칙에 따라 실현한다.
2. 사람들의 평등권 및 자결의 원칙의 존중에 기초하여 국가 간의 우호 관계를 발전시키며, 세계 평화를 강화하기 위한 기타 ㉤적절한 조치를 취한다.
3. 경제적·사회적·문화적 또는 인도적 성격의 국제 문제를 해결하고 또한 인종·성별·언어 또는 종교에 따른 차별 없이 모든 사람의 인권 및 기본적 자유에 대한 존중을 촉진하고 장려함에 있어 국제적 협력을 달성한다.

---

① ㉠은 제2차 세계 대전 이후 탄생한 국제 비정부 기구이다.

② ㉢에 국제 사법 재판소의 재판을 통한 국가 간 분쟁 해결은 해당되지 않는다.

③ 우리나라에서 ㉣이 국내법적 효력을 가지려면 국회의 비준을 거쳐야 한다.

④ ㉡을 위한 사례로 ㉠의 평화 유지군 배치를 들 수 있다.

⑤ ㉠의 총회가 내린 ㉤은 모든 회원국에 강제적 효력을 가진다.

08

국제 연합의 주요 기관 A~C에 대한 설명으로 옳은 것은?

국제 연합 주요 기관과 권한

- ⬛ __A__ : 중추 심의 기관이다. 모든 회원국으로 구성되며, 각 회원국은 1개의 투표권을 가진다. 군축 및 군비 통제에 관한 원칙 등 국제 평화 및 안전 유지를 위한 협력 방안을 심의한다.
- ⬛ __B__ : 국제 연합 헌장에 따라 국제 평화와 안전 유지에 대해 일차적 책임을 진다. 5개 상임 이사국과 10개 비상임 이사국으로 구성된다.
- ⬛ __C__ : 국제 연합의 주요한 사법 기관이다. 국제 연합 회원국은 자동적으로 C 규정의 당사국이 된다. 국제 연합 관련 기관의 법적 질의에 권고적 의견을 제시한다.

---

① B의 모든 이사국은 동일한 임기를 지닌다.

② C는 원칙적으로 분쟁 당사국들이 분쟁 해결을 요청하지 않은 사건에도 관할권을 가진다.

③ A와 달리 B는 주권 평등 원칙에 따른 표결 방식을 채택하고 있다.

④ B의 비상임 이사국은 C에서 선출된다.

⑤ C는 A와 B에서 선출한 서로 국적이 다른 15명의 재판관으로 구성된다.

사회탐구영역 **정치와 법**

실전 모의고사

문항에 따라 배점이 다르니, 각 물음의 끝에 표시된 배점을 참고하시오. 3점 문항에만 점수가 표시되어 있습니다. 점수 표시가 없는 문항은 모두 2점입니다.

▶ 25063-0157

1 정치를 바라보는 갑, 을의 관점에 대한 설명으로 옳은 것은?

갑: 고등학교 총동창회에서 회칙을 개정하기 위해 총회를 하는 것처럼 개인 또는 집단 간에 이해관계의 대립과 갈등을 조정하고 해결하는 활동을 정치라고 해.
을: 그렇지 않아. 정치는 정치권력의 획득·유지·행사와 관련된 국가 고유의 활동이야.

① 갑의 관점은 다원화된 현대 사회의 정치 현상을 설명하기에 적합하다.
② 을의 관점은 국가 성립 이전의 정치 현상을 설명하기에 적합하다.
③ 갑에 비해 을의 관점은 정치에 참여하는 정치 주체가 다양하다고 본다.
④ 을과 달리 갑의 관점은 국회에서 법을 개정하는 활동을 정치라고 본다.
⑤ 갑, 을의 관점 모두 학급 회의에서 학교 축제 부스 주제에 대해 논의하는 과정을 정치라고 본다.

▶ 25063-0158

2 법치주의의 유형 A, B에 대한 옳은 설명만을 〈보기〉에서 고른 것은? [3점]

합법적인 절차를 거쳐 제정된 명확한 법에 의해 통치가 이루어져야 한다는 원리인 A는 법의 목적이나 내용과 상관없이 통치의 합법성만을 강조하면서 독재 정치를 정당화하는 논리로 악용될 수 있다고 비판을 받았다. 이에, 오늘날에는 그 목적과 내용이 인간의 존엄성과 정의에 부합하는 법에 따라 통치가 이루어져야 한다는 원리인 B를 지향하고 있다.

┌ 보기 ┐
ㄱ. A는 형식적 합법성과 실질적 정당성을 모두 강조한다.
ㄴ. B의 실현 방안으로 위헌 법률 심사제를 들 수 있다.
ㄷ. B와 달리 A는 인치(人治)를 부정한다.
ㄹ. A, B 모두 국민의 기본권을 제한하는 경우 법적인 근거가 있어야 한다고 본다.

① ㄱ, ㄴ ② ㄱ, ㄷ ③ ㄴ, ㄷ ④ ㄴ, ㄹ ⑤ ㄷ, ㄹ

▶ 25063-0159

3 다음 사례에서 공통으로 실현하고 있는 우리나라 헌법의 기본 원리에 대한 설명으로 가장 적절한 것은?

• 재외 한국문화원이 없는 곳에도 한국의 문화를 접할 기회를 제공하기 위해서 다양한 전통 놀이 문화 체험 행사를 진행하였다.
• 우리 민족의 문화적 자산으로 보존하고 개발할 가치가 있는 전통 무용·전통 음악·전통 미술 등 전통문화를 지원하는 법이 국회에서 통과되었다.

① 국민의 선거권을 보장하는 근거가 된다.
② 권력 기관 간 견제와 균형의 근거가 된다.
③ 국가가 평생 교육을 진흥하는 근거가 된다.
④ 상호주의 원칙에 따라 국내 거주 외국인의 지위를 보장하는 근거가 된다.
⑤ 국가가 국제 질서를 존중하고 세계 평화를 위해 노력해야 하는 근거가 된다.

▶ 25063-0160

4 기본권 유형 A에 대한 설명으로 옳은 것은? [3점]

헌법 재판소는 금치*처분을 받고 독방에 수감된 수형자의 운동을 금지하는 법령에 대해 "금치 수형자에 대해 일체의 운동을 금지하는 것은 수형자의 신체적 건강뿐만 아니라 정신적 건강을 해칠 위험성이 현저히 높기 때문에 금치 처분을 받은 수형자에 대한 절대적인 운동의 금지는 징벌의 목적을 고려하더라도 그 수단과 방법에 있어서 필요한 최소한도의 범위를 벗어난 것으로서 A를 침해하여 위헌"이라고 판시하였다.

* 금치: 수용 시설에서 복역하는 수용자에게 부과되는 징벌의 한 종류

① 기본권 보장을 위한 수단적 권리이다.
② 실질적 평등의 실현을 목적으로 하는 권리이다.
③ 국가의 권력에 간섭받지 않을 방어적 권리이다.
④ 현대 복지 국가 헌법에서부터 보장된 기본권이다.
⑤ 국가의 정치적 의사 형성 및 결정 과정에 참여하는 권리이다.

5 ▸ 25063-0161

다음 자료에 대한 설명으로 옳은 것은? [3점]

갑국에서는 t 시기와 t+1 시기에 서로 다른 전형적인 정부 형태를 채택하였다. t 시기에는 의회에서 선출된 행정부 수반을 중심으로 국정이 운영되었으며, t+1 시기에는 국민에 의해 선출된 행정부 수반이 국가 원수이자 행정부 수반으로서 권한을 행사하였다. 표는 시기별 갑국의 정당별 의회 의석률을 나타낸 것이다.

구분	갑국의 정당별 의회 의석률(%)			
	A당	B당	C당	D당
t 시기	25	40	15	20
t+1 시기	20	60	5	15

* 정당은 A~D당만 존재하고 무소속 후보는 없음.

① t 시기에는 연립 내각이 구성된다.
② t 시기에 의회 의원은 행정부 각료를 겸직할 수 없다.
③ t+1 시기에 행정부 수반은 법률안 제출권을 가진다.
④ t+1 시기에 의회는 행정부에 대한 불신임권을 가진다.
⑤ t+1 시기에 행정부 수반의 소속 정당이 B당이면, 여소야대 정국이 나타난다.

6 ▸ 25063-0162

다음 자료에 대한 설명으로 옳은 것은? (단, A, B는 각각 지방 자치 단체의 장, 지방 의회 중 하나임.)

○○도 소식을 전해드립니다. 지난달 A가 편성한 예산을 심의한 끝에 B가 오늘 ○○도 예산을 확정하였습니다. 한편 ○○도에서는 ⊙지방 자치 단체 사무인 ◇◇에 관한 규칙 개정을 앞두고 있는데, 이번 ◇◇에 관한 규칙 개정에 대한 주민들의 관심이 상당합니다.

① A는 주민의 선거로 선출된 지역구 의원과 비례 대표 의원으로 구성된다.
② B는 조례의 제정·개정 및 폐지 권한을 가진다.
③ A는 의결 기관, B는 집행 기관이다.
④ A와 B 간에는 수직적 권력 분립이 나타난다.
⑤ ⊙은 ○○도 주민 투표에 의해 결정된다.

7 ▸ 25063-0163

우리나라 국가 기관 A~E에 대한 설명으로 옳은 것은? [3점]

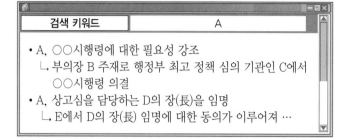

검색 키워드	A

• A, ○○시행령에 대한 필요성 강조
  └ 부의장 B 주재로 행정부 최고 정책 심의 기관인 C에서 ○○시행령 의결
• A, 상고심을 담당하는 D의 장(長)을 임명
  └ E에서 D의 장(長) 임명에 대한 동의가 이루어져 …

① A는 국정 감사 및 조사권을 가진다.
② B는 헌법 개정안을 발의할 수 있다.
③ D는 국가 기관 상호 간의 권한 쟁의에 대한 심판권을 가진다.
④ C에서 B의 해임 건의안을 의결할 수 있다.
⑤ E는 D의 장(長)에 대한 탄핵 소추를 의결할 수 있다.

8 ▸ 25063-0164

밑줄 친 ⊙~㉣에 대한 옳은 설명만을 〈보기〉에서 고른 것은?

갑국에서는 저출산과 고령화로 인하여 노동력 감소 문제가 발생하고 있다. 이에 대한 대응책 마련의 필요성이 대두되면서 ⊙○○학회는 ⓒ학술 대회를 열어 고령화 대비를 위한 정책 마련을 논의하였다. ⓒ△△정당은 고령화에 따른 일자리 정년 연장을 주장하였다. 이에 ㉣의회에서는 근로자 정년을 연장하는 법률안이 통과되었다.

┌ 보기 ┐
ㄱ. ⊙은 정치 과정에서 정치 주체에 해당한다.
ㄴ. ⓒ은 정책 결정 기구에 해당한다.
ㄷ. ㉣은 정치 과정에서 산출에 해당한다.
ㄹ. ⓒ은 정치 과정에서 ㉣에 대한 환류에 해당한다.
└

① ㄱ, ㄴ ② ㄱ, ㄷ ③ ㄴ, ㄷ ④ ㄴ, ㄹ ⑤ ㄷ, ㄹ

9 ▸ 25063-0165

정치 참여 집단 A~C에 대한 설명으로 옳은 것은? (단, A~C는 각각 정당, 이익 집단, 시민 단체 중 하나임.)

A의 일정 소개	
날짜	일정
2월 1일	A 구성원 중 지방 선거 후보자 공천
3월 4일	공익 추구를 위해 시민들이 조직한 B와 합동 토론회 개최
4월 2일	민간 ○○ 업계 종사자로 구성된 C와 협의회 진행

① A는 자신의 활동에 정치적 책임을 진다.
② B는 정치권력의 획득을 목표로 한다.
③ C는 당정 협의회를 통하여 행정부와 의회를 매개한다.
④ A, C와 달리 B는 대의제의 한계를 보완한다.
⑤ B, C와 달리 A는 정치 사회화 기능을 수행한다.

▶ 25063-0166

10 다음 자료에 대한 옳은 분석만을 〈보기〉에서 있는 대로 고른 것은? [3점]

갑국의 의회 의원은 총 15명이며, 지역구 의원 6명, 비례 대표 의원 9명으로 구성되어 있다. 지역구 의원 선거에서는 선거구마다 다른 후보자에 비해 상대적으로 많이 득표한 1명을 대표자로 선출한다. 비례 대표 의원 선거에서는 정당 투표 득표율에 비례 대표 총의석수를 곱하여 산출된 정수(整數)만큼 각 정당의 의석으로 배분하고 잔여 의석은 소수점 이하의 수가 큰 순서대로 각 정당에 1석씩 배분한다. 다음 표는 최근 실시된 갑국의 의회 의원 선거 결과로 지역구 의원 선거와 비례 대표 의원 선거에서 각 정당이 획득한 득표율을 나타낸다.

(단위: %)

구분	A당	B당	C당	D당	합계
선거구 1	40	30	10	20	100
선거구 2	10	20	40	30	100
선거구 3	40	20	30	10	100
선거구 4	10	30	40	20	100
선거구 5	40	10	30	20	100
선거구 6	40	20	10	30	100
정당 투표 득표율	30	10	40	20	100

* 정당은 A~D당만 존재하고, 무소속 후보자는 없으며, 투표율은 100%이고, 무효표는 없음.
** 각 정당은 선거구별로 1인의 후보자만 공천함.

┌ 보기 ┐
ㄱ. 지역구 의원 선거에서는 중·대선거구제를 채택하고 있다.
ㄴ. 지역구 의원 선거에서는 단순 다수 대표제를 채택하고 있다.
ㄷ. A당과 C당은 비례 대표 의석수가 동일하다.
ㄹ. B당과 D당은 지역구 의석을 확보하지 못하였다.

① ㄱ, ㄴ   ② ㄱ, ㄷ   ③ ㄴ, ㄹ
④ ㄱ, ㄷ, ㄹ   ⑤ ㄴ, ㄷ, ㄹ

▶ 25063-0167

11 민법의 기본 원칙 A에 부합하는 진술로 가장 적절한 것은?

민법 제105조 "법률 행위의 당사자가 법령 중의 선량한 풍속 기타 사회 질서에 관계없는 규정과 다른 의사를 표시한 때에는 그 의사에 의한다."에서 근대 민법의 기본 원칙 A를 간접적으로 규정하고 있습니다. A는 개인 간의 법률관계 중 대표적으로 계약에 적용하고 있으며 A가 반영된 사례로 유언의 자유, 권리 행사의 자유 등이 있습니다.

① 개인 소유의 재산에 대해 사적 지배를 인정한다.
② 소유권은 공공복리에 적합하도록 행사해야 한다.
③ 개인은 자율적인 판단에 기초하여 법률관계를 형성해 나갈 수 있다.
④ 자신의 고의나 과실에 따른 행위로 타인에게 손해를 끼친 경우에만 책임을 진다.
⑤ 자신에게 과실이 없는 경우에도 일정한 요건에 따라 손해 배상 책임을 질 수 있다.

▶ 25063-0168

12 다음 사례에 대한 옳은 법적 판단만을 〈보기〉에서 고른 것은? [3점]

• 갑(17세)은 고가의 자전거를 구매하기 위해 자전거 가게에 방문하여 법정 대리인의 동의를 받지 않고 판매업자 을(45세)과 자전거 매매 계약을 체결하였다. 한편 을은 계약 체결 당시 갑이 미성년자라는 사실을 알고 있었다.
• 병(17세)은 고가의 노트북을 구매하기 위해 전자 상가를 방문하였다. 병은 법정 대리인의 동의서를 위조하여 판매업자 정(50세)과 노트북 매매 계약을 체결하였다.

┌ 보기 ┐
ㄱ. 갑과 갑의 법정 대리인 모두 갑과 을의 계약을 취소할 수 있다.
ㄴ. 을은 갑의 법정 대리인에게 계약의 취소 여부에 대한 확답을 촉구할 수 있다.
ㄷ. 병의 법정 대리인은 병과 정의 계약을 취소할 수 있다.
ㄹ. 병은 법정 대리인의 동의서를 위조하였으므로 병과 정의 계약은 무효이다.

① ㄱ, ㄴ   ② ㄱ, ㄷ   ③ ㄴ, ㄷ   ④ ㄴ, ㄹ   ⑤ ㄷ, ㄹ

▶ 25063-0169

13 다음 사례에 대한 옳은 법적 판단만을 〈보기〉에서 고른 것은? [3점]

- 갑이 운영하는 파티용품 가게의 직원 을이 자동차로 파티용품 배달을 가던 중 부주의로 자전거를 타고 있는 병을 치어 부상을 입혔다.
- A(6세)의 법정 대리인 B가 우연히 공원에서 만난 친구와 대화하느라 A에 대한 감독을 게을리한 틈을 타, A가 공원에 세워져 있던 C 소유의 자전거를 넘어뜨려 고액의 수리비가 발생하였다.

┌ 보기 ┐
ㄱ. 갑은 을에 대한 선임 및 그 사무 감독에 상당한 주의를 다하였더라도 을의 행위로 인한 특수 불법 행위 책임을 진다.
ㄴ. 갑이 병에게 특수 불법 행위 책임을 지는 경우, 을은 병에게 일반 불법 행위 책임을 진다.
ㄷ. B는 C에게 특수 불법 행위 책임을 진다.
ㄹ. C는 A와 B에게 공동 불법 행위자의 책임을 물을 수 있다.

① ㄱ, ㄴ   ② ㄱ, ㄷ   ③ ㄴ, ㄷ   ④ ㄴ, ㄹ   ⑤ ㄷ, ㄹ

▶ 25063-0170

14 밑줄 친 ㉠~㉣에 대한 법적 판단으로 옳은 것은?

갑(남)과 을(여)은 혼인 신고를 하고 A를 출산하고 살다가 ㉠재판상 이혼을 하고 갑이 A를 혼자 양육하였다. 병(남)과 정(여)은 혼인 신고를 하고 B를 출산하고 살다가 ㉡협의상 이혼을 하고 정이 B를 혼자 양육하였다. 이후, 갑은 정과 재혼하여 B를 ㉢친양자로 입양하였다. 한편 을은 무와 ㉣결혼식을 올렸으나 혼인 신고를 하지 않고 살고 있다.

① ㉠, ㉡ 모두 이혼 조정 절차를 거치지 않는다.
② ㉢ 이후에 병과 B의 친자 관계는 종료되지 않는다.
③ ㉠ 이후 을이 유언 없이 사망한다면, A는 을의 재산을 상속받을 수 없다.
④ ㉢ 이후 갑이 유언 없이 사망한다면, 갑의 재산에 대한 A, B의 법정 상속분은 동일하다.
⑤ ㉣ 이후 무가 유언 없이 사망한다면, 을은 무의 재산을 상속받을 수 있다.

▶ 25063-0171

15 밑줄 친 'A 원칙'에 대한 설명으로 가장 적절한 것은?

헌법 재판소에서는 구 국가 보안법 제13조가 "그 죄에 대한 법정형의 최고를 사형으로 한다."라고 규정한 것이 법정형의 최고가 사형이므로 그 이하의 형벌까지 모두 선고할 수 있다는 의미인지, 아니면 국가 보안법 제7조 제5항, 제1항에 규정되어 있는 법정형 외에 사형이 법정형으로 추가된다는 의미인지 판단이 어려워 A 원칙에 반한다고 하였다.

① 범죄와 형벌은 성문의 법률에 따라 규정되어야 한다는 원칙이다.
② 범죄와 형벌 사이에는 적정한 균형이 유지되어야 한다는 원칙이다.
③ 범죄와 형벌은 국민이 이해할 수 있도록 명확하게 규정하여 공포해야 한다는 원칙이다.
④ 범죄와 형벌은 행위 시의 법률에 따라 결정되어야 하며, 시행 이전의 행위까지 소급 적용될 수 없다는 원칙이다.
⑤ 어떤 사항에 대하여 직접 규정한 법률이 없을 때 그와 비슷한 사항에 대하여 규정한 법률을 적용함으로써 피고인에게 불리한 형벌을 부과하거나 가중하지 못한다는 원칙이다.

▶ 25063-0172

16 위법성 조각 사유 A, B에 해당하는 옳은 사례만을 〈보기〉에서 있는 대로 고른 것은? [3점]

A와 B는 긴급 행위의 일종이라는 면에서 공통점이 있다. 하지만 A는 자기 또는 타인의 법익에 대한 현재의 부당한 침해를 방위하기 위한 상당한 이유가 있는 행위를 말하고, B는 자기 또는 타인의 법익에 대한 현재의 위난을 피하기 위한 상당한 이유가 있는 행위를 말한다.

┌ 보기 ┐
ㄱ. A – 생명을 위협하는 강도를 제압하는 과정에서 강도에게 경미한 상해를 입힌 행위
ㄴ. A – 채무자가 채무를 변제하지 않고 외국으로 도주하기 위하여 비행기를 타는 것을 발견한 채권자가 채무자를 체포한 행위
ㄷ. B – 경찰이 범죄 현장에서 적법하게 현행 범인을 체포한 행위
ㄹ. B – 막다른 골목에서 달려오는 맹견을 피하려다가 타인의 집에 무단으로 들어간 행위

① ㄱ, ㄴ   ② ㄱ, ㄹ   ③ ㄷ, ㄹ
④ ㄱ, ㄴ, ㄷ   ⑤ ㄴ, ㄷ, ㄹ

▶ 25063-0173

17 밑줄 친 ㉠~㉤에 대한 법적 판단으로 옳은 것은?

갑은 을의 귀중품을 훔친 혐의로 ㉠구속 수사를 받았다. 검사는 갑을 ㉡기소하였고, 1심 법원은 갑에게 ㉢징역 1년을 선고하였다. ㉣2심 법원은 갑에게 징역 10월, ㉤집행 유예 2년을 선고하였다.

① ㉠ 이후에 갑은 영장 실질 심사를 받을 수 있다.
② ㉡ 이후부터는 갑에게 무죄 추정의 원칙이 적용되지 않는다.
③ ㉢은 생명형에 해당한다.
④ ㉣의 판결에 불복할 경우 을과 달리 갑, 검사 모두 상고할 수 있다.
⑤ ㉤은 일정한 범죄를 저지르지 않고 실효 없이 유예를 받은 날로부터 2년이 경과한 때에는 면소된 것으로 간주하는 것이다.

▶ 25063-0174

18 다음 자료에 대한 설명으로 옳은 것은? [3점]

갑(17세)과 을(22세)은 아르바이트를 하기로 하고, 사업주 병(30세)과 각각 근로 계약서를 작성하였다. 갑과 을 모두 근무일은 매주 화요일부터 토요일까지이며, 갑은 9시 30분부터 17시까지(휴게 시간은 12시~12시 30분까지), 을은 8시부터 17시까지(휴게 시간은 12시~13시간까지) 근무하기로 하였다. 작성한 계약 내용에 따르면 갑에게는 시급 10,000원의 임금이 법정 대리인 정의 통장에, 을에게는 시급 11,000원의 임금이 본인 명의의 통장에 지급될 예정이다.
＊갑과 을의 아르바이트 기간에 법정 최저 임금은 시간당 10,030원임.

① 갑, 을의 주당 근로 시간은 모두 근로 기준법에 위반된다.
② 을과 달리 갑의 휴게 시간은 근로 기준법에 위반된다.
③ 갑과 달리 을은 병과 합의 시 1일에 1시간, 1주일에 5시간의 연장 근로가 가능하다.
④ 갑과 달리 을의 임금 지급 방법은 근로 기준법에 위반되지 않는다.
⑤ 갑의 임금은 법정 최저 임금에 미치지 못하므로 갑의 근로 계약 내용 전체가 무효이다.

▶ 25063-0175

19 국제법의 법원(法源) A~C에 대한 설명으로 옳은 것은? (단, A~C는 각각 조약, 국제 관습법, 법의 일반 원칙 중 하나임.)

교사: 국제법의 법원 사례에 대하여 발표해 볼까요?
학생 1: A의 사례로 국내 문제 불간섭이 있습니다.
학생 2: B의 사례로 기후 변화에 관한 파리 협정이 있습니다.
학생 3: C의 사례로 신의 성실의 원칙, 권리 남용 금지의 원칙이 있습니다.
교사: 네, 모두 옳게 발표했습니다.

① A는 원칙적으로 국제 사회에서 포괄적 구속력을 가진다.
② 국가와 달리 국제기구는 B의 체결 주체가 될 수 없다.
③ 우리나라에서 C의 비준권은 대통령에게 있다.
④ B, C와 달리 A는 주로 성문화된 형식으로 존재한다.
⑤ A, C와 달리 B는 국제 사법 재판소의 재판 준거로 활용될 수 있다.

▶ 25063-0176

20 국제 연합의 주요 기관 A~C에 대한 설명으로 옳은 것은? (단, A~C는 각각 총회, 안전 보장 이사회, 국제 사법 재판소 중 하나임.) [3점]

국제 연합 소식입니다. 국제 연합은 전쟁 중단과 환경 문제 관련 사항을 A에 상정하였습니다. 해당 사항이 안건으로 채택되면 국제 연합 모든 회원국이 투표에 참여하게 됩니다. 또한 B에서는 상임 이사국과 비상임 이사국이 갑국, 을국에 대한 경제적 제재를 논의하고 있습니다. 한편 최근 C는 국제법에 따라 병국과 정국 간의 분쟁에 대한 판결을 내렸습니다.

① A의 표결 방식에는 힘의 논리가 반영되어 있다.
② B는 모든 회원국이 참여하는 최고 의결 기관이다.
③ C의 재판 당사자는 국가와 국제기구가 될 수 있다.
④ B와 달리 A는 국제 평화와 안전 유지에 일차적 책임을 진다.
⑤ A, B 모두 C의 재판관을 선출하는 권한을 가진다.

문항에 따라 배점이 다르니, 각 물음의 끝에 표시된 배점을 참고하시오. 3점 문항에만 점수가 표시되어 있습니다. 점수 표시가 없는 문항은 모두 2점입니다.

▶ 25063-0177

1 정치를 바라보는 갑, 을의 관점에 대한 설명으로 옳은 것은?

> 갑: 정치와 법 수업 시간에 정치의 사례를 발표하기로 하였는데, 교칙 개정을 위해 우리 학교 구성원들이 논의하는 과정을 조사하여 발표하려고 해.
> 을: 나는 갑이 준비하는 내용은 정치의 사례로 볼 수 없을 것 같아. 그래서 나는 ○○법 개정을 위한 국회 입법 과정을 조사하여 발표하려고 해.

① 갑의 관점은 국가 형성 이전에 나타나는 정치 현상을 설명하는 데 적합하지 않다.
② 을의 관점은 정치가 사회 질서를 유지하기 위하여 갈등을 해결해 가는 국가 고유의 활동이라고 본다.
③ 갑의 관점에 비해 을의 관점은 정치 주체가 다양하다고 본다.
④ 을의 관점과 달리 갑의 관점은 대통령의 통치 행위를 정치로 본다.
⑤ 갑, 을의 관점은 모두 국가의 정치 현상과 다른 사회 집단의 정치 현상이 본질적으로 다르다고 본다.

▶ 25063-0178

2 표는 법치주의의 유형 A, B의 특징을 파악하기 위한 질문과 답변이다. 이에 대한 설명으로 옳은 것은? (단, A, B는 각각 형식적 법치주의, 실질적 법치주의 중 하나임.) [3점]

법치주의 유형	질문	답변
A	통치의 합법성뿐만 아니라 정당성도 중시하는가?	예
	(가)	아니요
B	독재 정치를 옹호하는 논리로 악용될 수 있는가?	(다)
	(나)	예

① A와 달리 B는 위헌 법률 심사제의 필요성을 강조한다.
② B와 달리 A는 국가 권력이 법률에 근거하여 행사되어야 한다고 본다.
③ (가)에 '법의 목적과 내용이 정의에 부합해야 함을 강조하는가?'가 들어갈 수 있다.
④ (나)에 '합법적 절차를 거쳐 제정된 법률이라면 그 내용은 문제가 되지 않는다고 보는가?'가 들어갈 수 있다.
⑤ (다)에 '아니요'가 들어간다.

▶ 25063-0179

3 우리나라 헌법의 기본 원리 A~C에 대한 설명으로 가장 적절한 것은?

> 남북이 분단된 우리나라는 강대국 간에 긴장 관계가 항상 존재하고 있다. 이에 우리나라 헌법은 A를 실현하고자 세계 평화를 위해 노력하고 국제 질서를 존중하고 있다. 또한 이러한 긴장 관계가 존재하는 것은 남북 분단 때문이라고 보고, 헌법은 B에 입각하여 자유 민주적 기본 질서를 바탕으로 한 평화적 통일을 추구하고 있다. 한편 북한에서 이탈하여 우리나라에 정착하고자 하는 북한 주민을 위해 C에 따라 정착을 위한 일정한 지원을 함으로써 최소한의 인간다운 생활을 보장해 주고 있다.

① A를 실현하기 위해 국민의 자유와 권리에 대한 국가의 자의적 제한을 금지하고 있다.
② B를 실현하기 위해 전통문화를 계승하고 발전시키고자 한다.
③ C를 실현하기 위해 국가에 사회 복지의 증진 의무를 부여하고 있다.
④ C와 달리 B는 국가가 경제 민주화를 위하여 경제에 관한 규제와 조정을 할 수 있는 근거가 된다.
⑤ B와 달리 A, C는 입법이나 정책 결정의 방향을 제시한다.

▶ 25063-0180

4 기본권 유형 A~C에 대한 설명으로 옳은 것은? (단, A~C는 각각 자유권, 사회권, 청구권 중 하나임.) [3점]

> 교사: 기본권 유형 A, B, C에 대해 설명해 볼까요?
> 갑: A는 국민이 국가에 일정한 행위를 요구할 수 있는 권리입니다.
> 을: B는 실질적 평등 실현을 위해 등장한 현대적 권리입니다.
> 병: C는 실체적 기본권을 실현하기 위한 절차적 권리입니다.
> 교사: 세 학생 모두 옳지 않게 설명하였습니다.

① A는 개인의 자유 영역에 대한 국가의 부당한 침해를 배제하는 권리이다.
② B는 국민이 국가의 정치적 의사 결정에 적극적으로 참여할 수 있는 권리이다.
③ C는 다른 기본권을 보장하기 위한 수단적 권리이다.
④ A는 현대 복지 국가 헌법에서부터, C는 근대 입헌주의 헌법에서부터 보장된 권리이다.
⑤ C와 달리 A, B는 헌법에 열거되지 않아도 보장되는 권리이다.

▶ 25063-0181

5 다음 자료에 대한 분석으로 옳은 것은? [3점]

갑국의 시기별 정부 형태는 전형적인 대통령제 또는 의원 내각제 중 하나이다. T 시기 행정부 수반은 의회에서 선출되었으며, T~T+2 시기 동안 정부 형태는 1회 변경되었다. 각 시기의 정부 형태는 해당 시기 내에서 동일하고, 각 시기 내 정당별 의회 의석률 변화는 없으며, 각 시기의 행정부 수반의 소속 정당은 모두 A당이다. 표는 갑국의 각 시기 정당별 의회 의석률을 나타낸다.

(단위: %)

정당＼시기	T	T+1	T+2
A당	37	31	59
B당	31	54	34
C당	15	10	5
D당	17	5	2

① T 시기의 행정부 수반은 국가 원수와 행정부 수반으로서의 지위를 동시에 가진다.

② T 시기와 달리 T+1 시기 행정부 수반은 의회를 해산할 권한을 가진다.

③ T+2 시기와 달리 T 시기 의회는 행정부 수반에 대한 탄핵 소추권을 가진다.

④ T+1 시기에 비해 T+2 시기 의회에서 의결된 법률안에 대해 행정부 수반의 거부권 행사 가능성이 높다.

⑤ T 시기와 달리 T+1 시기, T+2 시기 의회 의원은 각료를 겸직할 수 없다.

▶ 25063-0182

6 우리나라 국가 기관 A~E에 대한 설명으로 옳은 것은? [3점]

A, B의 장(長), C의 장(長)을 임명하는 것은 D의 고유 권한이기는 하지만, 반드시 E의 동의를 거쳐야 한다. 이러한 E의 헌법 기관 구성에 관한 권한은 D의 일방적인 임명을 통제한다는 의미에서 E의 국정 통제 수단에 속한다고 볼 수 있다. 또한 E는 A에 대한 임명 동의권도 있지만, A에 대한 해임을 D에게 건의할 수도 있다. 한편 B는 위헌 법률 심판 제청을 통해, C는 위헌 법률 심판을 통해 E를 견제할 수 있다.

① A는 행정 각부의 장(長)이 되며, 행정부 최고 심의 기관의 국무 위원이 된다.

② 감사원은 세입·세출의 결산을 검사하여 A와 E에게 그 결과를 보고하여야 한다.

③ B, E의 구성원 모두 탄핵 심판의 대상이 된다.

④ C는 국가 및 법률이 정한 단체의 회계 검사를 통해 D를 견제할 수 있다.

⑤ C의 재판관 중 3인은 B의 장(長)이 지명하고, 3인은 E에서 선출한다.

▶ 25063-0183

7 다음 자료에 대한 설명으로 옳은 것은?

• ○○시 주민들은 ⑦○○ 시장인 갑에 대해 ⎡ (가) ⎤ 을/를 위한 투표를 실시하려고 한다. 일정한 요건을 갖춰 ⎡ (가) ⎤ 이/가 확정되면, 갑은 임기를 채우지 못하고 시장직을 상실하게 된다.

• ⓛ○○시 의회는 ○○ 시장이 시행하려고 하는 △△ 정책이 주민에게 과도한 부담을 준다고 판단하여, 일정한 요건을 갖춰 ○○ 시장에게 ⎡ (나) ⎤ 을/를 실시할 것을 청구하였다. ○○시 의회의 의결 과정에서 자신이 속한 정당이 획득한 득표율에 따라 선출된 을과 달리 지역구 선거에서 선출된 병은 △△ 정책에 대한 ⎡ (나) ⎤ 청구를 반대하였다.

① ⑦은 지방 자치 단체의 사무 전반에 대한 감사권 행사를 통해 ⓛ을 견제할 수 있다.

② ⓛ은 ⑦이 제출한 예산에 대해 심의 및 확정할 수 있는 권한을 갖는다.

③ 갑, 을, 병 모두 (가)의 대상이 된다.

④ 주민이 청구한 조례안에 대해 ⓛ의 의결 전 (나)를 실시하여야 한다.

⑤ (나)와 달리 (가)는 지방 자치 행정의 민주성과 책임성을 제고함을 목적으로 한다.

▶ 25063-0184

8 민법의 기본 원칙 A, B에 대한 옳은 설명만을 〈보기〉에서 고른 것은?

A는 근대 민법 원칙 중 하나로 개인의 자유로운 활동을 보장하였다. 즉 자신의 고의나 과실이 없으면 책임을 지지 않으므로 누구든지 일반인으로서의 필요한 주의 정도만을 가진다면 얼마든지 자유롭게 활동할 수 있었다. 그러나 자본주의의 고도화와 기계 문명의 발달, 대기업의 출현, 공해 산업의 확대에 따른 경제적·사회적 현실에서 기업은 피해자의 희생으로 이익을 얻게 될 수 있다. 이는 손해의 공평한 분담이라는 기본적 목적에 반하므로 A가 상황에 따라 제한될 필요성이 있으며, 나아가 그러한 목적의 달성이 불가능한 경우에 기업의 배상 책임을 인정하기 위하여 B가 대두되었다.

┌ 보기 ┐

ㄱ. A는 사회·경제적 강자가 사회·경제적 약자를 지배하거나 자신의 책임을 회피하는 수단으로 악용되기도 한다.

ㄴ. B는 환경 오염으로 인해 타인이 피해를 입은 경우 환경 정책 기본법에 따라 환경 오염 원인자가 지는 손해 배상 책임에 적용된다.

ㄷ. A와 달리 B는 동물이 타인에게 피해를 입힌 경우 그 동물의 점유자가 지는 손해 배상 책임에 적용된다.

ㄹ. B와 달리 A는 경제적 약자에게 일방적으로 불리한 내용의 계약이 체결되는 것을 방지한다.

① ㄱ, ㄴ　② ㄱ, ㄷ　③ ㄴ, ㄷ　④ ㄴ, ㄹ　⑤ ㄷ, ㄹ

▶ 25063-0185

9 다음 자료에 대한 설명으로 옳은 것은? [3점]

갑은 학교 폭력을 행사하였다는 이유로 ○○법 해당 조항에 따라 학급 교체 등의 처분을 받았다. 갑은 이 처분의 취소를 구하는 소를 A에 제기하였고, 소송 계속 중 해당 법률 조항이 헌법에 위반된다며 [(가)   ] 제청 신청을 하였다. 하지만 A가 이를 기각하자 갑은 [(나)   ]을/를 B에 청구하였다. 또한 A는 갑의 취소 청구를 기각하였는데, 갑은 이에 대해 항소는 하지 않았다. B는 이 사건 학급 교체 조항이 학교 폭력의 심각성, 가해 학생의 반성 정도, 피해 학생의 피해 정도 등을 고려하여 가해 학생과 피해 학생의 격리가 필요한 경우에 행해지는 조치라고 보았다. 따라서 가해 학생은 학급만 교체될 뿐 기존에 받았던 교육 내용이 변경이 되지 않는 등의 이유로 이 사건 학급 교체 조항은 갑의 일반적 행동 자유권을 과도하게 침해한다고 보기 어렵다고 하였다.

① A는 국회 의원 선거의 효력을 다투는 소송을 담당한다.
② B는 해당 법률 조항이 과잉 금지의 원칙에 위배되었다고 보았다.
③ B는 명령·규칙이 헌법이나 법률에 위반되는지 여부가 재판의 전제가 되는 경우 이를 최종 심사할 권한을 가진다.
④ A는 갑의 청구가 있어야만 B에 (가)를 제청할 수 있다.
⑤ (가), (나)는 모두 재판에 적용되는 법률의 위헌 여부가 재판의 전제가 되어야 한다.

▶ 25063-0186

10 다음 자료에 대한 옳은 설명만을 〈보기〉에서 고른 것은? (단, A, B는 각각 총회, 안전 보장 이사회 중 하나임.)

A는 모든 회원국이 참여하는 최고 의사 결정 기관인 반면에, B는 5개 상임 이사국과 10개 비상임 이사국으로 구성된 국제 연합의 실질적 의사 결정 기관이다. A, B는 [(가)   ]라는 질문으로 구분할 수 없지만, [(나)   ]라는 질문으로 구분할 수 있다.

┌ 보기 ┐
ㄱ. A는 의결에 불복하는 당사국을 직접 제재할 수 있다.
ㄴ. B는 국제 평화와 안전 유지의 목적을 수행한다.
ㄷ. B와 달리 A의 표결 방식은 국제 사회를 바라보는 관점 중 현실주의적 관점으로 설명될 수 있다.
ㄹ. (가)에 '국제 사법 재판소의 재판관을 선출할 권한을 갖는가?'가 들어갈 수 있지만, (나)에 '국제법을 적용한 재판으로 국가 간 분쟁을 해결하는가?'가 들어갈 수 없다.

① ㄱ, ㄴ   ② ㄱ, ㄷ   ③ ㄴ, ㄷ   ④ ㄴ, ㄹ   ⑤ ㄷ, ㄹ

▶ 25063-0187

11 다음 사례에 대한 법적 판단으로 옳은 것은?

○○ 회사 관리팀장은 근로자 갑과 말다툼하는 과정에서 사표를 쓰라고 하였고, 갑은 다음날부터 3개월 동안 출근하지 않았다. 3개월 전에 해고된 갑은 ○○ 회사의 해고가 해고의 요건을 갖추지 못하였다고 판단하여 △△ 지방 노동 위원회에 부당 해고 구제 신청을 하였다. 이에 △△ 지방 노동 위원회는 ○○ 회사의 일방적 의사로 근로 계약 관계가 종료되었다고 보기 어려워 정식 해고는 이루어지지 않았다고 보아 갑의 신청을 기각하였다. [A   ]은/는 판정에 불복하여 재심 신청을 하였고, ㉠중앙 노동 위원회는 초심을 유지한다고 판정하였다. [B   ]은/는 중앙 노동 위원회의 판정에 불복하여 소송을 제기하였으나 ㉡□□ 법원은 이를 기각하였으며, 항소심도 1심 판결이 정당하다고 판결하였다. 하지만 [C   ]의 상고로 이루어진 ㉢상고심에서는 정상적인 해고 절차 없이 출근하지 않더라도 해고당한 것이라 볼 수 있고, ○○ 회사의 갑에 대한 해고는 정당한 사유가 인정되지 않아 부당 해고라고 보았다.

① A, B, C는 모두 갑이다.
② 갑은 노동 위원회의 구제 절차를 거쳐야 법원에 해고 무효의 확인의 소를 제기할 수 있다.
③ 갑이 속한 노동조합도 지방 노동 위원회에 갑이 제기한 동일한 이유로 구제 신청을 할 수 있다.
④ ㉡과 달리 ㉠은 갑에 대한 해고가 부당 해고라고 보았다.
⑤ ㉢은 ○○ 회사가 갑에 대한 근로 3권을 침해하였다고 보았다.

▶ 25063-0188

12 다음 사례에 대한 법적 판단으로 옳은 것은? [3점]

갑(남)과 을(여)은 혼인 후 병을 낳고 살고 있던 중 협의상 이혼을 하였다. 병과 함께 살고 있던 을은 병이 16세가 되던 해에 정과 법률상 혼인을 하였고, 3년 후 정은 병을 입양하였다. 이후 정이 부정한 행위를 하자 을은 재판상 이혼을 위해 법원에 조정 신청을 하였지만 조정이 성립되지는 않았다. 한편 병은 갑이 한 달 전에 사망하였다는 것을 최근에 알게 되었으며, 갑은 사망 당시 ○○ 재단에 자신의 전 재산을 증여하겠다는 적법한 유언을 남겼다.
*위 사례의 혼인 시 자녀의 성(姓)과 본(本)은 부(父)의 성과 본으로 하기로 함.

① 갑과 을의 이혼은 법원이 이혼 의사를 확인함으로써 그 효력이 발생한다.
② 병은 입양 당시 정의 성과 본으로 변경하여야 한다.
③ 을과 정은 이혼 조정이 성립되지 않았으므로 이혼 숙려 기간을 거쳐야 한다.
④ 을이 유언 없이 사망한다면 정과 달리 병은 을의 재산을 상속받을 수 있다.
⑤ 병은 ○○ 재단을 상대로 유류분 반환을 청구할 수 있다.

[13~14] 다음 사례를 읽고 물음에 답하시오.

A(17세), B(17세)는 갑의 음식점에서 배달 아르바이트를 하기 위해 판매자 C와 오토바이 구입 계약을 체결하였다. 오토바이 대금은 각각 3개월씩 나누어서 지급하기로 하였다. A는 법정 대리인 D의 동의를 얻은 후에 C와 계약을 체결하였다. 하지만 B는 C와 계약 체결 당시 법정 대리인 E의 동의를 받지 않았고, C는 계약 당시 B가 미성년자라는 것을 알지 못한 채 계약을 체결하였다. 3개월 후 B는 오토바이 대금을 모두 지급하였지만, A는 일부 대금을 지급하지 못하였다. 이후 A, B는 갑의 음식점에서 일을 하였고, A는 배달을 가던 도중에 신호 위반을 하다가 을을 치어 크게 다치게 하였다. 한편 B는 음식점에서 일을 하는 도중에 화재가 발생하여 대피하는 과정에서 크게 화상을 입었다. 병의 건물에서 음식점을 운영하는 갑은 소유자 병에게 누전으로 화재가 발생할 수 있으니 안전 점검을 해 달라고 지속적으로 요구하였지만 병은 안전 점검을 하지 않았다.

▶ 25063-0189

13 위 사례에 대한 옳은 법적 판단만을 〈보기〉에서 고른 것은?

┌─ 보기 ┌
ㄱ. A가 오토바이 대금을 지급하지 못하였으므로, C는 A와의 계약을 취소할 수 있다.
ㄴ. B와 달리 A는 C와의 계약을 취소할 수 없다.
ㄷ. C는 B에게 계약의 추인 여부에 대한 확답을 촉구할 수 있다.
ㄹ. C는 E의 추인이 있을 때까지 B와의 계약을 철회할 수 있다.

① ㄱ, ㄴ ② ㄱ, ㄷ ③ ㄴ, ㄷ ④ ㄴ, ㄹ ⑤ ㄷ, ㄹ

▶ 25063-0190

14 위 사례에 대한 법적 판단으로 옳은 것은? [3점]

① 을은 A에게 정신적 손해와 달리 신체상의 손해에 대해서만 손해 배상을 청구할 수 있다.
② 갑에게 을에 대한 사용자의 배상 책임이 인정되는 경우에도 A에게 을에 대한 일반 불법 행위 책임이 인정된다.
③ 갑은 B의 손해에 대해 사용자의 배상 책임을 진다.
④ 병은 손해 방지를 위한 주의 의무를 다하였다는 것을 입증하면 책임이 면제된다.
⑤ B의 손해에 대해 갑이 책임을 지는 경우는 무과실 책임을, 병이 책임을 지는 경우는 과실 책임을 진다.

▶ 25063-0191

15 다음 자료에 대한 법적 판단으로 옳은 것은? [3점]

학생: 범죄 성립 요건 중 A가 조각된 사례를 다음과 같이 정리하였습니다.

• 갑이 타인을 모욕한 혐의로 기소되었지만, 법원은 갑의 발언이 타인에 대한 사회적 평가를 저하시킬 만한 모욕적 표현에 해당하나 사회 상규에 어긋나지 않아 모욕죄가 성립하지 않는다고 보았다.
• 을이 타인을 폭행하여 기소되었지만, 법원은 심신 장애로 사물을 변별할 능력이 없어 폭행죄가 성립하지 않는다고 보았다.
• 병이 타인의 물건을 훔친 혐의로 기소되었지만, 법원은 [(가)   ] 절도죄가 성립하지 않는다고 보았다.
• 정은 무를 상해한 혐의로 기소되었지만, 법원은 정이 무의 행위로 인하여 생명의 위협을 느낀 상황에서 자신을 방위하기 위한 행위이므로 상해죄가 성립하지 않는다고 보았다.

교사: 세 가지는 A가 조각된 사례가 맞는데, 한 가지는 범죄 성립 요건 중 B가 조각된 사례이네요.

① 법원은 갑의 행위가 자구 행위라고 보았다.
② 법원은 을에 대한 법적 비난 가능성이 없다고 보았다.
③ (가)에는 '타인의 물건이 아닌 병 자신의 물건이었으므로'가 들어갈 수 있다.
④ 법원은 정의 행위가 긴급 피난이라고 보았다.
⑤ 구체적인 행위가 법률에 규정된 범죄의 구성 요건에 합치되지 않더라도 A, B가 있으면 범죄가 성립한다.

▶ 25063-0192

16 정치 참여 집단 A~C에 대한 설명으로 옳은 것은? (단, A~C는 각각 정당, 이익 집단, 시민 단체 중 하나임.)

A, B 중 하나는 특수한 이익 실현을 추구하고, A, C 중 하나는 자신들의 행위에 정치적 책임을 지며, B, C는 모두 사회의 보편적 이익 실현을 추구한다.

① A와 달리 B는 대의제의 한계를 보완하는 역할을 한다.
② B와 달리 C는 정권 획득을 목적으로 선거에서 후보자를 공천한다.
③ C와 달리 A는 정치적 중립성을 가진다.
④ A, B와 달리 C는 자신들의 목적을 달성하기 위해 여론을 형성한다.
⑤ C는 A, B의 요구를 바탕으로 의회에서 법률안을 발의한다.

▶ 25063-0193

17 다음 사례에 대한 법적 판단으로 옳은 것은? [3점]

갑, 을은 병에게 망을 보게 한 후 편의점 물건을 훔치다가 적발되어 경찰의 수사를 받게 되었으며, 이후 갑, 을, 병은 모두 검사에게 송치되었다. 검사는 병을 가정 법원 소년부로 송치하였고, 을과 달리 갑에 대해서는 구속 수사가 필요하다고 판단하여 ㉠구속 영장을 청구하였다. 법원은 검사의 청구를 기각하였고, 이후 검사는 갑, 을 모두 ㉡기소하였다. ㉢1심 법원은 갑에 대해 징역 1년에 집행 유예 2년을 선고하였고, 을에 대해서는 징역 6개월의 선고를 유예하였으며, 갑, 을에 대한 1심 법원의 판결은 확정되었다.

① 병의 연령은 14세 미만이다.
② ㉠ 이후 법원은 갑에 대해 구속 전 피의자 심문을 실시하여야 한다.
③ ㉡ 이후 갑, 을에 대해서는 무죄 추정의 원칙이 적용되지 않는다.
④ ㉢은 갑에게 2년 동안 범죄를 저지르지 않으면 면소된 것으로 간주하는 판결을 하였다.
⑤ 갑과 달리 을은 형사 보상을 청구할 수 있다.

▶ 25063-0194

18 다음 사례에 대한 옳은 법적 판단만을 〈보기〉에서 고른 것은?

• 갑은 을과 시비가 붙어 을에게 심한 상해를 입혔다. 을은 경제 활동을 할 수 없을 정도로 심하게 다쳐 가족의 생계가 어렵게 되었다. 한편 구속된 상태에서 재판을 받은 갑은 1심 법원에서 징역 2년을 선고받았다.
• 병은 정이 다니는 회사에 정이 성범죄자라는 허위 사실을 유포하였다. 이에 정은 억울하게 회사에서 해고되어 가족의 생계가 어렵게 되었다. 한편 병은 불구속된 상태에서 재판을 받게 되었다.

보기

ㄱ. 1심 법원의 판결이 확정되면 갑은 보석 제도를 활용하여 석방될 수 있다.
ㄴ. 을이 갑으로부터 손해 배상을 받지 못할 경우 국가는 을에게 일정한 한도의 구조금을 지급할 수 있다.
ㄷ. 정은 병의 유죄가 확정되면 명예 회복 제도를 활용할 수 있다.
ㄹ. 갑과 병 모두 수사 과정에서 자신에게 불리한 진술을 강요당하지 않을 권리가 있다.

① ㄱ, ㄴ ② ㄱ, ㄷ ③ ㄴ, ㄷ ④ ㄴ, ㄹ ⑤ ㄷ, ㄹ

▶ 25063-0195

19 국제 관계를 바라보는 갑, 을의 관점에 대한 옳은 설명만을 〈보기〉에서 있는 대로 고른 것은?

갑: 국제 사회는 인간의 이성과 윤리가 작동하는 사회이므로 평화적이고 협력적인 국제 관계가 유지될 수 있습니다.
을: 국제 관계에서 개별 국가는 스스로의 힘으로 자국의 안보와 이익을 지켜야 하므로 평화적이고 협력적인 국제 관계를 유지하기는 매우 어렵습니다.

┌ 보기 ┐
ㄱ. 갑의 관점은 국제 사회의 평화 유지를 위해 국제 규범의 역할을 강조한다.
ㄴ. 을의 관점은 개별 국가의 이익과 국제 사회 전체 이익이 조화될 수 있다고 본다.
ㄷ. 갑, 을의 관점은 모두 국제 사회에서 갈등이 발생할 경우 강제력을 가진 중앙 정부가 해결할 수 있다고 본다.

① ㄱ   ② ㄷ   ③ ㄱ, ㄴ
④ ㄴ, ㄷ   ⑤ ㄱ, ㄴ, ㄷ

▶ 25063-0196

20 다음 자료에 대한 옳은 분석만을 〈보기〉에서 있는 대로 고른 것은? [3점]

전형적인 대통령제를 채택하고 있는 갑국의 의회는 T 시기, T+1 시기 모두 지역구 의원으로만 구성되었다. T 시기, T+1 시기 총의석수는 같고, 시기별 각 선거구마다 선출되는 지역구 의원 수는 같으며, 두 시기 모두 각 정당은 선거구별로 1인의 후보자만 공천한다. 다만, T+1 시기에 비해 T 시기의 지역구 수는 2배이며, T 시기는 최다 득표자 1인만 당선자로 결정하며, T+1 시기는 선거구별로 선출되는 의원 수만큼 순위별로 다수 득표자를 당선자로 결정한다. 한편 대통령 선거에서 T 시기에서는 최다 득표자 1인을 당선자로 결정하였지만, T+1 시기에서는 1차 투표 결과 과반 득표를 한 후보자가 없을 경우 1, 2위로 득표를 한 후보자 간 2차 투표를 실시하고 상대적으로 득표를 많이 한 후보자를 당선자로 결정한다. 표는 T 시기 정당별 의회 의석률과 T 시기, T+1 시기 대통령 선거의 후보자별 득표율이다.

〈T 시기 정당별 의회 의석률〉

정당	A당	B당	C당	D당
의석률(%)	55	15	24	6

〈대통령 선거의 후보자별 득표율〉

(단위: %)

후보자	A당	B당	C당	D당
T 시기	34	32	23	11
T+1 시기	35	30	28	7

* 대통령 선거에서 2차 투표가 실시될 경우 C당 후보자를 지지했던 유권자는 모두 B당 후보자를, D당 후보자를 지지했던 유권자는 모두 A당 후보자를 지지함.
** T 시기, T+1 시기 모두 의회 의원 선거와 대통령 선거가 동시에 실시되며, 두 시기 모두 투표율은 100%이고 무효표는 없음.
*** 갑국의 의회 의결 정족수는 우리나라 국회 의결 정족수와 동일함.

┌ 보기 ┐
ㄱ. T+1 시기와 달리 T 시기에는 여대야소의 정국이 형성되었다.
ㄴ. 대통령의 소속 정당은 T 시기와 T+1 시기가 다르다.
ㄷ. T 시기와 달리 T+1 시기의 지역구 의원 선거구에서 당선자 간 표의 등가성 문제가 발생할 수 있다.
ㄹ. A당은 T 시기, T+1 시기에서 모두 단독으로 법률안을 의결할 수 있다.

① ㄱ, ㄹ   ② ㄴ, ㄷ   ③ ㄴ, ㄹ
④ ㄱ, ㄴ, ㄷ   ⑤ ㄱ, ㄷ, ㄹ

문항에 따라 배점이 다르니, 각 물음의 끝에 표시된 배점을 참고하시오. 3점 문항에만 점수가 표시되어 있습니다. 점수 표시가 없는 문항은 모두 2점입니다.

▶ 25063-0197

1 다음 자료에 대한 옳은 설명만을 〈보기〉에서 있는 대로 고른 것은? (단, A, B는 각각 좁은 의미로 정치를 보는 관점, 넓은 의미로 정치를 보는 관점 중 하나임.)

'사회인 야구 동호회에서 회원들의 회비 사용을 위한 규칙을 제정하는 것을 정치로 볼 수 있는가?'라는 질문에 대한 응답 내용은 A와 달리 B의 경우에 '아니요'이다. 그리고 ' (가) '라는 질문에 대한 응답 내용은 A와 B 모두 '예'이다.

┌ 보기 ┐
ㄱ. (가)에 '국회에서의 탄핵 소추 의결을 정치로 볼 수 있는가?'가 들어갈 수 있다.
ㄴ. A는 국가의 정치 현상과 사회 집단의 정치 현상이 본질적으로 같다고 본다.
ㄷ. A와 달리 B는 국가 성립 이전에도 정치 현상이 있었다고 본다.
ㄹ. B와 달리 A는 현대 사회의 다원화된 정치 현상을 설명하기에 적합하다.

① ㄱ, ㄷ   ② ㄱ, ㄹ   ③ ㄴ, ㄷ
④ ㄱ, ㄴ, ㄹ   ⑤ ㄴ, ㄷ, ㄹ

▶ 25063-0198

2 법치주의의 유형 A, B에 대한 옳은 설명만을 〈보기〉에서 고른 것은?

법치주의의 유형 중 형식적 합법성뿐만 아니라 법률 내용의 정당성까지 강조하는 A는 현대 민주 국가에서 강조된다. 그러나 근대 초기 국가에서는 국가 권력의 행사가 의회에서 제정된 법률에 의하기만 하면 된다는 B가 강조되었고, B는 법률 내용을 문제 삼지 않기 때문에 여러 가지 문제가 발생했었다.

┌ 보기 ┐
ㄱ. 위헌 법률 심사제의 필요성은 A가 아닌 B가 강조한다.
ㄴ. A와 달리 B는 합법적 독재의 수단으로 악용될 수 있다는 비판을 받는다.
ㄷ. B와 달리 A는 법률을 통한 국민의 기본권 제한이 가능하다고 본다.
ㄹ. A, B는 모두 국가 권력의 자의적 행사를 방지하고자 한다.

① ㄱ, ㄴ   ② ㄱ, ㄷ   ③ ㄴ, ㄷ   ④ ㄴ, ㄹ   ⑤ ㄷ, ㄹ

▶ 25063-0199

3 표는 우리나라 헌법의 기본 원리 A, B를 비교한 것이다. 이에 대한 설명으로 옳지 않은 것은? (단, A, B는 각각 국민 주권주의, 복지 국가의 원리 중 하나임.)

구분	관련 헌법 조항 내용	실현 방안
A	(가)	(나)
B	대한민국은 민주 공화국이다.	(다)

① (가)에 '모든 국민은 인간다운 생활을 할 권리를 가진다.'가 들어갈 수 있다.
② (나)에 '사회 보험과 같은 사회 보장 제도를 운영한다.'가 들어갈 수 있다.
③ (다)에 '국민 투표제를 실시한다.'가 들어갈 수 있다.
④ A는 현대 복지 국가 헌법에서부터 강조된 원리이다.
⑤ A와 달리 B는 국가의 적극적인 역할을 필요로 한다.

▶ 25063-0200

4 다음 자료에 대한 설명으로 옳지 않은 것은? (단, A~C는 각각 사회권, 자유권, 청구권 중 하나임.) [3점]

• '헌법에 열거되어야 보장받을 수 있는 권리입니까?'라는 질문에 대한 응답 내용은 A와 달리 B의 경우에 '예'이다.
• '기본권 보장을 위한 수단적 권리입니까?'라는 질문으로 A, B를 구분할 수 없다.
• ' (가) '라는 질문에 대한 응답 내용은 B, C 모두 '예'이다.

① (가)에 '적극적 성격의 권리입니까?'가 들어갈 수 있다.
② (가)에 '국가의 존재를 전제로 하는 권리입니까?'가 들어갈 수 있다.
③ 청원권, 재판 청구권은 C에 해당하는 권리이다.
④ A와 달리 C는 소극적, 방어적 권리이다.
⑤ A, B, C 중 A가 가장 오래된 권리이다.

▶ 25063-0201

5 다음 자료는 갑국의 정치 상황을 시기별로 나타낸 것이다. 이에 대한 설명으로 옳은 것은? (단, 갑국은 전형적인 정부 형태를 채택하고 있음.) [3점]

구분	T대	T+1대	T+2대
의회 제1당	A당	B당	A당
행정부 수반 소속 정당 (의석률)	B당 (40%)	B당 (55%)	A당 (45%)

* 갑국에서는 여소야대 현상이 2회 있었으며, 정부 형태는 2회 변경되었음.

① T대와 달리 T+1대에는 행정부 수반의 법률안 거부권이 인정되지 않는다.
② T대와 T+2대에는 모두 행정부 수반의 법률안 제출권이 인정된다.
③ T+1대와 달리 T+2대에는 의회 의원이 행정부 각료를 겸직할 수 있다.
④ T+2대와 달리 T대에는 행정부 수반과 국가 원수가 동일인이다.
⑤ T+2대에 비해 T대에 행정부와 의회 간 협조가 원활하게 이루어졌을 것이다.

▶ 25063-0202

6 우리나라 국가 기관 A~E에 대한 설명으로 옳은 것은? [3점]

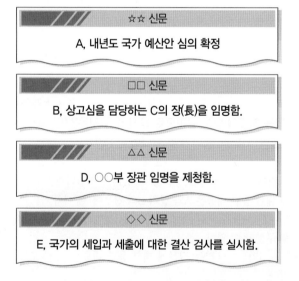

① E는 C의 직속이지만 직무상 독립된 헌법 기관이다.
② A는 D에 대한 해임 건의권을 E에게 행사할 수 있다.
③ A와 달리 D는 ○○부 장관에 대한 해임 건의권을 갖는다.
④ A, B, C의 장(長)은 모두 헌법 재판소 재판관의 임명권을 갖는다.
⑤ C의 장(長), D, E의 장(長)은 모두 A의 동의가 있어야 B가 임명할 수 있다.

▶ 25063-0203

7 다음 자료에 대한 옳은 설명만을 〈보기〉에서 있는 대로 고른 것은?

갑은 □□ 고등 법원에서 ○○법 제13조를 위반한 혐의로 기소되어 형사 재판을 받던 중에 ○○법 제13조가 헌법에 보장된 자유권을 심각하게 침해한다고 판단하여 ㉠위헌 법률 심판 제청 신청을 하였다. 그러나 재판부는 ○○법 제13조가 위헌이 아니라고 판단하였기 때문에 갑의 신청을 기각하였다. 이에 갑은 A에 ○○법 제13조가 위헌이라는 취지로 ㉡헌법 소원 심판을 청구하였고 A는 ㉢○○법 제13조가 위헌이라고 결정하였다.

〔 보기 〕
ㄱ. A는 A의 장(長)을 포함하여 재판관 9명으로 구성된다.
ㄴ. ㉠이 재판부에서 받아들여졌다면 A에서 위헌 법률 심판이 진행되었을 것이다.
ㄷ. ㉡은 권리 구제형 헌법 소원 심판이다.
ㄹ. ㉢으로 인해 갑은 ○○법 제13조를 근거로 유죄 판결을 받지 않을 것이다.

① ㄱ, ㄷ   ② ㄱ, ㄹ   ③ ㄴ, ㄷ
④ ㄱ, ㄴ, ㄹ   ⑤ ㄴ, ㄷ, ㄹ

▶ 25063-0204

8 밑줄 친 ㉠~㉣에 대한 설명으로 옳지 않은 것은?

• ○○도는 □□군과 ◇◇시의 통합에 대한 주민들의 의견을 듣기 위해 ㉠주민 투표를 실시하기로 하였다.
• 지역 주민들이 대중교통을 무상으로 이용할 수 있도록 하는 '무상 교통 지원 조례안'이 주민들의 청구로 ㉡△△군 의회에서 발의되었다.
• ㉢△△군수가 지방 선거에서 중요 공약으로 내세웠던 정책을 이행하지 않자, 주민들은 이를 이유로 △△군수에 대한 ㉣주민 소환을 하려고 한다.
• ◆◆시는 내년 ㉤주민 참여 예산 편성을 위해 1개월 동안 온라인 시민 투표를 실시하였다.

① ㉠, ㉣, ㉤은 모두 주민의 직접 참여를 강조한다.
② ㉡의 지역구 의원은 중·대선거구제로 선출된다.
③ ㉡은 의결 기관이고, ㉢은 집행 기관이다.
④ ㉡과 달리 ㉢은 조례 개폐권을 가지고 있다.
⑤ ㉡의 지역구 의원과 ㉢은 모두 ㉣의 대상에 포함될 수 있다.

▶ 25063-0205

9 다음 자료에 대한 설명으로 옳지 <u>않은</u> 것은? (단, A~C는 각각 시민 단체, 이익 집단, 정당 중 하나임.) [3점]

〈서술형〉 다음 문항에 대한 답을 쓰시오. (답안 내용이 옳으면 1개당 1점이며, 틀리면 0점임.)

문항	답안 내용	채점 결과
1. A와 다른 B의 특징을 2개만 쓰시오.	공익보다 집단의 특수 이익을 우선시함.	2점
	(가)	
2. B와 다른 C의 특징을 2개만 쓰시오.	정권 획득을 목적으로 함.	0점
	(나)	
3. C와 다른 A의 특징을 2개만 쓰시오.	(다)	1점
	공직 선거에서 후보자를 공천함.	

① (가)에 '정치 사회화 기능을 수행함.'이 들어갈 수 있다.
② (나)에 '대의제의 한계를 보완하는 역할을 함.'이 들어갈 수 있다.
③ (다)에 '자신들의 활동에 대해 정치적 책임을 짐.'이 들어갈 수 없다.
④ B, C와 달리 A는 정부와 의회를 매개하는 역할을 한다.
⑤ A~C는 모두 정치 과정에서 투입 기능을 담당한다.

▶ 25063-0206

10 다음 사례에 대한 법적 판단으로 옳은 것은? (단, 갑~병의 연령은 모두 17세임.) [3점]

노트북 판매업자 A는 최근에 갑, 을, 병에게 고가의 노트북을 판매하였다. 갑, 을, 병은 모두 법정 대리인의 동의를 얻지 않은 상태에서 노트북 매매 계약을 체결하였는데, 계약 체결 당시 A는 을, 병과 달리 갑이 미성년자인 것은 몰랐다. 한편 계약 체결 당시 병은 법정 대리인의 동의서를 위조하여 A에게 보여 줬고 A는 이를 믿고 병과 계약을 체결하였다.

① 갑과 달리 병은 계약을 취소할 수 있다.
② 병의 법정 대리인은 계약을 취소할 수 있다.
③ A는 갑이 아닌 을, 병에게 계약 체결의 의사 표시를 철회할 수 있다.
④ 을의 법정 대리인과 달리 갑의 법정 대리인은 계약을 취소할 수 있다.
⑤ A는 갑의 법정 대리인, 을의 법정 대리인 모두에게 확답을 촉구할 권리를 행사할 수 있다.

▶ 25063-0207

11 다음 자료에 대한 설명으로 옳지 <u>않은</u> 것은? [3점]

수행 평가

다음 각 사례에 대한 옳은 법적 판단 내용을 쓰시오.

사례	모둠	답안 내용
미성년자인 갑은 아파트 옥상에 올라가 지상에 있는 A의 자동차에 돌을 던져 A의 자동차를 훼손하였다.	모둠 1	(가)
	모둠 2	(나)
을이 운영하는 식당의 종업원인 병은 음식점에 온 손님 B에게 음식물을 쏟아 B의 비싼 옷을 훼손하였다.	모둠 3	병의 행위에 고의 또는 과실이 있어야만 B는 병에게 불법 행위로 인한 손해 배상 책임을 물을 수 있다.
	모둠 4	(다)

교사: 옳은 내용의 답안을 작성한 모둠은 모둠 1을 포함하여 2개의 모둠이고, 옳지 않은 내용의 답안을 작성한 모둠은 모둠 4를 포함하여 2개의 모둠이네요.

① (가)에 '갑에게 책임 능력이 없다면, A는 갑에게 불법 행위로 인한 손해 배상 책임을 물을 수 없다.'가 들어갈 수 있다.
② (가)에 '갑에게 책임 능력이 없다면, A는 갑의 감독 의무자에게 특수 불법 행위 책임을 물을 수 있다.'가 들어갈 수 없다.
③ (나)에 '갑의 책임 능력 유무와 상관없이, A는 갑에게 특수 불법 행위 책임을 물을 수 없다.'가 들어갈 수 없다.
④ (다)에 '병의 행위가 불법 행위로 인정되면, B는 을에게 사용자의 배상 책임을 물을 수 있다.'가 들어갈 수 없다.
⑤ (다)에 '병의 행위가 불법 행위로 인정되지 않아도 B는 을에게 일반 불법 행위 책임을 물을 수 있다.'가 들어갈 수 있다.

▶ 25063-0208

12 밑줄 친 ㉠~㉤에 대한 설명으로 옳은 것은?

> 갑(남)과 을(여)은 ㉠법률혼 상태에서 A를 낳았고,
> A가 10세일 때 ㉡협의상 이혼을 하였다.
>
> ↓
>
> 갑과 이혼 후 을은 병과 ㉢사실혼 상태에서 B를 낳았다.
>
> ↓
>
> 을과 이혼 후 갑은 A와 함께 살다가 정과 혼인 신고를 하였고,
> A가 20세일 때 갑과 정은 ㉣재판상 이혼을 하였다.
>
> ↓
>
> B가 5세일 때 을과 병은 ㉤혼인 신고를 하였다.

① ㉠으로 인해 A는 갑과 을의 혼인 중 출생자가 된다.
② ㉡을 할 당시에 갑과 을은 1개월의 이혼 숙려 기간을 거쳤을 것이다.
③ ㉢으로 인해 B는 을과 병의 양자가 된다.
④ ㉣의 효력은 행정 기관에 이혼 신고를 한 때 발생한다.
⑤ ㉤으로 인해 B는 을과 병의 친양자가 된다.

▶ 25063-0209

13 다음 사례에 대한 법적 판단으로 옳은 것은? [3점]

> 갑과 을은 혼인 후 A, B를 낳고 살다가 이혼하였다. 갑은 A와 살다가 병과 혼인하였다. 갑과 병은 C를 낳았고, 갑은 병의 재혼 전 자녀 D를 친양자로 입양하였지만, 병은 A를 친양자가 아닌 양자로 입양하였다. 을은 B와 살다가 정과 혼인하였다. 을은 정의 재혼 전 자녀 E를 입양하지 않았으나, 정은 B를 친양자로 입양하였다.
> *사례의 혼인은 모두 법률혼임.

① 갑이 D를 입양함으로써 병과 D의 친자 관계는 종료된다.
② 병이 A를 입양함으로써 을과 A의 친자 관계는 종료된다.
③ 정이 B를 입양하더라도 갑과 B의 친자 관계는 종료되지 않는다.
④ 갑이 유언 없이 사망하면 상속권자는 병, A, B, C, D이다.
⑤ 을이 유언 없이 사망하면 상속권자는 정, A, B이다.

▶ 25063-0210

14 다음 자료에 대한 설명으로 옳지 않은 것은?

사례	법원 판단	판결
갑은 A를 폭행하여 전치 4주의 상해를 입혔다.	갑이 A를 폭행할 당시에 갑은 심신 장애로 인하여 사물을 변별할 능력이 없는 상태였음.	피고인 갑에게 ㉠ 판결을 내림.
을은 B를 폭행하여 전치 4주의 상해를 입혔다.	을이 B를 폭행한 것은 현재의 부당한 B의 침해로부터 자기의 법익을 방위하기 위한 행위로 상당한 이유가 있음.	피고인 을에게 ㉡ 판결을 내림.

① ㉠, ㉡에 모두 '무죄'가 들어갈 수 있다.
② 법원은 갑의 행위에 대해 갑에게 책임이 없다고 판단하였다.
③ 법원은 갑의 행위가 범죄의 구성 요건에 해당하지 않는다고 판단하였다.
④ 법원은 을의 행위에 대해 위법성이 없다고 판단하였다.
⑤ 법원은 을의 행위가 정당방위에 해당한다고 판단하였다.

▶ 25063-0211

15 다음 자료의 (가)에 들어갈 수 있는 법적 조언으로 옳은 것은?

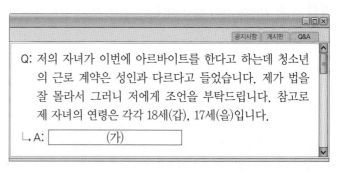

> Q: 저의 자녀가 이번에 아르바이트를 한다고 하는데 청소년의 근로 계약은 성인과 다르다고 들었습니다. 제가 법을 잘 몰라서 그러니 저에게 조언을 부탁드립니다. 참고로 제 자녀의 연령은 각각 18세(갑), 17세(을)입니다.
> └ A: (가)

① 1일 연장 근로 시간은 갑과 을 모두 2시간이 가능합니다.
② 갑과 달리 을의 근로 계약에 대해서는 질문자님이 동의를 해 주셔야 합니다.
③ 갑과 을은 아직 미성년자이므로 임금은 질문자님의 통장으로 입금되어야 합니다.
④ 1일 근로 시간은 갑과 을 모두 연장 근로를 제외하고 7시간을 초과할 수 없습니다.
⑤ 갑과 달리 을에 대한 근로 계약을 체결할 경우에는 사용자가 연령을 증명할 수 있는 서류를 요구할 것입니다.

▸ 25063-0212

16 다음 사례에 대한 옳은 법적 판단만을 〈보기〉에서 고른 것은? [3점]

> 갑, 을은 모두 ○○ 회사에 다니며 ○○ 회사의 노동조합에 가입되어 있는데, 최근에 ○○ 회사로부터 해고를 당하였다. 갑의 해고 사유는 ○○ 회사의 노동조합에 가입하여 파업을 주도했다는 것이고, 을의 해고 사유는 근무 태만이었다. 갑과 을은 자신들이 당한 해고가 모두 정당하지 않은 해고라고 판단하여 지방 노동 위원회에 구제 신청을 하였다. 이후 중앙 노동 위원회를 거친 후, 갑과 ○○ 회사는 각각 행정 소송을 제기하였다. 1심 법원의 판결에 대해 두 사건 모두 중앙 노동 위원회 위원장이 항소하였고, 2심 법원의 판결도 1심 법원의 판결과 같았으며 판결은 확정되었다.

보기

ㄱ. 지방 노동 위원회는 갑과 을에 대한 해고가 모두 정당하지 않은 해고라고 판단하였다.
ㄴ. 중앙 노동 위원회는 갑에 대한 해고를 정당한 해고라고 판단하였다.
ㄷ. 중앙 노동 위원회는 을에 대한 해고를 정당하지 않은 해고라고 판단하였다.
ㄹ. 1심 법원은 을에 대한 해고를 갑에 대한 해고와 달리 부당하다고 판단하였다.

① ㄱ, ㄴ ② ㄱ, ㄷ ③ ㄴ, ㄷ ④ ㄴ, ㄹ ⑤ ㄷ, ㄹ

▸ 25063-0213

17 밑줄 친 ㉠~㉦에 대한 설명으로 옳은 것은? [3점]

> A의 보석상에서 여럿이 함께 보석을 훔친 사건에 대하여 갑, 을, 병에 대한 ㉠수사가 개시되었다. 수사가 개시된 후에 갑은 불구속 수사를 받았고, ㉡을은 구속 수사를 받다가 법원의 결정으로 불구속 수사를 받았으며, ㉢병은 구속 수사를 받았다. 검사는 갑, 을, 병을 모두 ㉣기소하였다. ㉤1심 법원은 갑에게 무죄를 선고하였고, 을에게 징역 1년에 집행 유예 2년을 선고하였으며, 병에게 징역 2년을 선고하였다. ㉥2심 법원은 병에게 무죄를 선고하였고, 갑에게 징역 1년, 을에게 징역 2년에 집행 유예 3년을 선고하였다. ㉦대법원은 2심 법원의 판결을 확정하였다.

① ㉠으로 인해 갑, 을, 병은 모두 피의자에서 피고인이 된다.
② ㉡, ㉢으로 보아 병과 달리 을은 구속 적부 심사를 청구하였다.
③ ㉣로 인해 갑, 을, 병, A는 모두 형사 재판의 당사자가 된다.
④ ㉤의 판결에 대해 ㉥에 항소한 당사자에 갑, 을, 병이 모두 포함될 수 있다.
⑤ ㉦에서의 판결 확정 이후에 형사 보상 청구권을 행사할 수 있는 사람은 갑, 을, 병 중 병뿐이다.

▶ 25063-0214

18 다음 자료에 대한 옳은 설명만을 〈보기〉에서 있는 대로 고른 것은?

갑국과 을국은 수십 년간 영토 분쟁을 하고 있었는데, 최근에 을국이 갑국에 대한 전쟁을 선포하고 갑국을 침략하였다. 이에 국제 연합의 주요 기관인 A는 을국에게 갑국에 대한 침략을 멈춰 줄 것을 요구하는 결의안을 회의 참석 국가 중 160개국이 찬성하여 채택하였다. 한편 국제 연합의 주요 기관인 B에서도 을국에 대한 경제 제재 결의안을 채택하려 하였으나, 10개 이사국이 찬성하였음에도 을국과 친한 이사국인 병국이 반대하여 채택되지 않았다.

┌ 보기 ┌
ㄱ. 병국은 B의 5개 상임 이사국 중 하나이다.
ㄴ. A와 달리 B에서는 1국 1표주의가 적용된다.
ㄷ. B의 모든 이사국의 임기는 2년으로 A에서 선출된다.
ㄹ. A, B는 모두 국제 사법 재판소의 재판관을 선출하는 권한을 가지고 있다.

① ㄱ, ㄴ ② ㄱ, ㄹ ③ ㄴ, ㄷ
④ ㄱ, ㄷ, ㄹ ⑤ ㄴ, ㄷ, ㄹ

▶ 25063-0215

19 그림은 국제 관계를 바라보는 관점 A, B를 구분한 것이다. 이에 대한 설명으로 옳은 것은? (단, A, B는 각각 자유주의적 관점, 현실주의적 관점 중 하나임.)

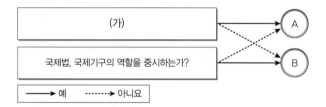

① (가)에 '집단 안보 체제를 통한 국제 평화 보장 방안을 중시하는가?'가 들어갈 수 있다.
② (가)에 '국가의 이익과 국제 사회 전체의 이익이 조화를 이룰 수 있다고 보는가?'가 들어갈 수 있다.
③ A에 비해 B는 냉전 체제의 국제 질서를 설명하는 데 용이하다.
④ B와 달리 A는 국가가 이성적, 도덕적 행위를 한다고 본다.
⑤ B와 달리 A는 국가 간 상호 의존적 관계를 경시한다는 비판을 받는다.

▶ 25063-0216

20 다음 자료에 대한 옳은 설명만을 〈보기〉에서 고른 것은? [3점]

갑국 의회는 지역구 의원으로만 구성되며 상대 다수 대표제로 선출된다. 갑국의 선거구는 8개이며 각 선거구별 당선자 수는 2명씩이며, 각 정당은 선거구당 1명의 후보자만 공천할 수 있다. 표는 최근 갑국 의회 의원 선거 결과이다.

〈최근 갑국 의회 의원 선거 결과〉

(단위: 표)

구분	A당	B당	C당	D당	E당	합계
선거구 1	10	30	40	70	50	200
선거구 2	90	20	50	10	30	200
선거구 3	40	110	20	10	20	200
선거구 4	20	80	70	10	20	200
선거구 5	10	20	20	120	30	200
선거구 6	50	10	20	30	90	200
선거구 7	10	20	110	20	40	200
선거구 8	40	10	30	20	100	200
합계	270	300	360	290	380	1,600

* 갑국에 정당은 A~E당뿐이며, 투표율은 100%이고, 무효표 및 무소속 후보자는 없음.

갑국은 현행 선거 제도를 다음과 같이 개편하려고 한다.

지역구 선거구를 '선거구 1 – 선거구 8', '선거구 2 – 선거구 7', '선거구 3 – 선거구 6', '선거구 4 – 선거구 5'와 같이 4개로 나누고 각 선거구별 당선자 수는 3명씩으로 한다. 새롭게 비례 대표 의원도 선출하는데 비례 대표 의석은 각 정당의 정당 득표율에 비례 대표 총의석수를 곱하여 산출된 수의 정수(整數)만큼 의석을 각 정당에 배분하고, 잔여 의석은 소수점 이하의 수가 큰 순서대로 각 정당에 배분한다. 개편안의 총의석수는 현행 총의석수의 1.25배이다.

** 개편안에 대한 판단은 최근 갑국 의회 의원 선거 결과를 토대로 하며, 각 정당이 지역구 선거에서 얻은 표를 토대로 각 정당의 득표율을 계산함.

┌ 보기 ┌
ㄱ. C당은 현행에서 과소 대표되나, 개편안에서는 과대 대표된다.
ㄴ. 개편안에서 A당과 E당은 비례 대표 의석을 1석씩 배분받는다.
ㄷ. 현행보다 개편안에서 의석률이 높아진 정당은 B당, C당, D당뿐이다.
ㄹ. 현행 선거구제와 달리 개편안의 지역구 선거구제는 동일 선거구 내 당선자 간 표의 등가성 문제가 발생할 수 있다.

① ㄱ, ㄴ ② ㄱ, ㄷ ③ ㄴ, ㄷ ④ ㄴ, ㄹ ⑤ ㄷ, ㄹ

실전 모의고사 4회

제한시간 30분　배점 50점　정답과 해설 45쪽

문항에 따라 배점이 다르니, 각 물음의 끝에 표시된 배점을 참고하시오. 3점 문항에만 점수가 표시되어 있습니다. 점수 표시가 없는 문항은 모두 2점입니다.

▶ 25063-0217

1 다음 자료에 대한 설명으로 옳은 것은?

> 교사: 정치를 바라보는 관점은 A와 B로 구분해 볼 수 있어요. A는 정치를 정치권력을 획득, 유지, 행사하는 국가의 고유한 활동으로 보는 반면, B는 정치를 국가뿐 아니라 다른 사회 집단에서도 나타나는 이해관계의 조정과 갈등 해결 활동으로 봅니다.
> 학생: A와 B 모두 _____(가)_____ 을/를 정치로 보겠군요.
> 교사: 그렇지 않아요. B와 달리 A는 _____(가)_____ 을/를 정치로 보지 않습니다. 반면, _____(나)_____ 은/는 A와 B 모두 정치로 봅니다.

① A는 국가 형성 이전의 정치 현상을 설명하는 데 용이하다.
② B는 국가의 정치 현상과 국가 이외의 사회 집단의 정치 현상은 본질적으로 다르다고 본다.
③ A에 비해 B는 다원화된 현대 사회의 정치 현상을 설명하는 데 용이하다.
④ (가)에는 '대통령이 법률안에 대해 재의를 요구하는 것'이 들어갈 수 있다.
⑤ (나)에는 '학급 회의를 통해 졸업 앨범 촬영 장소를 정하는 것'이 들어갈 수 있다.

▶ 25063-0218

2 법치주의의 유형 A, B에 대한 설명으로 옳은 것은? [3점]

> A는 국민의 대표로 구성된 의회가 적법한 절차를 거쳐 제정한 법의 목적과 내용을 문제 삼지 않으며, 제정된 법은 국민에게 평등하게 집행되어야 한다고 봅니다. 반면 B는 법 집행에 있어서의 평등뿐만 아니라 법의 내용도 평등을 실현할 것을 요구하며, 적법한 절차를 거쳐 제정된 법이라도 그 목적과 내용이 인간의 존엄과 가치, 정의와 같은 헌법적 가치에 부합해야 한다고 봅니다.

① A는 절차적 합법성보다 실질적 정당성을 강조한다.
② B는 통치자를 제외한 모든 사람이 법에 구속되어야 한다고 본다.
③ A와 달리 B는 다수당의 횡포나 독재 정치를 옹호하는 논리로 악용될 수 있다.
④ B와 달리 A는 위헌 법률 심사제 도입을 옹호한다.
⑤ A, B 모두 국민의 기본권 제한에 대한 법적 근거가 필요하다고 본다.

▶ 25063-0219

3 다음 자료에 대한 설명으로 옳은 것은? [3점]

> **〈우리나라 헌법의 기본 원리 A〉**
>
> • 관련 헌법 조항
> － 제5조 제1항 대한민국은 국제 평화의 유지에 노력하고 ㉠침략적 전쟁을 부인한다.
> － 제6조 제1항 ㉡헌법에 의하여 체결·공포된 조약과 일반적으로 승인된 국제 법규는 국내법과 같은 효력을 가진다.

① A는 국가의 의사를 결정할 수 있는 최고 권력인 주권이 국민에게 있다는 원리이다.
② A는 국민의 인간다운 생활을 보장하기 위해 국가가 적극적인 역할을 해야 한다는 원리이다.
③ A의 실현 방안으로 '상호주의 원칙에 따른 외국인의 지위 보장'을 들 수 있다.
④ ㉠에 따라 우리나라는 전쟁 지역에 국군을 파병하는 것을 금지한다.
⑤ ㉡은 국회가 비준하고 대통령이 체결한 조약을 의미한다.

▶ 25063-0220

4 정치 참여 집단 A~C에 대한 설명으로 옳은 것은? (단, A~C는 각각 정당, 이익 집단, 시민 단체 중 하나임.)

> 정치 사회화란 사회 구성원이 그 사회의 일반적인 정치적 가치관이나 태도 등 정치 문화를 학습하는 과정을 의미한다. 소속 구성원의 이익 실현을 위해 결성된 A는 집단의 특수 이익과 관련된 정보를 제공하고 구성원의 참여 의식을 증진하는 과정에서 정치 사회화 기능을 수행하며, 공익 실현을 목적으로 결성된 B는 사회 문제에 관한 정보를 선별하여 제공하고 사회 구성원의 정치 참여를 유도하는 과정에서 정치 사회화 기능을 수행한다. 한편 A, B와 달리 정권 획득을 목적으로 하는 C는 유권자에게 자신들의 정책과 공약을 설명하고 후보자 선택의 기준을 제공함으로써 정치 사회화 기능을 수행한다.

① A는 당정 협의회를 통해 국정을 논의하며 의회와 행정부를 매개한다.
② B는 정치 과정에서 산출을 담당하는 정책 결정 기구이다.
③ C는 정치적 충원 기능을 담당하며 자신의 활동에 정치적 책임을 진다.
④ A와 달리 B는 대의제의 한계를 보완하는 역할을 한다.
⑤ B와 달리 C는 공익보다 집단의 특수한 이익 실현을 우선시한다.

▶ 25063-0221

5 기본권 유형 A에 대한 설명으로 옳은 것은?

> A는 국가의 존재를 전제로 하며 국가의 구성원인 국민에게 귀속되는 기본권이다. 우리 헌법은 "모든 국민은 법률이 정하는 바에 의하여 선거권을 가진다.", "모든 국민은 법률이 정하는 바에 의하여 공무 담임권을 가진다."라고 규정하여 A는 입법자의 입법에 의해 기본권의 내용이 구체적으로 확정된다는 점을 밝히고 있다.

① 소극적이며 방어적인 성격을 가진 권리이다.
② 다른 기본권 보장의 전제 조건이 되는 권리이다.
③ 헌법에 열거되지 않아도 보장받을 수 있는 포괄적 권리이다.
④ 국가의 정치적 의사 결정 과정에 참여할 수 있는 능동적 권리이다.
⑤ 국민의 인간다운 생활과 실질적 평등 실현을 국가에 요구할 수 있는 권리이다.

▶ 25063-0222

6 다음 자료는 법원 판결문의 일부를 정리한 것이다. 이에 대한 설명으로 옳은 것은? (단, A, B는 우리나라 지방 자치 단체의 기관임.) [3점]

> 원고 A
> 피고 B
>
> 주문
> 피고가 ○○ 조례 일부 개정 조례안에 대하여 한 재의결은 효력이 없다. 소송 비용은 피고가 부담한다.
>
> 이유
> 피고는 ○○ 조례 일부 개정 조례안(이하 '이 사건 조례안'이라 한다)을 의결하여 원고에게 이송하였고 이에 대하여 원고는 이 사건 조례안이 법령에 위반된다는 이유로 피고에게 그 재의를 요구하였으나, 피고는 이 사건 조례안을 재의결하였다. 지방 자치 단체를 대표하고 그 사무를 총괄하는 원고는 합의제 행정 기관을 설치할 고유한 권한을 가지며 피고가 합의제 행정 기관의 설치에 관한 조례안을 발의하여 이를 그대로 의결, 재의결하는 것은 원고의 고유 권한에 속하는 사항의 행사에 적극적으로 개입하는 것으로서 관련 법령에 위반되어 허용되지 않는다.

① A는 법령의 범위 내에서 조례를 제정할 수 있다.
② B는 지방 자치 단체의 행정 사무를 감사하는 권한을 가진다.
③ A와 B는 상호 견제와 균형을 통해 수직적 권력 분립을 실현한다.
④ A는 지방 자치 단체의 예산을 심의·확정하고 B는 확정된 예산을 집행한다.
⑤ 법원은 A가 합의제 행정 기관을 설치하기 위해서는 조례에 근거가 있어야 한다고 판단하였다.

▶ 25063-0223

7 (가), (나)에 들어갈 수 있는 내용으로 옳은 것은?

A에 비해 B는 (가)
B에 비해 A는 (나)

> • 정당 제도 유형 A, B
>
> | | |
> |---|---|
> | A | 득표율과 의석 점유율에서 지배적 위치에 있는 두 정당만이 정권을 획득할 실질적 가능성을 가짐. |
> | B | 3개 이상의 정당이 정권 획득을 위해 실질적으로 경쟁하며 정치적 영향력을 행사함. |

① (가) – 강력한 정책 추진이 가능합니다.
② (가) – 정치적 책임 소재가 명확합니다.
③ (가) – 정당 간 대립 시 중재가 용이합니다.
④ (나) – 다양한 국민의 의견이 반영되기에 용이합니다.
⑤ (나) – 군소 정당 난립으로 정국이 불안정해질 가능성이 높습니다.

▶ 25063-0224

8 다음 자료에 대한 설명으로 옳은 것은? (단, A~E는 각각 국회, 대통령, 국무총리, 대법원, 헌법 재판소 중 하나임.) [3점]

> 교사: 우리나라 국가 기관 A~E의 권한에 대해 말해 볼까요?
> 갑: A는 긴급 재정·경제 처분 및 명령권을 가지고 있습니다.
> 을: B의 장(長)은 C의 재판관 3인에 대한 지명권을 가지고 있습니다.
> 병: D는 행정 각부 통할권을 가지고 있습니다.
> 정: A가 D를 임명할 때 E는 이에 대한 동의권을 가지고 있습니다.
> 무: D, E 모두 (가) 을/를 가지고 있습니다.
> 교사: 모두 옳은 내용을 말해 주었습니다.

① B는 법률이 헌법에 위반되는지 여부가 재판의 전제가 된 경우에 해당 법률의 위헌 여부를 결정하는 심판을 담당한다.
② A와 달리 D는 필요한 경우 외교·국방·통일 기타 국가 안위에 관한 중요 정책을 국민 투표에 부칠 수 있다.
③ E는 국가의 세입·세출의 결산을 검사하여 A에 그 결과를 보고하여야 한다.
④ C의 재판관은 모두 E의 동의를 얻어 A가 임명한다.
⑤ (가)에는 '국무 위원 해임 건의권'이 들어갈 수 있다.

▶ 25063-0225

9 다음 자료에서 ○○ 위원회의 판단을 통해 파악할 수 있는 민법의 기본 원칙에 부합하는 진술로 가장 적절한 것은?

부동산 매매 계약에서 매매 대금의 10% 정도에 해당하는 금액을 계약금으로 정하고, 매수인의 위약 시 그 계약금을 포기하기로 하는 것이 거래 관행이다. 그런데 A 회사는 상가 분양 공급 계약서 약관에 "계약 해지 시, 분양 대금 중 계약금만 납입한 경우에는 총 분양 대금의 20%를, 중도금을 납부한 경우에는 총 분양 대금의 30%를 각각 위약금으로 지급하여야 한다."라는 규정을 두었다. 이에 대해 ○○ 위원회는 해당 약관 조항이 고객에 대하여 부당하게 과중한 손해 배상 의무를 부담시키는 조항이므로 무효라고 판단하였다.

① 개인의 소유권도 공공의 이익을 위해서라면 제한될 수 있는 상대적 권리이다.
② 개인은 자신의 고의나 과실로 손해를 야기한 경우에 한하여 그 배상의 책임을 진다.
③ 법률관계를 형성하는 것은 개인의 자유로운 의사에 맡겨야 하고 국가가 개입해서는 안 된다.
④ 계약 내용이 사회 질서에 위반되거나 현저하게 공정하지 못한 경우 법적 효력이 발생하지 않는다.
⑤ 개인의 사유 재산권에 대한 절대적 지배가 인정되며 국가나 다른 개인은 이를 함부로 간섭하거나 제한할 수 없다.

▶ 25063-0226

10 다음 자료에 대한 법적 판단으로 옳은 것은? [3점]

운동화를 사기 위해 마트를 방문한 갑(17세)은 운동화를 사라고 받은 용돈의 범위 내에서 살 수 있는 마음에 드는 운동화를 발견했지만 발 사이즈에 맞는 제품이 없었다. 이에 마트 사장 을은 지금 주문하면 일주일 후에 찾아갈 수 있다고 알려 주었고, 갑은 마트 사장 을과 운동화 구매 계약을 체결하였다. 돌아오는 길에 전자 제품 판매점에 들른 갑은 고가의 시계를 구매하는 계약을 판매업자 병과 체결하였고, 구매한 시계를 착용하고 돌아오는 길에 법정 대리인 정의 동의를 얻지 않은 사실이 걱정되기 시작하였다.

① 운동화와 달리 시계는 이미 착용하였으므로 갑은 시계 구매 계약을 취소할 수 없다.
② 갑이 운동화를 찾으러 마트를 방문하기 전까지 을은 정에게 계약의 취소 여부에 대한 확답을 촉구해야 한다.
③ 병은 갑에게 계약의 취소 여부에 대한 확답을 촉구할 수 없다.
④ 병이 계약 체결 당시 갑이 미성년자임을 알았다면 병은 계약 체결의 의사 표시를 철회할 수 있다.
⑤ 갑과 달리 정은 운동화 구매 계약과 시계 구매 계약을 모두 취소할 수 있다.

▶ 25063-0227

11 다음 자료에 대한 법적 판단으로 옳은 것은? [3점]

갑(여)과 을(남)은 재판상 이혼을 하였고, 병(여)과 정(남)은 협의상 이혼을 하였다. 이후 을과 병은 재혼(법률혼)하였고 정은 무(여)를 만나 혼인 신고는 하지 않고 함께 살던 중, 을과 정이 우연히 같은 비행기를 타고 이동 중에 사고를 당해 사망하였다. 을과 정의 사망 당시, 병은 A, B와 함께 살고 있었고, 무는 C와 함께 살고 있었으며 A, B, C의 법적 지위는 다음과 같다.

A(20세)	갑과 을의 혼인 중 태어난 자녀
B(15세)	병과 정의 혼인 중 태어났으며, 을이 적법한 절차를 거쳐 입양한 친양자
C(3세)	무와 정 사이에서 태어난 자녀

① 갑과 을은 이혼 숙려 기간을 거친 후에 혼인 관계를 해소하였다.
② 병과 정은 법원을 거치지 않고 혼인 관계를 해소하였다.
③ 을의 사망 당시 갑은 A에 대한 친권을 행사할 수 없다.
④ B는 을의 재산과 정의 재산을 모두 상속받을 수 있다.
⑤ 정이 C를 인지하지 않았다면 무와 달리 C는 정의 재산을 상속받을 수 없다.

▶ 25063-0228

12 (가)에 들어갈 수 있는 적절한 사례만을 〈보기〉에서 고른 것은?

교사: 불법 행위는 고의나 과실로 위법하게 타인에게 손해를 가한 행위를 의미합니다. 가해자의 행위에 고의 또는 과실이 있어야 하고 가해 행위가 위법하여야 하며, 가해 행위로 인해 손해가 발생해야 합니다. 또한 가해 행위와 피해자의 손해 사이에 상당 인과 관계가 있어야 하고 가해자에게 책임 능력이 있어야 불법 행위가 성립합니다.
학생: (가)   도 불법 행위 사례로 볼 수 있을까요?
교사: 해당 사례는 자기의 가해 행위에 의한 손해에 대해서 책임을 지우는 일반 불법 행위와 달리 타인의 가해 행위 또는 물건에 의한 손해에 대하여 배상 책임을 진다는 점에서 특수한 성립 요건이 정해져 있는 특수 불법 행위의 사례에 해당합니다.

┌ 보기 ┐
ㄱ. 갑(17세)이 동급생을 폭행하여 일반 불법 행위가 성립하였는데, 갑의 부모가 손해 배상 책임을 지는 사례
ㄴ. 을이 자신의 가게에서 근무하는 직원의 선임 및 사무 감독에 주의를 다하였음에도 직원의 실수로 손님이 주문한 물건을 배달하지 않아 을이 채무 불이행 책임을 지는 사례
ㄷ. 병(5세)이 가지고 놀던 장난감을 창 밖으로 던져 행인이 다친 경우에 병의 부모가 손해 배상 책임을 지는 사례
ㄹ. 정이 소유한 건물 난간이 떨어져 차량이 파손되었는데, 건물을 빌려 사용하던 점유자의 책임이 면제되어 정이 무과실 책임을 지는 사례

① ㄱ, ㄴ ② ㄱ, ㄷ ③ ㄴ, ㄷ ④ ㄴ, ㄹ ⑤ ㄷ, ㄹ

▶ 25063-0229

13 다음 자료에 대한 옳은 설명만을 〈보기〉에서 고른 것은?
[3점]

> 갑은 공중위생 또는 공중도덕상 유해한 업무에 취업시킬 목적으로 근로자 파견을 한 자를 처벌하도록 규정한 □□법 조항을 위반하였다는 범죄 사실로 기소되었다. 갑은 1심 법원에서 징역 8월을 선고받고 항소하였으며, 항소심 계속 중 A에 위헌 법률 심판 제청 신청을 하였다. A는 갑의 신청을 받아들여 B에 위헌 법률 심판 제청을 하였으며, B는 □□법 조항이 죄형 법정주의의 파생 원칙 중 [(가)]에 위배된다고 판단하였다. 다음은 A의 위헌 법률 심판 제청 이유이다.
>
> > 해당 조항은 가변적이고 가치 판단을 요구하는 개념인 '공중도덕'을 금지 기준으로 삼고 있는데, □□법의 목적이나 체계를 고려하더라도 '공중도덕'만으로는 해당 조항이 단속하고자 하는 업무의 구체적 내용을 확인할 수 없다. 따라서 건전한 상식과 통상적 법 감정을 가진 사람으로서는 해당 조항이 금지하는 업무를 알기 어려우므로, 해당 조항은 [(가)]에 위배된다.

┌─ 보기 ┐
ㄱ. (가)는 처벌하는 행위가 무엇이며 그에 대한 형벌이 어떠한 것인지를 법률에 명확히 규정해야 한다는 원칙이다.
ㄴ. A는 명령·규칙의 위헌·위법성에 대한 심사권을 가진다.
ㄷ. B는 국회 의원 선거의 효력을 다투는 소송의 재판권을 가진다.
ㄹ. 정당의 목적이나 활동이 민주적 기본 질서에 위배될 때 A는 B에 정당 해산 심판을 청구할 수 있다.

① ㄱ, ㄴ ② ㄱ, ㄷ ③ ㄴ, ㄷ ④ ㄴ, ㄹ ⑤ ㄷ, ㄹ

▶ 25063-0230

14 다음 자료에 대한 법적 판단으로 옳은 것은?

> □□ 지방 법원
> **판결**
> 사 건 △△△△ 고단 △△
> 피고인 A
>   B
>   …(중략)…
> **주 문**
> 피고인 A를 금고 1년 6월에, 피고인 B를 금고 1년에 처한다.
> 다만, 피고인 B에 대하여는 이 판결 확정일로부터 2년간 위 형의 집행을 유예한다.
> 피고인 B에게 400시간의 사회봉사를 명한다.

> □□ 지방 법원
> **판결**
> 사 건 ○○○○ 고단 ○○
> 피고인 C
>   …(중략)…
> **주 문**
> 피고인을 징역 8월 및 벌금 300만 원에 처한다.
> 피고인이 위 벌금을 납입하지 아니하는 경우 10만 원을 1일로 환산한 기간 피고인을 노역장에 유치한다.
> 다만, 이 판결 확정일로부터 2년간 위 징역형의 집행을 유예한다.
> 피고인에 대하여 보호 관찰을 받을 것을 명한다.

* 해당 판결은 모두 확정됨.

① B는 판결 확정일로부터 2년이 경과한 후에 형이 집행된다.
② 판결이 확정된 직후 C는 검사의 지휘에 따라 교정 시설에 수용되어 노역에 복무하게 된다.
③ 집행 유예의 실효 또는 취소됨이 없이 2년을 무사히 경과하면 C는 벌금을 납입하지 않아도 된다.
④ A와 달리 B, C는 대안적 형사 제재를 부과받았다.
⑤ A, B, C는 모두 재산형에 해당하는 형벌을 부과받았다.

15 ▶ 25063-0231

다음 사례에 대한 법적 판단으로 옳은 것은?

갑은 개인 공인 중개사가 아님에도 부동산 중개와 유사한 명칭을 사용하고 특정 지역의 거래 대상 부동산들에 대한 정보를 게시하는 방법으로 중개 대상물에 대한 표시·광고를 하였다는 혐의로 구속 수사를 받고 기소되었다. 갑에 대한 재판은 국민 참여 재판으로 진행되었고 배심원은 다수결에 의해 무죄 평결을 내렸으며, 1심 법원은 갑에게 무죄를 선고하였다. 이에 불복한 검사는 상소하였고 2심 법원은 원심 판결을 파기하고 갑에게 벌금 500만 원을 선고하였다.

① 1심 법원은 배심원의 평결과 다른 판결을 선고할 수 없었다.
② 1심 법원의 판결 이후 갑은 구속 수사로 인한 정신적·물질적 피해의 보상을 국가에 청구할 수 있다.
③ 2심 법원은 지방 법원 합의부이다.
④ 2심 법원은 검사의 항고를 인용하였다.
⑤ 2심 법원은 갑에게 집행 유예가 가능한 형벌을 선고하였다.

16 ▶ 25063-0232

다음 사례에 대한 옳은 법적 판단만을 〈보기〉에서 고른 것은? [3점]

□□ 회사 노동조합 간부 A는 사용자 B가 자신을 해고하자 노동 위원회에 구제 신청을 하였다. 다음은 이 사건에 대한 노동 위원회의 판정 내용을 정리한 것이다.

• ○○ 지방 노동 위원회
 – B가 A에게 행한 해고는 부당 해고임을 인정한다.
 – A의 나머지 구제 신청은 기각한다.
• 중앙 노동 위원회
 – ○○ 지방 노동 위원회가 행한 판정 중 부당 노동 행위에 관한 부분을 취소한다.
 – B의 재심 신청을 기각한다.

┌ 보기 ┐
ㄱ. A가 소속된 노동조합은 ○○ 지방 노동 위원회에 부당 해고 구제 신청을 할 수 있는 권리를 가진다.
ㄴ. A는 노동 위원회의 구제 절차를 거치지 않더라도 별도로 법원에 해고 무효 확인의 소를 제기할 수 있다.
ㄷ. B는 재심 판정서를 송달받은 후 30일 이내에 행정 소송을 제기할 수 있다.
ㄹ. ○○ 지방 노동 위원회와 달리 중앙 노동 위원회는 B가 A의 근로 3권을 침해하였다고 판단하였다.

① ㄱ, ㄴ ② ㄱ, ㄷ ③ ㄴ, ㄷ ④ ㄴ, ㄹ ⑤ ㄷ, ㄹ

17 ▶ 25063-0233

표는 국제법의 법원(法源) A, B를 비교한 것이다. 이에 대한 설명으로 옳은 것은? (단, A, B는 각각 조약, 국제 관습법 중 하나임.)

구분	A	B
특징	체결 당사자에게만 법적 구속력을 가진다.	원칙적으로 모든 국가에 대해 포괄적 구속력을 가진다.
	(가)	
사례	(나)	(다)

① 국제기구는 A의 체결 당사자가 될 수 있다.
② B는 국제 사회 문명국들이 공통적으로 승인하여 따르는 법의 보편적인 원칙이다.
③ (가)에는 '국제 사법 재판소의 재판 준거로 활용된다.'가 들어갈 수 없다.
④ (나)에는 '권리 남용 금지의 원칙'이 들어갈 수 있다.
⑤ (다)에는 '파리 기후 변화 협약'이 들어갈 수 있다.

18 ▶ 25063-0234

국제 연합의 주요 기관 A, B에 대한 설명으로 옳은 것은? [3점]

해당 조항은 A와 B의 상호 관계에 대한 구조적 쟁점을 보여 주고 있습니다. 국제 연합의 주요 사법 기관으로서 A가 판결을 내리지만, 필요한 경우 판결에 대한 조치를 결정할 수 있는 권한을 B가 보유하고 있기 때문입니다. 현재의 체제에서 B의 상임 이사국이 패소국인 경우 해당 상임 이사국은 ㉠거부권을 행사하여 판결에 대한 조치를 차단할 우려가 있습니다.

국제 연합 헌장 제94조 제2항
사건의 당사자가 A가 내린 판결에 따라 자국이 부담하는 의무를 이행하지 아니하는 경우에는 타방의 당사자는 B에 제소할 수 있다. B는 필요하다고 인정하는 경우 판결을 집행하기 위하여 권고하거나 취하여야 할 조치를 결정할 수 있다.

① A는 국적이 서로 다른 9명의 재판관으로 구성된다.
② A는 국제 사회의 개인 간 법적 분쟁에 대한 관할권을 가진다.
③ B는 모든 회원국이 참여하는 국제 연합의 최고 의결 기관이다.
④ B는 국제 평화와 안전의 유지를 위해 필요한 경우 군사적 제재를 취할 수 있다.
⑤ B의 상임 이사국은 실질 사항이 아닌 절차 사항인 경우에만 ㉠을 행사할 수 있다.

[19~20] 다음 자료를 읽고 물음에 답하시오.

전형적인 대통령제와 의원 내각제 중 하나의 정부 형태를 채택하고 있는 갑국의 의회는 지역구 의원 200명과 비례 대표 의원 100명으로 구성된다. 유권자는 지역구 의원 선출을 위해 후보자에 1표, 비례 대표 의원 선출을 위해 정당에 1표를 행사하며, 비례 대표 의석은 각 정당이 얻은 정당 득표율에 비례하여 정당별로 배분된다. 지역구 의원 선거에서 각 정당은 선거구별로 1명의 후보자만 공천하고, 선거구별로 선출되는 지역구 의원 수는 같다. t 시기 의회 의원 선거 결과 A당, D당은 지역구 의석수와 비례 대표 의석수가 같았고, C당은 정당 득표율과 의회 의석률이 같았다. 표는 t 시기 의회 의원 선거 결과 정당별 득표율을 나타낸다.

구분	A당	B당	C당	D당
정당 득표율(%)	30	40	18	12

* 투표율은 100%이고, 무효표는 없으며, 무소속 후보자는 없음.
** 의회 의원 선거 이후 의회 의원들의 당적 변화는 없음.

이후 차기 의회 의원 선거가 다가오자 갑국에서는 행정부 수반이 소속된 A당 의원들이 다음과 같은 선거 제도 개편안을 발의하였고, 해당 개편안이 의회를 통과하여 시행을 앞두고 있다.

〈개편안〉
• 지역구 의석수는 유지하되, 지역구 의원 선거의 선거구 수를 절반으로 줄이고 선거구별로 선출되는 지역구 의원 수는 같도록 한다.
• 비례 대표 의석수는 늘려서 전체 의회 의석수를 현재의 1.5배가 되도록 한다.

▶ 25063-0235

19 갑국의 정부 형태에 대한 옳은 설명만을 〈보기〉에서 고른 것은?

┌ 보기 ┐
ㄱ. 국가 원수와 행정부 수반이 동일인이다.
ㄴ. 의회 의원은 행정부 각료를 겸직할 수 있다.
ㄷ. 행정부 수반은 법률안에 대한 거부권을 가진다.
ㄹ. 행정부 수반은 의회 해산권을 가지고, 의회는 내각 불신임권을 가진다.

① ㄱ, ㄴ ② ㄱ, ㄷ ③ ㄴ, ㄷ ④ ㄴ, ㄹ ⑤ ㄷ, ㄹ

▶ 25063-0236

20 표는 개편안이 적용된 t+1 시기 의회 의원 선거 결과 정당별 득표율을 나타낸다. t 시기와 t+1 시기 의회 의원 선거 결과에 대한 분석으로 옳은 것은? [3점]

구분	A당	B당	C당	D당
정당 득표율(%)	50	30	10	10

* 투표율은 100%이고, 무효표는 없으며, 무소속 후보자는 없음.
** 의회 의원 선거 이후 의회 의원들의 당적 변화는 없음.

① t 시기 지역구 의석수는 C당이 D당의 1.5배이다.
② B당과 달리 A당, C당, D당은 t 시기에 비해 t+1 시기에 비례 대표 의석수가 증가하였다.
③ t 시기 지역구 의원 선거의 선거구 수는 100개, t+1 시기 지역구 의원 선거의 선거구 수는 50개이다.
④ t 시기와 달리 t+1 시기 지역구 의원 선거에서 선거구 내 당선자 간 표의 등가성 문제가 발생하지 않는다.
⑤ t+1 시기 A당의 비례 대표 의석수는 t 시기 B당의 지역구 의석수보다 많다.

문항에 따라 배점이 다르니, 각 물음의 끝에 표시된 배점을 참고하시오. 3점 문항에만 점수가 표시되어 있습니다. 점수 표시가 없는 문항은 모두 2점입니다.

▶ 25063-0237

1 다음 자료에 대한 설명으로 옳은 것은?

> 정치를 바라보는 관점에는 A, B가 있다. A는 정치를 모든 사회 집단에서 발생하는 이해관계의 대립을 조정하고 갈등을 해결하는 과정으로 본다. B는 정치권력을 획득, 유지, 행사하는 국가 고유의 활동만을 정치로 본다. A에서는 정치로 보는데 B에서는 정치로 보지 않는 사례로 　(가)　을/를 들 수 있다.

① A는 '국회 의원의 입법 활동'을 정치로 보지 않는다.
② B는 국가 형성 이전의 정치 현상을 설명하기에 적합하다.
③ A에 비해 B는 다원화된 현대 사회의 정치 현상을 설명하기에 적합하다.
④ B에 비해 A는 사회적 희소가치를 배분하는 과정에 참여하는 주체가 다양하다고 본다.
⑤ (가)에 '○○아파트 입주민회 회의를 통한 주차 문제 해결 과정'이 들어갈 수 없다.

▶ 25063-0238

2 법치주의의 유형 A, B에 대한 설명으로 옳은 것은?

> A는 합법적인 절차를 거쳐 제정된 법률이라면 그 내용과 목적에 관계없이 정당하다고 본다. 그러나 형식적으로 합법성을 갖춘 법률이라도 그 내용이 인간의 존엄성과 정의에 위반된다면 통제되어야 한다는 것이 역사적 경험을 통해 드러났다. 이에 법률이 절차적 합법성을 갖추어야 할 뿐만 아니라 그 내용도 정의에 부합할 것을 요구하는 B가 등장하게 되었다.

① A는 통치의 합법성보다 정당성을 강조한다.
② B는 입법자에 의해서도 국민의 자유와 권리가 침해될 가능성이 있음을 간과한다.
③ A와 달리 B는 국가 권력 행사의 법적 근거를 중시한다.
④ B와 달리 A는 합법적 독재를 정당화하는 데 악용될 수 있다는 비판을 받는다.
⑤ A, B는 모두 법률이 헌법적 가치에 부합하는지 여부를 심사하는 제도의 필요성을 인정하지 않는다.

▶ 25063-0239

3 우리나라 헌법의 기본 원리 A에 대한 설명으로 옳은 것은?

> 사회 보험은 사회 보장 제도의 일종으로서 인간의 존엄과 가치 및 행복 추구권을 누릴 수 있게 하기 위한 것이다. 이에 사회 보험은 사회적 연대의 원칙에 따라 모든 국민에게 보편적으로 서비스가 이루어져야 하며, 보험료는 부담 능력에 비례하여 형평성 있게 책정되어야 한다. 이러한 사회 보험은 국가가 국민에게 최소한의 인간다운 생활을 보장할 것을 의무로 명시하는 A의 실현 방안이다.

① 자유주의와 민주주의가 결합된 정치 원리이다.
② 국가 의사를 최종 결정하는 주권이 국민에게 있다는 원리이다.
③ 적정한 소득 분배를 목적으로 하는 국가의 경제 규제와 조정의 근거가 된다.
④ 문화 활동의 자유를 보장하고 국가가 문화 발전을 지향해야 한다는 원리이다.
⑤ 국민의 정치적 의사 형성을 위한 집회·결사의 자유 보장을 실현 방안으로 들 수 있다.

▶ 25063-0240

4 표는 전형적인 정부 형태를 채택하고 있는 갑국의 정치 상황 변화를 나타낸 것이다. 이에 대한 설명으로 옳은 것은? [3점]

구분	T대	T+1대	T+2대
행정부 수반 소속 정당	A당	A당	A당
의회 과반수 의석 정당	A당	B당	B당

* 갑국의 정부 형태는 T대~T+2대에서 1회 변경되었음.
** 각 시기의 정부 형태는 해당 시기 내에서 동일하며, 각 시기 내의 행정부 수반의 당적과 의회 과반수 의석 정당은 변동이 없음.

① T대에는 의회 의원의 각료 겸직이 불가능하다.
② T+2대에 연립 내각이 구성되어 정국 불안이 초래될 수 있다.
③ T+1대와 달리 T+2대에 행정부 수반의 법률안 제출권이 인정된다.
④ T대와 달리 T+2대에 의회가 내각에 대해 불신임권을 행사할 수 있다.
⑤ T+1대와 T+2대 모두 여소야대 현상이 나타났다.

▶ 25063-0241

5 정치 참여 집단 A~C에 대한 설명으로 옳은 것은? (단, A~C는 각각 시민 단체, 이익 집단, 정당 중 하나임.)

- '집단의 특수 이익보다 공익을 우선시하는가?'라는 질문을 통해 A, B를 구분할 수 없다.
- '정부와 의회를 매개하는 기능을 담당하는가?'라는 질문을 통해 B, C를 구분할 수 있다.
- 　　(가)　　라는 질문을 통해 A, B를 구분할 수 없고, 　　(나)　　라는 질문을 통해 B, C를 구분할 수 있다.

① A는 자신의 활동에 대해 정치적 책임을 진다.

② B는 로비 활동 등의 방법으로 집단의 다양한 요구를 표출한다.

③ C는 공직 선거에서 후보자를 공천한다.

④ (가)에 '정치 사회화 기능을 수행하는가?'가 들어갈 수 있다.

⑤ (나)에 '정치 과정에서 투입 기능을 담당하는가?'가 들어갈 수 있다.

▶ 25063-0242

6 다음 자료에 대한 옳은 설명만을 〈보기〉에서 고른 것은?

헌법 제118조 ① ㉠지방 자치 단체에 의회를 둔다.
　　　　　　② ㉡지방 의회의 조직·권한·의원 선거와 지방 자치 단체의 장의 선임 방법 기타 지방 자치 단체의 조직과 운영에 관한 사항은 법률로 정한다.
지방 자치법 제29조 　　(가)　　은/는 법령 또는 조례의 범위에서 그 권한에 속하는 사무에 관하여 규칙을 제정할 수 있다.

┌ 보기 ┐
ㄱ. ㉠의 집행 기관으로는 시·도 의회와 시·군·구 의회가 있다.
ㄴ. 주민은 해당 ㉠의 조례를 제정 또는 개정하거나 폐지할 것을 청구할 수 있다.
ㄷ. 주민 소환 제도는 ㉡의 비례 대표 의원과 달리 지역구 의원에게는 적용되지 않는다.
ㄹ. (가)에 '지방 자치 단체의 장'이 들어간다.

① ㄱ, ㄴ　　② ㄱ, ㄷ　　③ ㄴ, ㄷ　　④ ㄴ, ㄹ　　⑤ ㄷ, ㄹ

▶ 25063-0243

7 민법의 기본 원칙 A에 부합하는 진술로 옳은 것은?

법률 또는 약정에 따라 이자를 지급하여야 하는 경우 당사자 사이에 이율에 관한 약정이 없다는 이유로 이자를 지급하지 않도록 한다면 법률 또는 약정의 취지에 반한다. 한편 이자가 발생하는 모든 법률관계에서 당사자가 직접 개별적 교섭을 통해 이율을 정해야만 한다면 거래 비용이 증가하고 분쟁이 증가할 수 있다. 그러므로 개인이 자신의 의사대로 자유롭게 법률관계를 맺을 수 있다는 A에 따라 당사자의 약정에 기초한 이자 채권의 형성을 인정하는 전제에서, 거래 관행이나 이해관계의 합리적 타협점을 반영한 이율에 관한 일반적 기준을 정해 둘 필요가 있다.

① 개인의 재산권은 공공복리에 적합하게 행사되어야 한다.

② 개인의 재산에 대해 국가의 간섭이 없는 사적 지배를 인정한다.

③ 개인은 자유로운 의사에 기초하여 타인과 법률관계를 형성할 수 있다.

④ 계약의 내용이 현저하게 공정성을 잃으면 법적 효력이 인정되지 않는다.

⑤ 고의나 과실이 없더라도 일정한 요건이 충족되면 관계되는 자가 손해 배상 책임을 진다.

▶ 25063-0244

8 다음 사례에 대한 법적 판단으로 옳은 것은? [3점]

갑(남)과 을(여)은 결혼식은 하지 않고 혼인 신고를 하고 함께 살던 중 갑과 을 사이에 병이 태어났다. 그 후 갑과 을은 법원의 판결에 의해 혼인 관계를 해소하고 자녀 병은 을이 양육하기로 하였다. 이후 갑은 정과 법률상 혼인을 하였다. 갑과 정은 정의 친구 A의 미성년 자녀 B를 적법한 절차를 거쳐 친양자로 입양하였다. 이후 을은 무와 법률상 혼인을 하고 무는 병을 적법한 절차를 거쳐 친양자가 아닌 양자로 입양하였다.

① 갑과 을은 이혼 시 법원에 이혼 의사 확인 신청을 하였다.

② B는 입양된 이후에도 A와의 친족 관계가 유지된다.

③ 친양자로 입양된 B는 갑과 정의 혼인 외 출생자로 간주된다.

④ 갑의 사망 시 B와 병은 갑의 재산을 상속받을 수 있다.

⑤ 갑의 사망 시 미성년 자녀 B에 대한 친권은 정과 A가 공동으로 행사한다.

9 다음 사례에 대한 옳은 법적 판단만을 〈보기〉에서 고른 것은? [3점]

▶ 25063-0245

> 갑은 을 소유의 건물을 임차하여 커피 전문점을 운영하고 있다. 손님이 많은 주말에 아르바이트생 병(23세)을 고용하여 영업을 하던 중 병이 부주의로 손님 A에게 뜨거운 음료를 쏟아 화상을 입혔다. 손님 A가 항의를 하던 과정 중 커피 전문점 창틀이 떨어지면서 손님 B가 머리를 다쳤다.

┌ 보기 ┐
ㄱ. 병은 A에게 채무 불이행 책임을 진다.
ㄴ. 병에게 책임 능력이 있더라도 고의가 없으므로 병은 A에게 불법 행위 책임을 지지 않는다.
ㄷ. 갑이 병의 사용자로서 선임 및 그 사무 감독에 상당한 주의를 다하였음을 증명한 경우에는 갑은 A에게 특수 불법 행위 책임을 지지 않는다.
ㄹ. 갑이 공작물 점유자로서 특수 불법 행위 책임을 지지 않으면 을은 B에게 공작물 소유자로서 특수 불법 행위 책임을 진다.

① ㄱ, ㄴ ② ㄱ, ㄷ ③ ㄴ, ㄷ ④ ㄴ, ㄹ ⑤ ㄷ, ㄹ

10 기본권 유형 A, B에 대한 설명으로 옳은 것은? (단, A, B는 각각 자유권, 사회권 중 하나임.) [3점]

▶ 25063-0246

> 외국인에게 모든 기본권이 무한정 인정될 수 있는 것이 아니라 원칙적으로 '국민의 권리'가 아닌 '인간의 권리'의 범위 내에서만 인정된다. 근로의 권리란 인간이 자신의 의사와 능력에 따라 근로관계를 형성하고, 타인의 방해를 받음이 없이 근로관계를 계속 유지하며, 근로의 기회를 얻지 못한 경우에는 국가에 대하여 근로의 기회를 제공하여 줄 것을 요구할 수 있는 권리를 말한다. 이는 국민이 국가에 인간다운 생활 보장을 요구하는 A의 성격이 강하므로 이에 대한 외국인의 기본권 주체성을 전면적으로 인정하기는 어렵다. 그러나 자본주의 경제 질서하에서 근로자가 기본적 생활 수단을 확보하고 인간의 존엄성을 보장받기 위하여 최소한의 근로 조건을 요구할 수 있는 권리는 인간의 존엄성에 대한 침해를 방어하고 사적 영역에 대한 국가의 침해를 배제함으로써 보장되는 B의 성격도 아울러 가지므로 이러한 경우 외국인 근로자에게도 그 기본권 주체성을 인정함이 타당하다.

① A는 헌법에 열거되지 않더라도 보장되는 포괄적 권리이다.
② B는 국민이 국가 기관의 형성에 참여할 수 있는 권리이다.
③ A와 달리 B는 국가의 정치 과정에 참여할 수 있는 능동적 권리이다.
④ B와 달리 A는 자본주의의 문제점을 해결하는 과정에서 등장한 권리이다.
⑤ A와 B 모두 다른 기본권을 보장하기 위한 수단적 권리이다.

11 표는 A와 B를 파악하기 위한 질문에 대한 갑의 응답과 점수를 정리한 것이다. 이에 대한 설명으로 옳은 것은? (단, A, B는 각각 협의상 이혼, 재판상 이혼 중 하나임.) [3점]

▶ 25063-0247

질문	응답
(가)	○
A는 행정 기관에 이혼 신고를 함으로써 이혼의 효력이 발생하는가?	×
(나)	×
점수	3점

(○: 예, ×: 아니요)

* 응답별로 채점하며, 옳으면 1점, 틀리면 0점이고, 총점은 3점임.

① A는 원칙적으로 이혼 숙려 기간을 거쳐야 한다.
② B는 법원의 이혼 판결이 확정되면 이혼 신고가 없더라도 이혼의 효력이 발생한다.
③ B와 달리 A는 이혼의 책임이 있는 상대방에게 손해 배상을 청구할 수 있다.
④ (가)에 'A, B는 모두 법원을 거쳐야 가능한가?'가 들어갈 수 없다.
⑤ (나)에 'A, B에서 이혼 당사자는 모두 혼인 중 공동으로 마련한 재산에 대해 분할을 청구할 수 있는가?'가 들어갈 수 없다.

12 우리나라 국가 기관 A~E에 대한 옳은 설명만을 〈보기〉에서 고른 것은?

▶ 25063-0248

> • A는 국정 감사권 및 국정 조사권을 통해 국정을 감시하고 통제한다.
> • B의 국법상 행위는 문서로써 하고, C와 관계 국무 위원이 부서(副署)한다.
> • D의 재판관 중 3인은 A에서 선출하는 자를, 3인은 E의 장(長)이 지명하는 자를 B가 임명한다.

┌ 보기 ┐
ㄱ. A는 국가의 예산안을 심의하고 확정한다.
ㄴ. B는 국가 안위에 관한 중요 정책을 국민 투표에 부칠 수 있다.
ㄷ. D는 E의 장(長)에 대한 탄핵의 소추를 의결할 수 있다.
ㄹ. E의 구성원은 C의 제청을 받아 B가 임명한다.

① ㄱ, ㄴ ② ㄱ, ㄷ ③ ㄴ, ㄷ ④ ㄴ, ㄹ ⑤ ㄷ, ㄹ

13 다음 자료에 대한 설명으로 옳은 것은? [3점]

▶ 25063-0249

○○ 회사 사용자 갑은 회사의 영업직 사원 을, 병이 회사의 유류비 지급 방침에 반발하여 집단으로 근로 제공을 거부하고 항의하자 이들을 모두 해고하였다. 갑은 을, 병에 대한 해고가 부당 해고에 해당한다는 이유로 기소되었다. 갑은 □□ 법원에서 재판을 받던 중 사용자가 근로자를 정당한 이유 없이 해고하지 못하도록 규정한 근로 기준법 조항을 위반한 자를 처벌하는 동법 제△△조의 부분이 헌법에 위반된다는 이유로 ⎡ (가) ⎤ 을/를 신청하였으나 □□ 법원이 이를 기각하자 해당 조항이 헌법에 위반되는지 판단해 달라고 A에 ㉠헌법 소원 심판을 청구하였다.

① A는 대통령 선거의 효력을 다투는 선거 소송을 관할한다.
② 갑은 □□ 법원의 판결에 대해 A에 구제 신청을 할 수 있다.
③ ㉠은 갑의 신청이 없어도 □□ 법원이 직권으로 청구할 수 있다.
④ 갑은 □□ 법원이 (가) 신청을 기각했을 경우에만 ㉠을 청구할 수 있다.
⑤ (가)에 '위헌 법률 심판 제청'이 들어갈 수 없다.

14 다음 사례에 대한 법적 판단으로 옳은 것은?

▶ 25063-0250

갑, 을, 병은 학교가 끝난 후 각각 고가의 태블릿 PC를 전자 대리점 사장 정으로부터 매매하는 계약을 체결하였다. 갑은 태블릿 PC 매매 계약에 대해 법정 대리인의 동의를 얻었고, 을, 병은 법정 대리인의 동의를 얻지 않은 상태였다. 거래 당시 을은 신분증을 위조하여 제시하였고, 정은 을을 성년자로 믿고 계약을 체결하였다. 병 역시 법정 대리인의 동의서를 위조하였고 정은 이를 믿고 계약을 체결하였다.
* 갑, 을, 병은 모두 17세임.

① 갑의 법정 대리인과 달리 갑은 태블릿 PC 매매 계약을 취소할 수 있다.
② 을의 법정 대리인과 달리 병의 법정 대리인은 태블릿 PC 매매 계약을 취소할 수 있다.
③ 을과 병 모두 미성년자임을 이유로 태블릿 PC 매매 계약을 취소할 수 있다.
④ 정은 병과의 태블릿 PC 매매 계약에 대해 철회권을 행사할 수 있다.
⑤ 정은 병과의 계약에 대해 병의 법정 대리인에게 태블릿 PC 매매 계약 취소 여부에 대한 확답을 촉구할 권리를 행사할 수 없다.

15 밑줄 친 'A 원칙'에 대한 설명으로 옳은 것은?

▶ 25063-0251

'궁박'이나 '현저하게 부당한 이익'이라는 개념도 형법상의 범죄 구성 요건을 형성하는 개념 중 구체적 사안에 있어서 일정한 해석을 통하여 적용할 수 있는 일반적, 규범적 개념의 하나이다. '궁박한 상태를 이용하여 현저하게 부당한 이익을 취득'하였는지 여부는 사회 통념 또는 건전한 상식에 따라 거래 당사자의 신분과 상호 간의 관계, 피해자가 처한 상황의 절박성의 정도, 계약의 체결을 둘러싼 협상 과정 및 피해자의 이익, 피해자가 그 거래를 통해 추구하고자 한 목적을 달성하기 위한 다른 적절한 대안의 존재 여부 등 제반 상황을 종합한다면 합리적으로 판단할 수 있다. 해당 개념에 나타난 약간의 불명확성은 법관의 통상적인 해석 작용에 의하여 충분히 보완될 수 있고 건전한 상식과 통상적인 법 감정을 가진 일반인이라면 금지되는 행위가 무엇인지를 예측할 수 있으므로 이 사건 법률 조항은 죄형 법정 주의에서 요구되는 A 원칙에 위배되지 아니한다.

① 범죄와 형벌은 관습법에 의해 규정할 수 없다는 원칙이다.
② 범죄와 형벌이 법률에 명확히 규정되어 있어야 한다는 원칙이다.
③ 행위 당시의 형벌 법규를 재판의 기준으로 삼아야 한다는 원칙이다.
④ 범죄로 규정되는 행위와 이에 대한 형사 책임 사이에 적정한 균형이 이루어져야 한다는 원칙이다.
⑤ 법률에 규정이 없는 사항에 대해서 그것과 유사한 성질을 가지는 사항에 관한 법률을 적용하는 것을 금지하는 원칙이다.

16 다음 자료에 대한 옳은 설명만을 〈보기〉에서 고른 것은? [3점]

▶ 25063-0252

○○ 회사에 근무하는 갑, 을은 모두 최근에 ㉠근로관계의 종료가 이루어졌다. 갑, 을은 모두 ○○ 회사 노동조합에 가입되어 있다. 갑의 경우 ⎡ (가) ⎤ 을/를 이유로 해고되어 본인만 지방 노동 위원회에 구제 신청을 할 수 있고, 을의 경우 ⎡ (나) ⎤ 을/를 이유로 해고되어 본인뿐만 아니라 노동조합도 구제 신청이 가능하다.

┌ 보기 ┐
ㄱ. 해고는 사용자의 일방적인 의사 표시로 이루어지는 ㉠이다.
ㄴ. 갑과 달리 을은 법원에 해고 무효 확인 소송을 제기할 수 있다.
ㄷ. (가)에 '정당한 노동조합 활동'이 들어갈 수 없다.
ㄹ. (나)에 '합리적 이유 없이 연령'이 들어갈 수 있다.

① ㄱ, ㄴ ② ㄱ, ㄷ ③ ㄴ, ㄷ ④ ㄴ, ㄹ ⑤ ㄷ, ㄹ

▶ 25063-0253

17 다음 자료에 대한 법적 판단으로 옳은 것은? [3점]

갑(28세)은 음식점에서 테이블 위에 놓인 을의 지갑을 훔친 후 온라인상에서 이 지갑을 판매하는 것처럼 속여 병으로부터 돈을 받은 뒤 물품을 전달하지 않아 절도죄와 사기죄 혐의로 경찰에 체포되었다. 이후 경찰이 검찰에 구속 영장을 신청하였고, 신청을 받은 검찰은 내용을 검토한 뒤 법원에 구속 영장을 청구했다. 법원은 ⓒ구속 영장을 발부하였고 검사는 갑을 ⓒ기소하였다. 1심 법원은 갑에게 ⓒ징역 2년에 집행 유예 3년을 선고하였고 판결은 확정되었다.

① ⓒ 이전에 갑에 대한 판사의 구속 전 피의자 심문은 갑의 신청이 있어야 한다.

② ⓒ 이전에 갑은 구속 적부 심사를 검찰에 청구할 수 있다.

③ ⓒ 이후 갑은 일정한 범행 없이 유예 기간이 경과하면 면소되는 것으로 간주된다.

④ 구금되었던 갑은 ⓒ 이후 형사 보상 제도를 이용할 수 있다.

⑤ ⓒ이 되더라도 피해자 을과 병은 범죄 피해자 구조 제도를 활용하여 국가로부터 구조금을 지급받을 수 없다.

▶ 25063-0254

18 국제 연합의 주요 기관 A~C에 대한 설명으로 옳은 것은?

모든 회원국이 참여하는 국제 연합의 최고 의결 기관인 A에서의 의결은 권고적 효력을 가지며 회원국의 행동을 강제하지 못한다. B는 국제 평화와 안전 유지의 책임을 맡은 기관으로서 5개의 상임 이사국과 10개의 비상임 이사국으로 구성된다. C는 국제법을 적용한 재판으로 국가 간 분쟁을 해결하기 위해 설립되었지만 당사국이 판결에 불복할 경우 직접 제재할 수 있는 수단이 없다는 한계를 지닌다.

① B의 모든 이사국은 동일한 임기를 지닌다.

② C에 제소된 사건의 당사자에는 국가와 개인이 모두 포함된다.

③ A와 달리 B는 주권 평등 원칙에 따른 표결 방식을 채택하고 있다.

④ B와 달리 A는 국제 평화와 안전 유지를 위해 군사적 개입을 결정할 수 있는 권한을 가진다.

⑤ A, B는 모두 C의 재판관 선출 권한을 가지고 있다.

▶ 25063-0255

19 국제법의 법원(法源)을 활용한 다음 게임에 대한 설명으로 옳은 것은? [3점]

> ㉠갑, 을, 병 세 명이 각각 2장의 카드를 아래 그림과 같이 배부받은 후, ㉡갑은 을의 카드 중 1장을, 을은 병의 카드 중 1장을, 병은 갑의 카드 중 1장을 임의로 가져갔다. 그 후 갑, 을, 병이 각각 2장의 카드로 획득한 점수를 계산해 보니 갑은 2점, 을은 4점, 병은 <u>　(가)　</u>을 얻었다. 단, 각 카드의 내용이 조약, 국제 관습법, 법의 일반 원칙 중 하나에만 해당하면 1점, 두 개에만 해당하면 2점, 세 개 모두에 해당하면 3점을 부여한다.
>
> 〈갑이 배부받은 카드〉
>
> | 강제적으로 집행할 국제기구가 존재하지 않는다. | 우리나라에서 체결·비준권은 대통령에게 있다. |
> |---|---|
>
> 〈을이 배부받은 카드〉
>
> | 문명국들이 공통적으로 승인하여 따르는 보편적 원칙이다. | 국내 문제 불간섭을 사례로 들 수 있다. |
> |---|---|
>
> 〈병이 배부받은 카드〉
>
> | 국제 사회에서 포괄적인 구속력을 가진다. | 국제 사법 재판소의 재판 준거로 활용될 수 있다. |
> |---|---|

① ㉠이 행해졌을 때 갑과 병이 배부받은 카드의 점수 합은 10점이다.

② ㉠이 행해졌을 때 병에게는 법의 일반 원칙에 해당하는 내용이 적힌 카드가 없었다.

③ ㉡에서 을은 국제 관습법과 법의 일반 원칙에만 해당하는 내용이 적힌 병의 카드를 가져왔다.

④ ㉡이 행해진 후 병은 조약과 국제 관습법에만 해당하는 내용이 적힌 카드를 갖게 된다.

⑤ (가)에 '5점'이 들어간다.

▶ 25063-0256

20 다음 자료에 대한 옳은 분석만을 〈보기〉에서 고른 것은? [3점]

> 갑국의 의회는 지역구 의원 100명으로 구성되며, 유권자는 지역구 의원 선출을 위해 후보자에 1표를 행사한다. 지역구 의원 선거에서 각 정당은 선거구별로 1인의 후보자만 공천하며 각 선거구별로 선출되는 지역구 의원 수는 같다.
>
> 갑국은 현재의 의회 의원 선거 제도를 개편하려 하는데 개편안에 따르면 현재의 지역구 의원 선거 제도와 지역구 의원 정수(定數)는 그대로 유지되고 비례 대표 제도를 새롭게 도입하여 전체 의석수가 현재의 1.6배가 되며, 유권자는 지역구 의원 후보자와 정당에 각각 1표씩 행사하게 된다. 비례 대표 의석은 각 정당이 얻은 정당 득표율에 비례 대표 의원 정수(定數)를 곱하여 산출된 수의 정수(整數)만큼 각 정당에 먼저 배분하고 잔여 의석은 소수점 이하의 수가 큰 순서대로 각 정당에 1석씩 배분한다.
>
> 아래 표에서 지역구 의석수는 최근 선거 결과이며, 정당 득표율은 각 정당별 지역구 의원 후보자의 득표수를 합산하여 산출한 것이다.
>
> | 구분 | A당 | B당 | C당 | D당 |
> |---|---|---|---|---|
> | 지역구 의석수(석) | 54 | 32 | 9 | 5 |
> | 정당 득표율(%) | 45 | 26 | 24 | 5 |
>
> * 정당은 A~D당만 존재하고 무소속 후보자는 없으며, 투표율은 100%이고 무효표는 없음.
> ** 개편안의 경우 위 표를 기준으로 판단하며, 유권자는 최근 선거에서 투표한 후보자의 소속 정당에 투표함.

┌ 보기 ┐
ㄱ. 현재 지역구 의원 선거의 선거구 제도는 '동일 선거구 내 당선자 간 표의 등가성 문제'가 발생하지 않는다.
ㄴ. 개편안 적용 시 의회 내 과반 의석을 확보하는 정당은 없다.
ㄷ. 개편안 적용 시 비례 대표 의석수는 B당이 C당보다 많다.
ㄹ. 개편안 적용 시 D당의 정당 득표율과 D당의 의회 총의석률은 일치하지 않는다.
└─────┘

① ㄱ, ㄴ　② ㄱ, ㄷ　③ ㄴ, ㄷ　④ ㄴ, ㄹ　⑤ ㄷ, ㄹ

한눈에 보는 정답

01 정치와 법

수능 실전 문제 본문 5~9쪽

01 ⑤	02 ④	03 ③	04 ③
05 ②	06 ①	07 ③	08 ②
09 ⑤	10 ①		

02 헌법의 의의와 기본 원리

수능 실전 문제 본문 11~14쪽

01 ②	02 ①	03 ②	04 ⑤
05 ④	06 ③	07 ⑤	08 ③

03 기본권의 보장과 제한

수능 실전 문제 본문 16~20쪽

01 ③	02 ③	03 ①	04 ④
05 ⑤	06 ②	07 ④	08 ②
09 ⑤	10 ①		

04 정부 형태

수능 실전 문제 본문 22~26쪽

01 ③	02 ④	03 ②	04 ⑤
05 ④	06 ①	07 ⑤	08 ②
09 ④	10 ④		

05 우리나라의 국가 기관

수능 실전 문제 본문 28~33쪽

01 ③	02 ④	03 ①	04 ④
05 ①	06 ⑤	07 ①	08 ③
09 ④	10 ①	11 ①	12 ②

06 지방 자치

수능 실전 문제 본문 35~36쪽

01 ①	02 ③	03 ⑤	04 ①

07 선거와 선거 제도

수능 실전 문제 본문 38~43쪽

01 ①	02 ③	03 ②	04 ①
05 ④	06 ④	07 ④	08 ④
09 ②	10 ④	11 ④	12 ①

08 정치 과정과 정치 참여

수능 실전 문제 본문 45~49쪽

01 ⑤	02 ②	03 ②	04 ④
05 ⑤	06 ④	07 ③	08 ①
09 ③	10 ⑤		

09 민법의 기초

수능 실전 문제 본문 51~53쪽

01 ④	02 ⑤	03 ④	04 ①
05 ④	06 ③		

10 재산 관계와 법

수능 실전 문제 본문 55~60쪽

01 ④	02 ②	03 ⑤	04 ⑤
05 ④	06 ④	07 ④	08 ②
09 ⑤	10 ②	11 ⑤	12 ⑤

11 가족 관계와 법

수능 실전 문제 본문 62~67쪽

01 ⑤	02 ④	03 ⑤	04 ④
05 ④	06 ②	07 ④	08 ④
09 ④	10 ②	11 ④	12 ③

12 형법의 이해

수능 실전 문제 본문 69~74쪽

01 ③	02 ②	03 ④	04 ⑤
05 ②	06 ④	07 ④	08 ②
09 ⑤	10 ③	11 ①	12 ④

13 형사 절차와 인권 보장

수능 실전 문제 본문 76~81쪽

01 ④	02 ⑤	03 ②	04 ①
05 ④	06 ②	07 ⑤	08 ②
09 ①	10 ②	11 ③	12 ①

14 근로자의 권리

수능 실전 문제 본문 83~87쪽

01 ④	02 ②	03 ①	04 ②
05 ④	06 ②	07 ⑤	08 ②
09 ④	10 ⑤		

15 국제 관계와 국제법

수능 실전 문제 본문 89~92쪽

01 ③	02 ③	03 ⑤	04 ③
05 ③	06 ④	07 ②	08 ③

16 국제 문제와 국제기구

수능 실전 문제 본문 94~97쪽

01 ②	02 ⑤	03 ④	04 ④
05 ③	06 ④	07 ④	08 ⑤

실전 모의고사 1회 본문 100~104쪽

1 ①	2 ④	3 ③	4 ③	5 ①
6 ②	7 ⑤	8 ②	9 ①	10 ⑤
11 ③	12 ①	13 ③	14 ④	15 ③
16 ②	17 ④	18 ④	19 ①	20 ⑤

실전 모의고사 2회 본문 105~110쪽

1 ②	2 ④	3 ③	4 ①	5 ⑤
6 ⑤	7 ②	8 ①	9 ⑤	10 ④
11 ①	12 ⑤	13 ④	14 ②	15 ①
16 ②	17 ②	18 ④	19 ①	20 ④

실전 모의고사 3회 본문 111~116쪽

1 ④	2 ④	3 ⑤	4 ④	5 ①
6 ⑤	7 ④	8 ④	9 ①	10 ⑤
11 ②	12 ①	13 ⑤	14 ③	15 ⑤
16 ③	17 ⑤	18 ②	19 ⑤	20 ②

실전 모의고사 4회 본문 117~122쪽

1 ③	2 ⑤	3 ③	4 ③	5 ④
6 ②	7 ③	8 ⑤	9 ④	10 ③
11 ③	12 ⑤	13 ①	14 ④	15 ⑤
16 ④	17 ①	18 ④	19 ②	20 ⑤

실전 모의고사 5회 본문 123~128쪽

1 ④	2 ④	3 ③	4 ⑤	5 ④
6 ④	7 ③	8 ④	9 ⑤	10 ④
11 ⑤	12 ①	13 ④	14 ⑤	15 ②
16 ②	17 ⑤	18 ⑤	19 ⑤	20 ②

THEME 01 정치와 법

수능 실전 문제 본문 5~9쪽

01 ⑤	02 ④	03 ③	04 ③
05 ②	06 ①	07 ③	08 ②
09 ⑤	10 ①		

01 정치를 바라보는 관점 이해

문제분석 갑의 관점은 넓은 의미로 정치를 바라보는 관점에 해당하며, 을의 관점은 좁은 의미로 정치를 바라보는 관점에 해당한다.

정답찾기 ⑤ 넓은 의미로 정치를 바라보는 관점은 좁은 의미로 정치를 바라보는 관점에 비해 다원화된 현대 사회의 정치 현상을 설명하기에 적합하다.

오답피하기 ① 넓은 의미로 정치를 바라보는 관점은 국가의 정치 현상과 다양한 사회 집단의 정치 현상은 본질적으로 다르지 않다고 본다.

② 좁은 의미로 정치를 바라보는 관점은 국가 형성 이전에 나타나는 정치 현상을 설명하는 데 적합하지 않다.

③ 넓은 의미로 정치를 바라보는 관점, 좁은 의미로 정치를 바라보는 관점 모두 정치가 사회 통합과 질서를 유지하는 기능을 한다고 본다.

④ 넓은 의미로 정치를 바라보는 관점, 좁은 의미로 정치를 바라보는 관점 모두 국회에서 이루어지는 입법 활동을 정치로 본다.

02 민주주의와 법치주의의 관계 이해

문제분석 제시문은 민주주의와 법치주의가 상호 대립적인 관계라기보다는 국민에 의해 민주적 정당성을 부여받은 국가 권력을 정치적 혼란 없이 안정적으로 형성하기 위해서는 권력 행사의 절차와 형식을 규정하는 법치주의가 뒷받침되어야 함을 설명하고 있다.

정답찾기 ④ 제시문에 따르면 민주주의는 국가 권력 행사의 절차와 형식을 규정한 법치주의를 필요로 한다. 즉 민주주의는 법치주의를 통해 국가 권력의 자의적 행사를 방지하여 국민의 자유와 평등을 보장할 수 있다.

오답피하기 ① 민주주의가 법치주의에 비해 인간의 존엄성 실현을 강조한다는 내용은 제시문에서 찾아보기 어렵다.

② 민주주의는 국가 권력의 민주적 정당성을 강조한다.

③ 민주주의와 법치주의가 서로 충돌할 수 있는 측면이 있으나 제시문에서는 궁극적으로 지향하는 목표가 달라서 상호 대립적인 갈등 관계에 있다는 내용을 찾아보기 어렵다.

⑤ 국가 권력이 안정적으로 행사될 수 있도록 절차와 방법을 규정하고 있는 것은 법치주의이다.

03 법의 이념 이해

문제분석 A는 법적 안정성, B는 정의이다. 갑과 달리 을은 B가 아닌 A의 특징을 설명하고 있다. 따라서 옳게 답변한 사람은 갑, 병이다.

정답찾기 ③ 정의는 법이 마땅히 지켜야 할 옳음과 공정함을 갖추어

야 한다고 본다.

오답피하기 ① ㉠은 '을'이다.

② 법적 안정성은 법이 자주 변경되지 않아야 하고, 법이 일반인의 법의식에 부합해야 한다고 본다.

④ 현대 민주주의 국가에서는 법적 안정성과 정의가 모두 강조된다.

⑤ 법이 해당 시대나 국가가 지향하는 목적에 부합해야 한다고 보는 것은 합목적성에 해당하므로 (가)에 들어갈 수 없다.

04 정치의 기능 이해

문제분석 제시문에는 반려인과 반려동물을 위한 공간을 조성하여 반려인과 비반려인 간 분쟁을 감소시킨 ○○시의 사례, 그리고 고속도로 건설 시 국민이 의견을 제시할 수 있는 기회를 제공하여 이해관계자 간의 갈등을 해결하고자 하는 정부 기관의 사례가 나타나 있다. 이를 통해 이해관계를 조정하고 해결하는 정치의 기능을 찾아볼 수 있다.

정답찾기 ③ 정치는 사회 구성원의 이해관계가 충돌할 때 이를 조정하고 해결할 수 있는 사회적 조건을 조성하여 사회 통합을 지향한다고 할 수 있다.

오답피하기 ① 사회 규범을 벗어난 일탈 행위에 제재를 가하는 것은 정치의 기능에 해당하지만, 제시문에서는 찾아보기 어렵다.

② 국가 권력의 집중을 방지하여 국민의 기본권을 보장하는 것은 정치의 기능에 해당하지만, 제시문에서는 찾아보기 어렵다.

④ 사회 구성원에게 기대되는 가치관과 행동 양식을 습득하도록 하는 정치 사회화는 정치의 기능에 해당하지만, 제시문에서는 찾아보기 어렵다.

⑤ 사회 구성원의 최소한의 인간다운 삶을 보장하기 위한 정책 마련은 정치의 기능에 해당하지만, 제시문에서는 찾아보기 어렵다.

05 사회 계약설 이해

문제분석 갑은 홉스, 을은 로크이다.

정답찾기 ② 로크는 권력 분립에 기반한 대의제 실시를 강조한다.

오답피하기 ① 일반 의지에 따라 국가를 운영해야 한다고 본 것은 루소이다.

③ 사회 계약을 통해 통치자에게 주권을 양도해야 한다고 본 것은 홉스이다.

④ 홉스와 로크는 모두 국가를 개인의 권리를 보장하기 위한 수단으로 본다.

⑤ 로크는 사회 계약 이후 국가가 개인의 자유와 권리를 침해할 경우 개인은 국가에 대해 저항권을 행사할 수 있다고 본다.

06 법치주의의 유형 이해

문제분석 A는 형식적 법치주의, B는 실질적 법치주의이다. 통치의 합법성을 중시하는 것은 실질적 법치주의와 형식적 법치주의의 공통점이고, 법의 목적과 내용이 정의에 부합해야 한다고 보는 것은 실질적 법치주의만의 특징이다. 따라서 2점을 획득하기 위해서는 세 번째 답란에 실질적 법치주의에만 해당하는 서술이 들어가야 한다.

정답찾기 ㄱ. 형식적 법치주의는 독재 정치를 정당화하는 논리로 악

용될 수 있다는 비판을 받는다.

ㄴ. 실질적 법치주의는 위헌 법률 심사제의 필요성을 강조한다.

오답피하기 ㄷ. 실질적 법치주의와 형식적 법치주의는 모두 법률에 근거하지 않은 자의적 지배를 배제한다.

ㄹ. 실질적 법치주의와 형식적 법치주의는 모두 국민의 자유와 권리가 법률에 의해 제한될 수 있다고 보기 때문에 해당 답안은 (가)에 들어갈 수 없다.

07 민주 정치의 발전 과정 이해

문제분석 (가)는 고대 아테네 민주 정치와 근대 민주 정치에 공통적으로 해당하는 특징, (나)는 현대 민주 정치에만 해당하는 특징, (다)는 고대 아테네 민주 정치에만 해당하는 특징, (라)는 근대 민주 정치와 현대 민주 정치에 공통적으로 해당하는 특징이다.

정답찾기 ㄴ. 보통 선거 제도가 확립된 것은 현대 민주 정치의 특징이다.

ㄷ. 국민 주권의 원리를 기초로 하는 것은 근대 민주 정치와 현대 민주 정치의 특징이다.

오답피하기 ㄱ. 사회 계약설과 계몽사상의 영향을 받아 형성된 것은 근대 민주 정치의 특징이다.

ㄹ. 국가 기관이 헌법에 따라 구성되고 운영되어야 한다는 원리는 근대 민주 정치와 현대 민주 정치 모두에 해당하는 특징이다.

08 정치를 바라보는 관점 이해

문제분석 만약 A가 좁은 의미로 정치를 바라보는 관점, B가 넓은 의미로 정치를 바라보는 관점이면, 을이 (가)에 대해 옳은 답을 쓰더라도 옳은 답을 쓴 전체 개수가 갑보다 많을 수 없으므로 문제의 조건에 위배된다. 따라서 A는 넓은 의미로 정치를 바라보는 관점, B는 좁은 의미로 정치를 바라보는 관점이 되어야 한다. 또한 을이 갑보다 옳은 답을 쓴 전체 개수가 많기 위해서는 (가)에 넓은 의미로 정치를 바라보는 관점에 대한 진술이 들어가야 한다.

정답찾기 ② 좁은 의미로 정치를 바라보는 관점은 다른 사회 집단과 구분되는 국가만의 고유한 특수성이 존재한다고 본다.

오답피하기 ① 넓은 의미로 정치를 바라보는 관점은 국가 형성 이전에 나타난 정치 현상을 설명하기에 용이하다.

③ 좁은 의미로 정치를 바라보는 관점에 비해 넓은 의미로 정치를 바라보는 관점은 사회적 희소가치를 배분하는 과정에 참여하는 주체가 다양하다고 본다.

④ 넓은 의미로 정치를 바라보는 관점과 좁은 의미로 정치를 바라보는 관점 모두 정치권력을 획득하고 행사하는 활동을 정치로 본다.

⑤ 공동 주택의 층간 소음 문제 해결을 위한 입주민 회의를 정치로 보는 것은 넓은 의미로 정치를 바라보는 관점에 해당하므로 (가)에 들어갈 수 있다.

09 민주 정치의 발전 과정 이해

문제분석 A는 현대 민주 정치, B는 고대 아테네 민주 정치, C는 근대 민주 정치이다.

정답찾기 ⑤ 고대 아테네 민주 정치와 달리 근대 민주 정치는 권력

분립의 원칙에 기초하고 있으므로 '국가 기관 간 견제와 균형을 위한 권력 분립의 원칙에 기초하는가?'는 (나)에 들어갈 수 있다.

오답피하기 ① 현대 민주 정치는 고대 아테네 민주 정치와 달리 주권이 국민에게 있다는 원리를 기반으로 하였다.

② 근대 민주 정치와 현대 민주 정치에서는 모두 대의 기구를 통해 국가 정책이 결정되었다.

③ 근대 민주 정치보다 고대 아테네 민주 정치가 시민이 지배하면서 동시에 지배받는다는 원리에 더 충실하였다.

④ 추첨과 윤번제를 통해 공직자를 선출한 것은 고대 아테네 민주 정치만의 특징이므로 (가)에 들어갈 수 없다.

10 법치주의의 유형 이해

문제분석 실질적 법치주의는 법의 내용이 정의에 합치되어야 한다고 본다. 형식적 법치주의와 실질적 법치주의는 모두 의회가 적법한 절차를 거쳐 제정한 법에 의해 통치가 이루어져야 한다고 본다. 두 번째 질문에 대해 '아니요'라고 답변을 하면 1점을 획득할 수 있다. 따라서 을이 2점을 얻기 위해서는 첫 번째, 세 번째 질문에서 옳은 답변을 해야 하므로 A는 실질적 법치주의, B는 형식적 법치주의이다.

정답찾기 ㄱ. 갑은 이미 두 번째 질문에 대해 옳은 답변을 하여 1점을 얻었으므로 첫 번째 질문에 대해서는 옳지 않은 답변을 해야 한다. 실질적 법치주의는 법의 내용이 정의에 합치되어야 한다고 본다. 따라서 ㉠은 '아니요'이다. 병은 세 번째 질문에 대해서만 옳게 답변하였으므로 ㉡은 '1점'이다.

ㄴ. 실질적 법치주의는 범죄와 형벌을 규정하는 법률의 내용이 실질적 정의에 합치되어 기본적 인권을 보장할 수 있도록 적정해야 함을 강조하는 적정성의 원칙을 강조하는 근거가 된다.

오답피하기 ㄷ. 현대 사회에서는 민주주의 이념을 실현하기 위해 실질적 법치주의를 지향한다.

ㄹ. (가)에는 '아니요'가 옳은 답변이 될 수 있는 질문이 들어가야 한다. '형식적 법치주의와 달리 실질적 법치주의는 통치의 형식적 합법성뿐만 아니라 실질적 정당성도 중시하는가?'에 대한 옳은 답변은 '예'이므로 해당 질문은 (가)에 들어갈 수 없다.

가의 원리이다.

④ 상호주의 원칙에 따라 외국인의 법적 지위를 보장하는 근거가 되는 원리는 국제 평화주의와 관련이 있다.

⑤ 대통령에게 평화적 통일을 위해 노력할 의무를 부과하는 근거가 되는 원리는 평화 통일 지향이다.

04 우리나라 헌법의 기본 원리 이해

문제분석 갑은 자유 민주주의 실현 방안, 을은 문화 국가의 원리 실현 방안을 제시하였다. 한 사람만 틀리게 답변하였다고 하였으므로, 갑, 병이 자유 민주주의 실현 방안을 제시하거나 을, 병이 문화 국가의 원리 실현 방안을 제시할 수 있다.

정답찾기 ⑤ (가)에 '법치주의 확립과 집회·결사의 자유 보장을 들 수 있습니다.'가 들어가면, A는 개인의 자유와 권리를 보장하기 위해 국가 권력의 남용을 방지해야 함을 강조하는 자유 민주주의가 된다.

오답피하기 ① A가 문화 국가의 원리이면 병은 문화 국가의 원리 실현 방안을 제시해야 하는데, '복수 정당제를 기반으로 한 자유로운 정당 활동 보장'은 자유 민주주의의 실현 방안이므로 (가)에 들어갈 수 없다.

② A가 자유 민주주의이면 병은 자유 민주주의의 실현 방안을 제시해야 하는데, '언론·출판·집회·결사의 자유 보장'은 자유 민주주의의 실현 방안이므로 (가)에 들어갈 수 있다.

③ 갑이 틀린 답변을 한 경우 A는 문화 국가의 원리이다. 자유주의와 민주주의가 결합한 정치 원리는 자유 민주주의이다.

④ 을이 틀린 답변을 한 경우 A는 자유 민주주의이다. 복지 국가의 원리는 국민의 삶의 질 향상을 추구한다.

05 우리나라 헌법의 기본 원리 이해

문제분석 A는 복지 국가의 원리, B는 문화 국가의 원리, C는 국제 평화주의이다.

정답찾기 ④ '종교·학문·예술 활동의 자유와 표현의 자유 보장'은 문화 국가의 원리를 실현하는 방안이 될 수 있다.

오답피하기 ① 복지 국가의 원리, 문화 국가의 원리는 모두 정책 결정과 법률 제정의 방향을 제시한다.

② 국제 평화주의의 실현을 위하여 우리나라는 침략적 전쟁을 부인한다.

③ '최저 임금제 실시, 여성 및 연소자의 근로에 대한 특별 보호'는 복지 국가의 원리를 실현하는 방안이 될 수 있다.

⑤ '전쟁, 자연재해 등으로 피해를 입은 국가에 긴급 구호 및 의료 지원 제공'은 국제 평화주의를 실현하는 방안이 될 수 있다.

06 우리나라 헌법의 기본 원리 이해

문제분석 갑이 작성한 사례에는 인류 번영을 위한 노력이 부각되므로 ㉠은 국제 평화주의이다. 을이 작성한 지역 주민이 주권자로서 자기 지역의 의사 결정에 참여할 기회를 부여받는 사례에는 국민 주권주의가 부각되고 있다. 따라서 정이 배정받은 헌법의 기본 원리인 ㉡은 국민 주권주의이다.

정답찾기 ㄴ. 국민 주권주의는 국가의 의사를 결정하는 최고의 권력

THEME 02 헌법의 의의와 기본 원리

수능 실전 문제
본문 11~14쪽

| 01 ② | 02 ① | 03 ② | 04 ⑤ |
| 05 ④ | 06 ③ | 07 ⑤ | 08 ③ |

01 헌법 의미의 변천 이해

문제분석 A는 근대 입헌주의 헌법, B는 현대 복지 국가 헌법, C는 고유한 의미의 헌법이다.

정답찾기 ② 현대 복지 국가 헌법은 재산권의 행사가 공공복리에 부합해야 함을 강조한다.

오답피하기 ① 국가의 적극적인 역할을 강조하는 것은 현대 복지 국가 헌법이다.

③ 고유한 의미의 헌법은 근대 시민 혁명 이전에 존재하였다.

④ 근대 입헌주의 헌법과 현대 복지 국가 헌법 모두 헌법을 국가의 통치 체제에 관한 기본 사항을 정한 국가의 최고 규범으로 본다.

⑤ 현대 복지 국가 헌법과 고유한 의미의 헌법 모두 국가 통치 기관의 조직과 구성 및 상호 관계 등을 규정하고 있다.

02 헌법의 기능 이해

문제분석 제시문은 헌법이 한 국가의 법체계에서 가장 상위에 있는 최고법으로서 법률과 명령 등의 하위 규범은 헌법의 범위를 벗어날 수 없음을 밝히고 있다.

정답찾기 ① 법률과 명령은 헌법의 범위 내에서 제정되고 해석되어야 한다.

오답피하기 ② 헌법은 국가 기관을 조직하고 각 조직에 일정한 권한을 부여하는 조직 수권의 기능을 하지만 제시문에서는 해당 내용을 찾아보기 어렵다.

③ 헌법은 사회 구성원의 이해관계를 조정하여 사회 통합을 실현하는 기능을 하지만 제시문에서는 해당 내용을 찾아보기 어렵다.

④ 헌법은 정치적 의사 결정의 기준을 제공하여 정치 생활을 주도하는 기능을 하지만 제시문에서는 해당 내용을 찾아보기 어렵다.

⑤ 헌법은 국가 기관 간 상호 견제를 통해 권력을 제한하여 권력 남용을 방지하는 기능을 하지만 제시문에서는 해당 내용을 찾아보기 어렵다.

03 국민 주권주의 이해

문제분석 헌법의 기본 원리 중 국민의 참정권 보장을 강조하는 것은 국민 주권주의이다. 따라서 A는 국민 주권주의이다.

정답찾기 ② 국가 의사를 결정하는 주권이 국민에게 있다는 원리는 국민 주권주의이다.

오답피하기 ① 현대 복지 국가 헌법에서부터 강조된 원리는 복지 국가의 원리이다.

③ 국가가 국민의 인간다운 생활을 보장해야 한다는 원리는 복지 국

이 국민에게 있다는 원리이다.

ㄷ. '복수 정당제를 기반으로 하는 자유로운 정당 활동을 보장하는 □□법'은 자유 민주주의가 부각된 사례로 (가)에 들어갈 수 있다.

(오답피하기) ㄱ. 적정한 소득 분배를 목적으로 하는 국가의 경제 규제와 조정을 인정하는 원리는 복지 국가의 원리이다.

ㄹ. (나)에는 국민 주권주의가 부각된 사례가 들어가야 하므로, 평화 통일 지향 노력이 부각된 '남북 교류 협력 추진과 북한에 대한 인도적 지원의 근거를 규정한 ◇◇법'은 들어갈 수 없다.

07 복지 국가의 원리 이해

(문제분석) 제시된 제도는 장애인의 고용을 촉진하고 소득을 보장하여 인간다운 삶을 실현하고자 한다. 따라서 복지 국가의 원리와 관련이 있다.

(정답찾기) ⑤ 복지 국가의 원리는 국가에 사회 보장과 사회 복지 증진을 위해 노력해야 할 의무가 있음을 강조한다.

(오답피하기) ① 복지 국가의 원리는 현대 복지 국가 헌법에서부터 강조되었다.

② 국가의 의사를 결정하는 주권이 국민에게 있다는 원리는 국민 주권주의이다.

③ 국가가 개인의 자유를 최대한 보장해야 한다는 원리는 자유 민주주의이다.

④ 남북 분단이라는 한반도의 특수한 정치 상황을 반영한 원리는 평화 통일 지향이다.

08 우리나라 헌법의 기본 원리 이해

(문제분석) A는 자유 민주주의, B는 국제 평화주의이다. 모든 국민이 고문을 받지 않고, 형사상 자신에게 불리한 진술을 거부할 수 있음을 강조하는 것은 자유 민주주의와 관련이 있다. 경제의 민주화를 위하여 국가가 경제에 관한 규제와 조정을 할 수 있는 근거가 되는 것은 복지 국가의 원리이다. 대통령이 국회 동의를 거쳐 체결한 조약은 헌법이 아닌 법률과 같은 효력을 지니며 이는 국제 평화주의와 관련이 있다. 자유 민주주의와 국제 평화주의는 모두 입법이나 정책 결정의 방향을 제시한다.

(정답찾기) ③ A는 자유 민주주의, B는 국제 평화주의임을 파악하여 각 질문에 모두 옳게 응답한 학생은 병이다.

수능 실전 문제

본문 16~20쪽

01 ③	02 ③	03 ①	04 ④
05 ⑤	06 ②	07 ④	08 ②
09 ⑤	10 ①		

01 기본권의 의미 이해

(문제분석) 제시문에서는 인권과 기본권이 구분 없이 혼용되기도 하지만, 엄밀히는 기본권은 국가를 전제로 하여 국민의 인권을 보장하기 위해 헌법으로 받아들인 것임을 밝히고 있다.

(정답찾기) ③ 기본권은 국가가 제정한 헌법에 근거하여 보장되는 실정법상의 권리이다.

(오답피하기) ① 기본권은 필요한 경우에 한하여 제한될 수 있다.

② 제시문에서는 인권과 기본권 각각에 해당하는 권리의 목록이 일치하지 않는다고 나타나 있다.

④ 제시문에서는 기본권이 모든 시대와 사회에서 동일하게 인정된다는 내용을 찾아보기 어렵다.

⑤ 제시문에서는 모든 인간이 태어나면서부터 당연히 누리는 권리는 인권으로 나타나 있다.

02 기본권 유형 이해

(문제분석) (가)에는 A, B 모두 '아니요'라고 응답할 수 있는 질문이, (나)에는 A만 '예'라고 응답할 수 있는 질문이, (다)에는 B만 '예'라고 응답할 수 있는 질문이 들어가야 한다.

(정답찾기) ③ 바이마르 헌법에서 최초로 규정된 권리는 사회권이므로 A는 사회권, B는 청구권이다. 청구권과 사회권은 모두 국가에 특정 행위를 요구할 수 있는 권리이지만, 청구권은 다른 기본권을 보장하기 위한 수단적 권리라는 점에서 사회권과 차이가 있다.

(오답피하기) ① 사회권과 청구권은 모두 국가 성립을 전제로 인정되는 권리이므로 해당 질문은 (가)에 들어갈 수 있다.

② 사회권과 청구권은 모두 입법자가 법률을 통해 기본권을 구체화할 때 행사할 수 있는 권리이므로 해당 질문은 (다)에 들어갈 수 없다.

④ 다른 기본권 보장을 위한 수단적 권리는 청구권이므로 A는 청구권, B는 사회권이다. 청구권과 사회권은 모두 헌법에 열거되어야 보장되는 권리이므로 해당 질문은 (다)에 들어갈 수 없다.

⑤ 실질적 평등 실현을 위해 등장한 현대적 권리는 사회권이므로 A는 청구권, B는 사회권이다. 선거에 의해 국가 기관의 구성원으로 선출될 수 있는 권리는 참정권이므로 해당 질문은 (나)에 들어갈 수 없다.

03 기본권 제한의 요건 이해

(문제분석) 기본권을 제한할 때에는 과잉 금지의 원칙에 따라 목적의 정당성, 수단의 적합성, 피해의 최소성, 법익의 균형성을 갖추어야 한다.

정답찾기 ㄱ. 갑은 코로나19 확진 시 변호사 시험 응시를 제한한 조치가 자신이 원하는 바에 따라 어떤 직업이든 자유롭게 선택할 수 있는 직업 선택의 자유를 침해한다고 주장하였다.

ㄷ. 헌법 재판소는 감염병 확진 환자의 응시를 금지하는 시험 규정을 통해 보호하고자 하는 공익에 비해 침해되는 사익이 더 커서 과잉 금지의 원칙을 위반하였다고 판단하였다.

오답피하기 ㄴ. 침해되는 사익과 보호하고자 하는 공익을 비교하여 전자가 더 크다고 보고 있으므로 (나)에는 '법익의 균형성'이 들어갈 수 있다.

ㄹ. 헌법 재판소는 감염병 확진 환자의 응시를 금지하는 시험 규정 자체는 감염병을 차단하기 위한 수단으로써 적합하다고 보았다.

04 기본권 유형 이해

문제분석 (가)는 자유권, (나)는 사회권이다.

정답찾기 ㄴ. 사회권은 인간다운 생활의 보장을 국가에 요구할 수 있는 권리이다.

ㄷ. 사회권과 달리 자유권은 사적 영역에 대한 국가의 간섭을 배제하는 방어적 권리이다.

오답피하기 ㄱ. 다른 기본권을 실현하기 위한 수단적 권리는 청구권이다.

05 기본권 유형 이해

문제분석 국가의 존재를 전제로 보장되는 권리는 참정권과 청구권이므로 B는 자유권이다. 한편 다른 기본권의 보장과 실현을 위한 수단적 성격의 권리는 청구권이므로 A는 청구권이다. 따라서 C는 참정권이다.

정답찾기 ⑤ 국민 주권주의를 실현하는 능동적 권리는 참정권이므로 해당 질문은 (가), (다)에 모두 들어갈 수 있다.

오답피하기 ① 소극적이고 방어적인 성격을 가진 권리는 자유권이다.

② 참정권과 자유권은 모두 법률에 의해 제한될 수 있는 권리이다.

③ 모든 기본권은 헌법에 열거되지 않았다는 이유로 경시되어서는 안 되는 권리이므로 해당 질문은 (나)에 들어갈 수 없다.

④ 현대 복지 국가 헌법에서부터 보장되기 시작한 권리는 사회권이므로 해당 질문은 (라)에 들어갈 수 있다.

06 평등권 이해

문제분석 헌법 재판소는 국내에 체류하는 외국인이 건강 보험료를 체납했을 때 내국인과 달리 체납일로부터 체납 보험료를 완납할 때까지 보험 급여를 지급하지 않도록 하는 법조항이 합리적인 이유 없이 외국인을 내국인과 차별하여 평등권을 침해하였다고 판단하였다.

정답찾기 ② 평등권은 다른 모든 기본권 보장의 전제가 되는 본질적 권리이다.

오답피하기 ① 평등권은 내국인뿐만 아니라 외국인에게도 보장되는 권리이다.

③ 최소한의 인간다운 생활의 보장을 국가에 요구할 수 있는 권리는 사회권이다.

④ 다른 기본권이 침해되었을 때 이를 구제하기 위한 수단적 권리는 청구권이다.

⑤ 국가 기관의 형성과 국가의 정치적인 의사 결정 과정에 참여하는 권리는 참정권이다.

07 기본권 유형 이해

문제분석 국가 성립을 전제하지 않아도 인정되는 권리는 자유권에만 해당하는 특징이다. 실질적 평등의 실현을 목적으로 하는 권리는 사회권이다. 따라서 B는 사회권이 되고, B에 대한 점수가 2점이므로, (나)에는 사회권만의 특징이 들어가야 한다. 한편 A에 대한 점수가 1점이므로 (가)에 들어갈 진술에 따라 A는 자유권 또는 참정권이 된다.

정답찾기 ④ '국가의 존재를 전제로 보장되는 권리이다.'는 사회권과 참정권에 모두 해당하는 특징이므로 (나)에 들어갈 수 없다.

오답피하기 ① 바이마르 헌법에 처음으로 규정된 권리는 사회권이다.

② 자유권, 참정권, 사회권 모두 기본권 제한의 요건과 한계가 준수될 경우 법률로써 제한될 수 있는 권리이다.

③ 원칙적으로 내국인과 외국인 모두 동등하게 인정되는 권리는 자유권에만 해당하는 특징이므로 (가)에 해당 내용이 들어갈 경우 A에 대한 점수는 2점 또는 0점이 되어야 한다. 점수가 1점이므로 해당 내용은 (가)에 들어갈 수 없다.

⑤ A가 국가 권력의 간섭이나 침해를 받지 않을 방어적 권리인 자유권이라면, (가)에 '역사적으로 가장 오래된 기본권이다.'가 들어갈 경우 A에 대한 점수는 2점이 되어야 한다. 점수가 1점이므로 해당 내용은 (가)에 들어갈 수 없다.

08 기본권 유형 이해

문제분석 국가 권력의 부당한 간섭과 침해를 받지 않을 권리는 자유권에 대한 설명이므로 옳게 설명한 두 사람은 을, 병이다. 따라서 A는 사회권, B는 청구권, C는 평등권이다.

정답찾기 ② 사회권은 기본권 중 가장 최근에 등장한 현대적 권리이다.

오답피하기 ① 갑은 옳게 설명한 두 사람에 포함되지 않는다.

③ 사회 생활의 모든 영역에서 합리적인 이유 없이 차별을 받지 않을 권리는 평등권이다.

④ 사회권뿐만 아니라 청구권도 국가의 존재를 전제로 보장되는 권리이다.

⑤ 청원권은 청구권, 근로 3권은 사회권에 포함된다.

09 청구권 이해

문제분석 A는 청구권이다. 헌법 재판소는 친족 상도례 규정이 형사 피해자의 청구권을 침해하였다고 판단하였다.

정답찾기 ⑤ 청구권은 다른 기본권 보장과 실현을 위한 수단적 성격의 권리이다.

오답피하기 ① 소극적이고 방어적 성격의 권리는 자유권이다.

② 청구권은 법률에 의해 제한될 수 있는 기본권이다.

③ 다른 모든 기본권 보장의 전제가 되는 권리는 평등권이다.

④ 청구권은 헌법에 열거되어야 보장받을 수 있는 권리이다.

10 기본권 유형 이해

문제분석 A는 사회권, B는 평등권, C는 자유권이다. 국가 권력의 간섭이나 침해를 배제하는 소극적 권리는 자유권이다. 사회적 특수 계급 제도의 금지를 포함하고 있는 기본권은 평등권이다.

정답찾기 ① A를 사회권, B를 평등권, C를 자유권으로 보고 각 질문에 모두 옳게 응답한 학생은 갑이다.

오답피하기 모든 기본권은 헌법에 구체적으로 열거되지 않았다는 이유로 경시되어서는 안 되는 권리이다. 사회권은 국가의 적극적 개입을 통하여 실현될 수 있는 권리이다.

THEME 04 정부 형태

수능 실전 문제

본문 22~26쪽

01 ③	02 ④	03 ②	04 ⑤
05 ④	06 ①	07 ⑤	08 ②
09 ④	10 ④		

01 정부 형태의 이해

문제분석 갑국에서는 행정부 수반이 국민의 직접 선거를 통해 얻은 권위에 기반하여 헌법에 따라 통치한다는 점에서 대통령제를 채택하고 있음을 알 수 있다. 을국에서는 행정부가 입법부 내 신임 투표에서 패할 경우 사임해야 한다는 점에서 의원 내각제를 채택하고 있음을 알 수 있다.

정답찾기 ③ 의원 내각제에서는 의회 의원의 각료 겸직이 가능하다.

오답피하기 ① 내각도 법률안 제출이 가능한 정부 형태는 의원 내각제이다.

② 대통령제에서는 국가 원수와 행정부 수반이 일치한다.

④ 행정부 수반이 법률안 거부권을 행사할 수 있는 정부 형태는 대통령제이다.

⑤ 의원 내각제에서는 행정부 수반의 임기가 보장되지 않지만, 대통령제에서는 행정부 수반의 임기가 보장된다.

02 정부 형태의 이해

문제분석 갑국에서는 의회 의원 선거 결과 A당과 B당이 연립 내각을 구성하면서 정치적 책임 소재가 불명확해질 우려가 있다는 내용을 통해 의원 내각제를 채택하고 있음을 알 수 있다. 을국에서는 의회 의원 선거 결과 여대야소 현상이 나타나 행정부 수반이 힘을 얻고 행정부 수반의 임기 동안 정국 안정이 기대된다는 내용을 통해 대통령제를 채택하고 있음을 알 수 있다.

정답찾기 ④ 대통령제에서 행정부 수반은 국민의 직접 선거를 통해 선출된다.

오답피하기 ① 법률안 제출이 의회 의원만 가능한 정부 형태는 대통령제이다.

② 행정부와 입법부 간에 엄격한 권력 분립이 나타나는 정부 형태는 대통령제이다.

③ 내각이 의회에 대해 연대 책임을 지는 정부 형태는 의원 내각제이다.

⑤ 의회 의원이 각료를 겸직할 수 없는 정부 형태는 대통령제이다.

03 정부 형태의 이해

문제분석 B의 특징을 서술한 부분의 점수가 2점이라는 점에서 2가지 서술이 모두 옳은 내용임을 알 수 있다. 내각은 의회에 대해 연대 책임을 진다는 것은 의원 내각제에 대한 특징이기 때문에 B는 의원 내각제이며, (나)에는 의원 내각제의 특징이 들어가야 함을 알 수 있다. 한편 A는 대통령제로 행정부 수반과 의회 의원은 각각 국민의 별도 선거를 통해 선출하는 것은 옳은 서술이므로 (가)에는 대통령제의 특징이 들어갈 수 없다.

정답찾기 ② 의회에서 선출된 행정부 수반을 중심으로 국정을 운영하는 정부 형태는 의원 내각제이다.

오답피하기 ① 역사적으로 입헌 군주제를 바탕으로 한 의회 중심의 정치 체제를 형성하면서 성립된 정부 형태는 의원 내각제이다.
③ 대통령제는 행정부와 입법부 간 엄격한 권력 분립으로 견제와 균형의 원리에 충실하다.
④ '법률안 제출은 의회 의원만 가능함.'은 대통령제의 특징으로 (가)에 들어가면 2점이 되기 때문에 (가)에 들어갈 수 없다.
⑤ '의회 의원의 각료 겸직이 가능함.'은 의원 내각제의 특징으로 (나)에 들어가면 2점이 되기 때문에 (나)에 들어갈 수 있다.

04 대통령제의 이해

문제분석 그림에서 입법부와 행정부가 각각 국민의 선거로 구성되는 것을 알 수 있다. 따라서 갑국의 정부 형태는 대통령제이다.

정답찾기 ㄴ. 대통령제에서는 행정부 수반과 국가 원수가 동일인이다.
ㄷ. 대통령제에서 입법부가 행정부를 견제하는 권한 중 하나로 탄핵 소추권이 들어갈 수 있다. 즉 일반적인 사법 절차나 징계 절차에 따라 징계하기 곤란한 고위 공무원이나 법관 등 신분이 보장된 공무원이 직무상 중대한 비위를 범한 경우에 의회가 이들을 소추할 수 있다.
ㄹ. 대통령제에서 행정부가 입법부를 견제하는 권한 중 하나로 법률 안 거부권이 들어갈 수 있다. 법률안 거부권은 대통령제에서 의회가 의결한 법률안을 행정부 수반이 그에 대한 재가 또는 승인을 거부함으로써 법률로서의 성립을 결정적 또는 잠정적으로 저지하는 권한을 말한다.

오답피하기 ㄱ. 의원 내각제에서 행정부 수반은 의회 해산권을 가진다.

05 우리나라 정부 형태의 이해

문제분석 우리나라 정부 형태는 대통령제를 기본으로 하면서 의원 내각제 요소를 일부 도입하고 있다. 따라서 A는 대통령제, B는 의원 내각제이다. '대통령이 국가 원수와 행정부 수반의 지위를 동시에 가진다.'는 카드의 내용은 대통령제 요소에 해당하며 이 카드를 뽑은 경우 1점을 얻는데 1 모둠이 5점이므로 (가)와 (나) 모두 2점으로 의원 내각제 요소에 해당하는 내용이어야 한다. '국민은 직접 선거로 행정부 수반을 선출한다.'는 카드의 내용은 대통령제 요소에 해당하며 이 카드를 뽑은 경우 1점, '국회 의원의 국무 위원 겸직이 가능하다.'는 카드의 내용은 의원 내각제 요소에 해당하며 이 카드를 뽑은 경우 2점인데, 2 모둠이 4점이므로 (다)에는 대통령제 요소에 해당하는 내용이어야 한다.

정답찾기 ④ '정부가 법률안 제출권을 가진다.'는 의원 내각제 요소에 해당하기 때문에 (나)에 들어갈 수 있다.

오답피하기 ① 의원 내각제에서는 내각이 의회에 대해 연대 책임을 진다.
② 의원 내각제에서 국가 원수인 국왕이나 대통령은 국가를 대표하는 상징적 존재로서 역할하고, 의회 다수당의 대표가 행정부 수반인 총리가 되어 내각을 구성하고 실질적으로 국정을 운영한다.

③ '대통령이 법률안 거부권을 가진다.'는 대통령제에 해당하기 때문에 (가)에 들어갈 수 없다.
⑤ '국회가 국무총리 및 국무 위원 해임 건의권을 가진다.'는 의원 내각제 요소에 해당하기 때문에 (다)에 들어갈 수 없다.

06 정부 형태의 이해

문제분석 갑국에서는 의회가 내각에 대해 불신임권을 행사하였고 내각 또한 의회를 해산하겠다고 발표한 내용을 통해 갑국은 의원 내각제를 채택하고 있음을 알 수 있다. 을국에서는 국민 다수의 표를 얻어 행정부 수반이 선출되었다는 내용을 통해 대통령제를 채택하고 있음을 알 수 있다.

정답찾기 ㄱ. 의회에서 선출된 행정부 수반이 내각을 구성하는 것은 의원 내각제이다.
ㄷ. 의회 의원이 각료를 겸직할 수 없는 것은 대통령제이다.

오답피하기 ㄴ. 입법부와 행정부 간에 권력 분립의 원리가 엄격하게 구현되는 것은 대통령제이다.
ㄹ. 행정부가 의회에 법률안을 제출할 수 있는 것은 의원 내각제이다.

07 우리나라 정부 형태의 이해

문제분석 우리나라 헌법 제53조 제2항, 제66조 제4항에는 대통령제 특징이 나타나 있다. 우리나라 헌법 제52조, 제63조 제1항, 제88조 제1항은 의원 내각제 특징이 나타나 있다. 따라서 A는 대통령제, B는 의원 내각제이다.

정답찾기 ㄷ. '대통령은 국민의 보통·평등·직접·비밀 선거에 의하여 선출한다.'는 대통령제 요소에 해당한다.
ㄹ. '국무총리는 국회의 동의를 얻어 대통령이 임명한다.'는 의원 내각제 요소에 해당한다.

오답피하기 ㄱ. 의원 내각제에서는 내각이 의회에 대한 연대 책임을 진다.
ㄴ. 대통령제에서는 행정부 수반의 법률안 거부권이 인정된다.

08 정부 형태의 이해

문제분석 대통령제는 국민에 의해 선출된 대통령이 국가 원수이자 행정부 수반으로서의 권한을 행사하는 정부 형태이다. 의원 내각제는 의회에서 선출된 총리를 중심으로 국정을 운영하는 정부 형태이다. 따라서 A는 대통령제, B는 의원 내각제이다.

정답찾기 ② 대통령제에서 의회 의원은 각료를 겸직할 수 없다. 대통령제에서 법률안 제출은 의회 의원만 가능하다. 의원 내각제에서 의회가 내각에 대한 불신임권을 행사할 수 있다. 의원 내각제에서 행정부 수반의 임기는 보장되지 않는다.

09 우리나라 정부 형태의 이해

문제분석 t 시기는 행정부와 입법부 간에 엄격한 권력 분립으로 견제와 균형의 원리에 충실한 정부 형태라는 점에서 대통령제를 채택하였다는 것을 알 수 있다. t+1 시기는 입법부가 행정부를 구성함으로써 권력이 융합된 정부 형태라는 점에서 의원 내각제를 채택하였다는 것을 알 수 있다. t+2 시기는 t+1 시기와 동일한 의원 내각제,

t+3 시기는 t 시기와 동일한 대통령제를 채택하였다.

(정답찾기) ④ t+3 시기의 정부 형태는 대통령제로 법률안 제출은 의회 의원만 가능하다.

(오답피하기) ① t 시기에 C당 의석률이 55%이므로 행정부 수반의 소속 정당이 C당이면 여대야소 현상이 나타난다.

② t+1 시기의 정부 형태는 의원 내각제로 의회 의원은 각료를 겸직할 수 있다.

③ t+2 시기의 정부 형태는 의원 내각제로 A당 의석률은 40%로 과반이 안 되므로 단독으로 내각을 구성할 수 없다.

⑤ t 시기, t+3 시기의 정부 형태는 대통령제이다. t 시기, t+3 시기의 행정부 수반이 A당일 경우, 여소야대인 t 시기에 비해 의회 과반수 의석 확보 정당과 행정부 수반 소속 정당이 일치하는 상황인 t+3 시기, 즉 여대야소 시기에 행정부 수반의 강력한 정책 추진이 용이할 것이다.

10 우리나라 정부 형태의 이해

(문제분석) 우리나라는 의원 내각제 요소가 가미된 대통령제 기반의 정부 형태를 채택하고 있다. 따라서 A는 의원 내각제, B는 대통령제이다. '대통령의 법률안 거부권'은 대통령제 요소이며, '국회의 국무총리 및 국무 위원 해임 건의권'은 의원 내각제 요소이므로 모두 틀렸다. 따라서 (가)에는 의원 내각제 요소, (나)에는 대통령제 요소가 들어갈 수 있다.

(정답찾기) ㄴ. 대통령제와 달리 의원 내각제에서는 의회가 내각에 대한 불신임권을 행사할 수 있다.

ㄹ. 대통령제 요소에 '국가 원수와 행정부 수반 일치'가 들어갈 수 있다.

(오답피하기) ㄱ. A는 의원 내각제, B는 대통령제이다.

ㄷ. '국회의 각종 동의권 및 승인권 행사'는 대통령제 요소이다.

수능 실전 문제   본문 28~33쪽

01 ③	02 ④	03 ①	04 ④
05 ①	06 ⑤	07 ①	08 ③
09 ④	10 ①	11 ①	12 ②

01 국회의 권한 이해

(문제분석) ○○부 소관 10개 법률 개정에 대하여 본회의 통과, 국무총리 후보자 인사 청문회 실시를 통해 A는 국회임을 알 수 있다.

(정답찾기) ③ 국가 예산안 심의·확정권은 국회의 권한이다.

(오답피하기) ① 조약의 체결·비준권은 대통령의 권한이다.

② 국무 위원 임명 제청권은 국무총리의 권한이다.

④ 국가의 세입·세출 결산 검사는 감사원의 권한이다.

⑤ 행정 기관 및 공무원의 직무에 관한 감찰은 감사원의 권한이다.

02 헌법 개정 절차의 이해

(문제분석) 그림은 헌법 개정 절차로 제안, 공고, 국회 의결, 국민 투표, 공포를 순서대로 나열하고 있다.

(정답찾기) ④ 헌법 개정 절차에서 국민 투표는 국회 의원 선거권자 과반수의 투표와 투표자 과반수의 찬성을 얻어야 한다.

(오답피하기) ① 헌법 개정을 위해 국회 재적 의원 과반수 또는 대통령이 제안을 할 수 있다.

② 제안된 헌법 개정안은 대통령이 20일 이상의 기간을 공고하여야 한다.

③ 헌법 개정안에 대한 국회 의결은 국회 재적 의원 3분의 2 이상의 찬성을 얻어야 한다.

⑤ 헌법 개정이 확정되면 대통령은 즉시 이를 공포하여야 한다.

03 법률 제·개정 절차의 이해

(문제분석) 그림은 법률 제·개정 절차로 (가)에는 국회 의원 10명 이상 또는 국회의 위원회, 정부, (나)에는 국회 의장, (다)에는 대통령이 들어갈 수 있다.

(정답찾기) ㄱ. 상임 위원회는 법률안에 대한 전문적인 심사를 목적으로 한다.

ㄴ. 본회의에서 재의결이 이루어질 경우 국회 재적 의원 과반수의 출석과 출석 의원의 3분의 2 이상의 찬성으로 의결한다.

(오답피하기) ㄷ. (가)에는 국회 의원 10명 이상, 국회의 위원회, 정부가 들어갈 수 있다.

ㄹ. (나)에는 '국회 의장', (다)에는 '대통령'이 들어간다.

04 우리나라 국가 기관의 이해

(문제분석) 조약 체결 및 비준권은 대통령의 권한이므로 A는 대통령이고, 조약 체결 및 비준 동의권은 국회의 권한이므로 B는 국회이다.

정답찾기 ㄱ. 대법원장 및 대법관에 대한 임명권은 대통령이 가진다.

ㄷ. 국정 감사 및 조사권은 국회가 가진다.

ㄹ. 국회는 국무총리에 대한 임명 동의권을 가진다.

오답피하기 ㄴ. 대통령은 국민의 직접 선거를 통해 선출되며, 임기는 5년이다.

05 우리나라 국가 기관의 이해

문제분석 대법원장 및 헌법 재판소장 임명은 대통령의 권한이다. 국가의 세입·세출의 결산 검사는 감사원의 권한이다. 국무총리는 대통령에게 국무 위원 임명을 제청할 수 있다. 국무 회의에서 의장은 대통령, 부의장은 국무총리이다. 따라서 A는 대통령, B는 감사원, C는 국무총리, D는 국무 회의이다.

정답찾기 ① 대통령은 국회의 임시회 집회를 요구할 수 있다.

오답피하기 ② 국무 회의는 행정부 최고의 심의 기관이다.

③ 국무총리는 행정 각부를 통할한다.

④ 감사원은 대통령 직속의 독립된 헌법 기관이다.

⑤ 대통령은 국회의 동의를 얻어 국무총리를 임명한다.

06 법원의 기능 이해

문제분석 그림은 우리나라 심급 제도로 각급 법원과 항소, 상고, 항고, 재항고를 제시하고 있다.

정답찾기 ⑤ 법률이 헌법에 위반되는지 여부가 재판의 전제가 된 경우에는 각급 법원이 헌법 재판소에 위헌 법률 심판을 제청할 수 있다. 따라서 지방 법원에서는 헌법 재판소에 위헌 법률 심판을 제청할 수 있다.

오답피하기 ① 헌법 재판을 담당하는 기관은 헌법 재판소이다.

② 대법원은 위헌·위법한 명령·규칙·처분에 대한 최종 심사권을 가진다.

③ 법원의 1심 결정이나 명령에 불복하여 2심 재판을 청구하는 상소는 항고이다.

④ 법원의 1심 판결에 불복하여 2심 재판을 청구하는 상소는 항소이다.

07 우리나라 국가 기관의 이해

문제분석 항소심 판결에 불복하면 대법원에 상고할 수 있다. 공권력의 행사 또는 불행사로 헌법상 보장된 기본권을 침해당할 경우, 헌법 재판소에 그 공권력의 취소 또는 위헌 확인을 구하는 심판인 권리 구제형 헌법 소원 심판을 청구할 수 있다. 따라서 A는 대법원, B는 헌법 재판소이며, (가)에는 권리 구제형 헌법 소원 심판이 들어갈 수 있다.

정답찾기 ㄱ. 대법원은 명령·규칙 또는 처분의 위헌성 및 위법성에 대한 최종 심사권을 가진다.

ㄴ. 대법원장, 헌법 재판소장 모두 국회의 동의를 얻어 대통령이 임명한다.

오답피하기 ㄷ. 위헌 법률 심판 제청권은 법원이 가진다.

ㄹ. (가)에는 '권리 구제형 헌법 소원 심판'이 들어갈 수 있다.

08 법원의 기능 이해

문제분석 자료는 ○○ 고등 법원 판결의 일부이다.

정답찾기 ㄱ. 고등 법원은 원칙적으로 항소·항고 사건을 담당한다. 따라서 ○○ 고등 법원은 항고 사건을 담당할 수 있다.

ㄴ. 피고인 A는 2심 판결에 불복할 경우 상고할 수 있다. 우리나라는 원칙적으로 3심제를 두어 공정한 재판을 보장하고 있다.

오답피하기 ㄷ. 자료에서 항소심을 담당하는 법원은 고등 법원이므로 1심은 지방 법원 또는 지원 합의부가 담당하였음을 알 수 있다.

09 우리나라 국가 기관의 이해

문제분석 그림은 우리나라 국가 기관 간 권력 분립을 나타낸 것이다. A는 대통령(행정부), B는 법원, C는 국회, D는 헌법 재판소이다.

정답찾기 ④ 법관의 자격을 가진 9인의 재판관으로 구성되는 것은 헌법 재판소로 D에 해당한다.

오답피하기 ① 국민의 대표 기관인 입법 기관은 국회로 C에 해당한다.

② 국민의 직접 선거로 선출되어 구성되는 것은 국회로 C에 해당한다.

③ 공정한 재판을 보장하기 위해 심급 제도를 적용받는 것은 법원으로 B에 해당한다.

⑤ 권한 쟁의 심판은 헌법 재판소가 담당한다.

10 우리나라 국가 기관의 이해

문제분석 그림은 우리나라 국가 기관 간 권력 분립을 나타낸 것이다. 대통령(행정부), 법원, 국회, 헌법 재판소 간 견제 권한을 분석할 수 있다.

정답찾기 ① (가)에는 법원에 대한 대통령(행정부)의 견제 권한으로 대법원장, 대법관 임명권이 들어갈 수 있다.

오답피하기 ② (나)에는 대통령(행정부)에 대한 국회의 견제 권한으로 국정 감사 및 조사권, 대통령, 국무총리 등 탄핵 소추 의결권 등이 들어갈 수 있다. 위헌 법률 심판 제청권은 국회에 대한 법원의 견제 권한이다.

③ (다)에는 헌법 재판소에 대한 대통령(행정부)의 견제 권한으로 헌법 재판소장, 헌법 재판소 재판관 임명권이 들어갈 수 있다. 국무총리, 감사원장 임명 동의권은 대통령(행정부)에 대한 국회의 견제 권한이다.

④ (라)에는 국회에 대한 법원의 견제 권한으로 위헌 법률 심판 제청권 등이 들어갈 수 있다. 위헌 법률 심판권은 국회에 대한 헌법 재판소의 견제 권한이다.

⑤ (마)에는 국회에 대한 헌법 재판소의 견제 권한으로 위헌 법률 심판권, 위헌 심사형 헌법 소원 심판권 등이 들어갈 수 있다. 대통령, 국무총리 등 탄핵 소추 의결권은 대통령(행정부)에 대한 국회의 견제 권한이다.

11 우리나라 국가 기관의 이해

문제분석 첫 번째 사례에서 갑은 ○○법 □□조항이 헌법에 위반된다고 판단하여 법원에 위헌 법률 심판 제청 신청을 하였고, 이에 법원은 헌법 재판소에 위헌 법률 심판 제청을 하였다. 두 번째 사례에서 을은 △△법 ◇◇조항이 헌법에 위반된다고 판단하여 대법원에 위헌 법률 심판 제청 신청을 하였으나 기각당해 헌법 재판소에 위헌 심사형 헌법 소원 심판을 청구하였다.

정답찾기 ㄱ. 갑은 ○○법 □□조항이 헌법에 위반된다고 1심 법원에 위헌 법률 심판 제청 신청을 하였으며, 법원은 헌법 재판소에 위헌 법률 심판 제청을 하였다. 따라서 (가)에는 '위헌 법률 심판'이 들어간다.

ㄴ. 갑은 1심 법원의 판결에 불복하면 항소할 수 있다. 우리나라는 하급 법원의 판결이나 결정, 명령에 불복하는 경우 상소하여 상급 법원의 재판을 받을 수 있도록 보장하는 심급 제도를 시행하고 있으며 원칙적으로 3심제를 적용하고 있다.

오답피하기 ㄷ. 을이 헌법 재판소에 △△법 ◇◇조항이 헌법에 위반되는지 판단해 달라고 청구하는 심판은 위헌 심사형 헌법 소원 심판이다. 따라서 (나)에는 '권리 구제형 헌법 소원 심판'이 들어갈 수 없다. 권리 구제형 헌법 소원 심판은 공권력의 행사 또는 불행사로 헌법상 보장된 기본권을 침해당한 국민이 직접 헌법 재판소에 그 공권력의 취소 또는 위헌 확인을 구하는 심판이다.

ㄹ. 위헌 심사형 헌법 소원 심판은 대법원이 아닌 헌법 재판소에만 청구할 수 있다.

12 헌법 재판소의 권한 이해

문제분석 (가)에는 정당의 목적이나 활동이 민주적 기본 질서에 위배될 때 정부의 청구에 의해 해당 정당의 해산 여부를 결정하는 심판인 '정당 해산 심판'이 들어간다. (나)에는 국가 기관 상호 간, 국가 기관과 지방 자치 단체 간, 지방 자치 단체 상호 간에 권한의 유무 또는 범위에 관하여 다툼이 있을 때 해당 국가 기관 또는 지방 자치 단체의 청구에 의해 권한의 유무 또는 범위를 결정하는 심판인 '권한 쟁의 심판'이 들어간다. (가), (나)를 통해 A는 헌법 재판소임을 알 수 있다.

정답찾기 ㄱ. (가)는 "정당의 목적이나 활동이 민주적 기본 질서에 어긋나는지 판단하고자 합니다."를 통해 정당 해산 심판임을 알 수 있다.

ㄹ. 헌법 재판소는 탄핵 심판을 할 수 있는 권한을 가지고 있다.

오답피하기 ㄴ. (나)는 "국가 기관인 ○○○와 □□□의 권한의 유무와 범위를 판단하고자 합니다."를 통해 권한 쟁의 심판임을 알 수 있다.

ㄷ. 헌법 재판소의 결정에 대하여 항소할 수 없다.

수능실전문제

본문 35~36쪽

01 ①   **02** ③   **03** ⑤   **04** ①

01 지방 자치의 이해

문제분석 제시문은 지방 자치에 대한 설명이다. 지방 자치는 지역 주민이 스스로의 책임 아래 그 지역에서 발생하는 공공 문제를 처리하는 주민 자치와 중앙 정부로부터 지위와 권한을 부여받아 지방 정부를 운영하는 단체 자치의 성격을 함께 가지고 있다. 제시문을 그림으로 적용하면 A는 주민 자치, B는 단체 자치이다.

정답찾기 ㄱ. A는 주민 자치, B는 단체 자치이다. 주민 자치는 지역 주민이 스스로의 책임 아래 그 지역에서 발생하는 공공 문제를 처리하는 자치의 원리이다. 단체 자치는 중앙 정부로부터 지위와 권한을 부여받아 지방 정부를 운영하는 지방 분권의 원리이다.

ㄴ. 우리나라는 주민이 지방 자치 단체의 장을 해임할 수 있는 제도로 주민 소환 제도가 시행되고 있다. 주민 소환 제도는 부당한 행위를 저지르거나 직무에 태만한 지방 자치 단체의 장이나 지방 의회 의원(비례 대표 지방 의회 의원 제외)을 임기 중에 주민의 투표에 의해 해임하는 제도이다.

오답피하기 ㄷ. 지방 의회와 지방 자치 단체의 장은 지방 자치 단체의 기관으로 중앙 정부와 수직적 권력 분립 관계에 있다.

ㄹ. 지방 의회 의원은 주민의 직접 선거를 통해 선출된다.

02 우리나라 지방 자치의 이해

문제분석 A가 「○○시 평생 교육 진흥 조례 시행 규칙」 일부 개정에 대하여 ○○시 주민들과 전문가 등을 한자리에 모아 다양한 의견을 듣는 자리를 마련하였다는 내용을 통해서 A는 규칙 제·개정 및 폐지권을 가지고 있는 지방 자치 단체의 장임을 알 수 있다. B가 ○○시 평생 교육과 관련하여 예산을 검토한 후에 차년도 예산을 심의할 때, 고려하기로 하였다는 내용을 통해서 B는 지방 자치 단체 예산을 심의하는 지방 의회임을 알 수 있다.

정답찾기 ③ 지방 의회는 조례 제·개정 및 폐지권을 가진다.

오답피하기 ① 주민의 대표 기관이자 최고 의사 결정 기관은 지방 의회이다.

② 지방 의회는 주민이 선출한 지역구 의원과 비례 대표 의원으로 구성된다.

④ 지방 자치 단체의 일반적인 행정 사무 처리권은 지방 자치 단체의 장이 가진다.

⑤ 소속 직원에 대한 임면권 및 지휘 감독권은 지방 자치 단체의 장이 가진다.

03 우리나라 지방 자치의 이해

문제분석 첫 번째 사례에서 ○○군 주민들은 축제와 관련하여 예산 편성 및 예산 사용 계획 세우기에 참여하여 축제 운영에 기여하였다는 내용을 살펴볼 수 있다. 두 번째 사례에서 □□군은 지역 주민을 대상으로 제안 사업을 공모하였고, 공모를 통해 지역 발전에 도움이 되는 예산 편성이 이루어졌다는 내용을 살펴볼 수 있다.

(정답찾기) ⑤ 제시된 두 사례에서 지역 주민의 참여 확대로 지역 예산 편성과 집행이 효과적으로 이루어진다는 내용을 살펴볼 수 있다.

(오답피하기) ① 제시된 두 사례에서 지역 주민의 조세 부담을 줄여 준다는 내용은 찾아보기 어렵다.

② 제시된 두 사례에서 중앙 정부로의 권력 집중을 견제한다는 내용은 찾아보기 어렵다.

③ 제시된 두 사례에서 정책 전문성을 갖춘 정치 지도자를 양성한다는 내용은 찾아보기 어렵다.

④ 제시된 두 사례에서 지역에 필요한 정책이 신속하게 이루어지도록 한다는 내용은 찾아보기 어렵다.

04 우리나라 지방 자치의 문제점과 과제 이해

(문제분석) ○○광역시의 재정 자립도 현황에서 □□구와 △△구는 20%p가 넘게 차이가 나고, 이는 지역마다 경제 발전에 미치는 영향이 클 수 있으며, 복지 혜택도 불균형일 수 있다는 내용을 통하여 지역 간의 불균형 문제를 지방 자치의 과제로 예측할 수 있다.

(정답찾기) ① 대화에서 지방 자치의 과제로 지역 간에 균형 발전을 도모해야 한다는 내용을 추론할 수 있다.

(오답피하기) ② 대화에서 중앙 정부와 지방 자치 단체 간에 협력을 강화해야 한다는 내용을 추론하기 어렵다.

③ 대화에서 지방 자치 단체의 장과 지방 의회의 권한을 확대해야 한다는 내용을 추론하기 어렵다.

④ 대화에서 지방 자치 단체에 대한 중앙 정부의 통제를 완화해야 한다는 내용을 추론하기 어렵다.

⑤ 대화에서 주민들이 지방 자치 활동에 다양하게 참여할 수 있는 여건을 조성해야 한다는 내용을 추론하기 어렵다.

THEME 07 선거와 선거 제도

수능실전문제
본문 38~43쪽

01 ①	02 ③	03 ②	04 ①
05 ④	06 ④	07 ④	08 ④
09 ②	10 ④	11 ④	12 ①

01 선거의 기능 이해

(문제분석) 제시문을 통해서 정당한 절차에 의해 치러진 선거로 구성된 정치권력은 국민의 동의와 지지를 받지만, 그렇지 않은 정치권력은 국민의 동의와 지지를 받지 못한다는 것을 알 수 있다.

(정답찾기) ① 헌법과 법률을 바탕으로 이루어진 합법적인 선거에 의해서 구성된 정치권력에 대해 국민들은 동의와 지지를 해 준다는 것을 통해 정치권력에 대한 정당성을 부여한다는 선거의 기능을 파악할 수 있다.

(오답피하기) ② 유권자들에 대한 정치 사회화 역할을 하는 것은 선거의 기능에 해당하지만, 제시문에서 강조하는 선거의 기능으로 보기 어렵다.

③ 정치 과정을 주도할 새로운 정치 엘리트를 충원하는 것은 선거의 기능에 해당하지만, 제시문에서 강조하는 선거의 기능으로 보기 어렵다.

④ 대표자를 재신임함으로써 정치권력에 대한 통제를 하는 것은 선거의 기능에 해당하지만, 제시문에서 강조하는 선거의 기능으로 보기 어렵다.

⑤ 사회적 쟁점에 대한 다양한 의견 표출의 기회를 제공하는 것은 선거의 기능에 해당하지만, 제시문에서 강조하는 선거의 기능으로 보기 어렵다.

02 민주 선거의 원칙 이해

(문제분석) (가)는 보통 선거, (나)는 평등 선거이다.

(정답찾기) ③ 국회 의원 지역구 선거에서 선거구 간 인구 편차가 정해진 범위를 넘어선다면 투표 가치의 평등이 훼손될 수 있으므로 평등 선거를 위반한 것이다.

(오답피하기) ① (가)는 일정 연령에 도달한 모든 국민에게 선거권을 부여한다는 보통 선거이며, (나)는 각 유권자에게 부여하는 표의 수 및 각 유권자가 행사하는 한 표의 가치를 동등하게 해야 한다는 평등 선거이다.

② 거동이 불편하여 투표장에 갈 수 없는 자에 대하여 보호자가 대신하여 투표를 하는 것은 직접 선거를 위반한 것이다.

④ 선거권 연령을 18세로 하향 조정하는 것은 평등 선거를 실현하는 것으로 보기 어렵다.

⑤ 유권자가 자신이 기표한 투표용지에 대한 공개를 금지하는 것은 비밀 선거를 실현하기 위함이다.

03 선거 제도 이해

문제분석 의회 의원 선거의 선거구제는 갑국이 소선거구제, 을국이 중·대선거구제이다. 대통령 선거의 당선자 결정 방식은 갑국이 절대다수 대표제, 을국이 단순 다수 대표제이다.

정답찾기 ㄱ. 소선거구제가 중·대선거구제보다 소수당 후보자들의 의회 진출에 불리하다.

ㄷ. 갑국의 경우 대통령 선거에서 결선 투표제를 시행하므로 절대다수 대표제가 적용되었으며, 을국의 대통령 선거는 한 번의 선거로 최다 득표한 후보자를 당선자로 결정하므로 단순 다수 대표제가 적용되었다.

오답피하기 ㄴ. 중·대선거구제가 소선거구제에 비해 국민의 다양한 의사 반영에 유리하다.

ㄹ. 갑국의 경우 의회 의원 선거 결과 한 정당이 과반 의석을 차지할 수 있으며, 과반 의석을 차지한 정당과 대통령의 소속 정당이 일치할 수 있으므로 여대야소 정국이 형성될 수 있다. 중·대선거구제가 적용된 을국의 경우 각 정당은 선거구별로 1인의 후보자만 공천할 수 있으므로, 한 정당이 과반 의석을 차지할 수 없다. 따라서 을국의 선거 제도는 여대야소 정국이 형성될 수 없다.

04 소선거구제의 문제점 이해

문제분석 우리나라 국회 의원 선거의 결과를 바탕으로 제시문에서는 소선거구제에서 낮은 득표율로도 당선될 수 있으며, 낮은 득표율로 당선된 경우 많은 수의 유권자가 당선자를 지지하지 않는다는 것이 나타난다.

정답찾기 ㄱ. 제시문에서 소선거구제의 경우 과반 득표를 하지 않고도 당선되는 경우가 많기 때문에 사표가 많이 발생할 수 있다는 것을 파악할 수 있다.

ㄴ. 제시문에서 소선거구제의 경우 낮은 득표율로 당선되는 경우 당선자를 지지하는 유권자의 수보다 훨씬 많은 수의 유권자가 그를 지지하지 않는다고 볼 수 있기 때문에 당선자의 대표성이 결여될 수 있다는 것을 파악할 수 있다.

오답피하기 ㄷ. 군소 정당의 난립으로 정국이 불안정해질 수 있는 것은 소선거구제의 문제점으로 보기 어렵다.

ㄹ. 소수 정당 후보자들의 의회 진출이 불리할 수 있다는 것은 소선거구제의 단점이기는 하지만 제시문에서는 파악할 수 없다.

05 선거 결과 분석

문제분석 갑국의 지역구 의원 선거의 선거구제는 중·대선거구제이다. T 시기 갑국은 지역구 의석률에 비례하여 비례 대표 의석을 배분하므로 각 정당의 비례 대표 의석률은 A당 52%, B당 22%, C당 14%, D당 12%이다. B, C, D당은 T 시기에 비해 T+1 시기 비례 대표 의석률이 증가하였고 A당은 감소하였으므로, T+1 시기 A당 비례 대표 의석률은 최대 49%가 된다.

정답찾기 ㄴ. T+1 시기에는 유권자가 지역구 후보자와 정당에 별도로 투표를 하므로, 지역구 의원 선거에서 무소속 후보자에게 투표한 표는 비례 대표 의석 배분에 영향을 주지 않는다.

ㄹ. T 시기 비례 대표 의원 선출 방식은 지역구 의석률에 비례하여 비례 대표 의석을 배분하는 방식이므로, 비례 대표 의원 선출 방식은

직접 선거에 위배된다. 하지만 T+1 시기는 유권자가 비례 대표 의원 선출을 위하여 정당에 직접 투표를 하므로 직접 선거에 위배되는 문제를 해소할 수 있다.

오답피하기 ㄱ. T 시기 갑국의 지역구 선거구제는 한 선거구에서 2명의 당선자를 배출하는 중·대선거구제이다. 만약 각 정당이 선거구별로 1명의 후보자만 공천한다면, 한 정당의 지역구 의석률은 최대 50%가 되어야 한다. T 시기 A당의 의석률이 52%인 것을 토대로 선거구별로 1명의 후보자만 공천하지 않았다는 것을 파악할 수 있다.

ㄷ. T 시기 A당의 의석률은 52%가 되므로 단독으로 법률안을 의결할 수 있다. 하지만, T+1 시기 A당의 지역구 의석률은 50%이고, 비례 대표 의석률은 50%가 되지 않으므로 과반 의석이 되지 않아 단독으로 법률안을 의결할 수 없다.

06 선거 제도 이해

문제분석 갑은 사전 투표 제도를 활용하여 선거에 참여하였고, 을은 선상 투표 제도를 활용하여 선거에 참여하였다.

정답찾기 ④ 사전 투표 제도는 선거 당일에 투표를 할 수 없는 사람이 사전 투표 기간에 별도의 신고 없이 투표에 참여할 수 있는 제도이고, 선상 투표 제도는 선거권은 있지만 선박에 승선하여 선거 당일에 투표를 할 수 없는 사람이 사전 신고를 한 뒤 선박에서 투표를 할 수 있는 제도이다. 따라서 선거 당일에 투표소에 가지 않아도 투표를 할 수 있기 때문에 공간적 제약을 완화하여 투표율을 향상시킬 수 있다.

오답피하기 ① 사전 투표 제도나 선상 투표 제도가 시행된다고 해서 유권자 수가 증가하는 것은 아니다.

② 사전 투표 제도나 선상 투표 제도가 후보자의 선거 비용을 감소시킨다고 보기는 어렵다.

③ 사전 투표 제도나 선상 투표 제도가 정당별 득표율과 의석률 간 차이를 줄인다고 보기는 어렵다.

⑤ 사전 투표 제도나 선상 투표 제도로 직접 선거가 실현될 수 있다고 보기는 어렵다.

07 선거 결과 분석

문제분석 갑국의 지역구 의원 선거의 선거구제는 한 선거구에서 2명의 당선자를 배출하는 중·대선거구제이다.

정답찾기 ㄴ. 갑국의 지역구 의원 선거의 선거구제는 한 선거구에서 2명의 당선자를 배출하는 중·대선거구제를 적용하고 있다. 각 정당이 선거구마다 1명의 후보자만 공천하므로 지역구 선거구에서 한 정당이 얻을 수 있는 최대 의석률은 50%가 된다.

ㄹ. 현행의 비례 대표 의석 배분 방식은 각 정당이 얻은 득표율에 비례하여 비례 대표 의석을 배분하므로, 지역구 의원 선거 결과가 비례 대표 의석 배분에 영향을 주지 않는다. 반면, 개편안의 비례 대표 의석 배분 방식의 경우 의회 의원 정수에 각 정당의 득표율을 곱해 주고 여기서 각 정당의 지역구 의원 당선자 수를 빼 주기 때문에 지역구 의원 선거 결과가 비례 대표 의석 배분에 영향을 준다.

오답피하기 ㄱ. 개편안의 경우 비례 대표 의석 배분 방식만 변화가 있으므로 무소속 후보자가 불리해진다고 볼 수 없다.

ㄷ. 지역구 의원 선거는 득표순으로 당선자를 결정하므로, 단순 다수 대표제 방식으로 당선자를 결정한다.

08 선거 결과 분석

문제분석 주어진 조건을 토대로 갑국의 최근 및 개편안 적용 시 선거 결과는 다음과 같다.

〈최근 선거 결과〉

정당	A당	B당	C당	D당	무소속	합계
지역구 의석수(석)	116	36	60	34	4	250
비례 대표 의석수(석)	10	15	13	12		50
총의석수(석)	126	51	73	46	4	300
총의석률(%)	42.0	17.0	약 24.3	약 15.3	약 1.3	100

〈개편안 적용 시 선거 결과〉

정당	A당	B당	C당	D당	무소속	합계
지역구 의석수(석)	116	36	60	34	4	250
비례 대표 의석수(석)	0	27	9	19		55
총의석수(석)	116	63	69	53	4	305

정답찾기 ④ A당은 총의석수가 현행 126석, 개편안 적용 시 116석이므로, 현행과 개편안 적용 시 모두 과반 의석을 차지하지 못한다.

오답피하기 ① 현행에서 B당, C당, D당의 정당 득표율은 각각 30%, 26%, 24%이며, 총의석률은 각각 17.0%, 약 24.3%, 약 15.3%로 정당 득표율보다 총의석률이 낮다.

② 현행에서 총의석수는 300석이고 개편안 적용 시 총의석수는 305석이므로, 전체 초과 의석은 5석이다.

③ C당, D당의 총의석수는 현행에서 각각 73석, 46석이며, 개편안 적용 시 각각 69석, 53석이 된다. 따라서 C당은 총의석수가 감소하지만, D당은 증가한다.

⑤ 현행에서 B당의 비례 대표 의석률은 30%이지만 개편안 적용 시 약 49.1%가 된다. 따라서 현행보다 개편안 적용 시 B당은 비례 대표 의석률이 증가한다.

09 선거구제 이해

문제분석 현행의 경우 의회 의원 정수는 120명인데, 선거구가 120개인 것을 토대로 선거구제는 소선거구제임을 알 수 있다. 개편안의 경우 지역구 의원 정수는 90명인데, 45개 선거구에서 각 선거구마다 2명씩 당선되므로 중·대선거구제임을 알 수 있다. 따라서 (가)는 소선거구제, (나)는 중·대선거구제이다.

정답찾기 ② 중·대선거구제는 소선거구제보다 소수당 후보자의 당선 가능성이 높으므로 국민의 다양한 의사 반영에 유리하다.

오답피하기 ① 소선거구제에 비해 중·대선거구제는 일반적으로 후보자가 많으므로 유권자의 후보자 파악이 어렵다.

③ 소선거구제는 한 선거구에서 최다 득표한 후보자만 당선이 되므로, 중·대선거구제에 비해 소수당의 의석 확보가 어렵다.

④ 중·대선거구제에 비해 소선거구제는 정당별 득표율과 의석률 간의 불일치가 크게 나타날 수 있다.

⑤ 우리나라 지역구 광역 의회 의원 선거에서는 소선거구제가 적용되며, 기초 의회 의원 선거에서는 중·대선거구제가 적용된다.

10 선거 결과 분석

문제분석 현행의 경우 의회는 지역구 의원으로 구성되며, 대통령 선거에서의 대표 결정 방식은 단순 다수 대표제가 적용된다. 반면, 개편안의 경우 의회는 지역구 의원과 비례 대표 의원으로 구성되며, 대통령 선거에서의 대표 결정 방식은 절대다수 대표제가 적용된다.

정답찾기 ㄴ. 개편안의 경우 1차 투표 결과 과반 득표한 후보자가 없을 경우 1위와 2위 득표한 후보자만을 상대로 2차 투표를 실시하는 절대다수 대표제가 적용되므로, 개편안보다는 당선자의 대표성을 높이는 데 유리하다.

ㄹ. 개편안에 적용된 지역구 의회 의원의 선거구제는 중·대선거구제이다. 중·대선거구제는 동일 선거구 내 당선자 간 표의 등가성 문제가 발생할 수 있다.

오답피하기 ㄱ. 중·대선거구제가 적용된 개편안의 경우 각 정당은 선거구마다 2명까지 후보자를 공천할 수 있으므로 한 정당이 과반 의석을 차지할 수 있다. 또한 지역구 의회 선거에서 과반 의석을 차지한 정당이 비례 대표 의석에서도 과반 의석을 차지할 수 있으며, 대통령이 의회 과반 의석을 차지한 정당 소속이면 여대야소 정국이 형성될 수 있다.

ㄷ. 개편안의 경우 의회 의원 선거에 도입된 비례 대표 제도, 대통령 선거에 적용된 결선 투표제 모두 지역 대표성을 강화시킬 수 있는 선거 제도라고 보기 어렵다.

11 선거 결과 분석

문제분석 주어진 조건을 토대로 현행 선거 결과는 다음과 같다.

정당	A당	B당	C당	D당	E당	F당	합계
지역구 의석수(석)	10	14	51	9	16	0	100
비례 대표 의석수(석)	5	10	15	0	20	0	50
총의석수(석)	15	24	66	9	36	0	150

정답찾기 ④ 지역구 의원 수는 A당이 10석, E당이 16석이다. 따라서 E당이 A당의 2배보다 적다.

오답피하기 ① D당과 F당의 정당 득표율이 각각 6%, 4%인데도 불구하고 비례 대표 의석을 배분받지 못하였다는 것을 토대로, 군소 정당 후보자의 의회 진입을 제한하는 제도가 존재한다는 것을 알 수 있다.

② 지역구 의원 선거에서 선거구별로 최다 득표자가 당선되므로, 지역구 의원 선거에서 적용된 선거구제는 소선거구제임을 알 수 있다. 따라서 동일 선거구 내 당선자 간 표의 등가성 문제가 발생할 수 있는 선거구제가 적용되지 않았다.

③ C당의 지역구 의석수는 51석이므로, 과반 의석을 차지하였다.

⑤ B당은 ㉠을 적용할 경우 14석이 되지만, ㉡을 적용할 경우 20석이 된다. 따라서 B당은 ㉠보다는 ㉡을 찬성할 것이다.

12 우리나라 선거 이해

문제분석 A는 광역 의회 의원, B는 지방 자치 단체의 장, C는 국회 의원, D는 대통령, E는 기초 의회 의원이다.

정답찾기 ㄱ. 광역 의회 의원, 기초 의회 의원 선거의 비례 대표 의원은 정당 명부식 비례 대표제가 적용되어 선출된다.

ㄴ. 대통령 선거는 전국을 하나의 선거구로 하여 단순 다수 대표제가 적용되지만, 지방 자치 단체의 장 선거는 해당 지역을 하나의 선거구로 하여 단순 다수 대표제가 적용된다.

www.ebsi.co.kr

정답과 해설 **15**

오답피하기 ㄷ. 지역구 국회 의원의 선거구제는 소선거구제이며, 지역구 기초 의회 의원의 선거구제는 중·대선거구제이다. 따라서 지역구 국회 의원 선거에 적용된 선거구제는 동일 선거구 내 당선자가 간 득표율 차이가 발생할 수 없다.
ㄹ. 광역 의회 의원, 지방 자치 단체의 장, 국회 의원, 기초 의회 의원의 임기는 4년이지만, 대통령의 임기는 5년이다. 따라서 대통령 선거는 5년마다 실시된다.

THEME

08 정치 과정과 정치 참여

수능실전문제

본문 45~49쪽

01 ⑤	02 ②	03 ②	04 ④
05 ⑤	06 ④	07 ③	08 ①
09 ③	10 ⑤		

01 정치 과정 이해

문제분석 (가)는 투입, (나)는 산출, (다)는 환류이다.

정답찾기 ⑤ 정치 과정에서 투입, 산출, 환류는 모두 경제·사회·문화 등 정치 외적인 요소의 영향을 받는다.

오답피하기 ① 정책 결정 기구는 공공의 문제에 대한 정책을 결정하고 집행할 수 있는 기관으로 국회, 지방 의회는 이에 해당한다.
② 대통령 선거에서 정당 후보자가 공약을 발표하는 것은 정책 결정 기구를 대상으로 정책을 요구하거나 기존의 정책에 대하여 지지 또는 불만을 표출하는 과정으로 볼 수 있으므로, 투입의 사례에 해당한다.
③ 교육부는 정책 결정 기구에 해당하므로, 교육부가 입시 제도를 개편하여 시행하는 것은 산출의 사례에 해당한다.
④ 투입, 산출이 활발히 이루어질수록 시민의 정치적 효능감은 향상될 수 있다.

02 정치 참여 방법 이해

문제분석 갑은 시민 단체에 가입하여 활동하였고, 을은 공직 선거의 투표에 참여하였으며, 병은 언론사에 독자 투고를 하였고, 정은 지방 자치 단체의 누리집(홈페이지)에 민원을 제기하는 방식으로 정치에 참여하였다.

정답찾기 ㄱ. 언론을 통한 정치 참여 방법은 사회적 의제를 설정하는 데 기여할 수 있다.
ㄷ. 시민 단체에 가입하여 캠페인 활동을 하는 방법으로 정치에 참여하는 것에 비해 지방 자치 단체의 누리집(홈페이지)에 민원을 제기하는 방법으로 정치에 참여하는 것이 시공간 제약이 적다.

오답피하기 ㄴ. 갑은 시민 단체에 가입하여 정치에 참여를 하였다. 시민 단체는 공익 실현을 목적으로 하는 정치 참여 집단이다.
ㄹ. 공직 선거에서 투표에 참여하는 것, 언론사에 독자 투고를 하는 것, 지방 자치 단체의 누리집(홈페이지)에 민원을 제기하는 것 모두 정치적 중립성이 유지되어야 하는 것은 아니다.

03 정당 제도 이해

문제분석 갑국~병국의 제1당과 제2당의 의석률은 다음과 같다.

구분	제1당 의회 의석률(%)	제2당 의회 의석률(%)
갑국	51	48
을국	37	33
병국	99	1

따라서 갑국의 정당 제도는 양당제, 을국의 정당 제도는 다당제, 병국의 정당 제도는 일당제이다.

정답찾기 ② 양당제는 일반적으로 과반 의석을 차지한 정당이 존재하므로 다당제에 비해 정치적 책임 소재가 명확하다.

오답피하기 ① 양당제, 다당제 모두 복수 정당제로서, 양당제에 비해 다당제가 민주적으로 정권 교체하는 것이 어렵다고 볼 수 없다.
③ 다당제는 일반적으로 과반 의석을 차지한 정당이 존재하지 않기 때문에 다른 정당 제도에 비해 강력한 정책 추진이 곤란하다.
④ 일당제는 정권 획득 가능성이 있는 정당이 하나만 존재하는 정당 제도이므로, 다른 정당 제도에 비해 유권자의 정당 선택 범위가 좁다.
⑤ 을국의 정당 제도는 일반적으로 과반 의석을 차지한 정당이 존재하지 않으므로 다른 정당 제도에 비해 다수당의 횡포 가능성이 낮다.

04 정치 참여 집단 이해

문제분석 자신의 특수한 이익 실현을 추구하는 것은 이익 집단이며, 자신의 활동에 대한 정치적 책임을 지는 것은 정당이다. 따라서 A는 정당, B는 이익 집단이다.

정답찾기 ㄴ. 정당은 당정 협의회 등을 통해 정부와 의회를 연결함으로써 양자 간의 매개 역할을 수행한다.
ㄷ. '정치권력 획득을 목표로 한다.'는 이익 집단과 구분되는 정당의 특징에 해당한다. 교사 평가에서 세 가지는 옳게 작성하였고 나머지 하나는 옳지 않게 작성하였다고 하였으므로, (나)에 해당 내용이 들어가면 옳은 특징이 되고, 따라서 (가)에는 옳지 않은 특징이 들어가야 한다. '정치 사회화 기능을 수행한다.'는 정당, 이익 집단 모두에 해당하는 특징이므로, (가)에 들어갈 수 있다.

오답피하기 ㄱ. 정당, 이익 집단 모두 정치적 중립을 추구하지는 않는다.

05 정치 참여의 이해

문제분석 제시문을 통해 시민의 정치 참여가 정책에 대한 정당성이 향상될 수 있다는 것을 알 수 있다.

정답찾기 ⑤ 주민 투표 제도나 주민 소환 제도 등을 통하여 주민의 참여를 확대하면 민주적인 지방 자치를 구현할 수 있고, 이를 통해 정책 집행의 민주성과 대표자의 책임을 제고할 수 있다는 것을 알 수 있다.

오답피하기 ① 정치 참여가 사회적 갈등과 대립 해소에 기여하지만, 제시문에서는 파악할 수 없다.
② 정치 참여가 대의 민주제의 한계를 보완하는 역할을 하지만, 제시문에서는 파악할 수 없다.
③ 체계적인 정책 결정 시스템을 갖출 수 있다는 것은 정치 참여의 의의에 해당하지만, 제시문에서는 파악할 수 없다.
④ 시민들의 정치 참여가 활성화되면 정책 집행의 효율성과 신속성이 제고된다고 보기는 어렵다.

06 정치 참여 방법 이해

문제분석 청소년들이 신분증을 위조하는 등의 방법으로 담배, 술 등을 구입하여 자영업자들이 피해 보는 것을 막기 위하여 갑은 인터넷을 통해 입법 청원을 하였고, 을은 시민 단체를 통해 캠페인 활동을 하였으며, 병은 관련법 개정을 국회에 제안하였다.

정답찾기 ㄴ. 시민 단체를 통한 정치 참여 방법은 대의제의 한계를 보완할 수 있다.
ㄹ. 시민 단체를 통해 캠페인 활동을 하는 정치 참여 방법보다 인터넷을 통해 입법 청원을 하는 정치 참여 방법이 시공간 제약이 적다.

오답피하기 ㄱ. 자영업자, 시민 단체 대표, 정당 대표 모두 정치 주체에 해당한다.
ㄷ. 입법 청원을 하는 것과 정당 대표가 관련법 개정을 국회에 제안하는 것 모두 정치 과정에서 투입에 해당한다.

07 정치 참여 주체 이해

문제분석 A는 정당, B는 이익 집단, C는 시민 단체, D는 언론이다.

정답찾기 ③ 이익 집단, 시민 단체 모두 대의 민주제의 한계를 보완하는 역할을 한다.

오답피하기 ① 정당이 법률안을 발의할 수 있는 것은 아니다.
② 정권 획득을 위해 정책적 대안을 제시하는 것은 정당이다.
④ 시민 단체, 언론 모두 정치 과정에서 투입과 환류를 담당함으로써 정치권력에 대한 감시를 한다.
⑤ 정당, 이익 집단, 시민 단체, 언론은 모두 사회 구성원의 정치적 가치관이나 태도를 습득할 수 있도록 하는 정치 사회화 기능을 수행한다.

08 정당의 기능 이해

문제분석 제시문에서는 선거에서 승리한 정당은 정부를 구성하며 정책을 주도할 수 있는 권한이 부여되고, 패배한 정당은 정부를 비판하고 견제한다는 것을 파악할 수 있다.

정답찾기 ① 선거에서 승리한 정당이 정부를 구성한다는 것을 통해서 정부를 조직할 수 있도록 한다는 것을 알 수 있고, 선거에서 패배한 정당은 승리한 정당과 다른 정책 대안을 제시한다는 것을 통해 정부를 견제한다는 것을 알 수 있다.

오답피하기 ② 정치에 대한 국민의 지식과 관심을 증진시킨다는 것은 정당의 기능에 해당하지만, 제시문을 통해서는 알 수 없다.
③ 시민들의 다양한 요구를 집약하여 정부에 전달한다는 것은 정당의 기능에 해당하지만, 제시문을 통해서는 알 수 없다.
④ 사회적 갈등 조정을 통해 사회 통합의 기능을 수행한다는 것은 정당의 기능에 해당하지만, 제시문을 통해서는 알 수 없다.
⑤ 공직 선거에 후보자를 공천하고 정치 지도자를 육성한다는 것은 정당의 기능에 해당하지만, 제시문을 통해서는 알 수 없다.

09 정당 제도 이해

문제분석 군소 정당의 난립 가능성이 높은 것은 다당제이다. 교사가 한 학생만 옳게 발표하였다고 하였으므로, (가)에 들어가는 내용에 따라 A, B는 각각 양당제, 다당제 중 하나이다.

정답찾기 ㄷ. ⊙이 '을'이라면, 갑은 옳지 않게 발표하였다. 따라서 A는 다당제, B는 양당제이다. 양당제에 비해 다당제는 유권자의 정당 선택 범위가 넓다.

ㄹ. 다당제에 비해 양당제는 정당 간 대립 시 중재가 어렵다. 따라서 (가)에 해당 내용이 들어가면 갑, 을 모두 옳게 발표하였거나, 갑, 을 모두 옳지 않게 발표한 것이 된다. 따라서 해당 내용은 (가)에 들어갈 수 없다.

오답피하기 ㄱ. A가 양당제, B가 다당제라면, 갑이 옳게 발표하였다. 따라서 ㉠은 '갑'이다.

ㄴ. ㉠이 '갑'이라면, A는 양당제, B는 다당제이다. 다당제는 일반적으로 과반 의석을 차지한 정당이 존재하지 않으므로, 양당제에 비해 강력한 정책 수행이 용이하지 않다.

10 정치 참여 집단 이해

문제분석 공익보다 자신들의 특수한 이익을 우선시하는 것은 이익 집단이므로, A는 이익 집단이다. (가)에 들어가는 질문에 따라 B, C는 각각 정당, 시민 단체 중 하나이다.

정답찾기 ⑤ 자신의 행위에 정치적 책임을 지는 것은 정당이므로, (가)에 해당 질문이 들어가면, B는 정당, C는 시민 단체이다. 이익 집단과 달리 정당은 행정부와 의회를 매개하는 역할을 수행한다.

오답피하기 ① 정권 획득을 목적으로 정치적 충원 기능을 담당하는 것은 정당이다.

② B가 시민 단체라면, C는 정당이다. 정당, 이익 집단, 시민 단체는 모두 정치 과정에서 투입 기능을 담당한다.

③ C가 정당이라면, B는 시민 단체이다. 정당, 시민 단체, 이익 집단 모두 정치적 중립을 추구한다고 보기 어려우므로, 해당 질문은 (가)에 들어갈 수 없다.

④ 이익 집단은 대의제의 한계를 보완하는 기능을 한다. 따라서 해당 질문은 (가)에 들어갈 수 없다.

THEME 09 민법의 기초

수능 실전 문제 본문 51~53쪽

01 ④   02 ⑤   03 ④   04 ①
05 ④   06 ③

01 공법과 사법의 이해

문제분석 개인과 국가 기관 또는 국가 기관 간의 공적 생활 관계를 규율하는 법은 공법이므로 A는 사법이고, B는 공법이다.

정답찾기 ㄴ. 사법은 개인 간의 사적 생활 관계를 규율하는 법이다. 따라서 해당 내용은 (가)에 들어갈 수 있다.

ㄹ. 민법은 재산 관계 및 가족 관계를 규율하는 법이며, 사법에 해당한다. 따라서 해당 내용은 (다)에 들어갈 수 있다.

오답피하기 ㄱ. A는 개인과 개인 간의 사적 생활 관계를 규율하는 법인 사법이고, B는 개인과 국가 기관 또는 국가 기관 간의 공적 생활 관계를 규율하는 법인 공법이다.

ㄷ. 범죄와 그에 따른 형벌을 규정한 법은 형법이며, 형법은 공법에 해당한다. 따라서 해당 내용은 (나)에 들어갈 수 있다.

02 무과실 책임의 원칙 이해

문제분석 환경 정책 기본법의 "환경 오염 또는 환경 훼손으로 피해가 발생한 경우에는 해당 환경 오염 또는 환경 훼손의 원인자가 그 피해를 배상하여야 한다."라는 조항은 무과실 책임의 원칙이 적용됨을 보여 준다. 따라서 A는 무과실 책임의 원칙이다.

정답찾기 ⑤ 무과실 책임의 원칙에 따르면 타인에게 끼친 손해에 대해서 자신에게 고의나 과실이 없는 경우에도 일정한 요건에 따라 법적 책임을 질 수 있다.

오답피하기 ① 소유권 절대의 원칙에 대한 진술이다.

② 소유권 공공복리의 원칙에 대한 진술이다.

③ 계약 자유의 원칙에 대한 진술이다.

④ 계약 공정의 원칙에 대한 진술이다.

03 계약 공정의 원칙 이해

문제분석 ○○ 위원회가 가상 자산 사업자가 규정한 약관 조항이 고객에게 부당하게 불리한 조항이므로 무효라고 판단하는 것은 계약 공정의 원칙에 따른 것이다.

정답찾기 ④ 계약 공정의 원칙에 따르면 계약의 내용이 사회 질서에 반하거나 현저하게 공정하지 못한 경우 법적 효력이 발생하지 않는다.

오답피하기 ① 계약 자유의 원칙에 대한 진술이다.

② 소유권 절대의 원칙에 대한 진술이다.

③ 소유권 공공복리의 원칙에 대한 진술이다.

⑤ 과실 책임의 원칙에 대한 진술이다.

04 소유권 공공복리의 원칙 이해

문제분석 서울 행정 법원은 공익적 목적을 위해 토지의 소유주가 용인해야 하는 사회적 제약을 부담할 수 있다고 보았다. 이는 민법의 기본 원칙 중 소유권 공공복리의 원칙에 따른 것이다.

정답찾기 ① 소유권 공공복리의 원칙에 따르면 개인의 소유권도 공공복리를 위하여 필요한 경우에 한하여 법률로써 제한될 수 있는 상대적 권리이다. 따라서 개인의 재산권은 공공복리를 위하여 적합하게 행사되어야 한다.

오답피하기 ② 소유권 절대의 원칙에 대한 진술이다.
③ 계약 자유의 원칙에 대한 진술이다.
④ 계약 공정의 원칙에 대한 진술이다.
⑤ 과실 책임의 원칙에 대한 진술이다.

05 민법의 기본 원칙의 특징 비교

문제분석 민법의 기본 원칙 중 A는 과실 책임의 원칙이고, B는 계약 자유의 원칙이며, C는 소유권 절대의 원칙이다.

정답찾기 ㄱ. 과실 책임의 원칙은 현대 사회에서 무과실 책임의 원칙과 병존하며 적용된다.
ㄷ. 소유권 절대의 원칙에 따르면 재산권은 절대적 권리이므로 개인 소유의 재산에 대해 국가는 이를 함부로 간섭하거나 제한하지 못한다.
ㄹ. 과실 책임의 원칙, 계약 자유의 원칙, 소유권 절대의 원칙은 모두 개인주의, 자유주의를 이념적 기반으로 한다.

오답피하기 ㄴ. 현저하게 불공정한 내용의 계약은 계약 공정의 원칙에 따라 무효이다.

06 민법의 기본 원칙 이해

문제분석 경제적 강자의 책임 회피를 방지하려는 목적으로 도입된 근대 민법의 기본 원칙은 존재하지 않는다. 따라서 갑, 을이 옳은 내용을 발표했으며, A는 계약 자유의 원칙, B는 소유권 절대의 원칙, C는 과실 책임의 원칙이다. 수정 및 보완 원칙 D~F에 대해 모두 옳은 내용을 발표했으므로, D는 소유권 공공복리의 원칙, E는 계약 공정의 원칙, F는 무과실 책임의 원칙이다.

정답찾기 ③ 소유권 공공복리의 원칙은 자본주의 발달 과정에서 나타난 문제점을 해결하기 위해 등장하였다.

오답피하기 ① 옳은 내용을 발표한 학생은 갑과 을이다.
② 근대 사회에서 개인이 불합리한 연대 책임으로부터 벗어날 수 있도록 해 주는 근거가 되는 원칙은 과실 책임의 원칙이다.
④ 계약 자유의 원칙, 계약 공정의 원칙은 모두 현대 사회에서 민법의 기본 원칙으로 적용된다.
⑤ 계약 자유의 원칙, 소유권 절대의 원칙, 과실 책임의 원칙은 모두 개인주의, 자유주의를 이념적 기반으로 한다.

THEME 10 재산 관계와 법

수능 실전 문제

본문 55~60쪽

01 ④	02 ②	03 ⑤	04 ⑤
05 ④	06 ④	07 ④	08 ②
09 ⑤	10 ②	11 ⑤	12 ⑤

01 계약의 이해

문제분석 계약은 일정한 법률 효과를 발생시킬 목적으로 당사자 간 합의에 의해 성립하는 법률 행위이며, 계약이 체결되면 계약 체결의 당사자에게 일정한 권리와 의무가 발생한다. 따라서 갑과 을은 모두 옳은 내용을 발표하였고, 병과 정 중 1명은 옳지 않은 내용을 발표하였다.

정답찾기 ㄱ. 계약은 계약을 체결하고 싶다는 의사 표시인 청약과 이를 받아들이겠다는 의사 표시인 승낙이 합치된 때 성립한다. 따라서 (가)에 해당 내용이 들어가면 옳지 않은 내용을 발표한 학생은 정이다.
ㄷ. 계약의 내용은 실현 가능하고 적법해야 하며, 선량한 풍속 기타 사회 질서에 위반되지 않아야 한다. 따라서 해당 내용이 (가)에 들어가면 (나)에 해당 내용은 들어갈 수 없다.
ㄹ. 옳은 내용을 발표한 학생이 갑, 을, 정이라면 (가)에는 옳지 않은 내용이 들어가야 한다. 계약서를 작성해야 계약이 성립하는 것은 아니므로 해당 내용은 (가)에 들어갈 수 있다.

오답피하기 ㄴ. 계약은 계약 당사자 간 자유로운 의사 표시가 합치되어야 한다. 따라서 해당 내용이 (나)에 들어가면 옳은 내용을 발표한 학생은 갑, 을, 정이다.

02 무효와 취소 이해

문제분석 의사 능력이 없는 자가 계약을 체결한 경우에는 무효이고, 미성년자가 법정 대리인의 동의 없이 계약을 체결하면 미성년자 본인 및 법정 대리인이 취소할 수 있다. 따라서 A는 무효 사유가 될 수 있는 사례이고, B는 취소 사유가 될 수 있는 사례이다.

정답찾기 ㄷ. 사기로 인해 계약을 체결한 경우에는 취소할 수 있다.

오답피하기 ㄱ. 선량한 풍속 기타 사회 질서에 위반한 사항을 내용으로 하는 계약은 무효이다. 따라서 (가)에 해당 내용이 들어갈 수 있다.
ㄴ. 당사자의 궁박, 경솔 또는 무경험으로 인하여 현저하게 공정을 잃은 계약을 체결한 경우에는 무효이다. 따라서 (나)에 해당 내용이 들어갈 수 없다.

03 계약의 이해

문제분석 계약은 계약을 체결하고 싶다는 의사 표시인 청약과 이를 받아들이겠다는 의사 표시인 승낙이 합치된 때 성립한다.

정답찾기 ㄷ. (다)에서 갑이 11만 원에 테니스 라켓을 팔라고 청약을 하였고, 을은 이를 받아들이는 승낙을 하였다. 따라서 (다)에서 계약이 성립되었다.

ㄹ. 테니스 라켓 매매 계약 시 판매자인 을은 라켓을 갑에게 건네 주는 의무를 이행하여야 한다.

오답피하기 ㄱ. (가)에서는 갑의 청약 및 을의 승낙 행위가 나타나 있지 않다.

ㄴ. (나)에서는 갑과 을 간에 계약이 성립하지 않았다.

04 미성년자의 계약 이해

문제분석 미성년자는 제한 능력자이기 때문에 법정 대리인의 동의를 얻어야 법률 행위를 할 수 있다. 그러나 주어진 자료와 같이 미성년자가 단독으로 법률 행위를 할 수 있는 예외적인 경우도 있다.

정답찾기 ㄴ. 친구의 부모로부터 무상으로 자전거를 받는 행위는 권리만을 얻는 행위이므로 미성년자가 단독으로 할 수 있다.

ㄷ. 용돈은 법정 대리인이 범위를 정하여 처분을 허락한 재산에 해당된다.

ㄹ. 학교를 다니지 않는 미성년 자녀에게 법정 대리인이 신발 가게를 차려 준 경우는 미성년자가 법정 대리인으로부터 허락을 얻은 특정한 영업에 해당한다.

오답피하기 ㄱ. 미성년자가 법정 대리인의 동의 없이 법률 행위를 한 경우에는 미성년자 및 법정 대리인이 취소할 수 있으며, 취소하지 않으면 그대로 유효가 된다. 따라서 무조건 법적 효력이 발생하지 않는 것이 아니다.

05 미성년자의 계약 이해

문제분석 갑은 법정 대리인의 동의를 얻지 않고 계약을 체결하였고, 을은 법정 대리인의 동의서를 위조하여 계약을 체결하였다. 거래 당시 미성년자임을 알았을 경우에는 미성년자와 거래한 상대방은 철회권을 행사할 수 없으므로 ㉠에는 옳은 법적 판단 내용이 들어가야 한다. 을이 법정 대리인의 동의서를 위조하여 계약을 체결하였으므로 을과 을의 법정 대리인은 모두 계약을 취소할 수 없다. 따라서 ㉡에는 옳은 법적 판단 내용이 들어가야 한다.

정답찾기 ㄴ. 미성년자가 법정 대리인의 동의 없이 계약을 체결한 경우에 거래 상대방은 법정 대리인에게 확답을 촉구할 권리를 행사할 수 있다.

ㄹ. 을이 법정 대리인의 동의서를 위조하여 계약을 체결하였으므로 거래 상대방은 을의 부모에게 계약 체결의 의사 표시를 철회할 수 없다.

오답피하기 ㄱ. 갑의 부모는 계약을 취소할 수 있다.

ㄷ. 거래 상대방인 B가 을이 미성년자라는 것을 이유로 계약을 취소할 수는 없다.

06 불법 행위와 채무 불이행 이해

문제분석 채무자가 채무의 내용에 좇은 이행을 하지 아니한 때에는 채무 불이행이므로 채권자는 손해 배상을 청구할 수 있다. 고의 또는 과실로 인한 위법 행위로 타인에게 손해를 가하면 불법 행위가 되어 그 손해를 배상할 책임을 지게 된다. 따라서 A는 채무 불이행, B는 불법 행위이다.

정답찾기 ㄴ. 채무 불이행은 당사자의 자유로운 의사 합치에 따라 채권이 발생한 경우에 나타날 수 있다.

ㄷ. 채무 불이행과 불법 행위는 모두 위법 행위에 해당한다.

오답피하기 ㄱ. 채무 불이행과 불법 행위 책임은 모두 과실 책임의 원칙이 적용된다.

07 불법 행위의 성립 요건 이해

문제분석 불법 행위는 가해자의 고의 또는 과실, 위법성, 상당 인과 관계, 책임 능력 등을 성립 요건으로 한다.

정답찾기 ④ 책임 능력이 없는 자는 민법에 연령이 정해진 것은 아니다. 행위 당시에 가해자의 상태를 보고 판단하게 된다.

오답피하기 ① 고의는 '일부러', 과실은 '실수로' 해당 행위를 한 것이다.

② 긴급 피난, 정당방위는 모두 위법성 조각 사유에 해당한다.

③ 가해자의 행위로 인해 피해자에게 발생한 손해는 재산적 손해뿐만 아니라 정신적 손해도 포함된다.

⑤ 손해에 대한 배상은 금전 배상이 원칙이다.

08 사용자의 배상 책임 이해

문제분석 종업원(B)이 뜨거운 음식을 나르던 중 넘어지면서 의자에 앉아 식사를 하던 손님(C)에게 쏟았을 경우에는, 종업원의 행위가 불법 행위로 성립할 경우에만 음식점 사장인 A에게 사용자의 배상 책임이 인정된다.

정답찾기 갑. 사용자의 배상 책임을 묻기 위해서는 반드시 피용자의 행위가 불법 행위로 성립해야 한다.

병. 사용자가 피용자의 선임 및 그 사무 감독에 상당한 주의를 다하였다는 것을 증명하면 손해 배상 책임을 지지 않는다.

오답피하기 을. 사용자의 배상 책임이 인정될 경우에 피해자는 피용자가 아닌 사용자에게만 손해 배상을 청구해야 하는 것은 아니다. 피용자에게만 손해 배상을 청구할 수도 있다.

정. 피용자인 B의 행위에 고의 또는 과실이 없으면 B의 행위가 불법 행위로 성립하지 않는 것이다. 피용자의 행위가 불법 행위로 성립하지 않으면 사용자의 배상 책임이 인정되지 않는다.

09 책임 능력이 없는 자의 감독자 책임 이해

문제분석 자신의 행위로 인해 법률상 책임이 발생한다는 것을 인식할 수 있는 능력을 책임 능력이라고 한다. 사례에서 가해 행위 당시 을은 책임 능력이 있는 반면에 병은 책임 능력이 없었다. 책임 능력이 없는 자의 감독자는 특수 불법 행위 책임을 진다.

정답찾기 ㄷ. 피해자는 책임 능력이 없는 자의 감독자인 갑에게 특수 불법 행위 책임을 물을 수 있다.

ㄹ. 피해자는 책임 능력이 없는 병에게 일반 불법 행위 책임을 물을 수 없다.

오답피하기 ㄱ. 피해자는 책임 능력이 있는 을에게 손해 배상 책임을 물을 수 있다.

ㄴ. 피해자는 책임 능력이 있는 자의 부모에게 특수 불법 행위 책임을 물을 수 없다.

10 공작물의 점유자, 소유자 책임 이해

문제분석 법원은 사고 당시 건물을 임차하고 철제 거치대를 점유하고 있던 세입자 을을 공작물의 점유자로 보고 을에게 배상 책임이 있다며 손해에 대한 배상을 하라는 판결을 내렸다. 이는 특수 불법 행위 중 공작물의 점유자 책임을 인정한 것이다.

정답찾기 ㄱ. 법원은 을에게 특수 불법 행위 중 공작물의 점유자 책임이 있다고 보았다.
ㄹ. 공작물의 점유자인 을이 손해 방지를 위한 주의를 다하였음을 증명하였다면 공작물의 소유자인 병이 손해 배상 책임을 졌을 것이다.

오답피하기 ㄴ. 을은 손해 방지를 위한 주의를 다하였음을 증명하면 손해 배상 책임을 지지 않는다.
ㄷ. 을이 면책될 경우에 병에게 공작물의 소유자 책임을 물을 수 있는데, 이 경우 공작물의 소유자는 무과실 책임을 진다.

11 동물의 점유자 책임, 공동 불법 행위자의 책임 이해

문제분석 병은 같은 반 학생 A, B, C에게 폭행을 당했으며, 이 경우에는 특수 불법 행위 중 공동 불법 행위자의 책임이 적용되며, 갑이 반려견을 놓쳐 지나가던 정을 문 경우에는 특수 불법 행위 중 동물의 점유자 책임이 적용된다.

정답찾기 ㄷ. 정은 피해 당시에 동물을 점유하고 있던 갑에게 특수 불법 행위 책임을 물을 수 있다.
ㄹ. 만약 A는 폭행을 하지 않았고, 폭행하는 것을 적극적으로 말렸다는 것이 증명되면 A는 공동 불법 행위자에 해당하지 않는다. 따라서 이 경우에 병은 B, C에게만 손해 배상 책임을 물을 수 있다.

오답피하기 ㄱ. 공동 불법 행위자에게 책임을 물을 경우에 반드시 손해 배상액을 균등하게 청구해야 하는 것은 아니다. 한 사람에게만 손해 배상 전부를 청구할 수도 있다.
ㄴ. 정은 갑과 을에게 공동 불법 행위자의 책임을 물을 수 없다.

12 특수 불법 행위 이해

문제분석 책임 능력이 없는 자의 감독자에게는 특수 불법 행위 책임을 물을 수 있으므로 ㉠에는 옳지 않은 내용이 들어가야 한다. 피용자의 행위가 불법 행위로 성립하면 사용자의 배상 책임이 인정되므로 피해자는 사용자에게 손해 배상 책임을 물을 수 있다. ㉣의 점수가 몇 점이냐에 따라 ㉡에 들어갈 수 있는 내용이 정해진다. 공작물의 점유자가 무과실 책임을 지는 것은 아니므로 ㉢에는 옳은 내용이 들어가야 한다.

정답찾기 ㄷ. A는 공작물의 점유자인 갑에게 우선적으로 손해 배상 책임을 물어야 하고, 갑이 면책되면 공작물의 소유자인 을에게 무과실 책임을 물을 수 있다. 따라서 해당 내용은 ㉢에 들어갈 수 없다.
ㄹ. 을의 행위가 불법 행위로 성립하지 않으면 갑은 A에게 사용자의 배상 책임을 지지 않는다. 따라서 해당 내용이 ㉡에 들어가면 ㉣은 '0점'이 되며, (가)~(다)의 서술 내용에 대한 총점은 '2점'이 된다.

오답피하기 ㄱ. 을은 책임 능력이 없으므로 A는 을에게 불법 행위로 인한 손해 배상을 요구할 수 없다. 따라서 해당 내용은 ㉠에 들어갈 수 없다.

ㄴ. A가 갑에게 사용자의 배상 책임을 묻기 위해서는 을의 행위가 불법 행위로 성립해야 한다. 따라서 해당 내용이 ㉡에 들어가면 ㉣은 '1점'이다.

THEME 11 가족 관계와 법

수능실전문제

본문 62~67쪽

01 ⑤	02 ④	03 ⑤	04 ④
05 ④	06 ②	07 ④	08 ④
09 ④	10 ②	11 ④	12 ③

01 혼인의 의미와 성립 요건 이해

문제분석 혼인은 일종의 계약에 해당하며, 형식적 요건과 실질적 요건을 모두 갖추어야 법적으로 유효한 법률혼이 된다.

정답찾기 ⑤ 사실혼 상태의 사람은 다른 상대방과 법률혼을 할 수 있다. 즉 사실혼 상태의 사람은 다른 사람과 혼인한 상태에서 다시 혼인하는 중혼이 아니므로 다른 상대방과 법률혼이 가능하다.

오답피하기 ① 혼인의 형식적 요건은 '혼인 신고'이다. 따라서 (가)에 해당 내용이 들어갈 수 있다.

② 혼인은 일종의 계약에 해당하기 때문에 혼인을 하면 부부 상호 간에 권리와 의무가 발생한다.

③ 18세인 미성년자는 부모의 동의를 얻으면 혼인이 가능하다.

④ 혼인할 수 없는 근친에는 혈족뿐만 아니라 인척도 포함된다.

02 협의상 이혼, 재판상 이혼 이해

문제분석 갑과 을은 법원의 이혼 판결로 이혼을 했으므로 재판상 이혼을 하였고, 갑과 병은 합의로 이혼을 하였으므로 협의상 이혼을 하였다.

정답찾기 ㄱ. 법률혼 상태에서 낳은 자녀는 혼인 중 출생자이다.

ㄴ. 재판상 이혼은 민법에 정해진 이혼 사유에 해당하여야만 가능하다.

ㄷ. 이혼의 효력은 재판상 이혼의 경우에는 이혼 판결이 확정될 때 발생하고, 협의상 이혼의 경우에는 행정 기관에 이혼 신고를 한 때에 발생한다.

오답피하기 ㄹ. 이혼 숙려 기간은 협의상 이혼의 경우에 거쳐야 하는 절차이다.

03 혼인과 이혼의 효과 이해

문제분석 혼인을 하게 되면 배우자 및 인척 관계가 발생하므로 (가)에는 옳지 않은 내용이 들어가야 한다. 친권은 미성년인 자녀에 대해 갖는 부모의 권리이므로 (나)에는 옳은 내용이 들어가야 한다.

정답찾기 ㄴ. 혼인하게 되면 원칙적으로 부부 별산제가 적용된다.

ㄷ. 이혼하게 되면 혼인 중 취득한 부부 공유 재산에 대한 분할을 청구할 수 있다.

ㄹ. 이혼하게 되면 미성년인 자녀를 양육하지 않는 부 또는 모는 면접 교섭권을 갖는다.

오답피하기 ㄱ. 혼인하게 되면 부부는 일상의 가사에 대하여 대리권을 갖는다.

04 양자 제도 이해

문제분석 친양자는 일반 입양에 의한 양자와 달리 미성년자만 양자가 될 수 있다. 따라서 A는 친양자, B는 일반 입양에 의한 양자이다.

정답찾기 ㄴ. 인지 절차를 거쳐야만 친자 관계가 형성되는 것은 혼인 외 출생자이다. 따라서 해당 내용은 (나)에 들어갈 수 있다.

ㄷ. 친양자는 일반 입양에 의한 양자와 달리 친생부모 사망 시 친생부모의 재산을 상속받을 수 없다. 따라서 해당 내용은 (다)에 들어갈 수 없다.

오답피하기 ㄱ. 일반 입양에 의한 양자와 친양자 모두 양자가 미성년자인 경우에는 양부모가 친권을 행사한다. 따라서 해당 내용은 (가)에 들어갈 수 없다.

05 친권에 대한 이해

문제분석 남편이 자녀와 배우자를 폭행하는 것은 배우자와의 관계에서는 이혼 사유가 될 수 있고, 자녀와의 관계에서는 친권 상실의 사유가 될 수 있다.

정답찾기 ㄱ. 이혼 시 혼인 기간 동안 남편으로부터 입었던 피해에 대해 손해 배상을 청구할 수 있다.

ㄴ. 이혼 소송을 통한 재판상 이혼은 민법상 이혼 사유에 해당하여야 가능하다. 남편의 폭행은 민법상 이혼 사유에 해당할 가능성이 크므로 이혼 소송을 제기할 수 있다.

ㄷ. 남편이 자녀를 지속적으로 폭행하는 것은 친권 상실의 사유가 되므로 친권 상실을 청구할 수 있다.

오답피하기 ㄹ. 자녀에 대한 지속적인 폭행은 친권 상실의 사유가 될 수 있다. 그러나 친권이 상실된다고 해서 친자 관계가 종료되는 것은 아니다. 친자 관계가 종료되는 상황에는 친양자로 입양되는 경우 등이 있다.

06 친양자 제도 이해

문제분석 자료의 친양자 입양 심판 청구의 청구인 갑은 을의 모(母)인 병과 법률혼 상태에서 을을 친양자로 입양하고자 한다.

정답찾기 ㄱ. 친양자 입양은 미성년자인 경우에만 가능하다.

ㄹ. 친양자로 입양되면 양부모의 혼인 중 출생자로 간주된다.

오답피하기 ㄴ. 친모인 병이 갑과 법률혼 상태에 있으므로 갑이 을을 친양자로 입양하더라도 병과 을의 친자 관계가 종료되는 것은 아니다.

ㄷ. 친양자로 입양되면 양부모의 성과 본을 따라야 한다. 사례에서는 을의 성과 본이 바뀌지 않는다고 단정할 수 없다. 을의 성과 본이 갑을 따를 수 있기 때문이다.

07 법률혼과 사실혼 이해

문제분석 혼인의 실질적 요건을 갖추었으나 형식적 요건인 혼인 신고를 하지 않은 A는 사실혼이고, 혼인의 형식적 요건과 실질적 요건을 모두 갖춘 B는 법률혼이다.

정답찾기 ㄱ. 법률혼과 달리 사실혼 관계에서는 친족 관계가 발생하지 않는다.

ㄴ. 법률혼과 달리 사실혼 관계에서는 배우자 재산에 대한 상속권이 없다.

ㄷ. 사실혼 상태에서도 혼인 관계 파기 시 손해에 대한 손해 배상 책임을 물을 수 있다.

오답피하기 ㄹ. 사실혼은 법률혼과 달리 혼인 관계 해소 시 법원에서의 법적 절차를 필요로 하지 않는다.

08 부부 별산제와 일상 가사 대리권 이해

문제분석 우리나라에서는 혼인이 성립하면 원칙적으로 부부 간에 부부 별산제가 적용되나, 일상 가사에 관해서는 서로 대리권이 인정된다.

정답찾기 ㄱ. 부부 별산제에 따라 혼인 전부터 가진 고유 재산에 대해서는 이혼 시 원칙적으로 재산 분할권을 행사할 수 없다.

ㄴ. 일상 가사에 해당하는 계약은 일상 가사 대리권이 인정되므로 배우자를 대리하여 체결할 수 있다.

ㄷ. 도박으로 인해 발생한 채무는 일상 가사 채무에 해당하지 않으므로 연대 책임을 지지 않는다.

오답피하기 ㄹ. 일상 가사 대리권과 일상 가사 채무 연대 책임은 법률혼과 사실혼 모두에서 인정된다.

09 상속 제도 이해

문제분석 사람이 사망하면 사망한 자의 재산에 대해 유언이 있으면 유언에 따라 재산을 처분하고, 유언이 없으면 상속이 이루어진다.

정답찾기 ㄱ. 피상속인의 배우자는 피상속인의 형제자매와 공동 상속인이 될 수 없다. 피상속인의 직계 비속, 직계 존속, 배우자가 모두 없어야 피상속인의 형제자매가 상속인이 될 수 있다.

ㄷ. 상속의 대상에는 피상속인의 채무도 포함된다.

ㄹ. 한정 승인 제도에 따라 상속인은 상속으로 인하여 취득할 재산의 한도에서 피상속인의 채무와 유증을 변제할 것을 조건으로 상속을 승인할 수 있다.

오답피하기 ㄴ. 배우자는 공동 상속인의 상속분에 50%를 가산하여 상속받는다.

10 가족 관계에 관한 법규 내용 이해

문제분석 갑과 을은 재판상 이혼을 하였고, 갑과 병은 협의상 이혼을 하였다. C는 친양자로 입양되었고, A는 친양자가 아닌 양자로 입양되었다. 친양자와 달리 친양자가 아닌 양자는 친생부모와의 친자 관계가 종료되지 않는다.

정답찾기 ㄱ. 재판상 이혼과 달리 협의상 이혼에서는 원칙적으로 이혼 숙려 기간을 거쳐야 한다.

ㄷ. 갑과 병이 법률혼 상태에 있으므로 C와 병의 친자 관계가 종료되는 것은 아니다.

오답피하기 ㄴ. 법률혼 상태에서 낳은 자녀 B는 갑과 병의 혼인 중 출생자이며, 인지 절차를 거치지 않아도 출생하면 친자 관계가 바로 형성된다. 친자 관계 형성 시 인지 절차를 고려해야 하는 것은 혼인 외 출생자이다.

ㄹ. 양부모의 성과 본을 따라야 하는 것은 친양자이다.

11 상속 제도 이해

문제분석 첫 번째 사례에서는 A의 사망 시 직계 비속과 배우자가 있으므로 이들이 공동으로 상속을 받는다. 두 번째 사례에서는 C의 사망 시 직계 존속이 있으므로 그들이 공동 상속을 받고, A의 사망 시 배우자와 직계 존속이 있으므로 그들이 공동 상속을 받는다.

정답찾기 갑. 직계 비속과 배우자는 공동 상속을 받지만 배우자는 공동 상속인 상속분의 50%를 가산하여 받으므로 B : C : D=1.5 : 1 : 1의 비로 상속받는다. 따라서 B의 상속액은 6억 원(=14억 원×3/7)이고, C와 D는 각각 4억 원(=14억 원×2/7)씩 상속받는다.

을. C와 D의 상속액의 합은 8억 원이고, B의 상속액은 6억 원이다.

정. C가 사망하면 C의 재산 2억 원을 A, B가 각각 1억 원씩 상속받는다. A의 사망 시 A의 재산은 상속 재산 1억 원과 이를 고려하지 않은 재산 9억 원을 합한 10억 원이다. 10억 원을 A의 홀어머니 D와 배우자 B가 B : D=1.5 : 1의 비로 상속받는다. 따라서 A의 재산에 대한 B의 상속액은 6억 원(=10억 원×3/5)이고, D의 상속액은 4억 원(=10억 원×2/5)이다.

오답피하기 병. C의 재산에 대해 직계 존속인 A, B가 공동으로 상속받는다.

12 가족 관계에 관한 법규 내용 이해

문제분석 갑과 을은 재판상 이혼을 하였고, 갑과 병은 사실혼 상태에서 B를 낳고, 사실혼 상태에서 갑이 사망하였다.

정답찾기 ㄴ. 이혼 후 갑은 A를 양육하지 않으므로 A에 대한 면접교섭권을 갖는다.

ㄷ. 갑의 재산에 대한 상속 개시의 시점에서 갑의 재산에 대한 상속권자는 갑과 을 사이에서 낳은 자녀 A가 유일하다. 병과는 사실혼 관계이고, 자녀 B와는 친자 관계가 형성되어 있지 않기 때문이다.

오답피하기 ㄱ. B는 병의 혼인 외 출생자이다.

ㄹ. 갑과 을은 법률혼 상태에서 A를 낳았으므로 갑과 A의 친자 관계는 인지 절차를 거쳐야 형성되는 것이 아니다.

01 형법의 기능 이해

문제분석 A는 형법의 보호적 기능, B는 형법의 보장적 기능이다.

정답찾기 ③ 형법의 보장적 기능은 국가가 행사하는 형벌권의 한계를 명확히 하여 국민의 자유와 권리를 보장하는 것을 의미하는데, 이때 국민의 권리에는 부당한 처벌을 받지 않을 범죄인의 권리도 포함된다.

오답피하기 ① A는 보호적 기능, B는 보장적 기능이다.

② 형법에 규정된 형벌과 보안 처분은 모두 국가에 의한 공권력 행사에 해당하며 형법은 개인적 보복을 금지한다.

④ 형법의 보호적 기능은 개인이나 공동체를 위협하는 행위를 범죄로 규정하여 법익의 침해를 예방하는 것을 강조한다.

⑤ 범죄와 형벌이 법률에 명확히 규정되어 있을 것을 요청하는 죄형 법정주의를 통해 국가의 형벌권을 제약하고 국민의 자유와 권리를 보장함으로써 형법의 보장적 기능을 실현할 수 있다.

02 죄형 법정주의의 의미 이해

문제분석 A는 죄형 법정주의이다. 근대적 의미의 죄형 법정주의는 법률의 내용을 문제 삼지 않아 부당한 법률에 의한 형벌권 남용의 우려가 있었다. 반면 현대적 의미의 죄형 법정주의는 범죄와 형벌을 규정하는 법률의 내용이 실질적 정의에 합치될 것을 요구하며, 이를 위해 범죄와 형벌을 규정하는 법률의 내용이 기본적 인권을 보장할 수 있도록 적정해야 한다는 적정성의 원칙이 강조되고 있다.

정답찾기 ㄱ. 죄형 법정주의가 뒷받침되어야 형법의 보장적 기능을 실현할 수 있다.

ㄷ. 현대적 의미의 죄형 법정주의는 형법의 내용이 실질적 정의에 부합할 것을 요구함으로써 법관의 자의뿐만 아니라 입법자의 자의로부터도 국민의 자유와 권리를 보장하고자 한다.

오답피하기 ㄴ. 죄형 법정주의에 따르면 어떤 행위가 범죄가 되고 그 행위에 대하여 어떤 형벌을 부과할 것인가는 행위 이전에 미리 성문의 법률에 규정되어 있어야 하는데, 이때 성문의 법률은 범죄와 그에 대한 법적 제재를 규정한 모든 법 규범으로 실질적 의미의 형법을 의미한다.

ㄹ. 범죄 행위의 경중과 행위자가 부담해야 할 형사 책임 사이에 균형을 갖추어야 한다는 원칙은 적정성의 원칙이다. 현대적 의미의 죄형 법정주의는 범죄와 형벌을 규정하는 법률의 내용이 실질적 정의에 합치될 것을 요구하며, 이를 위해 적정성의 원칙을 강조한다.

03 범죄의 성립 요건 이해

문제분석 법원은 상관 모욕죄에서 모욕은 '사실을 적시하지 아니하고 사람의 사회적 평가를 저하시킬 만한 추상적 판단이나 경멸적 감정을 표현한 것'을 의미하는데 갑의 행위는 A의 사회적 평가를 저하시킬 만한 표현이라 할 수 없고, 갑에게 상관 모욕의 의도가 있었다고 단정하기도 어렵다고 판단하였다.

정답찾기 ④ 법원은 갑의 행위가 상관 모욕죄에서 의미하는 모욕에 해당하지 않는다고 판단하였다. 즉 법원이 갑에게 무죄를 선고한 이유는 갑의 행위가 범죄의 구성 요건에 해당하지 않기 때문이다.

오답피하기 ① 정당방위는 현재의 부당한 침해로부터 자기 또는 타인의 법익을 방위하기 위하여 한 행위로 상당한 이유가 있는 경우를 의미한다.

② 자구 행위는 법률에서 정한 절차에 따라서는 청구권을 보전할 수 없는 경우에, 그 청구권의 실행이 불가능해지거나 현저히 곤란해지는 상황을 피하기 위하여 한 행위로 상당한 이유가 있는 경우를 의미한다.

③ 긴급 피난은 자기 또는 타인의 법익에 대한 현재의 위난을 피하기 위한 행위로 상당한 이유가 있는 경우를 의미한다.

⑤ 강요된 행위는 저항할 수 없는 폭력이나 자기 또는 친족의 생명, 신체에 대한 위해를 방어할 방법이 없는 협박에 의해 행해진 행위를 의미한다.

04 유추 해석 금지의 원칙 이해

문제분석 관용적으로 사용되는 용례에서 자수는 범행이 발각되고 지명 수배된 후의 자진 출두도 포함하는 개념인데 공직 선거법에서 자수를 범행 발각 전에 자수한 경우로 한정하여 피고인의 자진 출두 및 범죄 신고 행위를 자수로 인정하지 않는 것은 유추 해석을 통해 처벌 범위를 실정법 이상으로 확대한 것이다. 따라서 A 원칙은 유추 해석 금지의 원칙이다.

정답찾기 ⑤ 유추 해석 금지의 원칙은 법률에 규정이 없는 사항에 대해 그것과 유사한 성질을 가지는 법 규정을 적용하여 행위자에게 불리한 새로운 구성 요건을 만들거나 형을 가중할 수 없다는 원칙이다.

오답피하기 ① 명확성의 원칙에 해당하는 설명이다.

② 적정성의 원칙에 해당하는 설명이다.

③ 성문 법률주의(관습 형법 금지의 원칙)에 해당하는 설명이다.

④ 소급효 금지의 원칙(형벌 불소급의 원칙)에 해당하는 설명이다.

05 범죄의 성립 요건 이해

문제분석 구성 요건 해당성, 위법성, 책임을 모두 갖추어야 범죄가 성립한다. A는 구성 요건에 해당하지만 위법성이 조각되어 범죄가 성립하지 않는 경우, B는 위법한 행위이지만 책임이 조각되어 범죄가 성립하지 않는 경우이다. C는 범죄가 성립하는 경우이다. 자녀를 살해하겠다는 유괴범의 협박에 못 이겨 자신이 근무하는 회사의 생산 설비를 파손한 행위는 강요된 행위로 책임 조각 사유에 해당한다. 듣거나 말하는 데 모두 장애가 있는 성인이 타인의 지갑을 훔친 행위는 범죄는 성립되나 형의 감경 사유에 해당한다. 따라서 을, 병은 모두 옳은 내용을 말하였다.

(정답찾기) ② 을, 병이 모두 옳은 내용을 말하였으므로 (가)에는 틀린 내용이 들어가야 한다. 초등학생(12세)이 친구 아버지의 시계를 훔쳐 판매한 행위는 책임이 조각되어 범죄가 성립하지 않는 사례이다. 따라서 해당 내용은 (가)에 들어갈 수 있다.

(오답피하기) ① 옳지 않은 내용을 말한 한 사람은 '갑'이다.

③ 심신 상실자의 위법한 행위는 책임 조각 사유에 해당한다.

④ 자기 또는 타인의 법익에 대한 현재의 위난을 피하기 위한 행위로 상당한 이유가 있는 경우는 긴급 피난에 해당한다. 긴급 피난은 위법성 조각 사유이다.

⑤ 처분할 수 있는 자의 승낙에 의해 그 법익을 훼손한 행위로 법률에 특별한 규정이 없는 경우는 피해자의 승낙에 해당한다. 피해자의 승낙은 위법성 조각 사유이다.

06 위법성 조각 사유 이해

(문제분석) 현재의 부당한 침해로부터 자기 또는 타인의 법익(法益)을 방위하기 위하여 한 행위는 상당한 이유가 있는 경우 정당방위, 자기 또는 타인의 법익에 대한 현재의 위난을 피하기 위한 행위는 상당한 이유가 있는 경우 긴급 피난에 해당한다. 따라서 A는 정당방위, B는 긴급 피난이다.

(정답찾기) ㄴ. 정당방위와 긴급 피난은 모두 위법성 조각 사유에 해당한다. 따라서 해당 내용은 (가)에 들어갈 수 없다.

ㄹ. 강풍에 의해 머리 위로 떨어지는 간판을 피하려고 어쩔 수 없이 타인의 집 안으로 뛰어 들어간 행위는 긴급 피난에 해당한다.

(오답피하기) ㄱ. 긴급 피난을 규정한 형법 제22조 제1항의 '위난'은 반드시 위법한 침해에 의하여 발생할 필요는 없는 반면, 정당방위를 규정한 형법 제21조 제1항의 '부당한 침해'는 위법한 침해 행위를 의미한다. 따라서 해당 내용은 (가)에 들어갈 수 없다.

ㄷ. 타인의 가방을 훔쳐 도주하는 현행 범인을 쫓아가서 체포한 경찰관의 행위는 정당 행위에 해당한다.

07 형벌의 종류 이해

(문제분석) 카드에 적혀 있는 형벌의 내용에 따라 징역은 오른쪽으로 3칸 이동, 금고는 오른쪽으로 2칸 이동, 구류는 오른쪽으로 1칸 이동, 몰수는 왼쪽으로 3칸 이동, 벌금은 왼쪽으로 2칸 이동, 과료는 왼쪽으로 1칸 이동한다. 게임 결과 을>병>갑 순으로 출발점에서 멀리 떨어진 곳에 위치하였다는 점을 통해 갑은 벌금, 을은 몰수, 병은 구류가 적힌 카드를 가져갔다는 것을 알 수 있다.

(정답찾기) ④ 게임 결과 갑은 오른쪽으로 1칸, 을은 왼쪽으로 4칸, 병은 오른쪽으로 3칸 이동하였다. 따라서 갑, 병과 달리 을은 출발점에서 왼쪽으로 이동한 곳에 위치하였다.

(오답피하기) ① 갑이 가져간 카드는 각각 징역, 벌금이다. 징역은 자유형, 벌금은 재산형에 해당한다.

② 을이 가져간 카드는 각각 과료, 몰수이다. 따라서 을은 출발점에서 4칸 떨어진 곳에 위치한다.

③ 병이 가져간 카드는 각각 금고, 구류이다. 금고, 구류는 모두 자유형에 해당한다.

⑤ ㉠은 벌금, ㉡은 몰수, ㉢은 구류이다.

08 형벌과 보안 처분 이해

(문제분석) 법원은 갑의 행위가 심신 상실 상태에서 이루어진 것으로 보고 형벌을 부과할 수 없다고 판단하였다. 다만, 법원은 갑에게 재범의 가능성이 있으므로 치료 감호를 선고하였다.

(정답찾기) ② 법원은 갑에게 무죄 판결을 내리면서 치료 감호를 선고하였다. 치료 감호는 대안적 형사 제재인 보안 처분에 해당한다.

(오답피하기) ① 심신 상실자의 행위는 책임 조각 사유이다.

③ 치료 감호는 형벌이 아니며 대안적 형사 제재에 해당한다.

④ 법원은 갑이 심신 장애로 사물의 선악과 시비를 합리적으로 판단해 구별할 수 없고, 의지를 정해 자신의 행위를 통제하는 능력이 결여된 상태에서 이루어진 것으로 보인다며 법적 비난 가능성이 없다고 판단하였다.

⑤ 교정 시설 등에 수용하지 않고 사회생활을 허용하면서 보호 관찰관의 지도·감독을 받는 보안 처분은 보호 관찰이다.

09 형사 재판 결과 이해

(문제분석) A는 1심 재판에서 자격 정지 2년의 선고 유예 판결을 받았으나, 형이 너무 가벼워 부당하다며 검사가 항소하였다. 이에 □□ 지방 법원은 A에게 징역 6월을 선고하였다. B는 1심 재판에서 무기 징역 판결을 받았으나, 원심의 형이 너무 무거워서 부당하다며 B가 항소하였다. 이에 ○○ 고등 법원은 B에게 금고 3년을 선고하였다.

(정답찾기) ⑤ 항소심에서 A는 징역 6월, B는 금고 3년을 선고받았다. 징역과 달리 금고는 노역을 부과하지 않으므로 항소심 판결이 확정된 경우 A와 달리 B는 노역에 복무하지 않아도 된다.

(오답피하기) ① A는 1심 재판에서 자격 정지 2년의 선고 유예 판결을 받았다. 자격 정지는 신체의 자유를 박탈하는 자유형이 아니라 명예형이다.

② ○○ 고등 법원은 B에게 금고 3년을 선고하였다. 금고는 자유형에 해당하는 형벌이다.

③ B에 대한 2심 재판이 ○○ 고등 법원에서 이루어졌으므로, B에 대한 1심 재판은 지방 법원 합의부가 담당하였다.

④ 항소 이유를 통해 A에 대한 1심 판결에 불복한 검사가 항소하였고, B에 대한 1심 판결에 불복한 B가 항소하였음을 알 수 있다.

10 죄형 법정주의 이해

(문제분석) 제시된 A국 형법의 일부 조항을 통해 죄형 법정주의의 내용(파생 원칙)이 잘 지켜지고 있는지를 판단할 수 있다.

(정답찾기) 을. (나)는 범죄와 형벌이 명확하게 규정되어 있지 않아 법관의 자의적 해석에 의한 형벌권 남용의 우려가 있다.

병. 재물을 절취한 자는 징역 5년 이상에 처하는 반면, 살인을 저지른 자는 징역 5년 이하에 처한다는 것은 범죄 행위의 경중과 행위자가 부담해야 할 형사 책임 사이에 적정한 균형을 이루지 못하여 적정성의 원칙에 위배된 것이다.

(오답피하기) 갑. (가)에는 소급효를 금지하는 내용이 아니라 행위자에게 유리한 경우 소급효를 허용한다는 내용이 나타나 있다.

정. '사회적 위험 행위와 처벌에 대해서는 전통적으로 내려오는 관습을 따른다.'라는 내용은 관습법을 근거로 일정한 행위를 범죄로 인정하거나 형벌을 부과하는 것을 금지하는 성문 법률주의에 위배된다.

11 형벌과 보안 처분 이해

문제분석 범죄에 대한 법률 효과로서 범죄자에 대해 부과하는 법익의 박탈인 B는 형벌이고, 행위자의 장래의 위험성 때문에 행위자를 개선 및 재사회화하고 위험한 행위자로부터 사회를 방위하기 위하여 부과되는 것으로 형벌 이외의 형사 제재인 A는 보안 처분이다.

정답찾기 ① 치료 감호와 보호 관찰은 보안 처분에 해당하고, 자격 정지와 자격 상실은 명예형으로 형벌에 해당한다.

오답피하기 ② 위법성이 조각되는 행위에 대해서 형벌을 부과할 수 없다.

③ 형벌뿐만 아니라 보안 처분을 부과하는 경우에도 적법 절차의 원칙이 준수되어야 한다.

④ 형벌을 부과하면서 보안 처분을 함께 부과할 수 있다.

⑤ 위법 행위를 한 행위자에게 법적 비난 가능성이 없어 책임이 조각되는 경우 형벌은 부과될 수 없다. 단, 치료 감호와 같은 보안 처분은 부과될 수 있다.

12 범죄의 성립 요건 이해

문제분석 산책 중 사나운 개가 갑자기 달려들자 어쩔 수 없이 타인의 집에 무단으로 뛰어 들어간 행위는 긴급 피난으로 위법성 조각 사유에 해당한다. B가 조각되는 사례에 대해 2점을 얻었으므로 B는 위법성이며, A는 책임이다.

정답찾기 ㄱ. 책임은 위법 행위를 하였다는 데 대하여 행위자에게 가해지는 법적 비난 가능성을 의미한다.

ㄴ. 위법성은 범죄의 구성 요건에 해당하는 행위가 객관적 법질서 전체의 관점에서 허용되지 않는다는 부정적인 가치 판단을 의미한다.

ㄷ. 심신 장애로 인해 사물을 변별할 능력이 미약한 상태에서 타인의 창고에 불을 붙여 방화 행위를 한 것은 범죄가 성립하며 책임 감경 사유에 해당한다. 책임이 조각되는 사례에 대해 1점을 얻었으므로 (가)에는 책임이 조각되는 사례가 들어가야 하는데 14세인 을은 형사 미성년자가 아니므로 을이 편의점 주인을 폭행한 행위는 범죄가 성립한다. 따라서 해당 내용은 (가)에 들어갈 수 없다.

오답피하기 ㄹ. (나)에는 위법성이 조각되는 사례가 들어가야 한다. 자신의 생명을 위협하는 강도의 협박으로 강요를 당해 회사의 업무상 비밀을 누설한 행위는 책임 조각 사유에 해당한다. 따라서 해당 내용은 (나)에 들어갈 수 없다.

형사 절차와 인권 보장

수능 실전 문제

본문 76~81쪽

01 ④	02 ⑤	03 ②	04 ①
05 ④	06 ②	07 ⑤	08 ②
09 ①	10 ②	11 ③	12 ①

01 형사 절차의 흐름 이해

문제분석 범죄 혐의의 유무를 명백히 하여 공소 제기 여부 등을 결정하기 위해 범인을 발견·확보하고 증거를 수집·보전하는 수사 기관의 활동은 수사이며, 공소 제기 이후 법원에 의하여 진행되는 심리 절차로 피고인의 형사 책임 유무와 그 정도를 판단하는 일련의 소송 과정은 공판(형사 재판)이다. 따라서 A는 수사, B는 공판(형사 재판)이다.

정답찾기 ④ 수사 기관과 법원은 각각 피의자와 피고인에게 진술 거부권을 고지할 의무가 있다. 따라서 수사 단계에서 피의자에게 진술 거부권이 고지되었더라도 모두(冒頭) 절차에서 법원은 피고인에게 진술 거부권을 고지하여야 한다.

오답피하기 ① 수사는 고소(피해자 또는 그와 일정한 관계에 있는 자)나 고발(제3자)뿐만 아니라 현행범의 체포, 긴급 체포, 범인의 자수, 수사 기관의 인지 등에 의해서 개시될 수 있다.

② 검사는 기소권을 가지며, 검사의 지휘에 따라 형의 집행이 이루어진다.

③ 사실 심리 절차에서 검사의 구형이 이루어진다.

⑤ 피해자는 형사 재판의 당사자가 아니며 판결에 불복하여 상급 법원에 상소할 수 없다.

02 형사 절차 이해

문제분석 갑은 △△법 위반죄로 기소되어 징역 4월에 집행 유예 2년 및 40시간의 준법 운전 강의 수강 명령을 선고받고 해당 판결이 확정되었다. 이후 갑은 □□법 위반죄로 구속되었고, 검사는 갑의 집행 유예 취소를 청구하였으나 법원이 이를 기각하였다. 검사는 해당 결정에 불복하여 항고하였고 항고심을 담당한 법원은 원심 결정을 취소하고 갑에 대한 집행 유예 선고를 취소하였다.

정답찾기 ⑤ □□법 위반죄로 구속된 갑에게 법원은 벌금 500만 원을 선고하였다. 유죄 판결이 확정되면 갑은 형사 보상을 청구할 수 없다.

오답피하기 ① △△법 위반죄로 기소된 갑에게 법원은 징역 4월에 집행 유예 2년을 선고하였다. 집행 유예 선고를 받은 후 그 선고의 실효 또는 취소됨이 없이 유예 기간을 경과한 때에는 형 선고의 효력이 상실된다.

② 검사는 법원의 결정에 불복하여 항고하였다.

③ △△법 위반죄에 대한 법원의 판결 이후 갑과 검사 모두 항소하지 않아 해당 판결이 확정되었으므로 △△법 위반죄에 대해 갑에게 무죄 추정의 원칙이 적용되지 않는다.

④ 갑에 대한 집행 유예 선고의 취소가 확정되면 검사의 지휘에 따라 갑에 대한 징역 4월의 형이 집행된다.

03 형사 절차 이해

문제분석 갑에 대한 공소장을 통해 현재 갑이 구속 상태임을 알 수 있으며, 1심 법원 판결문을 통해 갑이 징역 1년에 집행 유예 2년, 압수된 증거에 대한 몰수를 선고받았음을 알 수 있다.

정답찾기 ② 보석 제도는 보증금의 납입 등을 조건으로 법원이 구속의 집행을 정지하여 구속된 피고인을 석방하는 제도이다. 따라서 검사의 공소 제기 후 피고인이 된 갑은 구속 상태에서 벗어나기 위해 보석 제도를 활용할 수 있다.

오답피하기 ① 검사가 피의자에 대한 구속 영장을 청구하면 판사가 피의자를 직접 대면하여 심문하면서 구속 영장 발부 여부를 판단한다. 을은 검사이므로 구속 영장을 발부할 수 없다.
③ 1심 법원 판결문에는 자유형인 징역 1년에 집행 유예 2년과 재산형인 몰수만 나타나 있고, 보안 처분은 나타나 있지 않다.
④ 피고인 갑과 검사인 을은 모두 □□ 지방 법원의 판결에 불복할 경우 항소할 수 있다.
⑤ □□ 지방 법원의 판결 이후에도 갑에 대한 유죄 판결이 확정되기 전까지 갑에게 무죄 추정의 원칙이 적용된다.

04 형사 보상 제도 및 명예 회복 제도 이해

문제분석 (가)에는 형사 보상 제도는 활용할 수 있지만 명예 회복 제도는 활용할 수 없는 사례, (나)에는 형사 보상 제도와 명예 회복 제도를 모두 활용할 수 있는 사례가 들어갈 수 있다.

정답찾기 ① 구속 수사를 받던 중 무죄 취지의 불기소 처분을 받은 경우 형사 보상 제도를 활용하여 구금으로 인해 발생한 물질적·정신적 피해의 보상을 청구할 수 있다. 명예 회복 제도는 무죄 재판을 받아 확정된 사건의 재판서를 법무부 누리집(홈페이지)에 게재하여 재판 과정에서 훼손된 명예를 회복하는 제도이므로 해당 사례에서는 명예 회복 제도를 활용할 수 없다. 따라서 해당 사례는 (가)에 들어갈 수 있다.

오답피하기 ② 구속 수사를 받고 무죄 판결이 확정된 경우 형사 보상 제도와 명예 회복 제도를 모두 활용할 수 있다. 따라서 해당 사례는 (가)에 들어갈 수 없다.
③ 선고 유예는 유죄 판결이므로 형사 보상 제도와 명예 회복 제도 모두 활용할 수 없다. 따라서 해당 사례는 (나)에 들어갈 수 없다.
④ 징역형을 선고받고 확정된 후 형기 만료 전에 가석방된 경우에는 형사 보상 제도와 명예 회복 제도 모두 활용할 수 없다. 따라서 해당 사례는 (나)에 들어갈 수 없다.
⑤ 불구속 상태에서 수사 및 재판을 받고 무죄가 확정된 경우에는 구금된 적이 없으므로 형사 보상 제도를 활용할 수 없다. 따라서 해당 사례는 (나)에 들어갈 수 없다.

05 보석 제도와 구속 적부 심사 제도 이해

문제분석 그림을 통해 구속 상태인 갑, 을에 대해 법원이 석방 결정을 내렸음을 알 수 있는데, 피고인 갑은 보석 제도를 활용하였고 피

의자 을은 구속 적부 심사 제도를 활용하였다.

정답찾기 ㄴ. 구속 적부 심사를 통해 석방되면 을은 불구속 상태에서 수사를 받게 되며 범죄 혐의가 있다고 판단될 경우 검사는 공소를 제기할 수 있다.
ㄹ. 보석 청구, 구속 적부 심사 청구 모두 변호인의 조력을 받을 수 있다. 따라서 갑, 을 모두 구속 상태에서 벗어나는 과정에서 변호인의 조력을 받을 수 있었다.

오답피하기 ㄱ. 형의 집행 중에 있는 사람이 태도 등이 양호하여 뉘우침이 뚜렷한 때에 형기 만료 전에 일정한 요건을 갖추면 조건부로 석방하는 제도는 가석방 제도이다.
ㄷ. 보증금 납입 등을 조건으로 구속 상태에서 벗어날 수 있는 제도는 보석 제도이다. 갑은 보석 제도를 활용하였다.

06 형사 절차 이해

문제분석 사례에서 갑은 △△법 위반 혐의로 기소되어 1심에서는 벌금형을 선고받고 항소하였다. 이후 2심 법원은 선고 유예 판결을 내렸으나, 대법원은 폭행죄로 집행 유예를 선고받았던 전과가 있는 갑에게 선고 유예의 결격 사유가 인정된다며 원심 판결을 파기하고 사건을 ○○ 지방 법원 합의부로 환송하였다.

정답찾기 ② 갑은 폭행죄로 인해 징역 1년에 집행 유예 2년을 선고받아 그 형이 확정되었다. 이후 집행 유예 기간이 무사히 경과하였으므로 갑의 폭행죄에 대한 형 선고의 효력이 상실되었다.

오답피하기 ① 피해자는 형사 재판의 당사자가 아니므로 형사 재판의 판결에 불복하여 상고할 수 없다. 따라서 ㉠에 '피해자'는 들어갈 수 없다.
③ 대법원이 원심 판결을 파기하고 사건을 2심 재판을 담당했던 ○○ 지방 법원 합의부로 환송하였으므로 해당 사건의 1심 법원은 지방 법원 단독 판사가 담당했음을 알 수 있다.
④ 갑의 △△법 위반 혐의에 대해 1심 법원은 벌금형을 선고하였고, 2심 법원은 선고를 유예하는 판결을 내렸다. 따라서 1심 법원, 2심 법원 모두 갑에게 법적 비난 가능성이 있다고 판단하였다.
⑤ 대법원은 갑이 징역형의 집행 유예 기간을 무사히 경과하였더라도 형의 선고가 있었다는 사실 자체까지 없어진 것은 아니므로 선고 유예의 결격 사유에 해당한다고 판단하였다. 이는 대법원이 갑을 '자격 정지 이상의 형을 받은 전과가 있는 자'에 해당한다고 판단한 것이다.

07 국민 참여 재판 이해

문제분석 국민의 형사 재판 참여에 관한 법률에 따라 배심원이 참여하는 형사 재판 절차인 A는 국민 참여 재판이다.

정답찾기 ⑤ 국민 참여 재판에서 법원은 배심원의 평결 결과에 구속되지 않으므로 배심원이 무죄 평결을 내리더라도 재판장은 유죄 판결을 내릴 수 있다.

오답피하기 ① 국민 참여 재판을 희망하는 피고인은 국민 참여 재판 희망 의사를 기재하여 법원에 제출하여야 한다. ○○ 법원이 갑에게 국민 참여 재판 희망 의사를 기재하여 제출하도록 안내하였으므로 갑은 형사 사건의 피해자가 아니라 피고인이다.
② 지방 법원 합의부의 판결에 대한 항소 사건을 담당하는 법원은 고

등 법원이다. 국민 참여 재판은 지방 법원 합의부(1심) 관할 형사 사건을 대상으로 하므로 ○○ 법원은 고등 법원이 될 수 없다.
③ 20세 이상 대한민국 국민은 배심원이 될 수 있으며 민법상 미성년자는 배심원이 될 수 없다.
④ 국민 참여 재판은 사법의 민주적 정당성을 높이기 위해 도입되었으며, 일반 국민이 배심원으로 참여하는 만큼 판결의 전문성을 높이기 위해 도입되었다고 보기 어렵다.

08 형사 절차 이해

문제분석 뇌물 수수 또는 요구 혐의로 구속, 기소된 갑은 1심 법원에서 무죄를 선고받았다. 이에 불복한 검사는 항소하였고 2심 법원은 갑에게 징역 8월에 집행 유예 2년을 선고하였다. 이에 갑과 검사는 각각 상고하였으나 모두 기각되었다.

정답찾기 ② 검사의 공소 제기 후 피고인이 된 갑은 보석 제도를 활용하여 구속 상태에서 벗어날 수 있다. 구속 적부 심사는 구속된 피의자가 구속의 적법성과 필요성을 심사하여 자신을 석방해 줄 것을 법원에 청구하는 제도이다.

오답피하기 ① 갑은 고소를 당하였고 갑에 대한 수사가 개시되었다. 피해자나 이해관계자가 아닌 제3자의 신고는 고발에 해당한다.
③ 1심 법원이 갑에게 무죄를 선고하였더라도 해당 판결이 확정되기 전까지 갑은 명예 회복 제도를 활용할 수 없다.
④ 2심 법원은 갑에게 징역 8월에 집행 유예 2년을 선고하였다. 집행 유예의 선고를 받은 후 그 선고의 실효 또는 취소됨이 없이 유예 기간을 경과한 때에는 형 선고의 효력이 상실된다.
⑤ 대법원이 갑과 검사의 상고를 모두 기각하였으므로 갑에 대한 유죄 판결이 확정되었다. 유죄 판결을 받은 갑은 형사 보상 제도를 활용하여 미결 구금 기간에 대한 피해를 보상받을 수 없다.

09 소년 사건의 처리 절차 이해

문제분석 미성년자인 A, B, C 중 A만 형벌이 부과될 수 있는 연령이므로 A는 14세 이상이다. B와 달리 C는 소년법상 보호 처분이 부과될 수 있으므로 B는 10세 미만, C는 10세 이상 14세 미만이다.

정답찾기 ① A는 14세 이상인 미성년자이므로 가정 법원 소년부로 송치될 수 있으며, C는 10세 이상 14세 미만이므로 기소 유예 처분을 받을 수 없다. B, C는 모두 형사 미성년자이며, A는 최소 14세, B는 최대 9세이므로 A와 B의 연령 차이는 4살 미만이 될 수 없다.

오답피하기 ② 세 번째 질문에 틀린 답을 하였다.
③ 모든 질문에 틀린 답을 하였다.
④ 두 번째 질문에 틀린 답을 하였다.
⑤ 첫 번째, 네 번째 질문에 틀린 답을 하였다.

10 형사 절차 이해

문제분석 갑은 을의 재물을 횡령한 혐의로 기소되었고 1심 법원은 징역 2년을 선고하였다. 이에 갑이 항소하였고 2심 법원은 갑이 취득한 재물의 가액이 5억 원에 미치지 않으므로 특정 경제 범죄 가중 처벌 등에 관한 법률 위반죄는 성립하지 않는다며 원심 판결을 파기하고 갑에게 징역 1년을 선고하였다. 이후 대법원은 원심의 판단이

횡령죄에 관한 법리를 오해하였다며 원심 판결을 파기하고 2심 법원인 □□ 고등 법원에 환송하였다. 이후 □□ 고등 법원은 갑에게 무죄를 선고하였다.

정답찾기 ② 대법원의 판결 이전, 1심 법원은 갑에게 횡령죄와 특정 경제 범죄 가중 처벌 등에 관한 법률 위반죄가 모두 성립한다고 판단하였고, 2심 법원은 갑에게 횡령죄는 성립하지만 특정 경제 범죄 가중 처벌 등에 관한 법률 위반죄는 성립하지 않는다고 판단하였다.

오답피하기 ① 2심 법원의 결정이 아닌 판결에 불복한 것이므로, (가)는 '재항고'가 아니라 '상고'이다.
③ 대법원은 2심 법원이 횡령죄의 구성 요건 중 '타인의 재물을 보관하는 자'의 범위에 관한 법리를 오해하였다고 판단한 것이지, 갑에게 책임 조각 사유가 있다고 판단한 것은 아니다.
④ 대법원이 파기한 원심 판결은 2심 법원의 판결이고, 2심 법원인 □□ 고등 법원이 파기한 원심 판결은 1심 법원의 판결이다.
⑤ 갑에게 무죄를 선고한 □□ 고등 법원의 판결이 확정되면 갑은 형사 보상을 청구할 수 있고, 명예 회복 제도도 활용할 수 있다.

11 배상 명령 제도 이해

문제분석 사기 혐의로 기소된 갑의 형사 재판 과정에서 을은 1억 원의 배상을 구하는 배상 명령을 신청하였다. 배상 명령 제도는 상해죄 등 일정한 사건의 형사 재판 과정에서 법원의 직권 또는 피해자의 신청으로 민사적 손해 배상 명령까지 받아 낼 수 있는 제도이다.

정답찾기 ㄴ. 배상 명령을 신청한 을은 형사 사건의 피해자이며 형사 재판의 당사자는 아니다. 반면 피고인 갑은 형사 재판의 당사자이다.
ㄷ. 배상 명령을 통해 배상받을 수 있는 민사적 손해에는 물질적 피해뿐만 아니라 정신적 피해도 포함된다.

오답피하기 ㄱ. A는 배상 명령이다.
ㄹ. 법원은 유죄 판결을 선고하면서 갑에게 배상 명령을 내릴 수 있다. 갑에게 무죄를 선고하는 경우에는 배상 명령을 내릴 수 없다.

12 범죄 피해자 구조 제도 이해

문제분석 갑은 살인 혐의로 기소되었고 징역 10년 형이 확정되었다. 을의 사망으로 을의 배우자 A와 자녀 B는 생계가 곤란해졌으나 갑으로부터 어떠한 배상도 받지 못하였다. 이 경우 사망한 을의 유족은 범죄 피해자 구조 제도를 활용할 수 있다.

정답찾기 ① 가해자인 갑으로부터 어떤 배상도 받지 못한 A는 범죄 피해자 구조 제도를 활용할 수 있다. 범죄 피해자 구조 제도는 범죄 행위로 인해 생명 또는 신체에 피해를 당했으나 가해자로부터 피해의 전부 또는 일부를 배상받지 못하는 경우 국가가 피해자 또는 유족에게 일정한 한도의 구조금을 지급하는 제도이다.

오답피하기 ② 갑은 피의자 신분일 때도 변호인의 조력을 받을 수 있다.
③ 1심에서 징역 10년을 선고받았더라도 유죄 판결이 확정되기 전까지는 갑에게 무죄 추정의 원칙이 적용된다.
④ 징역은 정해진 노역에 복무하는 형벌이다.
⑤ 보석은 구속된 피고인이 보증금 납입 등을 조건으로 석방되는 것을 말하며, 갑이 형기 만료 전에 일정한 요건을 갖추어 조건부로 석방된 것은 가석방이다.

14 근로자의 권리

수능 실전 문제

본문 83~87쪽

01 ④   02 ②   03 ①   04 ②

05 ④   06 ②   07 ⑤   08 ②

09 ④   10 ⑤

01 노동법과 근로 3권의 이해

문제분석 노동법은 근로관계에서 사용자와 근로자의 실질적인 불평등을 해소하기 위해 등장하였으며, 근로자가 인간다운 생활을 할 수 있도록 노동관계를 규율한다. 단결권, 단체 교섭권, 단체 행동권을 내용으로 하는 A는 근로 3권이다.

정답찾기 ④ 근로 조건에는 임금, 소정 근로 시간, 휴일이 해당된다.

오답피하기 ① 노동법은 고용 관계라는 개인의 사적 영역에 국가가 적극적인 개입을 통해 근로자의 실질적인 지위를 보호하기 위한 취지를 가지므로 공법과 사법의 중간 영역인 사회법에 해당한다.

② 노동법은 사용자와 근로자 사이의 근로 계약 관계에 국가가 개입하는 것을 허용한다.

③ 우리나라에서 노동법의 종류로는 근로 기준법, 노동조합 및 노동관계 조정법, 최저 임금법 등이 있다. 민법은 사법에 해당한다.

⑤ 근로 3권은 근로자에게 보장되는 권리이다.

02 근로 3권의 이해

문제분석 A는 단체 교섭권, B는 단결권, C는 단체 행동권이다.

정답찾기 ② 사용자에 의해 단체 행동권이 침해당한 경우 근로자 개인뿐만 아니라 노동조합도 지방 노동 위원회에 구제 신청을 할 수 있다.

오답피하기 ① 단체 교섭권은 근로자가 노동조합을 통해 근로 조건에 관하여 사용자 측과 단체 교섭을 할 권리이다. 따라서 사용자는 근로 조건에 관한 노동조합의 단체 교섭 요구를 정당한 이유 없이 거부할 수 없다.

③ 단결권, 단체 교섭권, 단체 행동권은 모두 근로 조건의 향상을 위해 근로자가 갖는 권리이다.

④ 단결권, 단체 교섭권, 단체 행동권은 모두 필요한 경우에 법률로써 제한할 수 있는 권리이다.

⑤ 근로 3권은 사용자가 부여하는 권리가 아니라 헌법과 노동조합 및 노동관계 조정법에서 보장하는 근로자의 권리이다.

03 부당 해고 구제 절차의 이해

문제분석 제시된 중앙 노동 위원회 재심 판정서를 통해 근로자 갑이 신청한 부당 해고 구제 절차를 파악할 수 있다.

정답찾기 ① 근로자 갑은 ○○ 지방 노동 위원회에 부당 해고를 이유로 구제 신청을 했으나 기각되자, 이에 불복하여 중앙 노동 위원회에 재심 신청을 하였다. 따라서 초심을 신청한 자와 재심을 신청한 자는 모두 갑이다.

오답피하기 ② 이 사건의 주요 쟁점은 근로자 갑의 근로 계약 관계 종료 사유가 근로자의 사직 의사 표시에 따른 근로 계약 관계의 종료인지, 해고에 해당하는지에 대한 것이다.

③ 근로자 갑이 중앙 노동 위원회 재심 판정에 불복할 경우 중앙 노동 위원회 위원장을 상대로 행정 소송을 제기할 수 있다.

④ 중앙 노동 위원회는 이 사건 근로 계약 관계가 사용자의 해고에 의해 종료된 것이 아니라고 판단하여 근로자 갑의 재심 신청을 기각하였다.

⑤ 근로자 갑이 부당 해고 구제 재심 신청을 한 것으로 보아 갑은 ○○ 지방 노동 위원회에 부당 해고를 이유로 구제 신청을 했으나 기각되었음을 알 수 있다.

04 부당 노동 행위 이해

문제분석 부당 노동 행위는 사용자가 근로자의 근로 3권을 침해하는 행위이다. 노동조합 및 노동관계 조정법은 사용자가 근로자의 근로 3권을 침해하는 행위를 부당 노동 행위로 규정하여 금지하고 있다.

정답찾기 ② '근로자가 노동조합에 가입하지 아니할 것'을 고용 조건으로 하는 고용 계약은 부당 노동 행위에 해당한다.

오답피하기 ① '근로자가 성의 있게 단체 교섭에 임할 것'은 부당 노동 행위에 해당하지 않는다.

③ '원칙적으로 휴일 근로 및 야간 근로를 금지하는 것'은 부당 노동 행위에 해당하지 않는다.

④ '법정 최저 임금 미만으로 근로 계약을 체결하는 것'은 부당 노동 행위에 해당하지 않는다.

⑤ '사용자에게 정당한 이유가 있는 경우 단체 교섭을 거부할 수 있도록 인정할 것'은 사용자의 권리 보장을 위한 것이다.

05 연소 근로자의 근로 계약 이해

문제분석 갑은 17세로 근로 기준법상 연소 근로자에 해당한다. 갑의 근로 시간은 원칙적으로 1일 7시간, 1주 35시간을 초과하지 못하며, 당사자 간 합의에 의한 연장 근로도 1일 1시간, 1주 5시간을 초과할 수 없다.

정답찾기 ㄴ. 연소 근로자 갑이 사용자 병과 근무일의 연장 근로에 대해 추가적으로 합의하면, 갑은 매 근무일 1시간씩 더 근로할 수 있다.

ㄹ. 사용자는 친권자 또는 후견인의 동의서와 연소 근로자의 연령을 증명하는 가족 관계 기록 사항에 관한 증명서를 사업장에 갖추어 두어야 한다.

오답피하기 ㄱ. 15세 미만인 사람 또는 중학교에 재학 중인 18세 미만인 사람이 근로 계약을 체결할 경우 취직 인허증을 제시해야 한다. 갑은 고등학교에 재학 중인 15세 이상 18세 미만인 사람이므로 근로 계약 체결 시 취직 인허증이 필요 없다.

ㄷ. 갑이 근로 계약 내용대로 토요일, 일요일에 근무할 경우 토요일, 일요일은 휴일 근무에 해당하지 않는다. 따라서 갑이 토요일, 일요일에 근무할 경우에도 병은 갑에게 통상 임금의 50%를 가산하여 지급하지 않아도 된다.

06 부당 해고와 부당 노동 행위의 이해

문제분석 제시된 자료에서 갑은 정당한 노동조합 활동을 이유로 해고되었으므로 갑에 대한 해고는 부당 노동 행위를 이유로 한 부당 해고에 해당한다.

정답찾기 ㄱ. 근로자 갑은 노동 위원회를 통한 구제 절차와 상관없이 법원에 해고 무효 확인의 소를 제기할 수 있다. 갑이 소속된 노동조합은 갑의 해고에 대해 무효 확인의 소를 제기할 수 없다.

ㄷ. 중앙 노동 위원회는 갑의 정당한 노동조합 활동은 해고 사유에 해당하지 않는다고 판정하였다. 이러한 중앙 노동 위원회 판정에 의하면 갑에 대한 해고는 갑의 근로 3권을 침해한 행위에 해당한다.

오답피하기 ㄴ. 제시된 자료를 통해 갑의 해고에 대한 중앙 노동 위원회의 판정과 지방 노동 위원회의 판정이 같았는지 여부는 파악할 수 없다.

ㄹ. 부당 노동 행위를 이유로 한 부당 해고나 감봉 등 기타 불리한 처분의 경우에는 근로자 갑뿐만 아니라 노동조합도 부당 노동 행위 구제 신청을 할 수 있다. 따라서 갑이 소속된 노동조합은 ○○ 회사 사용자의 부당 노동 행위를 이유로 지방 노동 위원회에 구제 신청을 할 수 있다.

07 부당 해고 이해

문제분석 근로관계 종료에는 근로자의 의사나 동의에 따라 이루어지는 퇴직, 사용자의 일방적인 의사 표시로 이루어지는 해고 등이 있다. 사용자가 근로자를 정당한 이유나 절차 없이 해고하는 경우는 부당 해고에 해당한다.

정답찾기 ⑤ 정당한 노동조합 활동을 이유로 해고를 당했다면, 정당한 사유에 해당하지 않는 부당 해고이다.

오답피하기 ① 근로관계는 퇴직, 해고 등으로 종료된다.

② 휴대 전화 문자 메시지로 해고 통보를 하는 경우는 부당 해고에 해당한다.

③ '해고의 사유와 시기는 반드시 서면으로 통지해야 함.'은 정당한 절차에 해당한다.

④ 해고는 정당한 사유가 있어야 하고 해고의 사유와 시기는 반드시 서면으로 통지하고, 원칙적으로 적어도 30일 전에 예고해야 하는 등 법령에서 정한 절차를 준수해야 한다.

08 근로 계약의 이해

문제분석 제시된 자료에서 갑은 19세로 성인 근로자이다. 대형 마트 사장 을과 근로 계약을 체결하면서 월요일부터 금요일까지 근무일에 7시간씩 근무하기로 하였다.

정답찾기 ㄱ. 갑은 19세이므로 사용자 을과 합의를 하면 야간 근로가 가능하다.

ㄹ. 갑의 근로 시간은 휴게 시간을 제외하고 원칙적으로 1일 8시간, 1주 40시간을 초과할 수 없다. 그러나 사용자 을과 합의하여 1주에 12시간까지 연장 근로가 가능하다. 따라서 갑이 근로 시간을 매 근무일 2시간씩 연장하는 것은 근로 기준법에 위배되지 않는다.

오답피하기 ㄴ. 갑은 19세이므로 연소 근로자가 아니다. 따라서 친권자 또는 후견인의 동의서를 을에게 제출할 필요가 없다.

ㄷ. 갑의 근로 계약서상의 소정 근로 시간은 7시간이므로 갑이 하루에 7시간을 일한다면 하루 임금으로 70,210원의 임금을 받을 수 있다.

09 부당 해고와 부당 노동 행위의 이해

문제분석 사용자가 근로자를 정당한 이유나 절차 없이 해고하는 경우인 A는 부당 해고, 사용자가 근로(노동) 3권을 침해하는 행위인 B는 부당 노동 행위이다. 부당 해고와 부당 노동 행위에 관해 묻는 질문에 대한 갑과 을의 응답을 나타낸 표에서 갑은 (가), (나) 질문에 옳게 응답하였고, 을은 (나), (다) 질문에 옳게 응답하였음을 파악할 수 있다.

정답찾기 ④ (나) 질문에 대해 갑과 을 모두 '아니요'라고 옳게 응답하였다. 정당한 노동조합 활동을 이유로 해고를 당한 경우는 부당 해고와 부당 노동 행위 모두에 해당한다. 따라서 (나)에 '정당한 노동조합 활동을 이유로 해고를 당한 경우는 A가 아닌 B에 해당합니까?'가 들어갈 수 있다.

오답피하기 ① 부당 해고를 당한 근로자는 법원에 해고 무효 확인의 소를 제기할 수 있다. 부당 해고를 당한 근로자가 소속된 노동조합은 법원에 해고 무효 확인의 소를 제기할 수 없다.

② 부당 노동 행위에 해당하는 경우 근로자뿐만 아니라 노동조합도 노동 위원회에 구제 신청을 할 수 있다.

③ (가) 질문에 갑만 '예'라고 옳게 응답하였다. 부당 해고의 경우 지방 노동 위원회의 구제 절차를 거치지 않고, 중앙 노동 위원회에 구제 신청을 할 수 없다. 따라서 (가)에 'A의 경우 지방 노동 위원회 구제 절차를 거치지 않고, 중앙 노동 위원회에 구제 신청을 할 수 있습니까?'가 들어갈 수 없다.

⑤ (다) 질문에 을만 '예'라고 옳게 응답하였다. 회사 사용자가 정당한 이유로 노동조합과의 단체 교섭을 거부한 경우는 부당 노동 행위에 해당하지 않는다. 따라서 (다)에 '회사 사용자가 정당한 이유로 노동조합과의 단체 교섭을 거부한 경우는 B에 해당합니까?'가 들어갈 수 없다.

10 부당 노동 행위 구제 절차의 이해

문제분석 제시된 자료는 ○○ 회사 노동조합이 근로 조건 향상을 이유로 단체 교섭을 요구했지만 사용자 갑이 교섭을 거부하였고, 갑이 단체 교섭을 거부하는 것은 부당 노동 행위라는 중앙 노동 위원회 판정이 항소심에서도 유지된 사례이다.

정답찾기 ㄷ. 행정 소송은 3심제이므로 갑은 □□ 고등 법원의 판결에 불복해서 대법원에 상고할 수 있다.

ㄹ. 갑의 부당 노동 행위 여부에 대해 중앙 노동 위원회는 부당 노동 행위라고 판정하였고, 1심 법원 역시 갑의 행위가 부당 노동 행위라고 판단하였다.

오답피하기 ㄱ. 제시된 자료를 통해 △△ 지방 노동 위원회에서 갑의 행위를 부당 노동 행위에 해당한다고 판정했는지 여부는 파악할 수 없다.

ㄴ. 1심 법원과 □□ 고등 법원은 모두 갑의 행위가 부당 노동 행위에 해당한다고 판단하였다.

THEME 15 국제 관계와 국제법

수능 실전 문제

본문 89~92쪽

01 ③	02 ③	03 ⑤	04 ③
05 ③	06 ④	07 ②	08 ③

01 국제 관계의 특징 이해

문제분석 국제 관계는 국가를 비롯한 다양한 국제 사회의 행위 주체들이 정치, 경제, 사회, 문화 등 여러 영역에서 상호 작용을 통해 만들어 내는 관계들의 총체를 말한다. 국제 관계는 국가를 기본 단위로 하여 구성되며, 각국은 원칙적으로 평등한 주권을 가진다.

정답찾기 ③ 제시된 자료에서 현재 바다는 심해 채굴, 석유 시추, 어업 등 각국의 이윤 추구 활동으로 몸살을 앓고 있다는 내용을 통해 개별 국가는 자국의 이익을 우선적으로 추구함을 파악할 수 있다.

오답피하기 ① 국제법의 역할이 감소하고 있다는 내용은 제시된 사례에서 찾아보기 어렵다.

② 국가 간 주권 평등의 원칙이 지켜지지 않는다는 내용은 제시된 사례에서 찾아보기 어렵다.

④ 강제력을 가진 중앙 정부에 의해 국제 문제가 해결되고 있다는 내용은 제시된 사례에서 찾아보기 어렵다.

⑤ 국제 문제 해결에 있어서 국제 사회 협력의 중요성이 감소하고 있다는 내용은 제시된 사례에서 찾아보기 어렵다.

02 국제 관계를 바라보는 관점 이해

문제분석 국제 관계를 바라보는 갑의 관점은 자유주의적 관점, 을의 관점은 현실주의적 관점에 해당한다.

정답찾기 ③ 자유주의적 관점과 달리 현실주의적 관점은 국가가 타국과의 경쟁 속에서 자국의 이익을 배타적으로 추구한다고 본다.

오답피하기 ① 현실주의적 관점은 군사 동맹 등으로 세력 균형을 확보하여 국가 안전을 보장할 수 있다고 본다.

② 자유주의적 관점은 국제 사회가 보편적 선(善)이나 국제 규범에 의해 지배된다고 본다.

④ 현실주의적 관점은 국제 사회는 이성과 제도보다 힘의 논리에 의해 지배된다고 본다.

⑤ 자유주의적 관점은 평화 보장 방안으로 국제법, 국제기구의 중요성을 강조한다.

03 국제 관계의 변천 과정 이해

문제분석 제시된 자료는 국제 관계의 변천 과정으로 1648년의 베스트팔렌 조약 체결, 제국주의 시대 및 제1, 2차 세계 대전과 평화 유지 노력, 냉전 체제, 탈냉전 시대를 보여 주고 있다.

정답찾기 ㄴ. 1989년 미국의 부시 대통령과 소련의 고르바초프 서기장이 몰타에서 선언한 몰타 선언으로 국제 사회는 냉전이 공식적으로 종식되었다.

ㄷ. 베스트팔렌 조약(1648년)의 체결로 유럽 사회에서 주권 국가 중심의 새로운 국제 질서가 형성되었다.

ㄹ. 냉전 체제는 미국과 소련을 중심으로 한 이념 대립으로 형성되었다. 따라서 (나)에 '정치적 이념이 아닌 경제적 실리 강조'가 들어갈 수 없다.

오답피하기 ㄱ. 국제 연합은 제2차 세계 대전 이후 전쟁 방지와 평화 유지를 위해 설립된 국제기구이다.

04 국제법의 법원(法源) 이해

문제분석 제시된 자료는 국제법의 법원(法源)인 조약과 국제 관습법에 대한 내용이다.

정답찾기 ③ 국제 관습법은 원칙적으로 국제 사회의 모든 국가에 대하여 법적 구속력이 발생하지만, 조약은 원칙적으로 체결 당사자 간에만 적용된다.

오답피하기 ① 우리나라에서 국회는 조약의 체결·비준에 대한 동의권을 가진다.

② 우리나라에서 대통령은 조약을 체결·비준한다. 국제 관습법은 국제 사회의 일반적 관행과 법적 확신이 있어야 성립한다.

④ 조약과 국제 관습법을 제정하는 고유한 입법 기구는 없다.

⑤ 국가와 국제기구 또는 국제기구 상호 간의 조약 체결은 가능하다. 따라서 (가)에 국제기구가 들어갈 수 있다.

05 국제 관계를 바라보는 관점 이해

문제분석 현실주의적 관점은 국력 증강, 동맹 등을 통한 세력 균형 전략으로 국가의 안전 보장을 확보할 수 있다고 본다.

정답찾기 ㄴ. 현실주의적 관점은 국가 간 상호 의존적 관계를 간과한다는 비판을 받는다.

ㄷ. 현실주의적 관점은 국제 사회에서 국가는 자국의 이익을 배타적으로 추구한다고 본다.

오답피하기 ㄱ. 집단 안보 체제는 특정 국가의 침략 행위에 모든 국가들이 공동으로 대응함으로써 전쟁을 억제할 수 있다고 본다.

ㄹ. 세력 균형 전략은 국력 증강, 동맹을 강조하는 전략으로 국제법과 국제기구의 중요성을 간과한다.

06 국제법의 법원(法源) 이해

문제분석 국제 사회의 일반적 관행과 법적 확신이 있어야 성립되는지 여부에 따라 A, B와 C를 구분할 수 있으므로 C는 국제 관습법이다. 국제 사회 문명국들이 공통으로 승인하여 따르는 법의 보편적 원칙인지 여부에 따라 A, C와 B를 구분할 수 있으므로 B는 법의 일반 원칙이다. 따라서 A는 조약이다.

정답찾기 ④ 신의 성실의 원칙은 법의 일반 원칙의 사례에 해당한다. 법의 일반 원칙은 우리나라에서 효력이 발생되기 위한 별도의 입법 절차를 필요로 하지 않는다. 조약과 달리 국제 관습법은 원칙적으로 국제 사회의 모든 국가에 대하여 법적 구속력이 발생한다. 법의 일반 원칙과 달리 조약은 국제법 체결 당사자 간 명시적 합의에 의해 성립된다. 따라서 A~C에 대한 질문에 모두 옳게 응답한 학생은 정이다.

07 국제 관계의 특징 이해

문제분석 제시된 자료는 우리나라가 국제 평화주의에 입각해 세계 각국과 우호 협력 관계를 적극적으로 증진해 나가고 있으며, 국제 협력 분야에서도 성과를 거두고 있음을 나타내고 있다.

정답찾기 ㄱ. 국제 평화주의의 실현 방안으로 국제법 존중, 침략적 전쟁의 부인 및 국제 평화 유지 활동 참여 등을 들 수 있다.

ㄷ. 제시된 자료를 통해 국제 문제 해결을 위해 국제 사회의 협력이 이루어지고 있음을 파악할 수 있다.

오답피하기 ㄴ. 세계 평화와 글로벌 경제 안정, 지구 온난화에 대비한 환경 보존에도 다각적으로 노력을 기울이고 있는 것은 현실주의적 관점에 부합하는 사례로 보기 어렵다.

ㄹ. 국제 문제를 해결하는 데 외교적 협상보다 군사적 수단이 중시되고 있음을 제시된 자료에서 파악할 수 없다.

08 국내법과 국제법의 이해

문제분석 ㉠은 국내법 중 하나인 법률, ㉡은 국제법의 법원(法源) 중 하나인 조약이다.

정답찾기 ③ 국제법은 강제할 집행 기구가 없어 위반 행위에 대한 실질적인 제재가 어렵다.

오답피하기 ① 헌법 재판소는 심판 대상 조항인 노동조합 및 노동관계 조정법 제○○조 제○항이 국제 노동 기구(ILO) 협약과 충돌된다고 보기 어렵다고 결정하였다. 따라서 노동조합 및 노동관계 조정법 제○○조 제○항의 법적 효력이 상실된 것은 아니다.

② 헌법에 의해 체결·공포된 조약은 우리나라에서 국내법과 같은 효력을 가지지만 헌법과 동등한 효력을 가지는 것은 아니다.

④ 국내법과 달리 국제법은 국제 사법 재판소의 재판 규범으로 적용될 수 있다.

⑤ 우리나라에서 법률의 제정 및 개정 권한은 국회가 가지며, 조약은 당사자 간의 합의를 통해 성립한다.

THEME 16 국제 문제와 국제기구

수능실전문제 본문 94~97쪽

| 01 ② | 02 ⑤ | 03 ④ | 04 ④ |
| 05 ③ | 06 ④ | 07 ④ | 08 ⑤ |

01 국제 문제의 이해

문제분석 제시된 자료는 국제 문제인 쓰레기 문제가 깨끗하고 안전한 환경에서 생존할 권리를 빼앗기는 인권 불평등 문제로 이어지고 있으며 건강, 생존 등 다양한 차원의 문제로 확산되고 있음을 보여주고 있다.

정답찾기 ② 국제 문제인 쓰레기 문제는 국가 간 상호 의존성으로 인해 많은 국가와 계층에 영향을 미친다.

오답피하기 ① 국제 문제 해결에 있어 사법적 해결이 외교적 해결보다 효과적이라고 볼 수 없다.

③ 쓰레기 문제는 선진국과 개발 도상국 간 이념과 체제 차이로 인해 발생하는 문제로 볼 수 없다.

④ 국제 문제 해결에서 국제 사회의 협력과 공조보다 개별 국가 차원의 대응이 효과적이라고 볼 수 없다.

⑤ 국제 문제는 당사국이 스스로 해결하기 어려울 경우 국제기구 차원에서의 개입이 필요하다.

02 국제 연합의 주요 기관 이해

문제분석 제시된 자료에서 국제 연합 안전 보장 이사회가 회의를 열어 ○○국에 대한 침공을 끝내기 위한 결의안 채택을 시도하여 15개 이사국 중 11개국은 찬성하였다. 그러나 A국이 거부권을 행사하여 결의안 채택이 무산되었다. 국제 연합 안전 보장 이사회는 15개국 중에서 9개국 이상이 찬성하면 안건이 가결된다. 그러나 절차 사항이 아닌 실질 사항은 상임 이사국 5개국 모두의 찬성을 포함하여 9개국 이상이 찬성해야 가결된다. 상임 이사국 중 1개국이라도 거부권을 행사하여 반대하면 해당 안건이 통과되지 못한다. 따라서 A국은 안전 보장 이사회의 상임 이사국임을 파악할 수 있다.

정답찾기 ㄴ. ○○국에 대한 침공을 끝내기 위한 결의안 채택을 시도하여 15개 이사국 중 11개국은 찬성하였다. 그러나 A국이 거부권을 행사하여 결의안 채택이 무산되었으므로 ○○국에 대한 침공을 끝내기 위한 결의안 채택은 절차 사항이 아닌 실질 사항에 해당한다.

ㄷ. 안전 보장 이사회에서 실질 사항의 의결에서는 상임 이사국의 거부권이 인정되므로 안전 보장 이사회의 표결 과정에서 강대국의 힘의 논리가 반영됨을 파악할 수 있다.

ㄹ. 절차 사항이 아닌 실질 사항은 상임 이사국 5개국 모두의 찬성을 포함하여 9개국 이상이 찬성해야 가결된다. 상임 이사국 중 1개국이라도 거부권을 행사하여 반대하면 해당 안건이 통과되지 못하므로 A국은 안전 보장 이사회의 상임 이사국임을 알 수 있다.

오답피하기 ㄱ. 국제기구는 국가 간 협력과 갈등 조정을 통해 국제 평화와 안전을 유지하고, 다양한 국제 문제를 해결하는 데 기여한다.

03 국제 문제의 해결 방법 이해

문제분석 A는 분쟁 당사자 간 협상을 통해 자율적으로 해결책을 마련하거나 제3자의 조정 등을 활용하는 외교적 해결이고, B는 재판 기간이 길어질 수 있고 당사국의 판결 불복 시 구속력을 행사하기 어렵다는 한계를 가진 사법적 해결이다.

정답찾기 ④ 사법적 해결은 국제 사법 기관에 제소하여 국제법에 따라 해결하는 방법이다.

오답피하기 ① 외교적 해결은 종교 간 갈등 등 첨예한 대립 상황에서 해결이 어렵다.

② 사법적 해결에서 판결에 불복하는 당사국에게 국제 사법 재판소는 강제력을 행사할 수 없다.

③ 외교적 해결과 사법적 해결은 모두 국제 문제의 평화적 해결을 지향하는 방법이다.

⑤ 외교적 해결에서도 국제 문제 해결 과정에서 국제법을 활용할 수 있다.

04 우리나라 외교 정책의 변천 이해

문제분석 우리나라의 외교 정책은 시대에 따라 다양하게 변화하였다. (가)는 1950년대 미국을 중심으로 한 자유 진영 국가들과 우호 관계 유지, (나)는 냉전이 완화되면서 공산 진영 국가들과 관계 개선 노력, (다)는 적극적인 북방 외교로 공산권 국가와 수교, (라)는 2000년대 이후 국력 신장을 바탕으로 국제 문제 해결에 주도적으로 참여하는 외교 전개이다.

정답찾기 ④ 1950년대는 미국을 중심으로 한 자유 진영 우방국들과의 협력 관계 강화에 치중하였다. 따라서 1950년대 외교 정책의 주요 내용에 '미국을 중심으로 한 자유 진영 국가들과 우호 관계 유지'가 들어갈 수 있다.

오답피하기 ① 우리나라는 1991년 국제 연합에 가입하였다.

② 1980년대 후반 몰타 선언으로 인해 미국과 소련을 중심으로 한 이념 대립이 공식적으로 종식되면서 우리나라는 일부 공산주의 국가에 문호를 개방하기 시작하였다.

③ 2000년대 이후 우리나라는 경제적 실리를 중시하는 외교를 전개하였다.

⑤ 1980년대 후반 외교 정책의 주요 내용에 '적극적인 북방 외교 정책을 펼쳐 공산권 국가와 수교'가 들어갈 수 있다.

05 국제 사법 재판소의 이해

문제분석 국가 간의 법적 분쟁을 국제법을 적용한 재판으로 해결하는 국제 연합의 주요 기관인 A는 국제 사법 재판소이다. 따라서 (가)에 '국가 간 분쟁'이 들어갈 수 있다.

정답찾기 ㄴ. 국제 사법 재판소는 결정을 이행하지 않는 당사국을 직접 제재할 수 있는 수단이 없다.

ㄷ. 국제 연합 총회와 안전 보장 이사회는 모두 국제 사법 재판소의 15명의 재판관을 선출할 수 있는 권한을 가진다.

오답피하기 ㄱ. 국제 사법 재판소는 국가 간 법적 분쟁을 국제법을 적용하여 해결한다.

ㄹ. (가)에 '국가 간 분쟁'이 들어갈 수 있다.

06 공공 외교의 이해

문제분석 공공 외교는 문화, 예술, 원조, 지식, 언어, 미디어, 홍보 등 다양한 기제를 활용하여 외국 국민에게 직접 다가가 긍정적인 이미지를 만들어 나간다는 것이 핵심이다.

정답찾기 ④ 공공 외교의 사례로 '다양한 국가와 문화 협정을 체결하여 문화 교류를 실행하는 것'을 들 수 있다.

오답피하기 ① 국가 주도 외교를 강화하여 외교 정책의 효율성을 추구한다는 내용은 제시문에서 파악할 수 없다.

② 전통적 의미의 외교에 비해 공공 외교에서 외교 활동의 주체와 영역이 축소되었다는 내용은 제시문에서 파악할 수 없다.

③ 한반도 문제의 평화적 해결을 추구하기 위해 주로 강대국들과 교류를 강화하고 있다는 내용은 제시문에서 파악할 수 없다.

⑤ 외국 국민에게 우리나라의 이미지를 높이기 위해 경제적 실리보다 정치적 이념을 강조한다는 내용은 제시문에서 파악할 수 없다.

07 국제 연합의 이해

문제분석 국제 연합은 제2차 세계 대전 이후 세계 평화를 유지하고 국가 간 우호와 협력을 증진하기 위해 1945년에 창설되었다. 국제 연합의 주요 기관에는 총회와 안전 보장 이사회, 경제 사회 이사회, 사무국, 신탁 통치 이사회 그리고 국제 사법 재판소가 있다.

정답찾기 ④ 국제 연합은 국제 평화와 안전을 유지하기 위해 평화 유지군을 배치하고 있다.

오답피하기 ① 국제 연합은 제2차 세계 대전 이후 탄생한 정부 간 국제기구이다.

② 국제 사법 재판소의 재판을 통한 국가 간 분쟁 해결은 국제 연합이 국제적 분쟁이나 사태를 평화적 수단에 의해 조정·해결하는 사례에 해당된다.

③ 우리나라에서 국회는 국제법의 법원(法源)인 조약의 체결·비준에 대한 동의권을 가지고 체결·비준권은 대통령이 가진다.

⑤ 국제 연합의 총회가 내린 조치가 모든 회원국에 강제적 효력을 가지는 것은 아니다.

08 국제 연합의 주요 기관 이해

문제분석 국제 연합의 중추 심의 기관으로 모든 회원국으로 구성되며, 각 회원국은 1개의 투표권을 가지는 A는 총회, 국제 연합 헌장에 따라 국제 평화와 안전 유지에 대해 일차적 책임을 지며 5개 상임 이사국과 10개 비상임 이사국으로 구성되는 B는 안전 보장 이사회, 국제 연합의 주요한 사법 기관으로 국제 연합 관련 기관의 법적 질의에 권고적 의견을 제시하는 C는 국제 사법 재판소이다.

정답찾기 ⑤ 국제 사법 재판소의 재판관은 총회와 안전 보장 이사회에서 선출한 서로 국적이 다른 15명으로 구성된다.

오답피하기 ① 안전 보장 이사회의 상임 이사국은 미국, 영국, 프랑스, 러시아, 중국이다. 비상임 이사국은 10개국으로 임기는 2년이며, 매년 5개국씩 총회에서 선출된다.

② 국제 사법 재판소는 원칙적으로 분쟁 당사국들이 합의하여 분쟁 해결을 요청한 사건에 대해서만 관할권을 가진다.

③ 총회는 주권 평등 원칙에 따른 표결 방식을 채택하고 있다.

④ 안전 보장 이사회의 비상임 이사국은 총회에서 선출된다.

1 ①	2 ④	3 ③	4 ③	5 ①
6 ②	7 ⑤	8 ②	9 ①	10 ⑤
11 ③	12 ①	13 ③	14 ④	15 ③
16 ②	17 ④	18 ④	19 ①	20 ⑤

1 정치를 바라보는 관점 이해

문제분석 갑의 관점은 정치를 넓은 의미로 바라보는 관점이며, 을의 관점은 정치를 좁은 의미로 바라보는 관점이다.

정답찾기 ① 정치를 넓은 의미로 바라보는 관점은 다원화된 현대 사회의 정치 현상을 설명하기에 적합하다.

오답피하기 ② 정치를 좁은 의미로 바라보는 관점은 국가 성립 이전의 정치 현상을 설명하기에 적합하지 않다.

③ 정치를 넓은 의미로 바라보는 관점은 좁은 의미로 바라보는 관점에 비해 정치에 참여하는 정치 주체가 다양하다고 본다.

④ 정치를 좁은 의미로 바라보는 관점, 정치를 넓은 의미로 바라보는 관점 모두 국회에서 법을 개정하는 활동을 정치라고 본다.

⑤ 정치를 넓은 의미로 바라보는 관점과 달리 정치를 좁은 의미로 바라보는 관점은 학급에서 학교 축제 부스 주제를 논의하는 과정을 정치로 보지 않는다.

2 법치주의의 유형 이해

문제분석 A는 형식적 법치주의, B는 실질적 법치주의이다.

정답찾기 ㄴ. 실질적 법치주의의 실현 방안으로 위헌 법률 심사제를 들 수 있다.

ㄹ. 형식적 법치주의, 실질적 법치주의 모두 국민의 기본권을 제한하는 경우 법적인 근거가 있어야 한다고 본다.

오답피하기 ㄱ. 형식적 법치주의는 형식적 합법성을 강조하고, 실질적 법치주의는 형식적 합법성과 실질적 정당성을 모두 강조한다.

ㄷ. 형식적 법치주의, 실질적 법치주의 모두 인치(人治)를 부정한다.

3 우리나라 헌법의 기본 원리 이해

문제분석 제시된 사례에서 공통으로 실현하고 있는 우리나라 헌법의 기본 원리는 문화 국가의 원리이다.

정답찾기 ③ 문화 국가의 원리는 국가가 평생 교육을 진흥하는 근거가 되는 원리이다.

오답피하기 ① 국민의 선거권을 보장하는 근거가 되는 것은 국민 주권주의이다.

② 권력 기관 간 견제와 균형의 근거가 되는 것은 자유 민주주의이다.

④ 상호주의 원칙에 따라 국내 거주 외국인의 지위를 보장하는 근거가 되는 것은 국제 평화주의이다.

⑤ 국가가 국제 질서를 존중하고 세계 평화를 위해 노력해야 하는 근거가 되는 것은 국제 평화주의이다.

4 기본권 유형 이해

문제분석 금지 처분을 받은 수형자에 대한 일체의 운동을 금지하는 것은 신체의 자유를 침해한 것으로 A는 자유권이다.

정답찾기 ③ 자유권은 국가의 권력에 간섭받지 않을 방어적 권리이다.

오답피하기 ① 기본권 보장을 위한 수단적 권리는 청구권이다.

② 실질적 평등의 실현을 목적으로 하는 권리는 사회권이다.

④ 자유권은 역사적으로 오래된 기본권이며, 현대 복지 국가 헌법에서부터 보장된 기본권은 사회권이다.

⑤ 국가의 정치적 의사 형성 및 결정 과정에 참여하는 권리는 참정권이다.

5 전형적인 정부 형태 이해

문제분석 t 시기에는 의회에서 선출된 행정부 수반을 중심으로 국정을 운영하는 정부 형태인 의원 내각제를 채택하였다. t+1 시기에는 국민에 의해 선출된 행정부 수반이 국가 원수이자 행정부 수반으로서 권한을 행사하는 정부 형태인 대통령제를 채택하였다.

정답찾기 ① t 시기의 정부 형태는 의원 내각제로 과반 의석을 확보한 정당이 없어서 연립 내각이 구성된다.

오답피하기 ② 의원 내각제에서 의회 의원은 행정부 각료를 겸직할 수 있다.

③ 대통령제에서 행정부 수반은 법률안 제출권을 가지지 않는다.

④ 대통령제에서 의회는 행정부에 대한 불신임권을 가지지 않는다.

⑤ t+1 시기의 정부 형태는 대통령제로 행정부 수반의 소속 정당이 B당이면, B당의 의석률은 60%이기 때문에 여대야소 정국이 나타난다.

6 우리나라 지방 자치 단체의 기관 이해

문제분석 A는 지방 자치 단체의 장, B는 지방 의회이다.

정답찾기 ② 지방 의회는 조례의 제정·개정 및 폐지 권한을 가진다.

오답피하기 ① 지방 의회는 주민의 선거로 선출된 지역구 의원과 비례 대표 의원으로 구성된다.

③ 지방 의회는 의결 기관, 지방 자치 단체의 장은 집행 기관이다.

④ 지방 자치 단체의 장과 지방 의회 간에는 수평적 권력 분립이 나타난다.

⑤ 지방 자치 단체의 사무에 관한 규칙 개정의 권한은 지방 자치 단체의 장에게 있다.

7 우리나라 국가 기관의 이해

문제분석 행정부의 최고 정책 심의 기관은 국무 회의이며, 국무 회의 의장은 대통령, 부의장은 국무총리이다. 상고심을 담당하는 법원은 대법원이며, 대법원장은 국회의 동의를 얻어 대통령이 임명한다. 따라서 A는 대통령, B는 국무총리, C는 국무 회의, D는 대법원, E는 국회이다.

정답찾기 ⑤ 국회는 대법원장에 대한 탄핵 소추를 의결할 수 있다.

오답피하기 ① 국정 감사 및 조사권은 국회의 권한이다.

② 헌법 개정안은 국회 재적 의원 과반수 또는 대통령이 발의할 수 있다.

③ 국가 기관 상호 간의 권한 쟁의에 대한 심판권은 헌법 재판소의 권한이다.

④ 국무총리 해임 건의권은 국회가 가지고 있다.

8 정치 과정의 이해

문제분석 제시문은 저출산과 고령화에 따른 문제 해결을 위해 갑국에서 이루어지고 있는 정치 과정을 보여 주고 있다.

정답찾기 ㄱ. ○○학회는 정치 과정에서 정치 주체에 해당한다.
ㄷ. 의회에서 근로자의 정년을 연장하는 법률안이 통과된 것은 정치 과정에서 산출에 해당한다.

오답피하기 ㄴ. 정당은 정책 결정 기구가 아니다.
ㄹ. 근로자의 정년을 연장하는 법률안이 통과된 것은 학술 대회를 열어 고령화 대비를 위한 정책안을 논의한 결과이므로 환류에 해당하지 않는다.

9 정치 참여 집단의 특징 이해

문제분석 A는 정당, B는 시민 단체, C는 이익 집단이다.

정답찾기 ① 정당은 자신의 활동에 정치적 책임을 진다.

오답피하기 ② 정치권력의 획득을 목표로 하는 것은 정당이다.
③ 당정 협의회를 통하여 행정부와 의회를 매개하는 것은 정당이다.
④ 시민 단체와 이익 집단은 대의제의 한계를 보완한다.
⑤ 정당, 이익 집단, 시민 단체는 모두 정치 사회화 기능을 수행한다.

10 선거 제도 이해 및 선거 결과 분석

문제분석 갑국의 최근 의회 의원 선거 결과는 다음과 같다.

(단위: 석)

구분	A당	B당	C당	D당
지역구 의석수	4	0	2	0
비례 대표 의석수	3 (30/100)×9 =2.7	1 (10/100)×9 =0.9	3 (40/100)×9 =3.6	2 (20/100)×9 =1.8
합계	7	1	5	2

정답찾기 ㄴ. 갑국 지역구 의원 선거에서의 대표 결정 방식은 다른 후보자에 비해 상대적으로 많이 득표한 후보자를 대표자로 선출하는 단순 다수 대표제이다.
ㄷ. A당과 C당은 비례 대표 의석수가 3석으로 동일하다.
ㄹ. 지역구 의석수는 B당과 D당 모두 0석으로, B당과 D당은 지역구 의석수를 확보하지 못하였다.

오답피하기 ㄱ. 갑국 지역구 의원 선거에서는 한 선거구에서 1명을 대표자로 선출하는 소선거구제를 채택하고 있다.

11 민법의 기본 원칙 이해

문제분석 자료는 민법 제105조에서 법률 행위 시 당사자의 의사를 존중한다는 것을 제시하고 있고, A가 특히 개인 간의 법률관계 중 대표적으로 계약에 적용되고 있음을 설명한다. 이를 통해 A는 사적 자치의 원칙(계약 자유의 원칙)임을 알 수 있다.

정답찾기 ③ 개인은 자율적인 판단에 기초하여 법률관계를 형성해 나갈 수 있다는 것은 사적 자치의 원칙(계약 자유의 원칙)에 부합하

는 진술이다.

오답피하기 ① 개인 소유의 재산에 대한 사적 지배를 인정한다는 것은 사유 재산권 존중의 원칙(소유권 절대의 원칙)에 부합하는 진술이다.
② 소유권은 공공복리에 적합하도록 행사해야 한다는 것은 소유권 공공복리의 원칙에 부합하는 진술이다.
④ 자신의 고의나 과실에 따른 행위로 타인에게 손해를 끼친 경우에만 책임을 진다는 것은 과실 책임의 원칙(자기 책임의 원칙)에 부합하는 진술이다.
⑤ 자신에게 과실이 없는 경우에도 일정한 요건에 따라 손해 배상 책임을 질 수 있다는 것은 무과실 책임의 원칙에 부합하는 진술이다.

12 미성년자의 계약 이해

문제분석 첫 번째 사례에서 미성년자인 갑은 법정 대리인의 동의를 받지 않고 계약을 체결하였다. 갑과 갑의 법정 대리인은 갑과 을의 계약을 취소할 수 있다. 두 번째 사례에서 미성년자인 병은 법정 대리인의 동의서를 위조하여 법정 대리인의 동의를 받은 것처럼 판매업자 정을 믿게 한 후 계약을 체결하였다. 병과 병의 법정 대리인은 병과 정의 계약을 취소할 수 없다.

정답찾기 ㄱ. 갑은 미성년자로 법정 대리인의 동의를 받지 않고 을과 계약을 체결하였기 때문에 갑과 갑의 법정 대리인 모두 갑과 을의 계약을 취소할 수 있다.
ㄴ. 미성년자인 갑이 법정 대리인의 동의 없이 을과 계약을 체결하였으므로 을은 갑의 법정 대리인에게 계약의 취소 여부에 대한 확답을 촉구할 수 있다.

오답피하기 ㄷ. 병은 속임수를 써서 법정 대리인의 동의를 받은 것처럼 믿게 하였기 때문에 취소권이 배제되므로 병의 법정 대리인은 병과 정의 계약을 취소할 수 없다.
ㄹ. 미성년자가 법정 대리인의 동의를 받은 것처럼 믿게 한 경우에는 미성년자 본인이나 법정 대리인의 취소권이 배제된다. 병은 법정 대리인의 동의서를 위조하였으므로 병과 정의 계약은 미성년자 측에서 취소할 수 없기에 확정적으로 유효하다.

13 불법 행위 책임의 이해

문제분석 첫 번째 사례에서 을은 병에게 일반 불법 행위 책임, 갑은 병에게 특수 불법 행위 중 사용자의 배상 책임을 진다. 두 번째 사례에서 A에게는 책임 능력이 없으므로 B는 C에게 특수 불법 행위 중 책임 무능력자의 감독자 책임을 진다.

정답찾기 ㄴ. 갑의 병에 대한 특수 불법 행위가 성립되기 위해서는 병에 대한 을의 일반 불법 행위 책임이 인정되어야 한다.
ㄷ. B는 C에게 특수 불법 행위 중 책임 무능력자의 감독자 책임을 진다.

오답피하기 ㄱ. 사용자 갑이 피용자 을의 선임 및 그 사무 감독에 상당한 주의를 다하였음을 증명하면 갑의 특수 불법 행위 책임(사용자의 배상 책임)이 면제된다.
ㄹ. A는 책임 능력이 없는 미성년자로 C는 B에게 특수 불법 행위 중 책임 무능력자의 감독자 책임을 물을 수 있다.

14 가족 간 법률관계 이해

문제분석 갑과 을은 재판상 이혼, 병과 정은 협의상 이혼을 하였다. 갑이 정과 재혼하여 B를 친양자로 입양하였기 때문에 병과 B 간의 친자 관계는 종료되었다. 을과 무는 사실혼 관계이다.

정답찾기 ④ 갑은 B를 친양자로 입양하였기 때문에 갑이 유언 없이 사망한다면, B는 갑의 재산에 대한 법정 상속을 받을 수 있다. A는 갑의 친생자로 갑이 유언 없이 사망한다면, A는 갑의 재산에 대한 법정 상속을 받을 수 있다. 즉 A, B는 갑의 직계 비속으로 동등한 지위를 가지기 때문에 갑이 유언 없이 사망한다면, 갑의 재산에 대한 A, B의 법정 상속분은 동일하다.

오답피하기 ① 재판상 이혼은 이혼 조정 절차를 거치고, 협의상 이혼은 이혼 조정 절차를 거치지 않는다.
② 갑이 B를 친양자로 입양하면 병과 B의 친자 관계는 종료된다.
③ 갑과 을이 재판상 이혼을 하였더라도 을과 A의 친자 관계가 종료되지 않으므로 을이 유언 없이 사망한다면, A는 을의 재산을 상속받을 수 있다.
⑤ 을과 무는 혼인 신고를 하지 않은 사실혼 관계로 무가 유언 없이 사망한다면, 을은 무의 재산을 상속받을 수 없다.

15 죄형 법정주의의 이해

문제분석 제시문은 헌법 재판소가 구 국가 보안법 제13조에 대하여 명확성의 원칙에 반한다고 판결한 내용이다. 따라서 A 원칙은 명확성의 원칙이다.

정답찾기 ③ 범죄와 형벌은 국민이 이해할 수 있도록 명확하게 규정하여 공포해야 한다는 원칙은 명확성의 원칙이다.

오답피하기 ① 범죄와 형벌은 성문의 법률에 따라 규정되어야 한다는 원칙은 관습 형법 금지의 원칙이다.
② 범죄와 형벌 사이에는 적정한 균형이 유지되어야 한다는 원칙은 적정성의 원칙이다.
④ 범죄와 형벌은 행위 시의 법률에 따라 결정되어야 하며, 시행 이전의 행위까지 소급 적용될 수 없다는 원칙은 소급효 금지의 원칙이다.
⑤ 어떤 사항에 대하여 직접 규정한 법률이 없을 때 그와 비슷한 사항에 대하여 규정한 법률을 적용함으로써 피고인에게 불리한 형벌을 부과하거나 가중하지 못한다는 원칙은 유추 해석 금지의 원칙이다.

16 위법성 조각 사유의 이해

문제분석 A는 정당방위, B는 긴급 피난이다.

정답찾기 ㄱ. 생명을 위협하는 강도를 제압하는 과정에서 강도에게 경미한 상해를 입힌 행위는 정당방위 사례이다.
ㄹ. 막다른 골목에서 달려오는 맹견을 피하려다가 타인의 집에 무단으로 들어간 행위는 긴급 피난 사례이다.

오답피하기 ㄴ. 채무자가 채무를 변제하지 않고 외국으로 도주하기 위하여 비행기를 타는 것을 발견한 채권자가 채무자를 체포한 행위는 자구 행위 사례이다.
ㄷ. 경찰이 범죄 현장에서 적법하게 현행 범인을 체포한 행위는 정당 행위 사례이다.

17 형사 절차의 이해

문제분석 형사 사건의 절차, 형사 절차에서의 인권 보장, 형벌의 종류 등에 대해 종합적으로 묻는 문항이다.

정답찾기 ④ 2심 법원의 판결에 불복할 경우 형사 재판의 당사자인 검사, 피고인 갑 모두 상고할 수 있다.

오답피하기 ① 영장 실질 심사는 구속 수사 이후가 아닌 구속 전 피의자 심문 제도로 검사가 피의자에 대한 구속 영장을 청구하면 판사가 피의자를 직접 대면하여 심문하면서 구속 사유가 인정되는지를 판단하는 제도이다.
② 유죄 판결이 확정될 때까지 갑에게는 무죄 추정의 원칙이 적용된다.
③ 징역은 자유형에 해당한다.
⑤ 집행 유예는 형을 선고하면서 이를 즉시 집행하지 않고 일정 기간 형의 집행을 미루는 것이다. 일정한 범죄를 저지르지 않고 실효 없이 유예를 받은 날로부터 2년이 경과한 때에는 면소된 것으로 간주하는 것은 선고 유예이다.

18 근로 계약의 이해

문제분석 갑, 을은 각각 병과 근로 계약서를 작성하였는데, 을과 달리 갑은 17세이므로 연소자에 해당한다.

정답찾기 ④ 임금은 병이 직접 근로자에게 지급해야 하는데 을과 달리 갑은 법정 대리인의 통장을 통해 임금을 지급받도록 계약서를 작성하였다. 따라서 갑의 임금 지급 방법은 근로 기준법에 위반된다.

오답피하기 ① 근로 기준법에 따라 연소자인 갑의 근로 시간은 1일 7시간, 1주 35시간을 초과하지 못한다. 갑은 매주 화요일부터 토요일까지 5일 동안 7시간씩 근무하기로 하였다. 을의 근로 시간은 1일 8시간, 1주 40시간을 초과하지 못한다. 을은 매주 화요일부터 토요일까지 5일 동안 8시간씩 근무하기로 하였다. 따라서 갑과 을의 주당 근무 시간은 모두 근로 기준법에 위반되지 않는다.
② 갑은 1일 7시간 동안 근무하기로 하였으므로 휴게 시간 30분 이상, 을은 1일 8시간 동안 근무하기로 하였으므로 휴게 시간 1시간 이상을 근무 시간 도중에 보장받을 수 있다.
③ 연소자 갑과 병이 연장 근로에 합의한 경우, 1일 1시간, 1주일에 5시간을 한도로 연장 근로가 가능하고, 을과 병이 연장 근로에 합의한 경우, 1주일에 12시간을 한도로 연장 근로가 가능하다. 따라서 갑, 을 모두 병과 합의 시 1일 1시간, 1주일에 5시간의 연장 근로가 가능하다.
⑤ 갑은 시간당 법정 최저 임금인 10,030원에 미치지 못하는 시급 10,000원을 받기로 하였으므로 근로 계약의 해당 부분은 무효이다.

19 국제법의 법원(法源) 이해

문제분석 국내 문제 불간섭은 국제 관습법, 기후 변화에 관한 파리 협정은 조약, 신의 성실의 원칙과 권리 남용 금지의 원칙은 법의 일반 원칙에 해당한다. 따라서 A는 국제 관습법, B는 조약, C는 법의 일반 원칙이다.

정답찾기 ① 국제 관습법은 원칙적으로 국제 사회에서 포괄적 구속력을 가진다.

오답피하기 ② 국가, 국제기구 모두 조약의 체결 주체가 될 수 있다.

③ 우리나라에서 조약의 비준권은 대통령에게 있다.

④ 원칙적으로 성문화된 형식으로 존재하는 것은 조약이다.

⑤ 국제 관습법, 조약, 법의 일반 원칙 모두 국제 사법 재판소의 재판 준거로 활용될 수 있다.

20 국제 연합의 주요 기관 이해

문제분석 국제 연합의 모든 회원국이 투표에 참여하는 A는 총회, 상임 이사국과 비상임 이사국이 참석하여 논의하는 B는 안전 보장 이사회, 국제법에 따라 국가 간 분쟁에 관해 판결한 C는 국제 사법 재판소임을 알 수 있다.

정답찾기 ⑤ 총회와 안전 보장 이사회 모두 국제 사법 재판소의 재판관을 선출하는 권한을 가진다.

오답피하기 ① 표결 방식에 힘의 논리가 반영되어 있는 것은 안전 보장 이사회이다. 안전 보장 이사회에서 의사 결정 시 15개 이사국 중 9개국 이상의 찬성이 필요한데, 절차 사항이 아닌 실질 사항의 경우에는 상임 이사국 중 한 국가라도 거부권을 행사하면 부결된다.

② 모든 회원국이 참여하는 최고 의결 기관은 총회이다.

③ 국제 사법 재판소의 재판 당사자는 국가이다.

④ 안전 보장 이사회는 국제 평화와 안전 유지에 일차적 책임을 진다.

실전 모의고사 2회   본문 105~110쪽

1 ②	2 ④	3 ③	4 ①	5 ⑤
6 ⑤	7 ②	8 ①	9 ⑤	10 ④
11 ①	12 ⑤	13 ④	14 ②	15 ②
16 ②	17 ②	18 ④	19 ①	20 ④

1 정치를 바라보는 관점의 이해

문제분석 갑의 관점은 넓은 의미로 정치를 바라보는 관점에 해당하며, 을의 관점은 좁은 의미로 정치를 바라보는 관점에 해당한다.

정답찾기 ② 좁은 의미로 정치를 바라보는 관점은 정치권력의 획득과 유지 및 행사 과정에서 공동체의 목표를 추구하고 정책을 결정하며 사회 질서를 확립해 나가는 국가의 고유한 활동만을 정치로 본다.

오답피하기 ① 넓은 의미로 정치를 바라보는 관점은 국가 형성 이전에 나타나는 정치 현상을 설명하는 데 적합하다.

③ 넓은 의미로 정치를 바라보는 관점은 국가를 포함한 모든 사회 집단 내에서 정치 현상이 발생한다고 보므로, 좁은 의미로 정치를 바라보는 관점에 비해 정치 주체가 다양하다고 본다.

④ 좁은 의미로 정치를 바라보는 관점, 넓은 의미로 정치를 바라보는 관점 모두 대통령의 통치 행위를 정치로 본다.

⑤ 넓은 의미로 정치를 바라보는 관점은 국가의 정치 현상과 다른 사회 집단의 정치 현상이 본질적으로 같다고 본다.

2 법치주의의 유형 이해

문제분석 통치의 합법성뿐만 아니라 정당성도 중시하는 것은 실질적 법치주의이므로 A는 실질적 법치주의, B는 형식적 법치주의이다.

정답찾기 ④ (나)에는 '예'라는 답변에 해당하는 질문이 들어가야 한다. 형식적 법치주의는 합법적 절차를 거쳐 제정된 법률이라면 그 내용은 문제가 되지 않는다고 보므로, 해당 질문은 (나)에 들어갈 수 있다.

오답피하기 ① 실질적 법치주의는 위헌 법률 심사제의 필요성을 강조한다.

② 형식적 법치주의, 실질적 법치주의는 모두 국가 권력이 법률에 근거하여 행사되어야 한다고 본다.

③ (가)에는 '아니요'라는 답변에 해당하는 질문이 들어가야 한다. 실질적 법치주의는 법의 목적과 내용이 정의에 부합해야 함을 강조하므로, 해당 질문은 (가)에 들어갈 수 없다.

⑤ 형식적 법치주의는 독재 정치를 옹호하는 논리로 악용될 수 있으므로, (다)에는 '예'가 들어간다.

3 우리나라 헌법의 기본 원리 이해

문제분석 A는 국제 평화주의, B는 평화 통일 지향, C는 복지 국가의 원리이다.

정답찾기 ③ 복지 국가의 원리를 실현하기 위해 국가에 사회 복지의 증진 의무 부여 및 사회권을 보장하고 있다.

오답피하기 ① 자유 민주주의를 실현하기 위해 국민의 자유와 권리에 대한 국가의 자의적 제한을 금지하고 있다.

② 문화 국가의 원리를 실현하기 위해 전통문화를 계승하고 발전시키고자 한다.
④ 복지 국가의 원리는 국가가 경제 민주화를 위하여 경제에 관한 규제와 조정을 할 수 있는 근거가 된다.
⑤ 우리나라 헌법의 기본 원리는 모두 입법이나 정책 결정의 방향을 제시한다.

4 기본권 유형 이해

문제분석 국민이 국가에 일정한 행위를 요구할 수 있는 권리는 사회권과 청구권이므로 A는 자유권이다. 실질적 평등 실현을 위해 등장한 현대적 권리는 사회권이므로, B는 자유권과 청구권 중 하나인데, A가 자유권이므로 B는 청구권이 된다. 따라서 C는 사회권이다.

정답찾기 ① 자유권은 개인의 자유 영역에 대한 국가의 부당한 침해를 배제하는 권리이다.

오답피하기 ② 국민이 국가의 정치적 의사 결정에 적극적으로 참여할 수 있는 권리는 참정권이다.
③ 다른 기본권을 보장하기 위한 수단적 권리는 청구권이다.
④ 자유권은 근대 입헌주의 헌법에서부터, 사회권은 현대 복지 국가 헌법에서부터 보장된 권리이다.
⑤ 청구권은 헌법에 열거되어야만 보장되는 권리이다.

5 정부 형태 이해

문제분석 T 시기의 행정부 수반은 의회에서 선출되었으므로, T 시기의 정부 형태는 의원 내각제이다. T~T+2 시기 동안 정부 형태가 1회 변경되었으므로, T+2 시기의 정부 형태는 대통령제이다. T+1 시기 행정부 수반 소속 정당은 A당이지만 B당이 의회 과반 의석을 차지하였다는 것을 통해, T+1 시기의 정부 형태는 대통령제라는 것을 알 수 있다.

정답찾기 ⑤ 의원 내각제와 달리 대통령제에서 의회 의원은 각료를 겸직할 수 없다.

오답피하기 ① 의원 내각제에서 국가 원수와 행정부 수반은 일치하지 않는다.
② 대통령제와 달리 의원 내각제에서 행정부 수반은 의회를 해산할 권한을 가진다.
③ 대통령제에서 의회는 행정부 수반에 대한 탄핵 소추권을 가진다.
④ T+1 시기와 달리 T+2 시기는 여대야소의 정국이 형성되어 있다. 따라서 T+1 시기에 비해 T+2 시기에 의회에서 의결된 법률안에 대해 행정부 수반의 거부권 행사 가능성이 높다고 볼 수 없다.

6 우리나라 국가 기관 이해

문제분석 A는 국무총리, B는 대법원, C는 헌법 재판소, D는 대통령, E는 국회이다.

정답찾기 ⑤ 헌법 재판소 재판관은 대통령이 임명하며, 재판관 중 3인은 국회에서 선출하는 자를, 3인은 대법원장이 지명하는 자를 임명한다.

오답피하기 ① 국무총리는 대통령을 보좌하며, 행정에 관하여 대통령의 명을 받아 행정 각부를 통할한다. 또한 행정부 최고 심의 기관인

국무 회의의 부의장이 된다.
② 감사원은 세입·세출의 결산을 매년 검사하여 대통령과 차년도 국회에 그 결과를 보고하여야 한다.
③ 국회 의원은 탄핵 심판의 대상이 되지 않는다.
④ 국가 및 법률이 정한 단체의 회계 검사를 하는 기관은 감사원이다.

7 지방 자치 제도 이해

문제분석 ㉠은 지방 자치 단체의 집행 기관이며, ㉡은 의결 기관이다. (가)는 주민 소환, (나)는 주민 투표이다.

정답찾기 ② 지방 의회는 지방 자치 단체의 장이 제출한 예산에 대해 심의 및 확정할 수 있는 권한을 갖는다.

오답피하기 ① 지방 의회는 지방 자치 단체의 사무 전반에 대한 감사권 행사를 통해 지방 자치 단체의 장을 견제할 수 있다.
③ 갑은 지방 자치 단체의 장이고, 을은 지방 의회 비례 대표 의원이며, 병은 지방 의회 지역구 의원이다. 지방 자치 단체의 장과 지방 의회 지역구 의원과 달리 지방 의회 비례 대표 의원은 주민 소환의 대상이 되지 않는다.
④ 주민이 청구한 조례안에 대해 지방 의회 의결 전 주민 투표를 실시하는 것은 아니다.
⑤ 주민 소환, 주민 투표 모두 지방 자치 행정의 민주성과 책임성을 제고함을 목적으로 한다.

8 민법의 기본 원칙 이해

문제분석 A는 과실 책임의 원칙, B는 무과실 책임의 원칙이다.

정답찾기 ㄱ. 근대 민법의 기본 원칙은 사회·경제적 강자가 약자를 지배하거나 자신의 책임을 회피하는 수단으로 악용되기도 한다.
ㄴ. 환경 오염 등으로 인해 일정한 손해가 발생할 경우 그 원인을 제공한 자에게 무과실 책임의 원칙이 적용될 수 있다.

오답피하기 ㄷ. 동물이 타인에게 피해를 입힌 경우 그 동물의 점유자가 지는 손해 배상 책임은 과실 책임의 원칙이 적용된다.
ㄹ. 경제적 약자에게 일방적으로 불리한 내용의 계약이 체결되는 것을 방지하는 것은 계약 공정의 원칙이다.

9 법원과 헌법 재판소 이해

문제분석 A는 1심 법원이고, B는 헌법 재판소이다. (가)는 위헌 법률 심판이고, (나)는 위헌 심사형 헌법 소원 심판이다.

정답찾기 ⑤ 위헌 법률 심판은 법률이 헌법에 위반되는지 여부가 재판의 전제가 된 경우에 법원의 제청에 의해 해당 법률의 위헌 여부를 결정하는 심판이고, 위헌 심사형 헌법 소원 심판은 법률의 위헌 여부가 재판의 전제가 되어 재판 당사자가 법원에 위헌 법률 심판 제청 신청을 하였으나 기각된 경우에 제청 신청을 한 당사자의 청구에 의해 해당 법률의 위헌 여부를 결정하는 심판이다. 따라서 위헌 법률 심판, 위헌 심사형 헌법 소원 심판 모두 재판에 적용되는 법률의 위헌 여부가 재판의 전제가 되어야 한다.

오답피하기 ① 국회 의원 선거의 효력을 다투는 소송을 담당하는 기관은 대법원이다.
② 헌법 재판소는 해당 법률 조항이 일반적 행동 자유권을 과도하게

침해한다고 보기 어렵다고 하였으므로, 과잉 금지의 원칙에 위배되지 않는다고 보았다.

③ 명령·규칙이 헌법이나 법률에 위반되는지 여부가 재판의 전제가 되는 경우 이를 최종 심사할 권한을 가지는 기관은 대법원이다.

④ 법원은 당사자의 청구가 없더라도 직권으로 헌법 재판소에 위헌 법률 심판 제청을 할 수 있다.

10 국제 연합의 주요 기관 이해

문제분석 모든 회원국이 참여하는 최고 의결 기관은 총회이므로 A는 총회, B는 안전 보장 이사회이다.

정답찾기 ㄴ. 안전 보장 이사회는 국제 평화와 안전 유지의 목적을 수행한다.

ㄹ. 총회, 안전 보장 이사회 모두 국제 사법 재판소의 재판관을 선출할 권한을 가지므로 해당 질문에 A, B 모두 '예'라고 응답한다. 따라서 해당 질문은 (가)에 들어갈 수 있다. 국제법을 적용한 재판으로 국가 간 분쟁을 해결하는 기관은 국제 사법 재판소이므로 해당 질문에 A, B 모두 '아니요'라고 응답한다. 따라서 해당 질문은 (나)에 들어갈 수 없다.

오답피하기 ㄱ. 총회는 의결에 불복하는 당사국을 직접 제재할 수 없다.

ㄷ. 안전 보장 이사회는 의사 결정 시 절차 사항이 아닌 실질 사항의 경우 상임 이사국 중 한 국가라도 거부권을 행사하면 부결되므로, 표결 방식은 국제 사회를 바라보는 관점 중 현실주의적 관점으로 설명될 수 있다.

11 부당 해고 구제 절차 이해

문제분석 ○○ 회사에서 해고된 갑은 부당 해고라 판단하여 지방 노동 위원회에 구제 신청을 하였지만, 지방 노동 위원회는 정식 해고가 이루어지지 않았다고 보아 갑의 신청을 기각하였다. 중앙 노동 위원회도 지방 노동 위원회의 판정을 유지하였고, □□ 법원에서 이루어진 1심 판결도 중앙 노동 위원회의 재심 판정이 정당하다고 인정하였다. 항소심도 1심 판결이 정당하다고 인정하였지만, 상고심에서는 갑에 대한 해고가 부당 해고라고 보았다.

정답찾기 ① △△ 지방 노동 위원회가 갑의 신청을 기각하여 중앙 노동 위원회에 재심 신청을 한 사람은 갑이며, 중앙 노동 위원회도 초심을 유지한다고 하였으므로 중앙 노동 위원회의 재심 판정에 불복하여 소송을 제기한 사람도 갑이다. 또한 항소심 법원도 1심 판결이 정당하다고 하였으므로, 대법원에 상고한 사람도 갑이 된다. 따라서 A, B, C는 모두 갑이다.

오답피하기 ② 갑은 노동 위원회의 구제 절차와 별도로 법원에 해고 무효 확인의 소를 제기할 수 있다.

③ 갑이 속한 노동조합은 부당 해고를 이유로 지방 노동 위원회에 구제 신청을 할 수 없다.

④ 중앙 노동 위원회, 1심 법원인 □□ 법원은 모두 갑에 대한 해고가 부당 해고가 아니라고 보았다.

⑤ 상고심은 ○○ 회사의 갑에 대한 해고가 부당 해고라고 보았지만, 근로 3권을 침해하였다고 보았다는 사실은 알 수 없다.

12 가족 관계 이해

문제분석 을과 정은 병이 16세가 되던 해에 법률상 혼인을 하였고, 3년 뒤에 정이 병을 입양하였으므로 병이 성인이 된 후에 입양을 한 것이다. 따라서 정은 병을 친양자가 아닌 양자로 입양하였다.

정답찾기 ⑤ 정이 병을 친양자가 아닌 양자로 입양하였으므로 갑과 병의 친자 관계는 유지된다. 따라서 갑의 사망 시 병은 제1순위 상속인이 되므로, 병은 ○○ 재단을 상대로 유류분 반환을 청구할 수 있다.

오답피하기 ① 갑과 을은 협의상 이혼을 하였다. 협의상 이혼은 이혼 신고를 함으로써 이혼의 효력이 발생한다.

② 정은 병을 친양자가 아닌 양자로 입양하였으므로, 병의 성과 본을 입양 당시 정의 성과 본으로 변경하지 않아도 된다.

③ 이혼 숙려 기간은 협의상 이혼 진행 시 거치는 절차이다.

④ 을과 정이 아직 이혼을 하지 않은 상태이므로, 을이 유언 없이 사망한다면 병과 정이 을의 재산을 상속받을 수 있다.

13 미성년자 법률 행위 이해

문제분석 미성년자인 A는 C와 계약 체결 당시 법정 대리인 D의 동의를 얻었고, B는 C와 계약 체결 당시 법정 대리인 E의 동의를 얻지 않았으며 C는 B가 미성년자라는 것을 모르고 계약을 체결하였다.

정답찾기 ㄴ. 미성년자가 법률 행위 당시 법정 대리인의 동의를 얻었다면 해당 법률 행위는 유효한 법률 행위가 된다. 하지만, 법정 대리인의 동의를 얻지 않은 법률 행위는 미성년자 본인 또는 법정 대리인이 취소할 수 있다. 따라서 B와 달리 A는 C와의 계약을 취소할 수 없다.

ㄹ. 미성년자라는 것을 모르고 미성년자와 거래한 상대방은 해당 거래에 대한 미성년자의 법정 대리인의 추인이 있을 때까지 계약 체결의 의사 표시를 철회할 수 있다.

오답피하기 ㄱ. A가 오토바이 대금을 지급하지 못하였다고 해서 C가 A와의 계약을 취소할 수 있는 것은 아니다.

ㄷ. C는 B가 아닌 법정 대리인 E에게 계약의 추인 여부에 대한 확답을 촉구할 수 있다.

14 불법 행위 이해

문제분석 갑은 A, B의 사용자이며, 병은 해당 건물의 소유자이다.

정답찾기 ② 갑에게 을에 대한 사용자의 배상 책임이 인정된다고 해서 A에게 불법 행위 책임이 면제되는 것은 아니다.

오답피하기 ① 을은 A에게 재산적 손해뿐만 아니라 정신적 손해에 대한 위자료도 손해 배상을 청구할 수 있다.

③ B가 피해를 입은 것은 건물의 화재로 인하여 발생한 것이므로, 갑이 B의 손해에 대해 사용자의 배상 책임을 지는 것은 아니다.

④ 병은 공작물 소유자이므로, 갑의 책임이 면제되면 병은 주의 의무 이행 여부와 상관없이 책임을 진다.

⑤ B의 손해에 대해 점유자인 갑이 책임을 지게 될 경우 과실 책임을 지게 되며, 갑이 손해 방지를 위한 주의를 다하였음을 증명하면 책임이 면제되고, 소유자인 병이 무과실 책임을 지게 된다.

15 범죄 성립 요건 이해

문제분석 갑의 행위는 정당 행위로서 위법성이 조각된 경우이고, 을의 행위는 심신 상실자의 행위로 책임이 조각된 경우이며, 정의 행위는 정당방위로 위법성이 조각된 경우이다. 교사가 세 가지는 A가 조각된 사례이고 한 가지는 B가 조각된 사례라고 하였으므로, A는 위법성, B는 책임이 되며, (가)에는 위법성 조각 사유 사례가 들어가야 한다.

정답찾기 ② 법원은 을에 대해 책임이 없다고 보았다. 책임은 위법 행위를 하였다는 데 대하여 행위자에게 가해지는 법적 비난 가능성이다.

오답피하기 ① 법원은 갑의 행위가 사회 상규에 어긋나지 않아 모욕죄가 성립하지 않는다고 보았으므로, 갑의 행위가 정당 행위라고 보았다.
③ 절도죄가 성립하기 위해서는 타인의 재물을 절취한 경우여야 하는데, 법원은 병이 자신의 물건을 훔쳤으므로 구성 요건에 해당하지 않아 절도죄가 성립하지 않는다고 본 것이다. 따라서 '타인의 물건이 아닌 병 자신의 물건이었으므로'는 (가)에 들어갈 수 없다.
④ 법원은 정의 행위가 현재의 부당한 침해로부터 자기의 법익을 방위하기 위하여 한 행위로 상당한 이유가 있다고 보았으므로, 정의 행위를 정당방위라고 보았다.
⑤ 구체적인 행위가 법률에 규정된 범죄의 구성 요건에 합치되지 않는다는 것은 구성 요건을 갖추지 못한 것을 의미한다. 따라서 구성 요건을 갖추지 못하였다면 범죄가 성립하지 않는다.

16 정치 참여 집단 이해

문제분석 A는 이익 집단, B는 시민 단체, C는 정당이다.

정답찾기 ② 정당은 정권 획득을 목적으로 선거에서 후보자를 공천한다.

오답피하기 ① 이익 집단, 시민 단체 모두 대의제의 한계를 보완하는 역할을 한다.
③ 이익 집단, 정당 모두 정치적 중립성을 가지는 것은 아니다.
④ 이익 집단, 시민 단체, 정당 모두 자신들의 목적을 달성하기 위해 여론을 형성한다.
⑤ 정당이 의회에서 법률안을 발의할 수 있는 것은 아니다.

17 형사 절차 이해

문제분석 검사가 병을 가정 법원 소년부로 송치하였다는 것을 통해 병은 14세 이상 19세 미만의 범죄 소년이라는 것을 알 수 있다. 1심 법원은 갑에 대해 집행 유예 판결을 하였으며, 을에 대해 선고 유예 판결을 하였다.

정답찾기 ② 검사가 피의자에 대해 구속 영장을 청구하면 판사는 피의자를 직접 대면하여 심문하는 구속 전 피의자 심문을 실시하여야 한다.

오답피하기 ① 병은 14세 이상 19세 미만의 범죄 소년이다.
③ 형사 피의자와 피고인은 유죄가 확정될 때까지는 무죄로 추정되므로, 기소가 되었더라도 무죄 추정의 원칙은 적용된다.

④ 1심 법원은 갑에 대해 집행 유예 판결을 하였다. 유예 기간 동안 범죄를 저지르지 않으면 면소된 것으로 간주하는 것은 선고 유예이다.
⑤ 갑, 을 모두 유죄 판결을 받았으므로 형사 보상을 청구할 수 없다.

18 형사 피해자 등의 인권 보장 제도 이해

문제분석 형사 피해를 입은 당사자는 일정한 절차를 거쳐 가해자로부터 배상을 받거나 국가로부터 구조금을 받을 수 있다.

정답찾기 ㄴ. 을이 갑으로부터 손해 배상을 받지 못할 경우 국가는 범죄 피해자 구조 제도를 통해 을에게 일정한 한도의 구조금을 지급할 수 있다.
ㄹ. 갑, 병 모두 수사 및 형사 재판 절차에서 불리한 진술을 강요당하지 않을 권리가 있다.

오답피하기 ㄱ. 보석 제도는 구속된 피고인에 대해 보증금 납입 등을 조건으로 법원이 구속의 집행을 정지하는 제도이므로, 법원의 판결이 확정된 이후에는 보석 제도를 활용할 수 없다.
ㄷ. 명예 회복 제도는 무죄 재판을 받아 확정된 피고인이 활용할 수 있는 제도이다. 따라서 피해자인 정이 명예 회복 제도를 활용할 수 있는 것은 아니다.

19 국제 관계를 바라보는 관점 비교

문제분석 국제 관계를 바라보는 갑의 관점은 자유주의적 관점, 을의 관점은 현실주의적 관점이다.

정답찾기 ㄱ. 자유주의적 관점은 국제 평화 유지를 위해 국제법, 국제기구의 중요성을 강조한다.

오답피하기 ㄴ. 현실주의적 관점은 개별 국가의 이익과 국제 사회 전체의 이익은 조화될 수 없다고 본다.
ㄷ. 현실주의적 관점, 자유주의적 관점 모두 국제 사회에는 강제력을 가진 중앙 정부가 존재하지 않는다고 본다.

20 선거 결과 분석

문제분석 T 시기의 지역구 의원 선거는 최다 득표자 1인만 당선자로 결정한다는 것을 통해 선거구제는 소선거구제임을 알 수 있고, T+1 시기에 비해 T 시기의 지역구 수가 2배인 것을 통해 T+1 시기의 선거구제는 중·대선거구제임을 알 수 있다. 대통령 선거의 경우 T 시기는 최다 득표자 1인을 당선자로 결정한다는 것을 통해 대표 결정 방식은 단순 다수 대표제임을 알 수 있고, T+1 시기에는 1차 투표 결과 과반 득표를 한 후보자가 없을 경우 2차 투표를 실시한다는 것을 통해 절대다수 대표제임을 알 수 있다.

정답찾기 ㄱ. T 시기 A당의 의석률은 55%로 과반 의석을 차지하였고, 대통령도 A당 소속이므로 여대야소의 정국이 형성되었다. T+1 시기의 선거구제는 중·대선거구제인데, 각 정당은 선거구별로 1인의 후보자만 공천할 수 있으므로, 어느 정당도 과반 의석을 차지할 수 없다. 따라서 T+1 시기는 과반 의석을 차지하는 정당이 발생하지 않으므로 대통령 소속 정당 여부와 상관없이 여대야소의 정국이 형성될 수 없다.

ㄴ. T 시기는 단순 다수 대표제가 적용되므로 대통령 선거에서 A당 후보자가 당선되었다. T+1 시기는 1차 투표 결과 과반 득표가 없어 A당, B당 후보자가 2차 투표를 진행하였고, 2차 투표 결과 B당 후보자가 당선되었다. 따라서 대통령의 소속 정당은 T 시기와 T+1 시기가 다르다.

ㄷ. 지역구 의원 선거의 선거구제는 T 시기 소선거구제, T+1 시기 중·대선거구제이다. 소선거구제와 달리 중·대선거구제는 선거구 내 당선자 간 표의 등가성 문제가 발생할 수 있다.

(오답피하기) ㄹ. A당의 의석률은 T 시기 55%로 과반 의석을 차지하였지만, T+1 시기는 과반 의석을 차지하지 못하였다. 따라서 A당은 T+1 시기에 단독으로 법률안을 의결할 수 없다.

실전 모의고사 3회
본문 111~116쪽

1 ④	2 ④	3 ⑤	4 ④	5 ①
6 ⑤	7 ④	8 ④	9 ①	10 ⑤
11 ②	12 ①	13 ⑤	14 ③	15 ⑤
16 ③	17 ⑤	18 ②	19 ⑤	20 ②

1 정치를 바라보는 관점 이해

(문제분석) 넓은 의미로 정치를 보는 관점은 좁은 의미로 정치를 보는 관점과 달리 사회인 야구 동호회에서 회원들의 회비 사용을 위한 규칙을 제정하는 것을 정치로 본다. 따라서 A는 넓은 의미로 정치를 보는 관점, B는 좁은 의미로 정치를 보는 관점이다.

(정답찾기) ㄱ. 넓은 의미로 정치를 보는 관점과 좁은 의미로 정치를 보는 관점은 모두 국회에서의 탄핵 소추 의결을 정치로 본다. 따라서 해당 질문은 (가)에 들어갈 수 있다.

ㄴ. 넓은 의미로 정치를 보는 관점은 국가의 정치 현상과 사회 집단의 정치 현상이 본질적으로 같다고 본다.

ㄹ. 좁은 의미로 정치를 보는 관점과 달리 넓은 의미로 정치를 보는 관점은 현대 사회의 다원화된 정치 현상을 설명하기에 적합하다.

(오답피하기) ㄷ. 좁은 의미로 정치를 보는 관점과 달리 넓은 의미로 정치를 보는 관점은 국가 성립 이전에도 정치 현상이 있었다고 본다.

2 법치주의의 유형 이해

(문제분석) 법치주의의 유형 중 A는 실질적 법치주의이고, B는 형식적 법치주의이다.

(정답찾기) ㄴ. 실질적 법치주의와 달리 형식적 법치주의는 합법적 독재의 수단으로 악용될 수 있다는 비판을 받는다.

ㄹ. 실질적 법치주의와 형식적 법치주의는 모두 국가 권력의 자의적 행사를 방지하고자 한다.

(오답피하기) ㄱ. 실질적 법치주의는 위헌 법률 심사제의 필요성을 강조한다.

ㄷ. 실질적 법치주의와 형식적 법치주의는 모두 법률을 통한 국민의 기본권 제한이 가능하다고 본다.

3 우리나라 헌법의 기본 원리 이해

(문제분석) 대한민국은 민주 공화국이라는 헌법 조항은 국민 주권주의와 관련한 것이다. 따라서 A는 복지 국가의 원리이고, B는 국민 주권주의이다.

(정답찾기) ⑤ 복지 국가의 원리는 국가의 적극적인 역할을 필요로 한다.

(오답피하기) ① '모든 국민은 인간다운 생활을 할 권리를 가진다.'는 복지 국가의 원리와 관련한 헌법 조항이다. 따라서 해당 내용은 (가)에 들어갈 수 있다.

② '사회 보험과 같은 사회 보장 제도를 운영한다.'는 복지 국가의 원리의 실현 방안에 해당한다. 따라서 해당 내용은 (나)에 들어갈 수 있다.

③ '국민 투표제를 실시한다.'는 국민 주권주의의 실현 방안이다. 따라서 해당 내용은 (다)에 들어갈 수 있다.

④ 현대 복지 국가 헌법에서부터 강조된 원리는 복지 국가의 원리이다.

4 기본권 유형 이해

문제분석 자유권은 사회권, 청구권과 달리 헌법에 열거되지 않아도 보장받을 수 있는 권리이므로 A는 자유권이다. 기본권 보장을 위한 수단적 권리는 청구권이므로 C는 청구권이다. 따라서 B는 사회권이다.

정답찾기 ④ 자유권은 청구권과 달리 소극적, 방어적 권리이다.

오답피하기 ① 사회권과 청구권은 모두 적극적 성격의 권리이므로 해당 질문은 (가)에 들어갈 수 있다.
② 사회권과 청구권은 모두 국가의 존재를 전제로 하는 권리이므로 해당 질문은 (가)에 들어갈 수 있다.
③ 청원권, 재판 청구권은 모두 청구권에 해당하는 권리이다.
⑤ 자유권은 역사상 가장 오래된 권리이다.

5 전형적인 정부 형태 이해

문제분석 여소야대 현상은 T대와 T+2대에 나타났으며, 여소야대 현상은 대통령제에서만 나타난다. 또한 정부 형태가 2회 변경되었으므로 갑국에서 T대에는 대통령제, T+1대에는 의원 내각제, T+2대에는 대통령제가 채택되었다.

정답찾기 ① 대통령제와 달리 의원 내각제에서는 행정부 수반의 법률안 거부권이 인정되지 않는다.

오답피하기 ② 대통령제와 달리 의원 내각제에서는 행정부 수반의 법률안 제출권이 인정된다.
③ 대통령제와 달리 의원 내각제에서는 의회 의원이 행정부 각료를 겸직할 수 있다.
④ 의원 내각제와 달리 대통령제에서는 행정부 수반과 국가 원수가 동일인이다.
⑤ T대에는 의회 제1당이 아닌 행정부 수반 소속 정당의 의석률이 40%이므로 의회 제1당의 의석률은 40%를 넘는다. T+2대에는 의회 제1당과 행정부 수반 소속 정당이 같다. 따라서 T+2대에 비해 T대에 행정부와 의회 간 협조가 원활하게 이루어졌을 것이라고 보기는 어렵다.

6 우리나라 국가 기관 이해

문제분석 우리나라 국가 기관 중 A는 국회, B는 대통령, C는 대법원, D는 국무총리, E는 감사원이다.

정답찾기 ⑤ 대법원장, 국무총리, 감사원장은 모두 국회의 동의가 있어야 대통령이 임명할 수 있다.

오답피하기 ① 감사원은 대통령 직속 기관이지만 직무상 독립된 헌법 기관이다.
② 국회는 국무총리에 대한 해임 건의권을 대통령에게 행사할 수 있다.
③ 국회와 국무총리는 모두 장관에 대한 해임 건의권을 갖는다.
④ 헌법 재판소 재판관의 임명권은 대통령이 갖는다.

7 헌법 재판소의 권한 이해

문제분석 갑은 형사 재판을 받던 중에 ○○법 제13조가 헌법에 보장

된 자유권을 심각하게 침해한다고 판단하여 위헌 법률 심판 제청 신청을 하였으나 법원은 이를 기각하였다. 이에 갑은 헌법 소원 심판을 청구하였다. 헌법 소원 심판은 헌법 재판소의 권한이므로 A는 헌법 재판소이다.

정답찾기 ㄱ. 헌법 재판소는 헌법 재판소장을 포함하여 재판관 9명으로 구성된다.
ㄴ. 법원이 위헌 법률 심판 제청 신청을 받아들였다면 위헌 법률 심판이 진행되었을 것이다.
ㄹ. 헌법 재판소가 ○○법 제13조를 위헌이라고 결정하였으므로 위헌 결정 즉시 ○○법 제13조는 효력을 상실한다. 따라서 갑은 ○○법 제13조를 근거로 유죄 판결을 받지 않을 것이다.

오답피하기 ㄷ. 위헌 법률 심판 제청 신청이 기각된 후 제기하는 헌법 소원 심판은 위헌 심사형 헌법 소원 심판이다.

8 우리나라 지방 자치 제도 이해

문제분석 우리나라 지방 자치에서는 주민 투표 제도, 주민 조례 제정 및 개폐 청구 제도, 주민 소환 제도, 주민 참여 예산 편성 제도 등을 시행하고 있다. 이러한 제도들은 모두 주민의 직접 참여로 이루어진다.

정답찾기 ④ 조례 개폐권은 지방 의회가 갖는다.

오답피하기 ① 주민 투표, 주민 소환, 주민 참여 예산 편성 제도는 모두 주민의 직접 참여를 강조한다.
② 기초 의회 지역구 의원은 중·대선거구제로 선출된다.
③ 지방 의회는 의결 기관이고, 지방 자치 단체의 장은 집행 기관이다.
⑤ 지방 의회의 지역구 의원과 지방 자치 단체의 장은 모두 주민 소환의 대상에 포함될 수 있다.

9 정치 참여 집단의 특징 비교

문제분석 공익보다 집단의 특수 이익을 우선시하는 정치 참여 집단은 이익 집단이므로 B는 이익 집단이다. 정권 획득을 목적으로 하는 정치 참여 집단은 정당이므로 A는 정당이다. 따라서 C는 시민 단체이다. (가)에는 옳은 내용이 들어가야 하고, (나), (다)에는 모두 옳지 않은 내용이 들어가야 한다.

정답찾기 ① 시민 단체, 이익 집단, 정당은 모두 정치 사회화 기능을 수행하므로 해당 내용은 (가)에 들어갈 수 없다.

오답피하기 ② 시민 단체, 이익 집단은 모두 대의제의 한계를 보완하는 역할을 하므로 해당 내용은 (나)에 들어갈 수 있다.
③ 시민 단체와 달리 정당은 자신들의 활동에 대해 정치적 책임을 지므로 해당 내용은 (다)에 들어갈 수 없다.
④ 시민 단체, 이익 집단과 달리 정당은 정부와 의회를 매개하는 역할을 한다.
⑤ 시민 단체, 이익 집단, 정당은 모두 정치 과정에서 투입 기능을 담당한다.

10 미성년자의 계약 이해

문제분석 미성년자는 법정 대리인의 동의를 얻어 법률 행위를 할 수 있는데, 사례의 갑, 을, 병은 모두 법정 대리인의 동의를 얻지 않고 노트북 매매 계약을 체결하였다. 이 중에 병은 법정 대리인의 동의서

를 위조하여 계약을 체결하였다.

(정답찾기) ⑤ A는 갑의 법정 대리인, 을의 법정 대리인 모두에게 확답을 촉구할 권리를 행사할 수 있다.

(오답피하기) ① 갑은 계약을 취소할 수 있는 반면에, 병은 법정 대리인의 동의서를 위조하여 계약을 체결하였으므로 계약을 취소할 수 없다.

② 병이 법정 대리인의 동의서를 위조하여 계약을 체결하였으므로 병의 법정 대리인도 계약을 취소할 수 없다.

③ A는 거래 당시 미성년자인지 몰랐던 갑에게만 계약 체결의 의사 표시를 철회할 수 있다.

④ 갑의 법정 대리인과 을의 법정 대리인은 모두 계약을 취소할 수 있다.

11 특수 불법 행위 이해

(문제분석) 피용자인 병의 행위가 불법 행위로 인정되어야 B는 병에게 불법 행위로 인한 손해 배상 책임을 물을 수 있다. 따라서 모둠 3의 답안 내용은 옳다. 옳은 내용의 답안을 작성한 모둠은 모둠 1을 포함하여 2개의 모둠이므로 (가)에는 옳은 내용이 들어가야 하고, (나), (다)에는 옳지 않은 내용이 들어가야 한다.

(정답찾기) ② 갑에게 책임 능력이 없다면, A는 갑의 감독 의무자에게 특수 불법 행위 책임을 물을 수 있다. 따라서 해당 내용은 (가)에 들어갈 수 있다.

(오답피하기) ① 갑에게 책임 능력이 없다면, A는 갑에게 불법 행위로 인한 손해 배상 책임을 물을 수 없다. 따라서 해당 내용은 (가)에 들어갈 수 있다.

③ 갑의 책임 능력 유무와 상관없이, A는 갑에게 특수 불법 행위 책임을 물을 수 없다. 따라서 해당 내용은 (나)에 들어갈 수 없다.

④ 피용자인 병의 행위가 불법 행위로 인정되면, B는 사용자인 을에게 사용자의 배상 책임을 물을 수 있다. 따라서 해당 내용은 (다)에 들어갈 수 없다.

⑤ 피용자인 병의 행위가 불법 행위로 인정되지 않는 경우에 B는 사용자인 을에게 특수 불법 행위 책임뿐만 아니라 일반 불법 행위 책임도 물을 수 없다. 따라서 해당 내용은 (다)에 들어갈 수 있다.

12 협의상 이혼과 재판상 이혼 이해

(문제분석) 갑과 을은 협의상 이혼을 하였고, 을과 병은 사실혼 상태에서 혼인 외 출생자 B를 낳았으며, 갑과 정은 재판상 이혼을 하였다.

(정답찾기) ① 법률혼 상태에서 낳은 자녀는 출생과 동시에 혼인 중 출생자가 된다.

(오답피하기) ② A가 미성년자이므로 갑과 을은 협의상 이혼 시에 3개월의 이혼 숙려 기간을 거쳤을 것이다.

③ 사실혼 상태에서 낳은 자녀는 친생자 중 혼인 외 출생자가 되는 것이지 양자가 되는 것이 아니다.

④ 재판상 이혼의 효력은 이혼 판결이 확정될 때 발생한다.

⑤ 사실혼 상태에서 낳은 자녀 B는 부모인 을과 병이 혼인 신고를 하면 혼인 중 출생자가 되는 것이지 친양자가 되는 것이 아니다.

13 상속 제도 이해

(문제분석) 재혼 후 갑은 D를 친양자로 입양하였고, 병은 A를 친양자가 아닌 양자로 입양하였다. 또한 을은 E를 입양하지 않았지만 정은 B를 친양자로 입양하였다.

(정답찾기) ⑤ 을이 유언 없이 사망하면 상속권자는 배우자 정, 병에게 친양자가 아닌 양자로 입양된 A, 을의 친생자이자 정에게 친양자로 입양된 B이다.

(오답피하기) ① 갑이 D를 입양했더라도 병과 D의 친자 관계는 종료되지 않는다.

② 병이 A를 친양자가 아닌 양자로 입양했으므로 을과 A의 친자 관계가 종료되는 것은 아니다.

③ 정이 B를 친양자로 입양했으므로 갑과 B의 친자 관계는 종료된다.

④ 갑이 유언 없이 사망하면 상속권자는 배우자 병, 자녀 A, 자녀 C, 친양자로 입양한 D이다. B는 정이 친양자로 입양했으므로 상속권자가 아니다.

14 범죄 성립 요건 이해

(문제분석) 심신 장애로 인하여 사물을 변별할 능력이 없는 상태는 심신 상실의 상태를 의미한다. 현재의 부당한 침해로부터 자기의 법익을 방위하기 위한 행위로 상당한 이유가 있는 행위는 정당방위이다.

(정답찾기) ③ 법원은 갑의 행위가 책임 조각 사유에 해당한다고 판단한 것이지 범죄의 구성 요건에 해당하지 않는다고 판단한 것이 아니다.

(오답피하기) ① 심신 상실자의 행위는 책임이 조각되어 범죄가 성립하지 않고, 정당방위는 위법성이 조각되어 범죄가 성립되지 않는다. 따라서 ㉠, ㉡ 모두에 '무죄'가 들어갈 수 있다.

② 법원은 갑의 행위가 책임 조각 사유에 해당하는 심신 상실의 상태에서 이루어졌다고 판단하였다.

④ 정당방위는 위법성 조각 사유에 해당한다.

⑤ 법원은 을의 행위가 정당방위에 해당한다고 판단하였다.

15 청소년의 근로 계약 이해

(문제분석) 근로 기준법상 연소 근로자는 15세 이상 18세 미만인 자이다. 따라서 갑은 을과 달리 연소 근로자가 아니다.

(정답찾기) ⑤ 연소 근로자가 근로 계약을 체결한 경우에는 사용자는 연소 근로자의 연령을 증명할 수 있는 서류를 사업장에 갖추어 두어야 한다.

(오답피하기) ① 1일 연장 근로 시간은 을의 경우에 1시간을 초과할 수 없다.

② 갑과 을은 모두 미성년자이므로 근로 계약에 대해서 법정 대리인이 동의해야 한다.

③ 갑과 을은 미성년자이지만 임금은 근로자 본인에게 직접 지급해야 한다.

④ 1일 근로 시간은 연장 근로를 제외하고 갑의 경우에는 8시간을 초과할 수 없고, 을의 경우에는 7시간을 초과할 수 없다.

16 근로자의 권리 구제 절차 이해

문제분석 갑과 을은 자신들이 당한 해고가 부당하다며 지방 노동 위원회에 구제 신청을 하였다. 이후 갑과 ○○ 회사가 각각 행정 소송을 제기하였는데, 이때는 모두 중앙 노동 위원회 위원장을 상대로 소송을 제기한다.

정답찾기 ㄴ. 중앙 노동 위원회의 재심 판정에 대해 갑이 행정 소송을 제기하였으므로, 중앙 노동 위원회는 갑에 대한 해고를 정당한 해고라고 판단했음을 알 수 있다.

ㄷ. 중앙 노동 위원회의 재심 판정에 대해 ○○ 회사가 행정 소송을 제기하였으므로, 중앙 노동 위원회는 을에 대한 해고를 정당하지 않은 해고라고 판단했음을 알 수 있다.

오답피하기 ㄱ. 중앙 노동 위원회에 누가 구제 신청을 했는지가 제시되어 있지 않으므로 지방 노동 위원회가 어떻게 판단했는지 파악할 수 없다.

ㄹ. 1심 법원의 판결에 대해 두 사건 모두 중앙 노동 위원회 위원장이 항소하였으므로, 1심 법원은 을에 대한 해고를 갑에 대한 해고와 달리 정당한 해고라고 판단하였다.

17 형사 절차 이해

문제분석 형사 절차는 수사 → 기소 → 공판 → 판결 → 형의 집행 순으로 진행된다. 갑은 1심에서 무죄 선고를 받았으나 항소심에서 징역 1년을 선고받았고, 을은 1심에서 징역 1년에 집행 유예 2년을 선고받았으나, 항소심에서 징역 2년에 집행 유예 3년을 선고받았다. 한편 병은 1심에서 징역 2년을 선고받았으나, 항소심에서 무죄 선고를 받았다.

정답찾기 ⑤ 대법원 판결 확정 이후에 형사 보상 청구권을 행사할 수 있는 사람은 갑, 을, 병 중 구속 수사를 받고 무죄 판결이 확정된 병뿐이다.

오답피하기 ① 수사가 개시되면 수사의 대상이 되는 갑, 을, 병은 모두 피의자이다.

② 병이 구속 적부 심사를 청구하였으나 기각되어 구속 수사가 지속되었을 수도 있다.

③ 형사 재판의 당사자는 피고인과 검사이다. 피해자인 A는 형사 재판의 당사자가 아니다.

④ 1심에서 갑은 무죄 선고를 받았으므로 항소를 하지 않았을 것이다.

18 국제 연합의 주요 기관 이해

문제분석 국제 연합의 주요 기관 중 A는 총회이고, B는 안전 보장 이사회이다.

정답찾기 ㄱ. 10개 이사국이 찬성하였음에도 병국이 반대하여 안건이 채택되지 않았으므로 병국은 안전 보장 이사회의 상임 이사국임을 알 수 있다.

ㄹ. 총회와 안전 보장 이사회는 모두 국제 사법 재판소의 재판관을 선출하는 권한을 가지고 있다.

오답피하기 ㄴ. 총회와 안전 보장 이사회에서는 모두 1국 1표주의가 적용된다.

ㄷ. B의 상임 이사국이 아닌 비상임 이사국은 임기가 2년이며 총회에서 선출된다.

19 국제 관계를 바라보는 관점 이해

문제분석 국제 관계를 바라보는 관점 중 국제법, 국제기구의 역할을 중시하는 B는 자유주의적 관점이다. 따라서 A는 현실주의적 관점이다.

정답찾기 ⑤ 자유주의적 관점과 달리 현실주의적 관점은 국가 간 상호 의존적 관계를 경시한다는 비판을 받는다.

오답피하기 ① 자유주의적 관점은 집단 안보 체제를 통한 국제 평화 보장 방안을 중시한다. 따라서 해당 질문은 (가)에 들어갈 수 없다.

② 자유주의적 관점은 국가의 이익과 국제 사회 전체의 이익이 조화를 이룰 수 있다고 본다. 따라서 해당 질문은 (가)에 들어갈 수 없다.

③ 현실주의적 관점은 냉전 체제의 국제 질서를 설명하는 데 용이하다.

④ 자유주의적 관점은 국가가 이성적, 도덕적 행위를 한다고 본다.

20 선거 결과 분석

문제분석 주어진 자료를 토대로 한 선거 결과는 다음과 같다.

구분		A당	B당	C당	D당	E당	합계
현행	의회 의석수(석)	4	2	3	2	5	16
	정당 득표율(%)	16.875	18.75	22.5	18.125	23.75	100
	의회 의석률(%)	25	12.5	18.75	12.5	31.25	100
개편안	지역구 의석수(석)	2	2	3	2	3	12
	비례 대표 의석수(석)	1	2	2	1	2	8
	총의석수(석)	3	4	5	3	5	20
	의회 의석률(%)	15	20	25	15	25	100

정답찾기 ㄱ. C당은 현행에서 의석률이 18.75%이고, 정당 득표율이 22.5%이므로 과소 대표되고, 개편안에서 의석률이 25%이고, 정당 득표율이 22.5%이므로 과대 대표된다.

ㄷ. 현행보다 개편안에서 의석률이 높아진 정당은 B당, C당, D당뿐이다.

오답피하기 ㄴ. 개편안에서 A당은 비례 대표 의석을 1석 배분받고, E당은 2석을 배분받는다.

ㄹ. 현행 선거구제와 개편안의 지역구 선거구제는 모두 중·대선거구제이다. 중·대선거구제에서는 동일 선거구 내 당선자 간 표의 등가성 문제가 발생할 수 있다.

실전 모의고사 **4**회				본문 117~122쪽
1 ③	2 ⑤	3 ③	4 ③	5 ④
6 ②	7 ⑤	8 ⑤	9 ④	10 ③
11 ③	12 ⑤	13 ①	14 ④	15 ⑤
16 ④	17 ①	18 ④	19 ②	20 ⑤

1 정치의 의미 이해

문제분석 A는 좁은 의미로 정치를 바라보는 관점, B는 넓은 의미로 정치를 바라보는 관점이다. 따라서 (가)에는 넓은 의미의 정치에는 해당하지만 좁은 의미의 정치에는 해당하지 않는 사례가 들어가야 하고, (나)에는 넓은 의미의 정치와 좁은 의미의 정치에 모두 해당하는 사례가 들어가야 한다.

정답찾기 ③ 좁은 의미로 정치를 바라보는 관점에 비해 넓은 의미로 정치를 바라보는 관점은 다원화된 현대 사회의 갈등 해결 양상을 설명하는 데 용이하다.

오답피하기 ① 넓은 의미로 정치를 바라보는 관점은 국가 형성 이전에 나타난 정치 현상을 설명하는 데 용이하다.

② 넓은 의미로 정치를 바라보는 관점은 국가의 정치 현상과 국가 이외의 사회 집단의 정치 현상이 본질적으로 다르지 않다고 본다.

④ '대통령이 법률안에 대해 재의를 요구하는 것'은 좁은 의미로 정치를 바라보는 관점과 넓은 의미로 정치를 바라보는 관점 모두 정치로 보기 때문에 (가)에 들어갈 수 없다.

⑤ '학급 회의를 통해 졸업 앨범 촬영 장소를 정하는 것'은 좁은 의미로 정치를 바라보는 관점에서 정치로 보지 않기 때문에 (나)에 들어갈 수 없다.

2 법치주의의 유형 이해

문제분석 A는 형식적 법치주의, B는 실질적 법치주의이다.

정답찾기 ⑤ 법치주의는 권력자의 자의에 의해 권력이 행사되는 인치(人治)가 아닌 법에 의해 권력이 행사되는 법치(法治)를 강조한다. 따라서 형식적 법치주의와 실질적 법치주의 모두 국민의 기본권을 제한하기 위해서는 법적 근거가 필요하다고 본다.

오답피하기 ① 형식적 법치주의는 통치 행위가 형식적 합법성을 갖춘 경우 실질적 정당성은 문제 삼지 않는다.

② 법치주의는 국가 권력의 자의적 행사를 방지하기 위해서 통치자도 법에 구속되어야 한다고 본다.

③ 형식적 법치주의는 다수당의 횡포나 독재 정치를 옹호하는 논리로 악용될 수 있다.

④ 실질적 법치주의는 합법적 절차를 거쳐 제정된 법률이더라도 그 목적과 내용이 기본권 보장이라는 헌법 이념에 부합되어야 한다고 본다. 따라서 위헌 법률 심사제가 필요하다고 본다.

3 우리나라 헌법의 기본 원리 이해

문제분석 A는 국제 평화주의이다.

정답찾기 ③ '상호주의 원칙에 따른 외국인의 지위 보장'은 국제 평화주의의 실현 방안이다.

오답피하기 ① 국가의 의사를 결정할 수 있는 최고 권력인 주권이 국민에게 있다는 원리는 국민 주권주의이다.

② 국민의 인간다운 생활을 보장하기 위해 국가가 적극적인 역할을 해야 한다는 원리는 복지 국가의 원리이다.

④ 우리나라는 침략적 전쟁을 부인하는 것이지 모든 전쟁을 부인하는 것은 아니며, 전쟁 지역의 평화와 재건을 위해 국군을 파병하기도 한다.

⑤ 우리나라에서 대통령은 조약의 체결 및 비준권을 가진다.

4 정치 참여 집단 이해

문제분석 A는 이익 집단, B는 시민 단체, C는 정당이다.

정답찾기 ③ 정당은 정치적 충원 기능을 담당하며 정치적 책임을 진다.

오답피하기 ① 정당은 당정 협의회를 통해 국정을 논의하며 의회와 행정부를 매개한다.

② 정치 과정에서 산출을 담당하는 정책 결정 기구에는 의회, 행정부 등이 있으며 시민 단체는 정책 결정 기구에 해당하지 않는다.

④ 이익 집단, 시민 단체 모두 대의제의 한계를 보완하는 역할을 한다.

⑤ 시민 단체, 정당과 달리 이익 집단은 공익보다 집단의 특수한 이익 실현을 우선시한다.

5 기본권 유형 이해

문제분석 국가의 존재를 전제로 하며, 선거권과 공무 담임권을 내용으로 하는 기본권 유형은 참정권이다.

정답찾기 ④ 참정권은 국가의 정치적 의사 결정 과정에 참여할 수 있는 능동적 권리이다.

오답피하기 ① 자유권은 소극적이며 방어적인 성격을 가진 권리이다.

② 평등권은 다른 기본권 보장의 전제 조건이 되는 권리이다.

③ 자유권은 헌법에 열거되지 않아도 보장받을 수 있는 포괄적 권리이다.

⑤ 사회권은 국민의 인간다운 생활과 실질적 평등 실현을 국가에 요구할 수 있는 권리이다.

6 우리나라 지방 자치 제도의 이해

문제분석 지방 자치 단체를 대표하고 그 사무를 총괄하는 원고 A는 지방 자치 단체의 장이며, ○○ 조례 일부 개정 조례안을 의결하여 원고에게 이송한 피고 B는 지방 의회이다.

정답찾기 ② 지방 의회는 지방 자치 단체의 행정 사무를 감사하는 권한을 가진다.

오답피하기 ① 지방 의회는 법령의 범위 내에서 조례를 제정할 수 있으며, 지방 자치 단체의 장은 규칙을 제정할 수 있다.

③ 중앙 정부와 지방 정부는 수직적 권력 분립 관계를 형성하고 있으며, 지방 자치 단체의 장과 지방 의회가 수직적 권력 분립을 실현한다고 볼 수 없다.

④ 지방 의회는 지방 자치 단체의 예산을 심의·확정하고 지방 자치 단체의 장은 확정된 예산을 집행한다.

⑤ 법원은 원고(지방 자치 단체의 장)가 합의제 행정 기관을 설치할 고유한 권한을 가지며, 피고(지방 의회)가 합의제 행정 기관의 설치에 관한 조례안을 발의하여 이를 그대로 의결, 재의결하는 것은 관련 법령에 위반되어 허용되지 않는다고 판단하였다.

7 양당제와 다당제 이해

문제분석 득표율과 의석 점유율에서 지배적 위치에 있는 두 정당만이 정권을 획득할 실질적 가능성을 가지는 정당 제도는 양당제, 3개 이상의 정당이 정권 획득을 위해 실질적으로 경쟁하며 정치적 영향력을 행사하는 정당 제도는 다당제이다. 따라서 A는 양당제, B는 다당제이다.

정답찾기 ③ 양당제에 비해 다당제는 정당 간 대립 시 중재가 용이하다.

오답피하기 ① 양당제는 다당제에 비해 강력한 정책 추진이 가능하다는 장점이 있다.
② 양당제는 다당제에 비해 정치적 책임 소재가 명확하다는 장점이 있다.
④ 다당제는 양당제에 비해 다양한 국민의 의견이 반영되기 용이하다는 장점이 있다.
⑤ 다당제는 양당제에 비해 군소 정당의 난립으로 인해 정국이 불안정해질 가능성이 높다는 단점이 있다.

8 우리나라 국가 기관 이해

문제분석 A는 대통령, B는 대법원, C는 헌법 재판소, D는 국무총리, E는 국회이다.

정답찾기 ⑤ 국무총리와 국회는 모두 국무 위원 해임 건의권을 가진다. 따라서 해당 내용은 (가)에 들어갈 수 있다.

오답피하기 ① 법률이 헌법에 위반되는지 여부가 재판의 전제가 된 경우에 해당 법률의 위헌 여부를 결정하는 심판은 위헌 법률 심판이다. 헌법 재판소는 위헌 법률 심판권을 가진다.
② 대통령은 필요한 경우 외교·국방·통일 기타 국가 안위에 관한 중요 정책을 국민 투표에 부칠 수 있다.
③ 감사원은 세입·세출의 결산을 검사하여 대통령과 차년도 국회에 그 결과를 보고하여야 한다.
④ 헌법 재판소의 재판관은 모두 대통령이 임명하는데, 임명 시 국회의 동의가 필요한 것은 아니다.

9 민법의 기본 원칙 이해

문제분석 ○○ 위원회는 '계약 해지 시, 분양 대금 중 계약금만 납입한 경우에는 총 분양 대금의 20%를, 중도금을 납부한 경우에는 총 분양 대금의 30%를 각각 위약금으로 지급하여야 한다.'라는 약관 조항이 고객에게 부당하게 과중한 손해 배상 의무를 부담시키는 조항이므로 무효라고 판단하였다. 이를 통해 계약 공정의 원칙을 파악할 수 있다.

정답찾기 ④ 계약 공정의 원칙은 계약의 내용이 사회 질서에 위반되거나 현저하게 공정하지 못한 경우 법적 효력이 발생하지 않는다는 원칙이다.

오답피하기 ① 소유권 공공복리의 원칙에 대한 진술이다.

② 과실 책임의 원칙에 대한 진술이다.
③ 사적 자치의 원칙에 대한 진술이다.
⑤ 사유 재산권 존중의 원칙에 대한 진술이다.

10 미성년자의 법률 행위 이해

문제분석 처분이 허락된 재산(용돈)으로 운동화를 구매하는 계약은 갑이 단독으로 할 수 있는 법률 행위이지만, 고가의 시계 구매 계약은 법정 대리인 정의 동의를 얻지 않았으므로 갑 또는 정이 그 계약을 취소할 수 있다.

정답찾기 ③ 미성년자와 거래한 상대방은 미성년자의 법정 대리인에게 일정한 기간을 정하여 계약의 취소 여부에 대한 확답을 촉구할 수 있다. 따라서 병은 갑이 아니라 정에게 확답을 촉구할 권리를 가진다.

오답피하기 ① 미성년자가 법정 대리인의 동의 없이 고가의 시계를 구매한 경우 미성년자 본인이나 법정 대리인은 그 계약을 취소할 수 있다. 따라서 갑이 시계를 착용하였더라도 시계 구매 계약을 취소할 수 있다.
② 처분이 허락된 재산으로 운동화를 구매하는 행위는 미성년자가 단독으로 할 수 있는 법률 행위에 해당하므로 을은 정에게 계약의 취소 여부에 대해 확답을 촉구할 수 없다.
④ 미성년자와 거래한 상대방은 미성년자의 법정 대리인의 추인이 있기 전까지 계약 체결의 의사 표시를 철회할 수 있다. 단, 계약 체결 당시 미성년자임을 알고 있었던 경우에는 철회권을 행사할 수 없다. 따라서 병이 계약 체결 당시 갑이 미성년자임을 알았다면 철회권을 행사할 수 없다.
⑤ 처분이 허락된 재산으로 운동화를 구매하는 행위는 미성년자가 단독으로 할 수 있는 법률 행위에 해당하므로 정은 운동화 구매 계약을 취소할 수 없다.

11 이혼의 법적 효과 및 부모와 자녀 간의 법률관계 이해

문제분석 갑과 을은 재판상 이혼을 하였고, 병과 정은 협의상 이혼을 하였다. 이후 을과 병은 재혼(법률혼)을 하였고, 정은 무와 혼인 신고는 하지 않고 사실혼 상태로 살던 중 사고로 을과 정이 사망하였다. 을과 정의 사망 당시 A, B, C의 법적 지위를 통해 부모와 자녀 간의 법률관계를 파악해야 한다.

정답찾기 ③ 을의 사망 당시 A는 성인(20세)이다. 친권은 부모가 미성년 자녀에 대해 갖는 신분·재산상의 여러 권리와 의무이므로 갑은 성인인 A에게 친권을 행사할 수 없다.

오답피하기 ① 재판상 이혼은 이혼 숙려 기간을 거칠 필요가 없다.
② 협의상 이혼은 법원에 이혼 의사 확인을 받은 후 이혼 신고를 함으로써 이혼의 효력이 발생한다. 따라서 병과 정은 법원을 거쳐 혼인 관계를 해소하였다.
④ B는 병과 정의 혼인 중에 태어났으며 을이 적법한 절차를 거쳐 친양자로 입양하였다. 따라서 B와 정의 친족 관계가 종료되었고, B는 정의 재산을 상속받을 수 없다.
⑤ 정은 무와 혼인 신고를 하지 않고 함께 살던 중 정과 무 사이에서 C가 태어났다. 따라서 무는 정의 재산을 상속받을 수 없으며, 정이 C를 인지하지 않았다면 C도 정의 재산을 상속받을 수 없다.

12 특수 불법 행위 이해

문제분석 교사의 답변을 통해 (가)에는 특수 불법 행위의 사례가 들어간다는 점을 알 수 있다.

정답찾기 ㄷ. 병(5세)은 책임 능력이 없으므로 병이 장난감을 던져 행인이 다친 경우 병의 부모는 책임 무능력자의 감독자 책임을 진다. 책임 무능력자의 감독자 책임은 특수 불법 행위에 해당한다.
ㄹ. 정이 소유한 건물 난간이 떨어져 차량이 파손되었는데 건물을 빌려 사용하던 점유자의 책임이 면제되었다면 정은 공작물 등의 소유자로서 무과실 책임을 지게 된다. 공작물 등의 소유자 책임은 특수 불법 행위에 해당한다.

오답피하기 ㄱ. 갑에게 일반 불법 행위가 성립하였으므로 갑에게 책임 능력이 있다. 따라서 갑의 부모는 특수 불법 행위가 아닌 일반 불법 행위에 따른 손해 배상 책임을 진 것이다.
ㄴ. 을이 직원의 선임 및 사무 감독에 주의를 다하였으므로 을은 사용자의 배상 책임을 지지 않는다. 따라서 해당 사례는 특수 불법 행위 사례에 해당하지 않는다.

13 우리나라 국가 기관 및 죄형 법정주의 이해

문제분석 항소심을 담당한 A는 2심 법원이고, 위헌 법률 심판을 담당한 B는 헌법 재판소이다. 건전한 상식과 통상적 법 감정을 가진 사람으로서는 해당 조항이 금지하는 업무를 알기 어려우므로 (가)에 위배된다는 위헌 법률 심판 제청 이유를 통해 (가)는 명확성의 원칙임을 알 수 있다.

정답찾기 ㄱ. 명확성의 원칙은 처벌하는 행위가 무엇이며 그에 대한 형벌이 어떠한 것인지를 법률에 명확히 규정해야 한다는 원칙이다.
ㄴ. 법원은 명령·규칙의 위헌·위법성에 대한 심사권을 가진다.

오답피하기 ㄷ. 국회 의원 선거의 효력을 다투는 소송의 재판권은 대법원이 가진다.
ㄹ. 정당의 목적이나 활동이 민주적 기본 질서에 위배될 때 정부는 헌법 재판소에 정당 해산 심판을 청구할 수 있다.

14 형벌과 보안 처분 이해

문제분석 A는 금고 1년 6월, B는 금고 1년에 집행 유예 2년 및 사회봉사 400시간을 선고받았다. C는 징역 8월 및 벌금 300만 원, 집행 유예 2년 및 보호 관찰을 선고받았다.

정답찾기 ④ B는 400시간의 사회봉사 명령을, C는 보호 관찰을 선고받았다. 사회봉사 명령과 보호 관찰은 모두 대안적 형사 제재인 보안 처분에 해당한다.

오답피하기 ① B는 금고 1년에 집행 유예 2년을 선고받았다. 집행 유예 선고를 받은 후 그 선고의 실효 또는 취소됨이 없이 유예 기간을 경과한 때에는 형 선고의 효력이 상실된다.
② C는 징역형에 대해서는 집행 유예를 받았다. 따라서 판결이 확정된 직후 교정 시설에 수용되어 노역에 복무하는 것은 아니다.
③ C는 징역형에 대해서만 집행 유예를 선고받았으므로 벌금을 납입해야 한다.
⑤ 금고는 자유형에 해당하며, C만 재산형에 해당하는 형벌을 부과받았다.

15 형사 절차 이해

문제분석 국민 참여 재판으로 진행된 1심 재판에서 법원은 갑에게 무죄를 선고하였고 이에 불복한 검사는 상소하였다. 2심 법원은 원심 판결을 파기하고 갑에게 벌금 500만 원을 선고하였다.

정답찾기 ⑤ 3년 이하의 징역이나 금고 또는 500만 원 이하의 벌금형을 선고할 경우 집행 유예가 가능하므로, 2심 법원은 갑에게 집행 유예가 가능한 형벌을 선고하였다.

오답피하기 ① 국민 참여 재판에서 재판장은 배심원의 평결과 다른 판결을 선고할 수 있다.
② 1심 법원의 판결 이후에도 갑에 대한 무죄 판결이 확정되기 전까지 갑은 구속 수사로 인한 정신적·물질적 피해의 보상을 국가에 청구할 수 없다.
③ 국민 참여 재판은 지방 법원 및 지원 합의부 관할 형사 사건을 대상으로 한다. 따라서 2심 법원은 고등 법원이다.
④ 검사는 1심 법원의 판결에 불복하여 항소하였고, 2심 법원은 검사의 항소를 인용하였다.

16 부당 해고 및 부당 노동 행위의 구제 절차 이해

문제분석 □□ 회사 사용자 B가 A를 해고하자 A는 노동 위원회에 구제 신청을 하였다. ○○ 지방 노동 위원회는 B가 A에게 행한 해고가 부당 노동 행위에 해당하지 않는다고 판정하였으나, 중앙 노동 위원회는 부당 노동 행위에 해당한다고 판정하였다.

정답찾기 ㄴ. 부당 해고의 경우 근로자는 노동 위원회의 구제 절차와 상관없이 법원에 해고 무효 확인의 소를 제기할 수 있다.
ㄹ. ○○ 지방 노동 위원회는 A의 부당 해고 구제 신청 외에 나머지 구제 신청을 기각하였으므로 B가 A를 해고한 것은 부당 노동 행위에 해당하지 않는다고 보았다. 반면 중앙 노동 위원회는 ○○ 지방 노동 위원회의 판정 중 부당 노동 행위에 관한 부분을 취소하였으므로 B가 A를 해고한 것은 부당 노동 행위에 해당한다고 보았다. 따라서 ○○ 지방 노동 위원회와 달리 중앙 노동 위원회는 B가 A의 근로 3권을 침해하였다고 판단하였다.

오답피하기 ㄱ. 노동조합은 부당 노동 행위를 이유로 노동 위원회에 구제 신청을 할 수 있다. 그러나 근로자와 달리 노동조합은 부당 해고를 이유로 구제 신청을 할 수 없다.
ㄷ. 사용자 B는 중앙 노동 위원회의 재심 판정서를 송달받은 후 15일 이내에 행정 소송을 제기할 수 있다.

17 국제법의 법원(法源) 이해

문제분석 체결 당사자에게만 법적 구속력을 가지는 A는 조약, 원칙적으로 모든 국가에 대해 포괄적 구속력을 가지는 B는 국제 관습법이다.

정답찾기 ① 국가뿐만 아니라 국제기구도 조약의 체결 당사자가 될 수 있다.

오답피하기 ② 국제 사회 문명국들이 공통적으로 승인하여 따르는 법의 보편적인 원칙은 법의 일반 원칙이다.
③ (가)에는 조약과 국제 관습법에 공통적으로 해당하는 특징이 들어갈 수 있다. 조약과 국제 관습법 모두 국제 사법 재판소의 재판 준거

로 활용되므로 해당 내용은 (가)에 들어갈 수 있다.

④ (나)에는 조약의 사례가 들어가야 한다. 권리 남용 금지의 원칙은 법의 일반 원칙에 해당하므로 (나)에 들어갈 수 없다.

⑤ (다)에는 국제 관습법의 사례가 들어가야 한다. 파리 기후 변화 협약은 조약에 해당하므로 (다)에 들어갈 수 없다.

18 국제 연합의 주요 기관 이해

문제분석 국제 연합의 주요 사법 기관인 A는 국제 사법 재판소이고, 국제 사법 재판소 판결의 집행에 관한 권한을 가지고 있고 상임 이사국의 거부권이 인정되는 B는 안전 보장 이사회이다.

정답찾기 ④ 안전 보장 이사회는 국제 평화와 안전 유지를 위해 필요한 경우 군사적 제재를 취할 수 있다.

오답피하기 ① 국제 사법 재판소는 국적이 서로 다른 15명의 재판관으로 구성된다.

② 국제 사법 재판소의 재판은 국가 간 법적 분쟁을 대상으로 하며, 개인 간 법적 분쟁은 재판 대상이 아니다. 또한 원칙적으로 분쟁 당사국들이 합의하여 분쟁 해결을 요청한 사건에 대해서만 관할권을 가진다.

③ 모든 회원국이 참여하는 국제 연합의 최고 의결 기관은 총회이다.

⑤ 안전 보장 이사회의 상임 이사국은 절차 사항이 아닌 실질 사항의 경우에 거부권을 행사할 수 있다.

19 전형적인 정부 형태 이해

문제분석 갑국의 t 시기 의회 의원 선거 결과 B당이 과반 의석을 확보하였음에도 갑국의 행정부 수반이 A당 소속이므로 갑국의 정부 형태는 전형적인 대통령제임을 알 수 있다.

정답찾기 ㄱ. 대통령제 정부 형태에서 국가 원수와 행정부 수반은 동일인이다.

ㄷ. 대통령제 정부 형태에서 행정부 수반은 법률안에 대한 거부권을 가진다.

오답피하기 ㄴ. 의원 내각제 정부 형태에서 의회 의원은 행정부 각료를 겸직할 수 있다.

ㄹ. 의원 내각제 정부 형태에서 행정부 수반은 의회 해산권을 가지고 의회는 내각 불신임권을 가진다.

20 선거 결과 분석

문제분석 갑국의 t 시기 의회 의원 선거 결과는 다음과 같다.

구분	A당	B당	C당	D당	계
정당 득표율(%)	30	40	18	12	100
비례 대표 의석수(석)	30	40	18	12	100
지역구 의석수(석)	30	122	36	12	200
의회 의석수(석)	60	162	54	24	300
의회 의석률(%)	20	54	18	8	100

개편안에서는 지역구 의석수는 유지하되 비례 대표 의석수는 늘려서 전체 의회 의석수를 현재의 1.5배가 되도록 하였으므로, 개편안에서

의회 의석수는 450석이고 비례 대표 의석수는 250석이다. 개편안이 적용된 t+1 시기 의회 의원 선거 결과 정당 득표율과 비례 대표 의석수는 다음과 같다.

구분	A당	B당	C당	D당	계
정당 득표율(%)	50	30	10	10	100
비례 대표 의석수(석)	125	75	25	25	250

정답찾기 ⑤ t+1 시기 A당의 비례 대표 의석수(125석)는 t 시기 B당의 지역구 의석수(122석)보다 많다.

오답피하기 ① t 시기 지역구 의석수는 C당(36석)이 D당(12석)의 3배이다.

② A당~D당 모두 t 시기에 비해 t+1 시기에 비례 대표 의석수가 증가하였다.

③ t 시기에 선거구별로 선출되는 지역구 의원 수는 같으며 각 정당은 선거구별로 1명의 후보자만 공천하였다. 만약 각 선거구별로 지역구 의원이 2명씩 선출되었다면 선거구 수는 총 100개이며, 각 정당이 얻을 수 있는 지역구 의석수는 최대 100석이다. 그런데 B당의 지역구 의석수가 122석이므로 선거구별로 1명씩 선출되었고 선거구 수는 총 200개임을 알 수 있다. 즉 t 시기 지역구 의원 선거의 선거구 수는 200개, t+1 시기 지역구 의원 선거의 선거구 수는 100개이다.

④ t 시기 지역구 의원 선거는 소선거구제가 적용되었고, t+1 시기 지역구 의원 선거는 중·대선거구제가 적용되었다. 소선거구제와 달리 중·대선거구제에서는 선거구 내 당선자 간 표의 등가성 문제가 발생할 수 있다.

1 ④	**2** ④	**3** ③	**4** ⑤	**5** ④
6 ④	**7** ③	**8** ④	**9** ⑤	**10** ④
11 ⑤	**12** ①	**13** ④	**14** ⑤	**15** ②
16 ②	**17** ⑤	**18** ⑤	**19** ⑤	**20** ②

1 정치를 바라보는 관점 이해

문제분석 정치를 바라보는 관점 중 정치를 모든 사회 집단에서 발생하는 이해관계의 대립을 조정하고 갈등을 해결하는 과정으로 보는 A는 넓은 의미로 정치를 바라보는 관점이고, 정치권력을 획득, 유지, 행사하는 국가 고유의 활동만을 정치로 보는 B는 좁은 의미로 정치를 바라보는 관점이다.

정답찾기 ④ 좁은 의미로 정치를 바라보는 관점에 비해 넓은 의미로 정치를 바라보는 관점은 사회적 희소가치를 배분하는 과정에 참여하는 주체가 다양하다고 본다.

오답피하기 ① 넓은 의미로 정치를 바라보는 관점과 좁은 의미로 정치를 바라보는 관점 모두 '국회 의원의 입법 활동'을 정치로 본다.

② 넓은 의미로 정치를 바라보는 관점은 국가 형성 이전의 정치 현상을 설명하기에 적합하다.

③ 좁은 의미로 정치를 바라보는 관점에 비해 넓은 의미로 정치를 바라보는 관점이 다원화된 현대 사회의 정치 현상을 설명하기에 적합하다.

⑤ '○○아파트 입주민회 회의를 통한 주차 문제 해결 과정'은 넓은 의미로 정치를 바라보는 관점에서는 정치로 보지만, 좁은 의미로 정치를 바라보는 관점에서는 정치로 보지 않으므로 해당 내용은 (가)에 들어갈 수 있다.

2 법치주의의 유형 이해

문제분석 합법적인 절차를 거쳐 제정된 법률이라면 그 내용과 목적에 관계없이 정당하다고 보는 A는 형식적 법치주의, 법률이 절차적 합법성을 갖추어야 할 뿐만 아니라 그 내용도 정의에 부합할 것을 요구하는 B는 실질적 법치주의이다.

정답찾기 ④ 실질적 법치주의와 달리 형식적 법치주의는 합법적 독재를 정당화하는 데 악용될 수 있다는 비판을 받는다.

오답피하기 ① 형식적 법치주의는 통치의 합법성을 강조한다.

② 형식적 법치주의는 입법자에 의해서도 국민의 자유와 권리가 침해될 가능성이 있음을 간과한다.

③ 형식적 법치주의와 실질적 법치주의 모두 국가 권력 행사의 법적 근거를 중시한다.

⑤ 실질적 법치주의는 법률이 헌법적 가치에 부합하는지 여부를 심사하는 제도의 필요성을 강조한다.

3 우리나라 헌법의 기본 원리 이해

문제분석 국가가 국민에게 최소한의 인간다운 생활을 보장할 것을 의무로 명시하는 우리나라 헌법의 기본 원리 A는 복지 국가의 원리이다.

정답찾기 ③ 복지 국가의 원리는 적정한 소득 분배를 목적으로 하는 국가의 경제 규제와 조정의 근거가 된다.

오답피하기 ① 자유 민주주의는 자유주의와 민주주의가 결합된 정치 원리이다.

② 국민 주권주의는 국가 의사를 최종 결정하는 주권이 국민에게 있다는 원리이다.

④ 문화 국가의 원리는 문화 활동의 자유를 보장하고 국가가 문화 발전을 지향해야 한다는 원리이다.

⑤ 국민 주권주의의 실현 방안으로 국민의 정치적 의사 형성을 위한 집회·결사의 자유 보장을 들 수 있다.

4 전형적인 정부 형태 이해

문제분석 전형적인 정부 형태를 채택하고 있는 갑국에서 의회 과반수 의석 정당과 행정부 수반 소속 정당이 다른 T+1대와 T+2대의 정부 형태는 대통령제임을 알 수 있다. 또한 갑국의 정부 형태는 T대 ~T+2대에서 1회 변경되었으므로 T대의 정부 형태는 의원 내각제이다.

정답찾기 ⑤ T+1대와 T+2대는 모두 의회 과반수 의석 정당이 행정부 수반 소속 정당이 아니므로 여소야대 현상이 나타났다.

오답피하기 ① T대의 정부 형태는 의원 내각제이므로 의회 의원의 각료 겸직이 가능하다.

② T+2대의 정부 형태는 대통령제이므로 연립 내각이 구성될 수 없다.

③ T+1대와 T+2대의 정부 형태는 대통령제이므로 행정부 수반의 법률안 제출권이 인정되지 않는다.

④ 정부 형태가 대통령제인 T+2대와 달리 정부 형태가 의원 내각제인 T대에서 의회가 내각에 대해 불신임권을 행사할 수 있다.

5 정치 참여 집단 이해

문제분석 '집단의 특수 이익보다 공익을 우선시하는가?'라는 질문을 통해서는 A, B를 구분할 수 없으므로 C는 이익 집단이다. '정부와 의회를 매개하는 기능을 담당하는가?'라는 질문을 통해서 B, C를 구분할 수 있으므로 B는 정당이다. 따라서 A는 시민 단체이다.

정답찾기 ④ 시민 단체와 정당 모두 정치 사회화 기능을 수행하므로 '정치 사회화 기능을 수행하는가?'는 (가)에 들어갈 수 있다.

오답피하기 ① 정당은 자신의 활동에 대해 정치적 책임을 진다.

② 이익 집단은 로비 활동 등의 방법으로 집단의 다양한 요구를 표출한다.

③ 정당은 공직 선거에서 후보자를 공천한다.

⑤ 정당과 이익 집단 모두 정치 과정에서 투입 기능을 담당하므로 (나)에 '정치 과정에서 투입 기능을 담당하는가?'가 들어갈 수 없다.

6 우리나라 지방 자치 이해

문제분석 지방 자치 단체의 장은 법령 또는 조례의 범위에서 그 권한에 속하는 사무에 관하여 규칙을 제정할 수 있다. 따라서 (가)는 '지방 자치 단체의 장'이다.

정답찾기 ㄴ. 주민은 해당 지방 자치 단체의 조례를 제정 또는 개정하거나 폐지할 것을 지방 의회에 청구할 수 있다.

ㄹ. 지방 자치 단체의 장은 법령 또는 조례의 범위에서 그 권한에 속하는 사무에 관하여 규칙을 제정할 수 있다.

오답피하기 ㄱ. 시·도 의회와 시·군·구 의회는 지방 자치 단체의 의결 기관이다.

ㄷ. 지방 자치 단체의 장과 지방 의회 지역구 의원은 주민 소환의 대상이 되지만, 지방 의회 비례 대표 의원은 주민 소환의 대상이 되지 않는다.

7 민법의 기본 원칙 이해

문제분석 민법의 기본 원칙 중 A는 사적 자치의 원칙이다.

정답찾기 ③ 사적 자치의 원칙에 따라 개인은 자유로운 의사에 기초하여 상대방과 자유롭게 법률관계를 형성할 수 있다.

오답피하기 ① 소유권 공공복리의 원칙에 따르면 개인의 재산권은 공공복리에 적합하게 행사되어야 한다.

② 소유권 절대의 원칙에 따라 개인 소유의 재산에 대한 절대적 지배를 인정하여 국가나 다른 개인은 이를 간섭하거나 제한하지 못한다.

④ 계약 공정의 원칙에 따르면 계약의 내용이 사회 질서에 위반되거나 현저하게 공정하지 못한 경우 법적 효력이 인정되지 않는다.

⑤ 무과실 책임의 원칙에 따라 일정한 요건이 충족되면 관계되는 자가 고의나 과실이 없는 경우에도 손해 배상 책임을 질 수 있다.

8 가족 관계 이해

문제분석 제시된 자료는 재판상 이혼과 친양자 입양, 친양자가 아닌 양자 입양과 관련된 것이다.

정답찾기 ④ 갑의 사망 시 갑과 정의 친양자로 입양된 B와 갑의 친생자 병은 갑의 재산을 상속받을 수 있다. 무가 병을 적법한 절차를 거쳐 친양자가 아닌 양자로 입양했으므로 친생부모인 갑의 사망 시 친양자가 아닌 양자로 입양된 병은 갑의 재산을 상속받는다.

오답피하기 ① 갑과 을은 법원의 판결에 의해 혼인 관계를 해소하였으므로 재판상 이혼을 하였다. 협의상 이혼은 이혼 시 법원에 이혼 의사 확인 신청을 해야 한다.

② 친양자 입양은 친양자가 아닌 양자 입양과 달리 특별한 경우를 제외하고는 입양을 하면 친생부모와의 친자 관계가 종료된다. B는 갑과 정의 친양자로 입양되었으므로 친생부모인 A와의 친족 관계가 종료된다.

③ 친양자로 입양된 B는 갑과 정의 혼인 중의 출생자로 간주된다.

⑤ 갑의 사망 시 미성년 자녀 B에 대한 친권은 정이 행사한다. A와 B의 친족 관계는 종료되었으므로 A는 B에게 친권을 행사할 수 없다.

9 특수 불법 행위 이해

문제분석 제시된 자료는 특수 불법 행위 유형 중 사용자의 배상 책임, 공작물 등의 점유자·소유자의 책임과 관련된 것이다.

정답찾기 ㄷ. 사용자 갑이 피용자 병의 선임 및 그 사무 감독에 상당한 주의를 다하였음을 증명하면 책임이 면제된다.

ㄹ. 공작물 등의 설치 또는 보존상의 하자로 타인에게 손해를 가한

경우 공작물 등의 점유자 갑이 손해 방지를 위한 주의를 다하였음을 증명하면 책임이 면제되고, 공작물 등의 소유자 을은 면책이 인정되지 않는 무과실 책임을 진다.

오답피하기 ㄱ. 제시된 사례는 병이 자기의 책임 있는 사유로 A에게 채무의 내용에 따른 이행을 하지 않은 것과 관련이 없다. 병은 A에게 불법 행위 책임을 질 수 있다.

ㄴ. 불법 행위는 고의나 과실로 위법하게 타인에게 손해를 가한 행위이다. 따라서 병이 과실로 A에게 뜨거운 음료를 쏟아 화상을 입혔으므로 병은 불법 행위 책임을 질 수 있다.

10 기본권의 유형 이해

문제분석 국민이 국가에 인간다운 생활 보장을 요구하는 성격의 권리인 A는 사회권, 인간의 존엄성에 대한 침해를 방어하기 위한 성격의 권리인 B는 자유권이다.

정답찾기 ④ 사회권은 자본주의의 문제점을 해결하는 과정에서 등장한 권리이다.

오답피하기 ① 사회권은 헌법에 열거되어야만 보장되는 권리이다.

② 참정권은 국민이 국가 기관의 형성에 참여할 수 있는 권리이다.

③ 참정권은 국가의 정치 과정에 참여할 수 있는 능동적 권리이다.

⑤ 청구권은 다른 기본권을 보장하기 위한 수단적 권리이다.

11 협의상 이혼과 재판상 이혼 이해

문제분석 제시된 자료에서 갑이 받은 점수가 3점이므로 모든 질문에 옳게 응답한 것을 알 수 있다. 따라서 A는 재판상 이혼, B는 협의상 이혼임을 파악할 수 있다.

정답찾기 ⑤ 협의상 이혼과 재판상 이혼에서 이혼 당사자는 모두 혼인 중 공동으로 마련한 재산에 대한 분할 청구권을 가질 수 있으므로 (나)에 'A, B에서 이혼 당사자는 모두 혼인 중 공동으로 마련한 재산에 대해 분할을 청구할 수 있는가?'가 들어갈 수 없다.

오답피하기 ① 협의상 이혼은 원칙적으로 이혼 숙려 기간을 거쳐야 한다.

② 재판상 이혼은 법원의 이혼 판결이 확정되면 이혼 신고가 없더라도 이혼의 효력이 발생한다.

③ 협의상 이혼과 재판상 이혼은 모두 이혼의 책임이 있는 상대방에게 손해 배상을 청구할 수 있다.

④ (가)의 질문에 '예'로 답한 것이 옳은 응답이 되어야 한다. 협의상 이혼과 재판상 이혼은 모두 법원을 거쳐야 가능하므로 해당 질문은 (가)에 들어갈 수 있다.

12 우리나라 국가 기관의 이해

문제분석 우리나라 국가 기관 중 A는 국회, B는 대통령, C는 국무총리, D는 헌법 재판소, E는 대법원이다.

정답찾기 ㄱ. 국회는 국가의 예산안을 심의하고 확정한다.

ㄴ. 대통령은 국가 안위에 관한 중요 정책을 국민 투표에 부칠 수 있다.

오답피하기 ㄷ. 국회는 대법원장에 대한 탄핵 소추를 의결할 수 있다.

ㄹ. 대법관은 대법원장의 제청으로 국회의 동의를 얻어 대통령이 임명한다.

13 헌법 재판소의 권한 이해

문제분석 갑이 □□ 법원에서 재판을 받던 중 근로 기준법 제△△조의 부분이 헌법에 위반된다는 이유로 □□ 법원에 신청한 (가)는 '위헌 법률 심판 제청'이며, □□ 법원이 이를 기각하자 헌법 재판소에 위헌 심사형 헌법 소원 심판을 청구하였으므로 A는 헌법 재판소이다.

정답찾기 ④ 갑은 □□ 법원이 위헌 법률 심판 제청 신청을 기각했을 경우에만 헌법 재판소에 위헌 심사형 헌법 소원 심판을 청구할 수 있다.

오답피하기 ① 대법원은 대통령 선거의 효력을 다투는 선거 소송을 관할한다.

② 법원의 판결에 대해서는 헌법 재판소에 구제 신청을 할 수 없다.

③ 위헌 심사형 헌법 소원 심판은 □□ 법원이 직권으로 청구할 수 없다.

⑤ (가)에 '위헌 법률 심판 제청'이 들어간다.

14 미성년자의 법률 행위 이해

문제분석 제시된 자료는 미성년자인 갑, 을, 병 각각의 태블릿 PC 매매 계약에 대한 상황을 나타낸 것이다.

정답찾기 ⑤ 미성년자가 법정 대리인의 동의를 얻지 않고 계약을 체결한 경우 미성년자와 거래한 상대방은 미성년자의 법정 대리인에게 계약을 추인할 것인지 여부에 대한 확답을 촉구할 권리를 가진다. 사례에서 병은 법정 대리인의 동의서를 위조하였고 정은 이를 믿고 계약을 체결하였으므로 취소할 수 있는 법률 행위에 해당하지 않아 정의 확답 촉구권은 인정되지 않는다.

오답피하기 ① 미성년자인 갑이 법정 대리인의 동의를 얻어 태블릿 PC 매매 계약을 체결하였으므로 갑과 갑의 법정 대리인은 계약을 취소할 수 없다.

② 을은 정에게 신분증을 위조하여 제시하였고, 정은 을을 성년자로 믿고 계약을 체결하였다. 따라서 을과 을의 법정 대리인은 태블릿 PC 매매 계약을 취소할 수 없다. 병은 법정 대리인의 동의서를 위조하였고 정은 이를 믿고 계약을 체결하였으므로 병과 병의 법정 대리인은 태블릿 PC 매매 계약을 취소할 수 없다.

③ 을과 병 모두 미성년자임을 이유로 태블릿 PC 매매 계약을 취소할 수 없다.

④ 제시된 자료에서 병은 법정 대리인의 동의서를 위조하여 정과 태블릿 PC 매매 계약을 체결하였으므로 취소할 수 있는 법률 행위에 해당하지 않는다. 또한 거래 당시 정은 병이 미성년자임을 알고 있었다. 따라서 정은 병과의 태블릿 PC 매매 계약에 대해 철회권을 행사할 수 없다.

15 명확성의 원칙 이해

문제분석 A 원칙은 범죄와 형벌은 그 내용이 법률에 명확하게 규정되어 있어야 한다는 명확성의 원칙이다.

정답찾기 ② 명확성의 원칙은 범죄와 형벌이 법률에 명확히 규정되어 있어야 한다는 원칙이다.

오답피하기 ① 관습 형법 금지의 원칙은 범죄와 형벌은 관습법에 의해 규정할 수 없다는 원칙이다.

③ 소급효 금지의 원칙은 행위 당시의 형벌 법규를 재판의 기준으로

삼아야 한다는 원칙이다.

④ 적정성의 원칙은 범죄로 규정되는 행위와 이에 대한 형사 책임 사이에 적정한 균형이 이루어져야 한다는 원칙이다.

⑤ 유추 해석 금지의 원칙은 법률에 규정이 없는 사항에 대해서 그것과 유사한 성질을 가지는 사항에 관한 법률을 적용하는 것을 금지하는 원칙이다.

16 근로자의 권리 구제 절차 이해

문제분석 제시된 자료에서 갑은 해고에 관해 본인만 지방 노동 위원회에 구제 신청을 할 수 있으므로 (가)에 부당 해고에 해당하는 내용이 들어갈 수 있다. 을은 해고에 관해 본인뿐만 아니라 노동조합도 구제 신청을 할 수 있으므로 (나)에 부당 노동 행위에 해당하는 내용이 들어갈 수 있다.

정답찾기 ㄱ. 근로관계 종료에는 근로자의 의사나 동의에 따라 이루어지는 퇴직, 사용자의 일방적인 의사 표시로 이루어지는 해고 등이 있다.

ㄷ. '정당한 노동조합 활동'을 이유로 해고되었다면 부당 노동 행위를 이유로 한 부당 해고에 해당하므로 본인뿐만 아니라 노동조합도 구제 신청을 할 수 있다. 따라서 (가)에 '정당한 노동조합 활동'이 들어갈 수 없다.

오답피하기 ㄴ. 갑과 을은 모두 법원에 해고 무효 확인 소송을 제기할 수 있다.

ㄹ. '합리적 이유 없이 연령'을 이유로 해고되었다면 부당 해고에 해당하므로 본인만 지방 노동 위원회에 구제 신청을 할 수 있다. 따라서 (나)에 '합리적 이유 없이 연령'이 들어갈 수 없다.

17 형사 절차 이해

문제분석 형사 절차는 크게 수사→기소→공판→판결→형의 집행 순으로 진행된다.

정답찾기 ⑤ 범죄 피해자 구조 제도는 범죄 행위로 인해 생명 또는 신체에 피해를 당했으나 가해자로부터 피해의 전부 또는 일부를 배상받지 못하는 경우 국가가 피해자 또는 유족에게 일정한 한도의 구조금을 지급하는 제도이다. 따라서 을과 병은 범죄 피해자 구조 제도를 활용하여 국가로부터 구조금을 지급받을 수 없다.

오답피하기 ① 구속 전 피의자 심문 제도는 갑이 신청하는 것이 아니라 검사가 피의자에 대한 구속 영장을 청구하면 판사가 피의자를 직접 대면하여 심문하면서 구속 사유가 인정되는지를 판단하는 제도이다.

② 검사의 기소 이전에 갑은 구속 적부 심사를 법원에 청구할 수 있다.

③ 갑은 징역 2년에 집행 유예 3년을 선고받았고 판결은 확정되었다. 집행 유예는 유예 기간이 경과된 때에 형 선고의 효력이 상실된다. 일정한 범행 없이 유예 기간이 경과하면 면소되는 것으로 간주하는 것은 선고 유예이다.

④ 갑은 유죄 판결이 확정되었으므로 형사 보상 제도를 이용할 수 없다.

18 국제 연합의 주요 기관 이해

문제분석 국제 연합의 최고 의결 기관인 A는 총회, 국제 평화와 안전 유지의 책임을 맡은 기관으로서 5개의 상임 이사국과 10개의 비상임

이사국으로 구성되는 B는 안전 보장 이사회, 국제법을 적용한 재판으로 국가 간 분쟁을 해결하기 위해 설립된 C는 국제 사법 재판소이다.

정답찾기 ⑤ 총회와 안전 보장 이사회는 모두 국제 사법 재판소의 재판관을 선출하는 권한을 가진다.

오답피하기 ① 안전 보장 이사회의 상임 이사국은 미국, 영국, 프랑스, 러시아, 중국이며 비상임 이사국은 10개국으로 임기는 2년이며, 매년 5개국씩 총회에서 선출된다.

② 국제 사법 재판소에 제소된 사건의 당사자는 국가만 해당된다.

③ 총회의 의사 결정 과정에서는 주권 평등 원칙에 따라 1국 1표로 표결한다.

④ 안전 보장 이사회는 국제 평화와 안전 유지를 위해 군사적 개입을 결정할 수 있는 권한을 가진다.

19 국제법의 법원(法源) 이해

문제분석 제시된 자료에서 갑, 을, 병 세 명이 각각 받은 2장의 카드 내용을 파악한 후 다른 사람에게 임의로 가져온 카드 1장과 기존의 카드 1장의 내용을 파악하여 갑, 을, 병이 획득한 점수를 파악할 수 있다.

정답찾기 ⑤ 병은 최종적으로 조약, 국제 관습법, 법의 일반 원칙 모두에 해당하는 내용이 적힌 카드와 국제 관습법, 법의 일반 원칙에만 해당하는 내용이 적힌 카드를 갖게 된다. 따라서 병이 최종적으로 획득한 점수는 5점이다.

오답피하기 ① 갑, 을, 병이 처음에 두 장의 카드를 배부받았을 때 카드 점수는 갑은 4점, 을은 2점, 병은 5점이다. 따라서 갑과 병이 배부받은 카드의 점수 합은 9점이다.

② 병이 처음에 두 장의 카드를 배부받았을 때 두 장의 카드 모두에 법의 일반 원칙에 해당하는 내용이 적혀 있다.

③ 을은 병의 카드 1장을 가져와서 본인이 처음에 받았던 카드와 병의 카드로 카드 점수 합이 4점이 되었다. 을은 처음에 두 장의 카드가 모두 1점에 해당하는 카드였으므로 병이 가지고 있던 3점짜리 카드를 가져왔음을 알 수 있다. 따라서 을은 조약, 국제 관습법, 법의 일반 원칙 모두에 해당하는 내용이 적힌 병의 카드를 가져왔다.

④ 병은 '강제적으로 집행할 국제기구가 존재하지 않는다.'가 적힌 갑의 카드와 기존에 본인이 가지고 있던 '국제 사회에서 포괄적인 구속력을 가진다.'가 적힌 카드를 갖게 된다. 따라서 병은 조약, 국제 관습법, 법의 일반 원칙 모두에 해당하는 내용이 적힌 카드와 국제 관습법, 법의 일반 원칙에만 해당하는 내용이 적힌 카드를 갖게 된다.

20 선거 결과 분석

문제분석 주어진 자료를 토대로 한 선거 결과는 다음과 같다.

구분		A당	B당	C당	D당
현재	지역구 의석	54석	32석	9석	5석
	총의석	54석	32석	9석	5석
개편안 적용 시	지역구 의석	54석	32석	9석	5석
	비례 대표 의석	27석	16석	14석	3석
	총의석	81석	48석	23석	8석

정답찾기 ㄱ. 갑국은 지역구 의원 선거에서 각 정당이 선거구별로 1인의 후보자만 공천하며 각 선거구별로 선출되는 지역구 의원의 수는 같다. 선거 결과 A당이 과반 의석을 차지하였으므로 갑국은 한 선거구에서 1인의 의원을 선출하는 소선거구제를 채택하고 있음을 알 수 있다. 동일 선거구 내 당선자 간 표의 등가성 문제가 발생할 수 있는 선거구제는 중·대선거구제이다.

ㄷ. 개편안 적용 시 B당의 비례 대표 의석수는 16석, C당의 비례 대표 의석수는 14석으로 B당이 C당보다 많다.

오답피하기 ㄴ. 개편안 적용 시 A당의 총의석수는 81석으로 의회 내 과반 의석을 확보한다.

ㄹ. 개편안 적용 시 D당의 정당 득표율은 5%, 의회 총의석률도 5%로 일치한다.

고1~2, 내신 중점

구분	고교 입문	>	기초	>	기본	>	특화	+ 단기
국어	고등예비과정	내 등급은?	윤혜정의 개념의 나비효과 입문 편 + 워크북		**기본서** 올림포스		**국어 특화** 국어 독해의 원리 / 국어 문법의 원리	단기 특강
			어휘가 독해다! 수능 국어 어휘					
영어			정승익의 수능 개념 잡는 대박구문		올림포스 전국연합학력평가 기출문제집		**영어 특화** Grammar POWER / Listening POWER / Reading POWER / Voca POWER	
			주혜연의 해석공식 논리 구조편		**유형서** 올림포스 유형편		**영어 특화** 고급영어독해	
수학			**기초** 50일 수학 + 기출 워크북				**고급** 올림포스 고난도	
			매쓰 디렉터의 고1 수학 개념 끝장내기				**수학 특화** 수학의 왕도	
한국사 사회					**기본서** 개념완성		고등학생을 위한 多담은 한국사 연표	
과학			50일 과학		개념완성 문항편		**인공지능** 수학과 함께하는 고교 AI 입문 / 수학과 함께하는 AI 기초	

과목	시리즈명	특징	난이도	권장 학년
전 과목	고등예비과정	예비 고등학생을 위한 과목별 단기 완성		예비 고1
국/영/수	내 등급은?	고1 첫 학력평가 + 반 배치고사 대비 모의고사		예비 고1
	올림포스	내신과 수능 대비 EBS 대표 국어·수학·영어 기본서		고1~2
	올림포스 전국연합학력평가 기출문제집	전국연합학력평가 문제 + 개념 기본서		고1~2
	단기 특강	단기간에 끝내는 유형별 문항 연습		고1~2
한/사/과	개념완성&개념완성 문항편	개념 한 권 + 문항 한 권으로 끝내는 한국사·탐구 기본서		고1~2
국어	윤혜정의 개념의 나비효과 입문 편 + 워크북	윤혜정 선생님과 함께 시작하는 국어 공부의 첫걸음		예비 고1~고2
	어휘가 독해다! 수능 국어 어휘	학평·모평·수능 출제 필수 어휘 학습		예비 고1~고2
	국어 독해의 원리	내신과 수능 대비 문학·독서(비문학) 특화서		고1~2
	국어 문법의 원리	필수 개념과 필수 문항의 언어(문법) 특화서		고1~2
영어	정승익의 수능 개념 잡는 대박구문	정승익 선생님과 CODE로 이해하는 영어 구문		예비 고1~고2
	주혜연의 해석공식 논리 구조편	주혜연 선생님과 함께하는 유형별 지문 독해		예비 고1~고2
	Grammar POWER	구문 분석 트리로 이해하는 영어 문법 특화서		고1~2
	Reading POWER	수준과 학습 목적에 따라 선택하는 영어 독해 특화서		고1~2
	Listening POWER	유형 연습과 모의고사·수행평가 대비 올인원 듣기 특화서		고1~2
	Voca POWER	영어 교육과정 필수 어휘와 어원별 어휘 학습		고1~2
	고급영어독해	영어 독해력을 높이는 영미 문학/비문학 읽기		고2~3
수학	50일 수학 + 기출 워크북	50일 만에 완성하는 초·중·고 수학의 맥		예비 고1~고2
	매쓰 디렉터의 고1 수학 개념 끝장내기	스타강사 강의, 손글씨 풀이와 함께 고1 수학 개념 정복		예비 고1~고1
	올림포스 유형편	유형별 반복 학습을 통해 실력 잡는 수학 유형서		고1~2
	올림포스 고난도	1등급을 위한 고난도 유형 집중 연습		고1~2
	수학의 왕도	직관적 개념 설명과 세분화된 문항 수록 수학 특화서		고1~2
한국사	고등학생을 위한 多담은 한국사 연표	연표로 흐름을 잡는 한국사 학습		예비 고1~고2
과학	50일 과학	50일 만에 통합과학의 핵심 개념 완벽 이해		예비 고1~고1
기타	수학과 함께하는 고교 AI 입문/AI 기초	파이썬 프로그래밍, AI 알고리즘에 필요한 수학 개념 학습		예비 고1~고2

고2~N수, 수능 집중

구분	수능 입문	>	기출/연습	>	연계 + 연계 보완	>	고난도	>	모의고사

국어	윤혜정의 개념/패턴의 나비효과		윤혜정의 기출의 나비효과	수능특강 문학 연계 기출	수능특강 사용설명서		하루 3개 1등급 국어독서		FINAL 실전모의고사
	기본서 수능 빌드업				수능완성 사용설명서				만점마무리 봉투모의고사 시즌1
영어		강의노트	수능 기출의 미래	수능연계교재의 VOCA 1800			하루 6개 1등급 영어독해		만점마무리 봉투모의고사 시즌2
	수능특강 Light	수능 개념		수능연계 기출 Vaccine VOCA 2200	수능 영어 간접연계 서치라이트				만점마무리 봉투모의고사 고난도 Hyper
수학	수능 감(感)잡기		수능 기출의 미래 미니모의고사	수능 연계교재 수능특강 / 수능완성			수능연계완성 3주 특강		
한국사 사회	수능 스타트		수능특강Q 미니모의고사	eBook 전용 수능완성R 모의고사 / 수능 등급을 올리는 변별 문항 공략			박봄의 사회·문화 표 분석의 패턴		수능 직전보강 클리어 봉투모의고사
과학									

구분	시리즈명	특징	난이도	영역
수능 입문	윤혜정의 개념/패턴의 나비효과	윤혜정 선생님과 함께하는 수능 국어 개념/패턴 학습		국어
	수능 빌드업	개념부터 문항까지 한 권으로 시작하는 수능 특화 기본서		국/수/영
	수능 스타트	2028학년도 수능 예시 문항 분석과 문항 연습		사/과
	수능 감(感) 잡기	동일 소재·유형의 내신과 수능 문항 비교로 수능 입문		국/수/영
	수능특강 Light	수능 연계교재 학습 전 가볍게 시작하는 수능 도전		영어
	수능개념	EBSi 대표 강사들과 함께하는 수능 개념 다지기		전 영역
기출/연습	윤혜정의 기출의 나비효과	윤혜정 선생님과 함께하는 까다로운 국어 기출 완전 정복		국어
	수능 기출의 미래	올해 수능에 딱 필요한 문제만 선별한 기출문제집		전 영역
	수능 기출의 미래 미니모의고사	부담 없는 실전 훈련을 위한 기출 미니모의고사		국/수/영
	수능특강Q 미니모의고사	매일 15분 연계교재 우수문항 풀이 미니모의고사		국/수/영/사/과
	수능완성R 모의고사	과년도 수능 연계교재 수능완성 실전편 수록		수학
연계 + 연계 보완	수능특강	최신 수능 경향과 기출 유형을 반영한 종합 개념 학습		전 영역
	수능특강 사용설명서	수능 연계교재 수능특강의 국어·영어 지문 분석		국/영
	수능특강 문학 연계 기출	수능특강 수록 작품과 연관된 기출문제 학습		국어
	수능완성	유형·테마 학습 후 실전 모의고사로 문항 연습		전 영역
	수능완성 사용설명서	수능 연계교재 수능완성의 국어·영어 지문 분석		국/영
	수능 영어 간접연계 서치라이트	출제 가능성이 높은 핵심 간접연계 대비		영어
	수능연계교재의 VOCA 1800	수능특강과 수능완성의 필수 중요 어휘 1800개 수록		영어
	수능연계 기출 Vaccine VOCA 2200	수능 - EBS 연계와 평가원 최다 빈출 어휘 선별 수록		영어
고난도	하루 N개 1등급 국어독서/영어독해	매일 꾸준한 기출문제 학습으로 완성하는 1등급 실력		국/영
	수능연계완성 3주 특강	단기간에 끝내는 수능 1등급 변별 문항 대비		국/수/영
	박봄의 사회·문화 표 분석의 패턴	박봄 선생님과 사회·문화 표 분석 문항의 패턴 연습		사회탐구
	수능 등급을 올리는 변별 문항 공략	EBSi 선생님이 직접 선별한 고변별 문항 연습		수/영
모의고사	FINAL 실전모의고사	EBS 모의고사 중 최다 분량 최다 과목 모의고사		전 영역
	만점마무리 봉투모의고사 시즌1/시즌2	실제 시험지 형태와 OMR 카드로 실전 연습 모의고사		전 영역
	만점마무리 봉투모의고사 고난도 Hyper	고난도 문항까지 국·수·영 논스톱 훈련 모의고사		국·수·영
	수능 직전보강 클리어 봉투모의고사	수능 직전 성적을 끌어올리는 마지막 모의고사		국/수/영/사/과

MEMO